春归秣陵树，人老建康城

NANJING
THE BIOGRAPHY

南京传

YEZHAOYAN
叶 兆 言

译林出版社

目 录

第一章

第二章

第九章

第一章 东吴的天空

01 秣陵的小树苗

南京的城市历史，应该从三国时代的东吴开始。为什么呢，因为从这个时候开始，这个城市的记录才算有点靠谱。在此之前，当然也会有文字记录，也会有各式各样考古发现，然而更多的还是一些传说。说起来好像寻根求源，好像来头也不算小，其实都是七零八碎的东拼西凑。六朝文物草连空，天淡云闲今古同，所谓更为遥远的考古发现，不过说说而已，有时候也是为写文章而写文章，当不了真。

譬如南京汤山的古猿人，譬如以市区鼓楼岗北阴阳营文化为代表的新石器时代原始村落，譬如被称为湖熟文化的秦淮河流域密集原始聚落。还有楚国在今天六合设置的棠邑，据考证是南京有历史记载的最早地方建置。此外还有吴王夫差在朝天宫一带修筑的冶城，越国灭吴后在中华门外长干里筑的越城。公元前 333

年，楚威王熊商于石头山建了金陵邑，金陵之名便源于此。这些记载说起来似乎都言之有理，无一不显得太空洞，都太像传说，像虚无缥缈的九州禹迹一样，你说有就有，说没有也不碍什么事，反正是让人看不见摸不着。

很显然，要描述南京历史，要展现南京文化，要给这个悠久的城市树碑立传，最合适的方法，最恰当的形容，就是应该从三国开始。从三国的东吴开始说起，早一点或晚一点，或许都不太合适。换句话说，南京的城市历史，与东吴的孙权有着非常重要关系。有时候，历史就是英雄创造，唯心史观也好，唯物史观也罢，反正这位叫孙权的好汉横空出世，与南京关系非同寻常，他的想法决定了南京命运，他的个人意志促使了这个城市诞生。中国人有句俗话，少不看水浒，老不看三国。为什么呢，水浒里教唆了太多反叛，小孩子看了会生不安分之心，会忍不住捣乱。老不看三国，在《三国演义》故事中，隐含着太多政治，有太多心机，明白了《三国演义》，基本上也就无师自通地学会玩政治，就懂得了险恶的权术。

三国时期很像中国历史上的战国，七雄秦楚韩魏燕赵齐，一会儿合纵，一会儿连横。往好里说希望国家统一，往不好里说，就是谁都野心勃勃地想吞并天下。对于老百姓来说，身处在这样的时代，注定是一件非常糟糕的事情。七雄或者三国，都是天下大乱，都是老百姓遭殃。都是你打我，我打他，他又打你，一场战争接着一场战争。不管怎么说，秦始皇的一统天下，多少是件好事，起码老百姓感到安生了。然而秦始皇刚死，天下又开始混乱，乱世英雄起四方，有枪便是草头王，陈胜吴广不足为训，最后能够站出来争夺天下的，只有项羽和刘邦。好在楚汉相争的混乱局面很快结束，秦汉从此并称，暴秦一结束，汉建立政权，中国又一次统一。然后是西汉和东汉，到东汉末年，天下再次大乱，然后呢，然后便是我们正在说的三国。

为什么叙说南京这个城市，最好是从三国开始，因为在三国之前，这个城市真的没什么太大名气，它实在是太不起眼。在三国之前，以江苏境内的城市为例，南京没有苏州的名气大，更不如徐州，比它历史悠久的城市，掰手指数数可以有一串。在三国之前，南京甚至都不应该称之为城市，虽然它已经有了一连串的地名，譬如冶城，譬如越城，譬如金陵邑，又譬如秦汉时期的秣陵。然而规模都太小，更像是一些村庄，称之为一个城市十分勉强。真相其实很简单，如果不是三国的东吴在此定都，如果不是孙权在此做了皇帝，南京显然不可能有后来的历史。

南京这个城市就是在三国时期发展起来，说它诞生于三国，不仅没什么大错，而且可以给人比较直观的印象，毕竟男孩子们玩的一款最流行游戏就叫三国。功盖三分国，遗恨失吞吴，三国的故事老百姓家喻户晓，深入人心，大家多少都会知道一些。譬如《三国演义》第一次写到南京，是在第十五回，回目是“太史慈酣斗小霸王，孙伯符大战严白虎”，这时候，还没有孙权的什么事，出场露脸的是他哥哥小霸王孙策，也就是回目上的“孙伯符”。这时候，三国还不是三国，还处在群雄纷争时代，曹操还没有完全成气候，还在与吕布激战。刘备还在四处挂单，孙权还是小弟弟，他哥哥孙策刚与和自己同岁的周瑜结盟。

> 孙策还兵复攻秣陵，亲到城壕边，招谕薛礼投降。城上暗放一冷箭，正中孙策左腿，翻身落马，众将急救起，还营拔箭，以金疮药傅之。策令军中诈称主将中箭身死。军中举哀。拔寨齐起。薛礼听知孙策已死，连夜起城内之军，与骁将张英、陈横杀出城来追之。忽然伏兵四起，孙策当先出马，高声大叫曰：“孙郎在此！”众军皆惊，尽弃枪刀，拜于地下。策令休杀一人。张英拨马回走，被陈武一枪刺死。陈横被蒋钦一箭射死。薛礼死于乱军中。策入秣陵，安辑居民；移兵至泾县来捉太史慈。

这时候的南京还叫秣陵，是一个微不足道的小城，很不起眼。秦朝实行郡县制，把全国分为三十六郡，一个郡又有很多县。秦朝设置了秣陵，还有江乘、丹杨和溧阳，这些县的县治都在今天南京地区。秣陵管辖的范围为宁镇山脉以南，在横山以北，茅山以西，这一片区域最初隶属鄣郡，后来又一度改属会稽郡。小霸王孙策拿下秣陵，立刻移兵到泾县，说明他心目中根本没觉得南京有多重要。在征服江东的过程中，秣陵只是孙策拿下的无数地盘之一。

如果继续以《三国演义》这块敲门砖来叙说南京，我们会发现，在三国鼎立之前，南京这个微不足道的区域，基本上不入群雄法眼。不只是南京，整个长江以南，都不是显得很重要。孙策和孙权兄弟的家业来自父亲孙坚，他们是江南吴郡富春（今杭州）

人，一开始打天下，却都是在北方发展，都是带着自己的子弟兵去北方作战。吴郡富春只是孙氏的龙兴之地，208年，也就是建安十三年，孙权由吴（今苏州）迁徙治所到镇江，拉开了向西部发展的序幕，当时的镇江还叫京口。所谓“迁徙治所”，就是把办公地点从苏州一带移到镇江。为什么要这么做呢，根据唐人许嵩的《建康实录》记载，目的就是要与曹操打一大仗。

这一仗就是著名的赤壁大战，这时候，曹操已经统一了北方，气势汹汹地准备南下，打算统一全中国。这时候，处于劣势的孙权和刘备联手，在赤壁打了一场酣畅淋漓的大胜仗。本来要打赤壁大战，与南京没有一点关系。与镇江也没有太大关系，这时候，镇江虽然是吴国的治所，吴国的军队并不在此，决战地点不在此，它的总指挥官孙权也不在此。打了赤壁大战，情况完全不一样。赤壁一战奠定了三国的格局，这一仗打完，三国开始鼎足，镇江也正式成为东吴的中心。或者换句话说，镇江成了东吴的福地，因为孙权在将治所迁到此地的当年，便打了一场决定自己命运的大胜仗，东吴从此有了建国基础。

镇江距南京只有六十公里，有山有水，有江有河，与南京相比，进可攻退可守，地势优点完全不比南京差。自从东吴定都南京，也就是定都金陵，虎踞龙盘这样的夸张形容，多少年来就没有离开过。平心而论，在长江中下游，沿江流域类似这样的地形数不胜数，然而东吴偏偏是在最后选定了南京。从吴搬到京口，不过经历了短短三年时间，也就是赤壁大战之后的第三年，孙权又一次迁徙了治所，这一次是把他的指挥部继续西移，移到了秣陵，并为秣陵改了一个名字，移到了南京的石头城下。关于这次迁治，《三国演义》中是这么描述的：

却说孙夫人回吴，具说张飞、赵云杀了周善，截江夺了阿斗。孙权大怒曰："今吾妹已归，与彼不亲，杀周善之仇，如何不报！"唤集文武，商议起军攻取荆州。正商议调兵，忽报曹操起军四十万来报赤壁之仇。孙权大惊，且按下荆州，商议拒敌曹操。人报长史张纮辞疾回家，今已病故，有哀书上呈。权拆视之，书中劝孙权迁居秣陵，言秣陵山川有帝王之气，可速迁于此，以为万世之业。孙权览书大哭，谓众官曰："张子纲劝吾迁居秣陵，吾如何不从！"即命迁治建业，筑石头城。

至此古城南京开始有了一个新的名字"建业"，非常励志的两个字。打赤壁大战时，孙权只有二十六岁，决定迁治南京，也还没到三十岁。迁治南京体现的是他打算继续西进的决心，北面的曹操不可不防，西面的西蜀同样不能不防，不仅要防，而且要进一步图谋，要先西进，然后再迂回北上。当初孙策中箭身亡前，曾拉着弟弟孙权的手，语重心长地说，若论打仗，冲锋陷阵弟不如兄，若论知人善用，运筹帷幄，兄不如弟。陈寿的《三国志》上是这么写的：

呼权佩以印绶，谓曰："举江东之众，决机于两陈之间，与天下争衡，卿不如我；举贤任能，各尽其心，以保江东，我不如卿。”至夜卒，时年二十六。

《三国演义》上描述也差不多，只不过是多了一句话：

卿宜念父兄创业之艰难，善自图之！

这说明孙策临死前，对弟弟孙权还是有些不放心。孙策死时二十六岁，孙权打赤壁大战时，也是二十六岁。事实证明，吴主孙权要比他哥哥厉害得多，对于局势的判断，很有着自己的独到眼光。《三国演义》第二十九回，“小霸王怒斩于吉，碧眼儿坐领江东”，写小霸王孙策之死，读起来有些荒唐，完全是小说家的笔墨，关于碧眼儿孙权的一段描写，非常到位：

孙权生得方颐大口，碧眼紫髯。昔汉使刘琬入吴，见孙家诸昆仲，因语人曰：“吾遍观孙氏兄弟，虽各才气秀达，然皆禄祚不终。惟仲谋形貌奇伟，骨格非常，乃大贵之表，又享高寿，众皆不及也。”

孙权字仲谋，活了七十一岁，十八岁即位，在位时间很长。他听从了谋臣张纮的遗言，在公元 211 年迁徙治所南京。这个迁治在操作上颇有些随意，有些心血来潮，而且还有很多后人的附会杜撰。事实上，当时的东吴迁治，基本上就是把指挥部临时挪个地方。为了打赤壁大战，东吴的治所从苏州迁往镇江，现在，为了要继续西进，指挥部再往西走，就必须转移到了南京。事实上，孙权后来更看中的地方，还得往西，那就是武昌，不是武汉三镇的武昌，而是今天的鄂州。孙权甚至还看中过湖北的公安，这地方更往西，离荆州已经不远了。

公元 211 年，孙权把他的指挥部移到了南京。这次迁治的重大意义，就像种树一样，长成大树虽然是后来的事情，然而恰恰就是在这一年，南京这棵小树苗被孙权在无意中种下了。所以说是无意中种下，是孙权自己也没有想到，南京这个临时据点，这个临时的指挥部，一旦被确定下来，仿佛注入了魔法一样，从此就会变得无限神奇。从此，南京的历史开始了，从此，要想做出什么改变，要想继续挪一个窝，再也不像过去那么容易。南京这棵小树苗，在 211 年开始成活，它开始扎根，它的根须开始向下向深处进发，渐渐根深柢固，终于长成一棵参天大树。

02 帝王将相，宁有种乎

龙盘虎踞也好，帝王之气也罢，有意无意中，二十九岁的孙权突然决定把他的治所，把他的总指挥部暂时寄放在南京。后人总是很喜欢提到诸葛亮的故事，其中最著名的一句，无非“钟阜龙盘，石头虎踞，真帝王之宅”。刘宋的裴松之给《三国志》作注，谈到张纮时，有这么一段：

> 《江表传》曰：纮谓权曰：“秣陵，楚武王所置，名为金陵。地势冈阜连石头，访问故老，云昔秦始皇东巡会稽经此县，望气者云金陵地形有王者都邑之气，故掘断连冈，改名秣陵。今处所具存，地有其气，天之所命，宜为都邑。”权善其议，未能从也。后刘备之东，宿于秣陵，周观地形，亦劝权都之。权曰：“智者意同。”遂都焉。

这个记载与《三国演义》小有差别，所谓“权善其议，未能从也”，就是吴主孙权觉得张纮的话很有道理，但是并没有完全听进去。他只是把治所迁徙至此，他的军事指挥部仍然还是可以随时移动。后来刘备来了，又这么如此说了一番，孙权说了一句“智者意同”，就同意了刘皇叔的话，决定定都南京了，裴松之的下一段注又说：

《献帝春秋》云：刘备至京，谓孙权曰：“吴去此数百里，即有警急，赴救为难，将军无意屯京乎？”权曰：“秣陵有小江百余里，可以安大船，吾方理水军，当移据之。”备曰：“芜湖近濡须，亦佳也。”权曰：“吾欲图徐州，宜近下也。”

《三国志》属于正史，正史中也有很多不靠谱的地方，而且它太简略，是二十四史中最不像正史的一部。后人读《三国志》，常常会把裴松之的注附带着一起读。裴松之在孙权逝世的一百二十年后出生，他对历史颇有研究，在为什么定都南京这个问题上，觉得孙权“欲窥徐州，贪秣陵近下，非其理也”。

南京当时还叫秣陵，对话中的“京”，是指京口，也就是今天的镇江。南京与镇江，与安徽的芜湖，与安徽的马鞍山，山川地形，未必就有多大的区别。这几个地方相距并不遥远，真要想图一个“北侵利便”，进攻徐州，侵犯曹操，说穿了都差不多，况且如果是从镇江出发去徐州，或许还可以更接近一些。

孙权生于公元 182 年，那时候，西方的古罗马帝国正在由盛转衰，野蛮的日耳曼部落突破了多瑙河防线，开始侵入罗马边境。孙权两岁时，对东汉产生致命打击的黄巾起义爆发了，一个叫张角的太平道士，以“苍天已死，黄天当立，岁在甲子，天下大吉”为口号，搅得华夏大地鸡飞狗跳，乱象丛生。黄巾起义是促使东汉灭亡的导火线，也是三国时代的序幕。三国的好汉，基本上都是靠清剿黄巾起义军起家，刘备比孙权大了二十一岁，曹操比孙权大了二十七岁，他们其实并不是同一辈人，两位可以说都是孙权的父辈。

要不是黄巾起义，就不会有三国的故事，也可能就没有南京的故事。孙权的这一份家业从父兄那里继承，而孙权父兄的家底，与曹操和刘备一样，都是从清剿黄巾军开始。黄巾军在，大家一起清剿，黄巾军没有了，清剿过黄巾军的军阀，又开始互相清剿。因此三国鼎足，不仅与赤壁大战有关，而且和黄巾起义互为因果。黄巾起义造成了乱世英雄起四方，拥兵自重群雄割据成为常态。当时社会有一个很重要的特点，就是不停地走马换将，你方唱罢我登台。打得赢就打，打不赢就跑。只有争来争去的地盘，只有用来看家的根据地。龙盘虎踞从来都是说说而已，事实上，大家都不把“治所”看得很重，曹操便说过这样的话：

汤、武之王，岂同土哉？若以险固为资，则不能应机而变化也。

孙权显然也很赞成曹操的观点，他最初只是迁治南京，既没有想到会再也离不开这里，更不会想到还要在这里建都。事实上，他不止一次做过迁徙治所的努力，一度又曾迁治武昌，后来又不得不再迁了回来。孙权亲手栽下了南京这棵树苗，最后把自己也埋在了这里。黄龙元年，也就是公元229年，孙权正式称帝，史称“吴大帝”或“吴太祖”。值得强调的一点，孙权并不是在南京称帝，而是在当时的武昌今天的鄂州，他在那里定都，在那里广告天下，宣布自己要做皇帝，改年号为黄龙元年。就在做了皇帝的当年，他把首都又迁回了南京。

事实的真相是，南京的这个“首都”，从一开始就是从别的地方迁过来。称帝前孙权只是“吴王”，从权力上来看，“吴王”和“吴帝”也没太大差别，殊不知一旦称帝，形式和内容都发生了变化。在中国文化中，一字之差，天壤之别。需要再特别强调的是，南京作为六朝古都的历史，正是从这一年才正式开始计算。为什么呢，因为必须从孙权当皇帝的时候开始，才能列入正史，才算名正言顺。

三国时期是中国历史上非常重要的一个时间段，在此之前，教科书上写着“夏商周”，写着“春秋和战国”，写着“秦汉”，总的发展趋势，就是从统一走向分裂，从分裂走向统一。天下大势，分久必合，合久必分。不管怎么说，秦灭六国是大势所趋。秦始皇被称为天下第一皇帝，这个第一，自封也好，别人尊称也好，如果没有后来的生乱，没有后来的异姓改朝换代，一个接着一个继续，大家真习惯了，也顺理成章，就像英国或日本的王室那样，千秋万代传承下来。

皇帝轮流做绝对是后来人的想法，在三国之前，大家心目中皇帝是法定的，人们不会去争那个帝位。

三国以后在南京编撰的《千字文》，开始颠覆人的三观，开始灌输改朝换代思想。“龙师火帝，鸟官人皇。始制文字，乃服衣裳。推位让国，有虞陶唐。吊民伐罪，周发殷汤。”好像改朝换代已经天经地义，好像只要有那个可能，谁都可以当上皇帝。所谓“社稷无常奉，君臣无常位，自古以然”。《西游记》里孙悟空大闹天宫，闹得天翻地覆，他的豪言就是请玉皇大帝让路，把皇帝老儿的宝座乖乖地交出来：

> 常言道，皇帝轮流做，明年到我家。只教他搬出去，将天宫让与我，便罢了。

《三国演义》第七十八回里很有意思的一段：

> 却说曹操自杀华佗之后，病势愈重，又忧吴蜀之事。正虑间，近臣忽奏东吴遣使上书。操取书拆视之，略曰：“臣孙权久知天命已归王上，伏望早正大位，遣将剿灭刘备，扫平两川，臣即率群下纳土归降矣。”操观毕大笑，出示群臣曰：“是儿欲使吾居炉火上耶！”侍中陈群等奏曰：“汉室久已衰微，殿下功德巍巍，生灵仰望。今孙权称臣归命，此天人之应，异气齐声。殿下宜应天顺人，早正大位。”操笑曰：“吾事汉多年，虽有功德及民，然位至于王，名爵已极，何敢更

有他望？苟天命在孤，孤为周文王矣。”

这个故事耐人寻味，考察三国鼎足前历史，基本上就是军阀混战，打过来打过去。三国能够鼎足，是混战打出来的局面，东风不与周郎便，铜雀春深锁二乔。孙权的父亲孙坚和哥哥孙策，都是能征善战的骁勇之士，出生入死，都是打仗的命，注定了马革裹尸的悲壮。孙权与父兄的区别在于，他不只是一支军队的首领，还是一个国家的领袖。

说三国鼎立前的群雄，都想争着当皇帝是不真实的，大家的理想境界也不过就是称王称霸，不过是希望官做得越大越好，自己管辖的地盘越大越好，然而真到了三国时期，情况就不一样了。这时候，孙权早已羽翼丰满，成了一块曹操啃不动的硬骨头。这时候，以南京为中心的东吴疆域已经很大，已经有了足以称帝的资本。

赤壁大战以后，三国鼎立之势形成。公元219年，孙权为了夺回荆州，与蜀国交战，杀了关羽，然后掉过身来，写信向曹操俯首称臣，劝曹操当皇帝。此时的孙权还不到四十岁，正是年富力强之际，而曹操已六十多岁，再过一年便要离开人世。这时候，应该年轻气盛的人不年轻气盛，应该寿终正寝的老朽也不老朽，正是三国时期最典型的政治气候。曹操火眼金睛，一眼看透了孙权的用心，没有中计，根本没当回事，说孙权这小子没安什么好心，他这是想把我放在炉火上烧烤。

为什么说这个细节值得玩味，曹操为什么不敢称帝，因为在他心目中，称王称霸可以，称帝不是闹着玩的事。他所处的文化背景，篡夺皇位意味着大逆不道。所谓乱臣贼子死有余辜，董卓拥兵自重，废汉少帝，改立汉献帝，因此招惹众怒，身败而名裂。袁术以自己名字应谶言“代汉者，当涂高”，称帝于寿春，结果立刻众叛亲离，同样是身败名裂。“皇帝轮流做，明年到我家”，这种观点是后人根据前人历史，尤其是三国以后的历史加工出来的，不管怎么说，曹操当时还是很忌讳，不想就这么坏了规矩，他觉得这个规矩不能破坏，起码不能在他的手上破坏。

谁来做这个皇帝，此乃帝王家事，本来与老百姓没有一毛钱关系。秦始皇当了皇帝，很快死了，天下没有不老的长生药。秦始皇一死，天下就乱，就立刻大乱，就出现了陈胜和吴广。陈胜吴广只是捣捣乱，却给后人带来无尽麻烦，造成了十分严重的后果。他们留下最有影响的是那句“帝王将相，宁有种乎”，不安分的后人又将这句话加工，翻译成了无法无天的“造反有理”。很显然，在老百姓心目中，一旦存下这些念头，一旦接受这些观点，天下想不乱也要乱了。

自古汉贼不两立，王室不偏安。多少年来，曹操的罪名至多也就是“挟天子以令诸侯”。公元219年，在南方的孙权给曹操写信，希望他废除汉室，干脆做了皇帝算了。孙权不惜低头服小，近乎肉麻地讨好，拍马屁。然而曹操不想上当，他大权在握，称不称帝不过是个形式，称了帝会有很多预想不到的麻烦。劝人当皇帝都是没安什么好心，过去是这样，今天是这样，将来还这样。

为什么一再强调这段历史很重要，为什么曹操没有听孙权的话，为什么曹操会把众人的奉承吹捧当作耳边风。有时候，形式这玩意非常重要，若以手中掌握的权力而论，曹操这个丞相远比儿皇帝汉献帝更有实权。曹丞相最终并没要皇帝的这个名分，他不想坏了祖宗传下来的规矩，不想留下千古骂名，他知道真要是那样，后果会很严重。

那句传说中的名言，不能流芳百世，也要遗臭万年，事实上并不是曹操说的。他从来没说过这么厚颜无耻的话，被追封为皇帝，追封为魏太祖，那是后来的事，曹操儿子曹丕干的。说白了，孙权讨好北方的曹操，希望曹操称帝，是三国时代群雄各种玩心机玩阴谋的生动体现。曹操的诗很有意境，他的散文并不多，《让县自明本志令》中有一句话写得挺妙，反驳别人说他想篡位，掷地有声：

设使国家无有孤，不知当几人称帝，几人称王。

天下英雄谁敌手，曹刘，生子当如孙仲谋。在南京为王的孙权绝非等闲之辈，他“屈身忍辱，任才尚计”，能够像勾践一样没有底线，敢不要脸，所以才能立足南京，“成鼎峙之业”。曹操不肯称帝，他不称帝，蜀汉的刘皇叔刘备，也不好意思厚着脸皮登基，作为晚辈的孙权当然更不敢冒昧。

大家都有贼心没贼胆，规矩最后被曹操的儿子给破坏，在孙权劝曹操称帝的第二年，曹操死了。他老人家一死，古老的禁忌似乎也没了，继承魏王的曹丕胁迫汉献帝退位，自己做了皇帝，改国号为魏，改年号为黄初。

曹丕称帝，彻底改变了中国历史。大家都开始不要脸，刘备立刻迫不及待，也不再当什么刘皇叔，赶紧在四川称帝。刘备在称帝的第三年逝世，好歹过一把皇帝瘾。曹丕呢，当皇帝时间也不长，刘备死后不久，年纪轻轻便死了。

在南京的孙权，自然也就要称帝。皇帝轮流做，明年到我家，他为什么不弄个皇帝当着玩玩呢。

03 公元229年

孙权在曹丕称帝后的第九年，才不急不慢地在武昌正式称帝，这时候，距离他劝曹操称帝已整整十年。这时候，诸葛亮与司马懿正在斗智斗狠，孙权的老对手曹操和刘备都已经不在人世，曹丕也死了。论资历，年轻的曹丕就是不死，也玩不过孙权，虽然他们岁数相差并不大，只相差了五岁。

曹丕称帝后，孙权立刻又玩老一套，遣使请求成为魏的藩属，曹丕十分高兴地封孙权为吴王，然而他很快就发现孙权并非真心归附。很显然，孙权的臣服只不过是权宜之计，他还有自己的一大堆麻烦要解决，事实上曹丕和刘备的相继称帝，孙权心中也很窃喜，谁还不想当皇帝呢，谁不愿意成为天子呢，他只是不着急，先从容地把年号给改了，改成了黄武。

年号在封建时代是很重要的一件事，公元220年，曹丕称帝，年号是黄初元年。公元221年，刘备称帝，年号是章武元年。公元222年，孙权并没有称帝，但是他已经不愿意再使用别人的年号。至此，三国再也不像过去那样，说建安多少年，而是各用各的年号纪事。建安时代彻底结束，我们说到黄初三年，说到章武二年，说到黄武元年，它们其实都是同一年。规矩还是规矩，规矩已经不成规矩，规矩被彻底地破坏了。如果说过去的三国，还只是形式上的各自为政，现在它们已是地地道道的三个国家，三个帝国。

为什么孙权迟迟不敢称帝，为什么在武昌称帝之后的同一年，他又赶紧把首都迁到南京，三言两语说不清楚。有些事情，定下来就定下来，定下来就再也不会改变。反正南京人挺高兴，转眼就成了首都人民，何乐不为。南京从此开始了六朝的历史，偶然性永远是重要的，或许两相比较，进行了反复的掂量，孙权还是觉得建业比武昌更为重要。

有一种说法，东吴匆匆建都武昌，主要目标是为了针对刘备的蜀汉，为了继续西进，而定都南京，则是为抗击北方的曹操，为了能够准备北上。因此东吴最终选择南京，说明孙权的心腹大患，仍然还是曹魏。这个判断未必准确，事实真相大家都知道，等到孙权定都南京，曹操早死了，刘备也死了好几年，甚至比孙权小五岁的曹丕，也在三年前一命呜呼。很显然，西进或者北上，都不是孙权选择南京的直接理由。

不管怎么说，公元229年对于南京来说，还是有着非同寻常的重要性。毕竟定都与此前211年的迁治，有着完全不一样的意义，迁治说到底，终究还是个临时据点，是指挥部搬一个家，正式定都却代表着一个帝国的政治和经济中心，包括军事中心，都正式集中在了此地。内容虽然重要，形式也同样重要，甚至更重要。

南京成为东吴的首善之地，战争并没有完全停止，也暂时不会停止。事实上，三国之间的战争从来也没有停止过。自从东吴的孙权定都南京，经济建设不得不提到重要的议事日程上。毕竟经济是一个国家的基础，打仗离不了经济，和平也离不开经济，诸葛亮的前后《出师表》写得很漂亮，慷慨陈词大义凛然，然而恰恰就是为了壮怀激烈的北伐，蜀汉穷兵黩武，蜀汉先军政治，经济上早已经是一塌糊涂。

孙权定都南京时，正是诸葛亮北伐喊得最响亮之际，而蜀汉率先灭亡，与经济崩溃不能说没有关系。纯从经济生产的水平考量，三国中的东吴，可以说是经济基础最为薄弱。司马迁《史记》中记录秦汉时期的 GDP 排名，古代传下来的九州中，名列第一的是雍州，排在最后的是扬州。大家都知道，秦国能够统一天下，首先是拿下了蜀地益州，有了四川这个大粮仓，横扫六国指日可待。拥有雍州的曹魏，拥有益州的蜀汉，自然条件比处在以南京为中心的扬州之东吴，要好太多太多。

况且三国时期，各国都还有些自己的问题必须要解决，蜀汉的诸葛亮“思惟北征，宜先入南，故五月渡泸，深入不毛，并日而食”，七擒七纵孟获。魏国的曹操也要跟境内的少数民族打交道，要清剿和安抚匈奴和乌桓。东吴面临的最大问题则是“山越”，《三国志·吴书》中经常会出现这两个字。关于这个山越，说法不一，如果用百度上的一句话来概括，就是“江南地区越人部落占山为王武装势力的统称”。有学者认为三国时期的山越，为古百越部落后人，为了不纳王租而占山为王，平时也劳动耕作，和平民百姓并无异别，翦伯赞先生《中国史纲要》认为：

山越人是秦汉时期南方越人的后裔，散布在长江以南今江苏、浙江、安徽、福建、江西等省境内。

总之，山越主要是存在东吴境内，就在南京附近。以建业为中心的东吴，要想维护国家的稳定，如何解决山越问题，必然会成为重中之重。看三国时的东吴地图就可以明白，山越活动的区域与东吴的中心地带几乎重叠，就盘踞在首都南京周围。如果不能很好地解决这个山越问题，东吴也不可能太平。有一种观点就认为，三国中东吴最后称帝，显然还与山越作乱有关，“山越好为叛乱，难安易动，是以孙权不遑外御，卑词魏氏”。也就是说，因为受到山越的掣肘，攘外必先安内，孙权不得不屈身事魏。再换句话说，南京地区若不太平，整个东吴也不会太平。

公元229年，孙权在自己的称帝宣言中，强调规矩是被曹氏父子破坏，他现在只是不得不当这个皇帝。“汉家堙替，不能存救，亦何心而竞乎”，但是群臣都在说这是“天命符瑞”，天意不可违，一请再请三请，于是孙权就登基了：

汉享国二十有四世，历年四百三十有四，行气数终，禄祚运尽，普天弛绝，率土分崩。孽臣曹丕遂夺神器，丕子叡继世作慝，淫名乱制。

……权畏天命，不敢不从，谨择元日，登坛燎祭，即皇帝位。

孙权是个十分谨慎的人，都玩到了这个份上，还要继续客套，继续装模作样，继续作秀。当然，他既然做了皇帝，就要有一点皇帝的样子，就要大赦天下，就要封皇后立太子，“内外文武百司皆即位行赏，边军征防各赐勋五转，鳏寡孤独量给谷帛，百姓并免今年租赋，天下赐酺五日”。

南京被称为南京，那是非常后来的事情。必须要记住的是，三国时的南京叫“建业”。单从字面上来理解，作为东吴首都的名字，武昌二字，多少还有一些枪杆子里出政权的意思。建业就不一样，建业中多少有了一些和平建设的愿景，意味着这个城市的定位，要文武双修。这个解释当然也有些勉强，有些玩拆字先生的把戏，然而正是从公元 229 年开始，南京这艘驶向未来的航船，终于开始扬帆起程。

孙权在南京一共做了二十三年皇帝，这期间，非常重视农业生产，广修水利，大兴屯田。在他领导下，原本落后的江南经济，有了明显好转。于是“国税再熟之稻，乡贡八蚕之绵”，很好地解决了军粮和民食，国家实力开始增强。《建康实录》上开始有一些喜气洋洋的记录，黄龙三年夏五月，“建业有野蚕为茧，大如鸟卵”。农桑是根本，有了农桑，东吴的青瓷制造业、造船业、冶铸业都有较大程度提高。比较起来，孙权绝对还是个节俭的皇帝，没有因为南京已经是首都，就大兴土木。他反对铺张浪费，不喜欢豪华奢侈，建业这两个字始终饱含着励志，南京城在最初的建设中，完全可以称得上兢兢业业。

一般的说法，南京城建设仿造了阖闾大城。左思的《吴都赋》有这样的句子，“起寝庙于武昌，作离宫于建业。阐阖闾之所营，采夫差之遗法”。仔细想一想，肯定又是文人的想当然。当时并没有人知道阖闾大城在什么地方，几千年来都只是在传说，在猜测。有人说在苏州，有人说在无锡，最新的考古发现，又说是在常州武进区的雪堰镇。有时候，历史实在没办法当真，既然谁也说不清楚阖闾大城是什么模样，当时的南京又如何根据传说去仿造。

因此东吴时南京城所谓的仿造，所谓阖闾所营夫差遗法，都不过是为了字句对仗工整，为了遣词漂亮，只能是说说而已，唐朝李善解释左思的词义：

> 阖闾造吴城郭宫室，其子夫差嗣，增崇侈靡。孙权移都建业，皆学之。故曰“阐阖闾之所营，采夫差之遗法”。

不管怎么说，吴王夫差都是亡了国的，被一个卧薪尝胆叫勾践的人打败了。亡国之君必定会安上一大堆罪名，侈靡两个字用他身上怎么都合适，什么样的过错都可以是他的。吴越春秋时代的吴国都城到底有多大，还是可以找到一些文字记录，《越绝书》上便说：

吴郭周匝六十八里六十步，大城周匝四十七里二百一十步。水门八，陆门八，其二有楼。名门者，车船并入。昌门今见在，铜柱石填地。大城中有小城，周十二里，亦有水陆门，皆阖闾宫，在高平里。

多少里多少步，这是古人的一种计算方式。阖闾时期建造的“吴城”，《越绝书》上提到的“吴郭”，因为都有一个吴字，后人弄不好就会和孙权的东吴混淆，忽视了它们之间有着七八百年的时差，此吴非彼吴，是两码事，文明程度完全不一样。公元229年东吴开始定都的南京城，简明扼要地说，显然不应该是阖闾大城的样子。左思的《吴都赋》虽然也说南京城“通门二八，水道陆衢”，但是当时的建业远没有传说中阖闾大城的规模，这一点不容置疑。

04 多宫制的建业

南京作为东吴的首都，在一开始，就远没有我们想象的那么大，那么完美那么豪华。首先，它多多少少地还是有些匆忙，有些急就章，根据《建康实录》记载，孙权定都的南京，“都城周二十里一十九步”，这个数字显然要比传说中的阖闾大城“四十七里二百一十步”小得多，有专家甚至对“二十里一十九步”都持怀疑态度，很显然，古城南京在一开始并不是以大取胜，与豪华和漂亮没有一点关系。

至于东吴时期的首都南京主城究竟在什么位置，基本上是两种说法，一是根据上世纪三十年代朱偰先生的《金陵古迹图考》，将宫城的北沿，定位在今天珠江路以北的东南大学附近。二是根据后来的考古发现，城址似乎还应该往南移，核心区域应该是在大行宫附近。这样一来，当时的南京城，就要比原来认定的规模，又小了很多。

东汉末年有过两个郗俭，一位是益州刺史，一位是东吴的左台御史。公元240年，注重兴修水利的孙权派郗俭指挥开凿京城河道，其中有一道潮沟，成为东吴苑城的北界，而今天北京东路和珍珠河北段，基本上就是当年的潮沟遗迹。

争论的焦点其实就是，如果城址限定在珠江路以南，同时东“皆不出青溪”，西为运渎，那么都城“周二十里一十九步”便有些奇怪，便解释不太清楚。好在近年来的大规模城市建设，为了盖摩天高楼，要深挖地基，顺带也引起了一些新的考古发现。新的考古发现证实，东吴时期的建业城确实不像大家想的那么大，它甚至比我们想象的小，可能还要再小一些。

在孙权定都南京之前，南京的老百姓大多沿秦淮河而居，主要是生活在淮水南岸的大小长干。孙权在南京定都，最初利用的只是他哥哥孙策的将军府，他哥哥早就死了，这个将军府也是死后追封的，其实就是一个远离居民区的大兵营。也就是说，在一开始，孙氏政权只是在秦淮河之北六七里外的空旷地带，匆匆建设了几座宫殿和苑囿。

可以这么说，这便是南京作为首都的雏形。东吴建业城的总体规划，主次分明，宫城区，宫苑区，官署区，市场区和居民区，都是相对独立，显得特别安静。秦淮河以北是几座不起眼的宫殿，是官署和苑囿区，而秦淮河两岸，特别是南岸，是民居和集市。这种独特的多点布局，多宫制的形式，突破了《周礼》上前朝后市的基本格局，对后来东晋以及南朝的建康城，产生了重要影响。

黄龙元年十月，也就是公元229年的十月，迁都南京的孙权，搬进了“建业太初宫居之”。太初宫不是一个什么了不得的宫殿，它很简陋，原先只是一个兵营。具体位置，大约在今天中山东路一带，或南或北，两种说法并称。到了赤乌十年，也就是247年春，太初宫年久失修，木柱朽腐，不得不加以重建，于是孙权又搬进了南宫，所谓南宫，就是太子宫。

东吴时太子宫在南面，所以叫南宫。267年，孙权不在了，长眠在紫金山一个小山坡上。经过几番折腾，经过孙亮和孙休，皇位落到后主孙皓手里，他此时已当了三年皇帝。孙皓的这个皇位来得也不容易，他爹孙和是废太子，被废被杀，孙皓这孙子当得也不容易，他是带着一股怨气来当皇帝的。

跟他爷爷不一样，孙皓喜欢弄点事情出来。刚开始当皇帝，还很发愤图强，很励志，“抚恤人民”，“开仓振贫”，“减省宫女”，颇有点政绩。渐渐就不太像话，开始摆谱了，开始对自己的住处感到不满意，开始大兴土木，开始大摆皇帝威风。到了这年“夏六月，起新宫于太初之东”。新宫又称昭明宫，太初宫西有太子西园，还有冶城和石头城，又进一步“开城北渠，引后湖水激流入宫内，巡绕堂殿”，结果自然就是史书上记载的“穷极伎巧，功费万倍”。

东吴时期的南京，由多所不同性质的宫城垒构而成，虽然在《建康实录》中，也述及一条都城轴线，从苑城南门经宣阳门至朱雀门，因为只是后代文献，与“都城周二十里一十九步”的记录一样，并不确切。作为一个国家的首都，建业城还有待于逐步完善，《世说新语》上就有这样的故事：

宣武移镇南州，制街衢平直。人谓王东亭曰："丞相初营建康，无所因承，而制置纡曲，方此为劣。"东亭曰："此丞相乃所以为巧。江左地促，不如中国，若使阡陌条畅，则一览而尽；故纡余委曲，若不可测。"

这里说的宣武是东晋的桓温，王东亭则是写《伯远帖》的王珣。这段对话为研究者所重视，被认为是早期南京城形制不规整而且纡曲的证据。东吴亡于280年，东晋从317年开始，相差只有三四十年。很显然，东晋时期南京城的不规整，不是想象中那样横平竖直，恰恰是东吴多宫制的生动写照。东晋对于东吴自然会有继承关系，东吴的多宫建筑风格，很难一下子全部消除，因此东晋虽然是从西晋演变过来，已经有了大量的北方元素，它的新都不像中原都市那样"街衢平直"，"阡陌条畅"，也就在情理之中。

事实上，在东吴的南京城中，因为有太初宫，有苑城，有昭明宫，有太子西园，还有太子南宫。这几处宫苑之间，显然不可能存在着明确的中轴线，多少有些七零八落。加上孙权一直崇尚简朴，在城市建设上缺少创新和想象，基本上也是能凑合就凑合。东吴时期的都城建业，在总体格局上，除了"江左地促"，不能和当时北方的中原相比，应该还与中国古代都城的"多宫制"传统有关。

多宫制属于中世纪之前的筑城风格，譬如汉长安古城，就是典型的多宫制都城，城内大部分空间都被名称各异的宫殿占据，不同功能的宫殿，分布在都城的不同部位，它并没有像后来的魏晋，以及更后来的明清皇城那样，把主要建筑都集中在一个大的宫城之中。又譬如东汉的洛阳城，能够确认的独立宫殿区，至少也有南宫北宫和永安宫，这种形制无疑都还属于多宫制。

因此，与后来的皇城相比，建业城对古代的继承更多，它更传统更古老，同时也相对陈旧和落后。东吴时期的南京城，在某种意义上，既代表着一个新的南方都市诞生，同时也意味着中国古代都城的最后绝唱。很显然，就都城的设计而言，在城市规划和建筑风格上，它已经远远落后于北方的曹魏。

05 红尘昼昏，中逵泥泞

想象一下东吴时期的建筑材料吧，那年头，青砖已烧制出来了，显然还是很珍贵，非常珍贵，只能用在沟洫的关键位置，用于墓穴，用于皇宫的殿基和墙基，用于水井和水道。最常见的城市建筑应该还是夯土墙，应该是茅草棚，所谓城墙，可能有，更可能没有，真要有，也就是一些象征性的竹篱笆。东吴时的南京城，因为后来左思《吴都赋》近乎浪漫的吹嘘，过于诗意，一直处在一种失真的状态。

南京城从一开始就是一种文化，就是说得比实际更好，描写得比真实更精彩。从一开始，就离开不了艺术加工。左思把东吴时期的南京写得太漂亮，这个太漂亮有两层意思，一是文章确实漂亮华丽，因为写得漂亮华丽，“于是豪贵之家竞相传写”，顷刻之间就洛阳纸贵。据说原来每刀千文的纸，一下子便涨到两千文，涨到了三千文，即使这样也仍然倾销一空，大家只好到外地去买纸。有了左思的《吴都赋》，别人都不敢再写同样的文字，文章也怕货比货，那些已完成的描写当时南京的文字，因为左思的《吴都赋》太有名，结果被完全淹没，没有人再去提及它们。

然而文章太漂亮的另一层意思，过于夸张和渲染，真实的南京城，当时肯定没有那么文明，没有那么传奇，没那么牛：

于是乎长鲸吞航，修鲵吐浪。跃龙腾蛇，鲛鲻琵琶。王鲔鯸鲐，鲫龟鳍鳍。乌贼拥剑，鼊鼊鲭鳄。

仅凭以上《吴都赋》中的这些文字，你根本感觉不出当时南京城可能会有的模样。你很可能被它吓唬住了，惊呆了，接下来文字稍稍好理解一些，开始有一点形状，有点货真价实：

抗神龙之华殿，施荣楯而捷猎。崇临海之崔巍，饰赤乌之韡晔。东西胶葛，南北峥嵘。房栊对栊，连阁相经。阍闼谲诡，异出奇名。左称弯碕，右号临硎。雕栾镂楶，青琐丹楹。图以云气，画以仙灵。虽兹宅之夸丽，曾未足以少宁。思比屋于倾宫，毕结瑶而构琼。高闱有闶，洞门方轨。朱阙双立，驰道如砥。树以青槐，亘以绿水。玄荫眈眈，清流亹亹。列寺七里，侠栋阳路。屯营栉比，廨署棋布。横塘查下，邑屋隆夸。长干延属，飞甍舛互。

即使这样，仍然华而不实，仍然空话连篇，所谓传颂千古的好文章，有时候也禁不起仔细琢磨认真研究。好文章有时候就是人云亦云，大家都说好，便没人敢说不好。《吴都赋》确实是描写早期南京最经典的一篇文章，你可以不喜欢它的文风，但是后人说起南京的往日繁华，几乎不可能绕开它，不是直接引用文字，便是间接转述它的叙事。《吴都赋》中有两句话常常被人拿来介绍当时的南京，虽然还是夸张，还是不太真实，却写出了当时南京繁华的神韵。

挥袖风飘而红尘昼昏，流汗霡霂而中逵泥泞。

自古“繁华”二字，后边喜欢再加一个“梦”字。繁华常常就是梦，就是春梦，就是空想。历史是真实，有时候也只是想象。不妨想象这样的情景，大家挥一挥袖子，立刻尘土飞扬，刮起了沙尘暴，这得要多少人。天气太热了，男男女女都在流汗，汗珠滴在地上，仿佛，刚下过一场雷阵雨，地面上顿时泥泞滋积。写尽了昔日繁华，为东吴时期南京城，留下了一条最好的注解。

关于左思在什么时候写下了这篇《吴都赋》，时间上还有些争议，《晋书·左思传》和《世说新语》两者的说法并不一致。古人看法不同，今人的看法也不同，清华大学傅璇琮先生考证，《三都赋》成于太康元年，也就是公元 280 年，吴国灭亡之前。杭州大学姜亮夫先生则认为应该作于公元 291 年，这时候东吴已亡国，已经不复存在。一部并不是特别真实的《吴都赋》，最后能够如此引人注目，充分说明了文学作品可能会有的巨大力量。

当年南京城的相对繁华，其实还是有案可稽，三国时期总是在打仗，东吴立国之后，在南京定都，对“强兵足食”有了更深刻的认识。早在黄武五年，也就是公元226年春，定都南京的三年之前，孙权曾下过军令，说“军兴日久，民离农畔，父子夫妇不能相恤，孤甚愍之，今北虏缩窜，方外无事，其下州郡，有以宽息”。意思就是趁着战事休整，赶快发展经济，赶快休养民生。具体做法就是在其统治辖区内，尤其是在京师建业周围，广泛推行屯田，增加财政收入，保障军粮供给。

后三国时代要相对和平一些，连年战乱，三国都在劳民伤财，都觉得有些吃不消，都意识到了休养的重要。随着东吴推行屯田制，建业地区的农田水利事业，有了前所未有的发展。在今天南京江宁区湖熟镇，置典农都尉，在今天江苏溧阳西南，置屯田都尉。都尉一职在秦汉以前，属于中高级武官，到了汉以后，变化很大，典农都尉和屯田都尉，相当于后来的县令和县长。

不管怎么说，在中国古代，一千条一万条，粮食都是根本，粮食问题解决了，其他问题也迎刃而解。有了充裕的粮食供给，以南京为首都的东吴，北与曹魏抗衡，西和蜀汉争雄，同时又有效地剿抚山越，开始变得越来越强大。这充分说明，三国时期，不只是打仗，不只是争夺地盘，经济建设同样重要。

东吴时期的南京居民，主要分布在南京城南，建业南五里有山岗，其间平地，正好适合吏民杂处。又有大长干和小长干，大长干在城东，小长干在城西，也就是说，秦淮河以南长干里一带，贵族和平民聚居，富人和穷人同处。今天的东西干长巷，想必就是当年长干里留下的印记。必须强调的是，南京城里现在并没有长干巷，只有东干长巷和西干长巷，这两条巷子紧挨着历史上的大小长干。为什么叫干长巷，而不是古名称的长干巷，有诸多解释，并没有定论。

当时南京的交易市场，分布在人口稠密交通便利之处，主要集中在秦淮河两岸。《景定建康志·疆域》关于“市镇”有这么一句话：

> 吴大帝立大市在建初寺前，其寺亦名大市寺。

相对于“大市”，自然还会有小市，市场的活跃程度，往往最能充分体现一个城市活力。东吴时的南京，有了大市和小市，建业城变得十分热闹：

> 于是乐只衎而欢饫无匮，都辇殷而四奥来暨。水浮陆行，方舟结驷。唱棹转毂，昧旦永日。开市朝而并纳，横阛阓而流溢。混品物而同廛，并都鄙而为一。士女伫眙，商贾骈坒。纻衣絺服，杂沓傱萃。轻舆按辔以经隧，楼船举帆而过肆。果布辐凑而常然，致远流离与珂珬。缣贿纷纭，器用万端。金镒磊砢，珠琲阑干。桃笙象簟，韬于筒中；蕉葛升越，弱于罗纨。儬譶澩漻，交贸相竞。喧哗喤呷，芬葩荫映。

粗粗地瞅一眼以上《吴都赋》中的华丽文字，你根本不用完全明白字面意思。仅仅靠猜想，你就能够感觉到扑面而来的古代繁华。那种热闹和热烈气氛，一幅又一幅凝固了的古典油画。“登东歌，操南音”，“荆艳楚舞，吴愉越吟”。东吴曾有过那么一段非常美好的日子，那时候，南京的天空是晴朗的，南京的空气是甜蜜的。有一点歌舞升平，有一点繁花似锦，这显然是一个崭新的城市，在当时甚至都可以算一个国际化的大都市。

店肆林立，百货齐全，不但有本地的土特产，还汇集了来自五湖四海的南北货。士女商贾，纷至沓来，投入市场的手工业商品，有锦绫绢麻，有酒盐醋酱，有车，有砖瓦，有棺椁，有铁器铜器木器。秦淮河北岸除了大市，小市十余处同样精彩纷呈，谷市，牛马市，纱市，盐市，还有花市鸟市。沿江码头上停满了商船，来自长江中上游，来自闽广，来自海外。此情此景，真所谓北货和南客，西鹣而东鲽，无远不至，要什么有什么。

06 赤乌群集前殿

东汉末年，南方有一首童谣悄悄流传：

黄金车，班兰儿。开阊门，出天子。

童谣往往代表民意，更可能是伪造的民意。这首民谣显然是南京人编的，虽然说的是苏州。苏州人都知道，阊门是姑苏的西城门，据传是吴王夫差所建。打不打开阊门不重要，重要的是它传递的这个“出天子”信息。与孙悟空的“皇帝轮流做，明年到我家”相比，可以说异曲同工，只不过一个自己大言不惭说出来，一个借用了小孩子的嘴巴。

毫无疑问，这童谣别有用心，目的就是要为孙权当皇帝造舆论，就是想拍马屁，扰乱人心。谣言传了千遍万遍，极有可能成为真理。当初孙策中箭身亡，临死前，关照刚刚十八岁的弟弟，要他“举贤任能，各尽其心，以保江东”，又说“卿宜念父兄创业之艰难，善自图之”。很显然，当哥哥的不放心，群雄纷争，虎狼当道，弟弟孙权能死守住江东，已相当不错。

毫无疑问，孙权比他父亲和哥哥厉害得多，取得的成绩也大得多。不仅守住江东，而且把东吴折腾成了一个国家。三国的头领都不是等闲之辈，与曹操和刘备相比，年轻的孙权占有年龄优势。公元207年，刘备还是个玩空手道的家伙，占据的地方小得可怜，孙权的地盘也不大。看当时地图，刘表和刘璋控制的区域，都要大于东吴。经过赤壁之战，孙权的版图大了许多，再下来，刘备入蜀取代刘璋，孙权拿下荆州，东吴的领土面积比曹魏小，比蜀汉大了差不多一倍。最大时，北至辽东，南到广州和夷州，通常的说法，古夷州就是今天的台湾。

野心勃勃的孙权从没真正放弃过并吞刘备的想法，这个美好愿景是周瑜帮他设计的，就是西进西进再西进，像后来司马氏的做法一样，先找机会灭了蜀汉，再绕道北伐，最后一统天下。千万不要以为孙权领导的吴人不强悍，南方人柔弱是后来的事，三国时期的吴人，依然保持着司马迁《史记》中记载的那种野性。那时候，今日徐州和山东曲阜一带的鲁人，还都是很斯文，还都是地道的儒家风范。

吴人尚武是有着历史传统的，历史上的吴越春秋，斗的就是一个狠字，吴王金戈越王剑，吴人轻生死，重信义，好鬼神，英勇无比。

何处望神州？满眼风光北固楼。千古兴亡多少事？悠悠。不尽长江滚滚流。

年少万兜鍪，坐断东南战未休。天下英雄谁敌手？曹刘。生子当如孙仲谋。

差不多九百年后，北宋在金人的进攻下灭亡了，流亡在江南的辛弃疾回首三国往事，写下了这首著名的《登京口北固亭有怀》，盛赞孙权的有勇有谋。孙权掌控东吴五十多年，在南京做了二十多年皇帝，在这二十多年，曹操不在了，刘备也不在了，然而他并没有抓住机会，趁机西进或北伐，灭了蜀汉和曹魏，这其中很重要原因，既与建业越来越安逸的生活有关，也与孙权年龄有关，毕竟孙仲谋不再是风流倜傥的青春少年。

司马光的《资治通鉴》中有这么一段，讲述三国东吴吕蒙听从其主孙权劝告，认真读书学习，终于成为一代名将：

初，权谓吕蒙曰："卿今当涂掌事，不可不学！"蒙辞以军中多务。权曰："孤岂欲卿治经为博士邪？但当涉猎，见往事耳。卿言多务，孰若孤？孤常读书，自以为大有所益。"蒙乃始就学。及鲁肃过寻阳，与蒙论议，大惊曰："卿今者才略，非复吴下阿蒙！"蒙曰："士别三日，即更刮目相待，大兄何见事之晚乎！"肃遂拜蒙母，结友而别。

这个故事选入语文教材，中学生都很熟悉，除了要记住"吴下阿蒙”和“刮目相待”两个成语，大家更应该注意孙权的自述。吕蒙比孙权还大三岁，是东吴的功臣，立下了赫赫战功，曾设计袭取荆州，击败关羽，让东吴领土面积大增。孙权与吕蒙交谈，不只是帝王和臣下对话，更有一种长者的语重心长，由此可见孙权当时心智有多成熟。“孤常读书”，潜台词是说“我比你更忙，也没耽误读书，你还有什么理由不读书呢”。

在南京称帝的孙权颇有一代明君风范，他曾下令，对东吴叛将的家属不再追杀，“督将亡叛而杀其妻子，是使妻去夫，子弃父，甚伤义教，自今勿杀也”。三国时期中国人口锐减，刑法严厉，对叛逃人员的处置一般都很残酷。通行办法是满门抄斩，罪及妻子，严重的还要灭族。以魏国为例，有逃跑的“士”妻，刚嫁到夫家不久，便连坐被杀。具体到吴国也是这样，当时叛逃现象相当严重，叛逃者身份和地位各异，既有普通吏民和士卒，也有特殊地位的带兵将领。赤乌七年，也就是公元 244 年，孙权在南京颁布了对叛逃者家属不再杀头的诏书，从这一点，多少也可以看出他的仁慈之心。

南京城中吴人的野蛮性，正在慢慢销蚀。随着年龄增长，孙权也变得越来越儒雅，越来越好说话，当年为了要在赤壁与曹操打一仗，手下人出来劝阻，他拔出佩剑砍向面前的奏案，大声喝道：“诸官将有再言降操者，与此案同！”赤壁大战过后二十五年，公元 233 年，在南京称帝的孙权，又一次拔出刀来，要砍向面前的桌子，在他的皇宫中又一次火冒三丈：

时帝遣张弥、许晏应接公孙渊。

昭谏曰：“渊背魏惧讨，远来求援，非本意也。若渊改图，欲自明于魏，两使不返，取笑天下。”

帝不纳，昭切谏止之，帝横刀于膝上，大怒曰：“吴之士大夫入则拜朕，出则拜卿，朕之敬卿，亦为至矣。而数于众中折朕，失计何也？”

昭熟视帝面，良久进曰：“诚知言不见用，每竭愚衷者，诚以太后临崩，呼老臣于床下，遗诏顾命之耳。”

因即涕泣横流。帝投刀于地，与昭对泣。

《建康实录》中这一段文字十分传神，在《三国志》中差不多有一段同样记载。张昭字子布，吴国老臣，当年反对在赤壁抵抗曹操，领头的就是这位张昭。赤壁大战打赢了，所以求和的观点被证明是错误的，说明张昭当时完全站在不正确的一方。面对这样一个倚老卖老的家伙，孙权的表现出人意料，居然放下宝刀，收起了帝王架子，与臣子张昭对泣起来。

然而流泪归流泪，与当年准备抵抗曹操一样，这一次孙权仍然没听老臣张昭的意见，执意要派张弥和许晏出使辽东。张昭这老头脾气也倔，绝对不见风使舵，你当皇帝的不听我的话，便赌气不理皇上，不上班了。结果证明张昭的判断还是正确的，公孙渊果然翻云覆雨，背信弃义，出卖了东吴，杀了孙权派到辽东去的使者张弥和许晏。

昭忿言不见用，杜门称疾不朝，帝数召起，昭称疾笃。

帝恨，塞其门，昭于内又自以土封之。帝后悔过，亲至门呼昭，昭犹称病。帝烧其门以恐之，昭更闭户。帝使人灭火，自责良久，昭诸子共扶昭起，载而还宫。

根据文献记载，张昭的宅子在大长干寺道西，就在内秦淮河南面，正对瓦官寺门。江东谓山陇之间为“干”，于是便有大长干小长干东长干这些里巷。南京城南五里处有山岗，其间有一块平地，正好适合老百姓居住，张昭权位与名望都高，他居住的地方，肯定是南京当时除皇宫之外，最适宜定居的地块。在东吴时代，秦淮河南岸要比北岸更热闹，更有人气。

发生在张昭家门口的这一幕太有戏剧性，当了皇帝的孙权，竟然有那么大气量，竟然能容下张昭这样的倔强老头，是可忍，孰不可忍。其实孙权派特使接应辽东的公孙渊，封他为“燕王”，本来应该是一招策反的好棋，一旦布局成功，曹魏便处于腹背受敌的两难处境。没想到公孙渊说话根本不算数，毫无信义，让孙权的如意算盘落空，如张昭所说的那样成为笑柄。

不管怎么说，建业还不是孙权心目中的理想首都，选取南京多少有些不得已而为之。想当年，赤壁大战战罢，孙权迅速从镇江迁徙治所到南京，十八年后，公元229年，孙权在武昌称帝，又在当年立刻迁都回南京，这一进一退一西一东，充分体现了孙权的两种心态，一是积极进取，一是消极退保。

两种不同心态，必然产生两种不同的城市文化。事实上，自从迁徙治所到建业，南京的城市形象迅速改变，一方面，它从一个默默无闻的小县城，发展壮大，令人难以置信地繁华起来，人口迅速增加，另一方面，它的战时前沿指挥所功能，很快也不复存在。很快，建业成了东吴的大后方，成了根据地的中心，吕蒙不再是昔日的吴下阿蒙，南京也不再是昔日的南京。江东大户纷纷迁入首善之都南京，渐渐地，这里已是豪门士族和富裕人家的天下，最初入驻此地的进取心，已经大打折扣。

要积极进取，就应该往西，就应该向西面发展，可是大家显然更喜欢建业，都不想离开南京。孙权肯定不止一次动过再次迁都武昌的念头，问题在于人心思定，民心所向，谁都想太平，都想太太平平，都想安安稳稳，都想“镇之以静”。“宁饮建业水，不食武昌鱼；宁还建业死，不止武昌居”，老百姓齐声高唱着这样的民谣，宫廷里要议论国策，肯定也会用这首民谣来说事。豪门士族不愿离开建业，富裕人家不想离开，老百姓更不想离开。南京成了一棵扎了根的树，俗话说人挪活，树挪死，都觉得建业日子挺好过，干吗还要搬家，干吗还要再去那个武昌呢。

渐渐地，孙权也就跟着大家一起死了心，天意既然如此，干脆待在南京不走。他也知道，建业的一派繁荣景象，并不意味着东吴的国力，有多么了不得的飞跃。前面已经说过，三国中，吴国的经济基础最为薄弱，况且强邻虎视，以守为攻是靠不住的，你不攻打别人，别人很可能时时惦记着要袭击你。曹丕称帝以后，孙权曾经很从容地问手下：“曹丕以盛年即位，恐孤不能及之，诸卿以为何如？”

与老对手曹操打交道多年，孙权对比自己小五岁的曹丕还不是太熟悉，不知道对方会打出什么样的牌来。有个叫阚泽的大臣回答说："不及十年，丕其没矣，大王勿忧也。"意思是说曹丕活不了十年，因为"以字言之，不十为丕"。孙权不太相信这样的胡说八道，事实却灵验了，曹丕称帝七年，一命呜呼。

公元237年，冬十二月，赤乌群集在南京的太初宫前殿。在孙权看来，这是个很好的吉兆，心情为之一振，于是大赦天下，并改年号为赤乌。孙权心情变得良好是有原因的，当初前线在打赤壁大战，距赤壁五百里外的东吴将士不知战果，翘首以待。黄昏时分，一群乌鸦从营前飞过，夕阳如血，乌鸦皆为赤色。领军将领立刻喜形于色，命令军士准备庆功，并速报孙权。众将士不解，领军将领说："赤乌呈瑞，必有大捷。"果不其然，没过几日，赤壁大捷喜报传到。

孙权希望"赤乌群集前殿"的景象，能够给南京这座城市带来好运，能够给东吴增添活力。这时候，在太初宫里当皇帝的孙权已五十五岁，早过了知天命之年，是一个不折不扣的老皇帝。自汉武帝发明年号以后，皇帝动不动喜欢改个年号，每位皇帝平均得有好几个，最不像话的就是东汉末年，譬如公元189年这一年，就有四个年号，它们分别是光熹元年，昭宁元年，永汉元年，还有中平六年。不要说后人会弄不清楚，当时的人恐怕就已经犯糊涂。

赤乌十年，也就是公元247年，又增加了十岁的孙权，迁住南宫。事实上，孙权一直居住的太初宫规模比较小，他是二月份搬走的，同年三月，开始改建太初宫，动员了军队和地方上的力量，过了整整一年，至次年三月完工。因为国力还很薄弱，只好将武昌宫城的木材砖瓦拆除，用船沿着长江顺流而下，运到南京，《三国志·吴主传》上有记载：

> 二月，权适南宫。三月，改作太初宫，诸将及州郡皆义作。

同书注引的《江表传》也说：

> 权诏曰："建业宫乃朕从京来所作将军府寺耳，材柱率细，皆以腐朽，常恐损坏。今未复西，可徙武昌宫材瓦，更缮治之。"有司奏言曰："武昌宫已二十八岁，恐不堪用，宜下所在通更伐致。"权曰："大禹以卑宫为美，今军事未已，所在多赋，若更通伐，妨损农桑。徙武昌材瓦，自可用也。"

建业宫就是太初宫，赤乌十一年春三月，新的太初宫建成。《南京通史·六朝卷》上记载，新太初宫周长三百丈，辟有八门，正殿是神龙殿，另有临海殿等。《建康实录》的记载则是"周回五百丈，正殿曰神龙，南面开五门，正中曰公车门，东曰昇贤门左掖门，西曰明阳门右掖门，正东曰苍龙门，正西曰白虎门，正北曰玄武门，起临海等殿"。周长三百丈也好，周长五百丈也罢，这时候，孙权已六十六岁，垂垂老矣，是一个依然还能想到节俭的老皇帝，完全没有了当年"坐断东南战未休"的少年英雄气概。

这时候，东吴的天空开始黯淡，大家熟知的那些风云人物，基本上都已离开人世。曹操和刘备的墓木已拱，周瑜和鲁肃不在了，关公和张飞不在了。曹丕曹植兄弟不在了，曹家天下被司马氏控制。诸葛亮也死了，扶不起的刘阿斗不可能有作为。三国作为一个时代还没结束，基本上也没什么好玩的事。南京这个城市的生机勃勃，也随着孙权的衰老，变得暮气沉沉。钟阜龙盘，石城虎踞，成为一句空话。这时候，孙权已没信心竞雄斗狠，已没气力再与魏国和蜀国争霸，他正在为自己的接班人操心，操不完的心。

与曹操和刘备相比，孙权在位时间太长。曹操死后，有曹丕接班，刘备死后，有阿斗继位。孙权的太子孙登三十三岁就死了，死在父亲之前，二儿子也早死，孙权不得不另立太子，立三子孙和为太子，立四子为鲁王。赤乌十三年夏五月，日至，荧惑入南斗，秋七月，犯魁第二星而东。

到了秋八月，南京周边的丹杨和句容，山崩水溢，凶相环绕。孙权废太子孙和，赐死四子孙霸，改立幼子孙亮为太子。接班人问题，让南京原本晴朗的天空，弥漫着一种不祥之气。帝王的家事与老百姓无关，然而确确实实，又多多少少有着一点关系，甚至可以说太有关系。

年老志衰的孙权又一次改变年号，大赦天下，改为太元。公元 251 年，也就是太元元年八月，又一次大风狂雨，江海翻腾，平地水漫八尺。“风拔高树三千余株，石碑磋动，吴城两门瓦飞落”，《三国演义》上竟然是这么描述：

> 吴主先陵所种松柏，尽皆拔起，直飞到建业城南门外，倒卓于道上。

虽然改新年号不过一年，面对如此凶险恶兆，如此令人不安的暗示，孙权不得不再次更改年号，再次大赦，又改年号为神凤元年。英雄迟暮，真到了穷途末路，怎么改变都没用。大限日子到了，公元 252 年，神凤元年“三月，帝疾甚”，四月，“帝崩于内殿”。风光无限的孙权，享年七十一岁，就这么稀里糊涂地死了。他被埋葬在蒋陵，也就是南京城东梅花山上。历史终于告一段落，金陵有帝王之气的传说，靠着这位孙权大帝，有了开始，也即将结束。

接下来，龙盘或虎踞，东吴还在，南京还是首都，还续命二十多年，然而孙权大帝不在了，帝王之气必然变得黯淡，南京城的故事，也只能重新开始书写。

第二章 六朝人物（上）

01 一片降幡出石头

南京历史上的第一任皇帝孙权，埋葬在紫金山麓，一千多年后，一个叫朱元璋的人也在南京当了皇帝，手下在城东为他修建陵墓，位置就在孙权墓附近。有大臣建议，将孙权的墓迁移走，朱元璋倒也很豪爽，说了一句：

> 孙权亦是好汉子，留他守门。

这样的故事更像是一个传说，当然，很可能就是传说。朱皇帝是个不太讲理的人，天生一种山大王脾性。他的陵墓附近，原来肯定还有很多坟茔，有主的都迁走了，没主的自然毁掉。譬如宋朝的王安石墓就在附近，据记载，墓前曾有华表，有坟庵，两侧有树木拱抱。王安石的家人，除父亲王益和大哥王安仁葬牛首山外，生母吴氏，两个弟弟，儿子王雱都埋葬在此。在明太祖眼里，王安石虽然两度为宰相，文章写得漂亮，还是配不上替自己看门，朱也不想冒充什么文化人，在地下与书呆子为伍，统统迁走拉倒。

朱元璋的天下，几乎是依葫芦画瓢，完全照搬了孙权大帝才得到。没当皇帝之前，朱元璋也是先称吴王，然后一会儿小心翼翼，一会儿大刀阔斧，终于一步步获得天下。他学习孙权，却比孙权幸运，成绩也更大，东吴只是空做了一统天下的美梦，大明王朝则进了一大步，如愿以偿地北伐成功。

与孙权一样，朱元璋也是活了七十一岁，也是在生前就死了太子，也是孙子没出息，导致南京失去了首都位置。朱元璋孙子的皇位，被叔叔朱棣夺走了，孙权的孙子孙皓干脆亡国，成为南京历史上第一位亡国皇帝。

对于南京人来说，结局都有些相似，都是首都不再，首善之都的旖旎风光戛然而止。明成祖朱棣迁都北京，孙皓去洛阳当了归命侯。南京城的历史因为东吴大帝而开始，东吴的王朝一旦不复存在，南京也就立刻成为一个废都。

公元 280 年，孙权离世的二十八年后，晋国大军兵临城下。关于这段历史，正史和野史都有精彩的记载，大差不差，只不过野史更好看，更好玩更传神，譬如《三国演义》：

> 却说晋兵克了牛渚，深入吴境。王濬遣人驰报捷音，晋主炎闻知大喜。贾充奏曰："吾兵久劳于外，不服水土，必生

疾病。宜召军还，再作后图。”张华曰：“今大兵已入其巢，吴人胆落，不出一月，孙皓必擒矣。若轻召还，前功尽废，诚可惜也。”晋主未及应，贾充叱华曰：“汝不省天时地利，欲妄邀功绩，困弊士卒，虽斩汝不足以谢天下！”炎曰：“此是朕意，华但与朕同耳，何必争辩！”

这时候，三国到了真正的尾声。魏国的天下，经过和平演变，已到了司马氏手里。在《三国演义》这部小说中，司马懿被诸葛亮戏耍得厉害，事实上，老奸巨猾的司马懿，要论能力和智慧，并不比诸葛亮差。司马昭是司马懿的儿子，司马昭之心，路人皆知，正是在这个司马昭手上，蜀汉被消灭了。因此从形式上看，三国中最先灭亡的是蜀汉，从内容上看，最先灭亡的是曹魏，因为魏国的江山，事实上早在司马氏掌握之中。

司马炎是司马懿的孙子，司马昭的儿子，他和曹丕一样，等老爹一死，干脆也不再玩什么虚的，直接让魏元帝曹奂禅让给自己，立国号晋，建都洛阳，成了晋武帝。蜀汉没了，曹魏也没了，东吴的末日自然也应该到了。

却说晋将王濬，扬帆而行，过三山，舟师曰：“风波甚急，船不能行；且待风势少息行之。”濬大怒，拔剑叱之曰：“吾目下欲取石头城，何言住耶！”遂擂鼓大进。吴将张象引从军请降。濬曰：“若是真降，便为前部立功。”象回本船，直至石头城下，叫开城门，接入晋兵。孙皓闻晋兵已入城，欲自刎。中书令胡冲、光禄勋薛莹奏曰："陛下何不效安乐公刘禅乎？"皓从之，亦舆榇自缚，率诸文武，诣王濬军前归降。濬释其缚，焚其榇，以王礼待之。

唐人有诗叹曰："西晋楼船下益州，金陵王气黯然收。千寻铁锁沉江底，一片降旗出石头。人世几回伤往事，山形依旧枕寒流。今逢四海为家日，故垒萧萧芦荻秋。"

于是东吴四州，四十三郡，三百一十三县，户口五十二万三千，官吏三万二千，兵二十三万，男女老幼二百三十万，米谷二百八十万斛，舟船五千余艘，后宫五千余人，皆归大晋。

《三国演义》中引用的唐诗，与后来的流行版本略有不同，譬如"西晋"写成"王濬"，譬如"一片降旗"写成"一片降幡"。就意思而言，没有任何出入，总之一句话，孙皓降了，东吴完了。写到归降的场景，《建康实录》中一段文字更简洁更精彩：

后主以草缚，衔璧舁榇，见濬于军门。

用草绳将自己捆住，嘴上衔着象征国家权力的大印，扶着棺材，多么有趣和戏剧的画面。这样的画面，不要说是让南京人亲眼看见，就是在想象中回忆一下，也是情何以堪。从此说什么虎踞龙盘，说什么金陵王气，自从这位吴后主孙皓束手投降，跪在王濬脚下，石头城前上演过这样一幕戏，再吹牛都有些扯淡。

亡国皇帝永远是最倒霉的那个人，残暴多疑，粗暴骄盈，好酒色，荒淫，迷信，所有的脏水都可以往他身上泼。忠谏者诛，谗谀者进，亡国当然会有亡国原因，可是一旦真亡了国，基本上也没什么辩白机会。

孙皓被带离南京，带到洛阳的皇宫，登殿磕头，晋谒武帝司马炎，司马炎宽宏大量地赐坐，笑着说：

“朕设此座以待卿久矣。”

孙皓听了，竟然还敢这么回了一句：

“臣于南方，亦设此座以待陛下。”

翻译成大白话，晋武帝的意思是“我这里早就给你留着位子”，孙皓的回答很突兀，意思是“我在南京本来也为你准备好了”。

《三国演义》和《建康实录》上都记载了这段对话，前一本书写于明朝，后一本写于唐朝，成书更早的《三国志》上并没有这段对话，由此可见，这段对话很可能是后人加工伪造，更可能是南京人自己编的故事，而且还参照了刘阿斗的“乐不思蜀”。

同样是亡国皇帝，东吴的孙皓与蜀汉的刘阿斗，完全不一样。在征服者眼里，蜀人“无携贰之心”，在孙皓身上，却还顽强地保持着吴人的野性，自己明明已经是阶下囚，嘴上还不太肯饶人。孙皓被武帝封为“归命侯”，有一天，武帝与手下大臣王济下棋，孙皓在侧，王济一边大大咧咧地下棋，一边心不在焉地问孙皓：

“我听说你当年惩罚手下，曾经将人的脸皮剥去，这到底是怎么弄的？”

孙皓听了，心里自是不爽，见王济此时双腿在棋盘下伸得很直，竟然戳在武帝面前，十分无礼，便冷冷地来了一句：

“人臣无礼于其君者，则剥之！”

王济听了直冒冷汗，赶紧将自己的脚缩回来。这个故事也充分说明了孙皓的桀骜不驯，亡国皇帝并不好当，老百姓难免会按照自己的意思来想象，史家写书的时候，也难免要按照自己的意思来加工。不妨分析一下刘阿斗的“乐不思蜀”，同样包含着今日川人的冷幽默成分。这则故事《三国志》本文中并没有记载，裴松之注文中则引用了《汉晋春秋》上的一段文字：

> 司马文王与禅宴，为之作故蜀技，旁人皆为之感怆，而禅喜笑自若。王谓贾充曰：“人之无情，乃可至于是乎！虽使诸葛亮在，不能辅之久全，而况姜维邪？”充曰：“不如是，殿下何由并之。”他日，王问禅曰：“颇思蜀否？”禅曰：“此间乐，不思蜀。”郤正闻之，求见禅曰：“若王后问，宜泣而答曰‘先人坟墓远在陇、蜀，乃心西悲，无日不思’，因闭其目。”会王复问，对如前，王曰：“何乃似郤正语邪！”禅惊视曰：“诚如尊命。”左右皆笑。

《三国演义》中的记录大同小异，只是更加传神，司马昭与刘禅的一问一答，更加戏剧。司马昭指责后主，说你荒淫无道，废贤失政，理宜诛戮。后主听了，面如土色，不知所为。司马昭又设宴款待，遂有“乐不思蜀”一幕。席间，后主起身更衣，郤正跟至厢下，好好地教导了刘阿斗一番，后主牢记再入席，酒将微醉，司马昭又问他："颇思蜀否？"后主就把郤正的话复述了一遍，装着要哭的样子，又挤不出眼泪来，遂闭其目。司马昭说这话怎么像是郤正说的，后主听了大吃一惊，连忙睁开眼睛，说：

"确实如此，皇上怎么知道的？"

于是司马文王深喜后主诚实，喜欢他的傻，不再疑虑，后人有诗叹曰：

> 追欢作乐笑颜开，不念危亡半点哀。
> 快乐异乡忘故国，方知后主是庸才。

其实这样的故事，除了淳朴老百姓，谁也不会真相信。成王败寇，自古就是这样，刘阿斗装孙子，孙皓反唇相讥，都是性格使然，都是"人为刀俎，我为鱼肉"，做做样子罢了。失败者没有讨价还价的余地，既然被打败了，国家已经亡了，说什么都没用。

唐代赵蕤写过一本空前绝后的《反经》，专谈经邦济世的纵横之术，引经据典，他分析了蜀汉和东吴失败的原因，很简单，除了占据中原，在其他地方偏安，注定都是没有前途：

> 自古圣帝，爰逮汉魏，受命而王者，莫不在乎中土。河出图，洛出书，圣人则之，以兴洪业，其不由此，未有不颠覆者也。

事实上，刘阿斗足足当了四十年的皇帝，他并不是一个傻子，更不是个傻孩子，诸葛亮的辅佐也不过十一年，要知道蜀汉真正称帝，前后一共也就四十二年，阿斗好歹也坚持了四十年。孙皓当过十六年皇帝，是孙权死后在位时间最长的一位君主。他在位期间，与曹魏打过无数次恶仗，一度还曾迁都武昌，甚至亲率大军出征。

成王败寇，亡国了，孙皓没有像后来的明朝崇祯皇帝那样，推卸自己责任，说什么“朕非亡国之君，臣皆亡国之臣”。不管怎么说，孙皓还是一个有担当的君王，在给舅舅何植的信中写道：

> 昔大皇帝以神武之略，奋三千之卒，割据江南，席卷交广，开拓洪基，欲祚之万世。至孤末德，嗣守成绪，不能怀集黎元，多为咎阙，以违天度。暗昧之变，反谓之祥，致使南蛮逆乱，征讨未克。闻晋大众，远来临江，庶竭劳瘁，众皆摧退，而张悌不反，丧军过半。孤甚愧怅，于今无聊。得陶濬表云武昌以西，并复不守。不守者，非粮不足，非城不固，兵将背战耳。兵之背战，岂怨兵邪？孤之罪也。天文县变于上，士民愤叹于下，观此事势，危如累卵，吴祚终讫，何其局哉！天匪亡吴，孤所招也。

什么叫担当，这一番话就是。孙皓说得很清楚很明白，不是没有粮草，不是城墙不够坚固，兵之厌战，民心涣散，孤之罪也，孤所招也。不怨人，也不怨天，只怪罪自己，只是一味自责，不停地认错，这是何等胸襟，这是多么不容易。

还是那句老话，江南人柔弱，应该是东晋南渡以后的事。在此之前，吴人本来是很强悍的，一片降幡出石头，东吴的灭亡，给南京这个城市留下了两份哭笑不得的遗产，一是吴人不服输，明明被人家打败了，嘴还要硬，俗话说，鸭子死了嘴壳子硬。一是从此必须面对北方胜利者无尽的傲慢，我他妈天生就应该是王者，所谓王纲失道，群英并起，龙战虎争，终归真主，得中原者得天下，你们南京人不服也不行，不服也得服。

历史可以传承，文化就是历史。今天南京人性格中，常常会有不服输，不服输也得服，两种截然不同的心态。南京人喜欢吃鸭子，南京板鸭南京盐水鸭南京烤鸭。南京人都是鸭子，死了，嘴壳子还硬。

02 牛继马后，衣冠南渡

东吴的灭亡对南京这个城市来说，显然是有严重后果。没有东吴就没有南京，现在东吴真的没了，被灭了，怎么办。对于这个问题，南京老百姓当然无能为力，爱怎么办怎么办。过去的日子里，此处乃东吴的首都，是首善之府，江东豪门士族都以居住此地为荣，甚至一些北方人士也开始在此定居，譬如东吴的老臣张昭，他本是彭城人，也就是今天的江苏徐州人，传至他的曾孙张闿时，在《晋书》本传中，已经著籍为“丹杨人”。

又譬如薛综，江苏沛县人，其孙薛兼在《晋书》本传中，也成了“丹杨人”，而且已成为江东大姓，成为地道的“南京人”。现在改朝换代，他们又应该如何选择，何去何从。出路倒是现成，有两条，一条是回老家，从哪来，滚回哪里去，一条是追随吴后主孙皓，去洛阳寻找机会，继续捞个一官半职。

回老家说容易，也不容易，你已经是一个南京的城里人，干吗还要回到乡间去呢。当然，东吴时期的城乡差别，跟今天完全不是一回事。去晋都洛阳追随孙皓，必须也得有那个资格，你得有那个名望。就算你有那个资格，就算你是那个名流大家，去北方，仍然还是“亡国之余”，还是丧家之犬。因此事实上，大多数人只能得过且过，混一天算一天，做一天和尚撞一天钟。和过去相比，东吴不在了，南京老百姓过日子还得一切照旧，太阳照样升起，大家还得像以前那样生活，只要还能活得下去。

胜利者照例要做些事，首先南京这个昔日的首善之地，原有的名称不能再保留，要改名，要拆分，像生日蛋糕那样切成几大块。已经不再是首都了，建业之名不能再用，还是恢复更以前的名字，叫秣陵。当年秦始皇统一六国，为显示至高无上的权威，曾经五次出巡。公元前210年，秦始皇第五次出巡回归，路过金陵，几个陪同的术士见金陵山势峻秀，地形险要，就对秦始皇嘀咕了一句：“金陵有天子气。”秦始皇听了很不高兴，此地又不是天子脚下，怎么可以有王气，不就是想造反吗，立刻命人开凿方山，使淮水流贯金陵，把王气泄散，并将南京改为秣陵。“秣”是草料，意思是这里不配称作金陵，只能贬为牧马场。

南京又一次成了牧马场，连降几级，又变成了秣陵这样一个县级单位，仍隶属于丹杨郡。丹杨郡也被拆分，分丹杨南部为宣城郡。太康三年，也就是公元282年，东吴亡国的第三年，又以秦淮河为界，把秣陵县一分为二，水北为建邺，水南为秣陵。也就是说，后来南京人说的城南，灯红酒绿的夫子庙一带，在当时是分裂的，成了两县交界之地。这还不行，秦淮河南面的秣陵还要继续拆分，差不多是以如今的机场高速公路为标志，再切成两半，东面还叫秣陵，西南新设临江县，后来改为江宁。有传说是晋武帝南巡到过那里，慨叹“江外无事，宁静于此”，因此定名为江宁。

至此，好端端的一个南京，七零八落，范围已经小了许多。建业已不是原来的建业，秣陵也不是原来的秣陵，既是又不是，既不是又是。城区主要是集中在建邺，为什么又要从建业变成建邺，因为西晋当局不喜欢它包含的“建功立业”之义。改成了“邺”以后，不久又遇到麻烦，公元313年，西晋的最后一任皇帝司马邺在长安即位，为了避讳，建邺不得不再改名为建康。

从建业到建邺，从建邺到建康，从帝王之都，到寻常县邑，而且是被拆分成了三个县，南京的政治地位一落千丈，跌了又跌。以南京为中心的江东人士，他们所拥有的政治权势，也在一时之间化为乌有。虽然南京还是扬州治所的所在地，是丹杨郡或丹杨尹的治所，机关和衙门还留在这里，建邺县或建康县，与东吴时的建业相比，已经完全没有可比性。

到了公元307年，也就是永嘉元年，情况又发生了变化，一个叫作司马睿的人来到了南京，与他一起来的，还有一位叫王导的山东琅邪人。这位司马睿要说也算是皇帝本家，沾得上一点龙脉，他的曾祖父是司马懿，晋文帝司马昭是他爷爷的哥哥，晋武帝司马炎是他堂伯。司马炎死后，西晋陷入了混乱之中，政治环境动荡险恶，处于帝室疏族地位的司马睿无兵无权，为避免杀身之祸，他采取恭俭退让的生存方式，尽量让自己远离斗争的旋涡。

要想真正避开权力斗争很困难，最让人头疼的就是当时“八王之乱”，司马王爷们为了皇帝之位，你死我活，好在司马睿与他的助手王导脑袋清醒，终于摆脱了这些纠纷。王导是琅邪大族，与琅邪王司马睿是好搭档，两人便跑到南京来担任地方官，司马睿成为安东将军、都督扬州诸军事。十年之后，西晋在北方灭亡，司马睿在南京登基，成为东晋的开国皇帝，王导则成为他的丞相。

当时南京的民间，对这位新来的统治者很不尊重。就算是他已经登基做了皇帝，仍然喜欢在背后说长道短，议论他的身世。那时候，有个“牛继马后”的谶语在悄悄流传，关于这个谶语，有两个解释，一个是“牛”与“刘”谐音，意味着姓刘的人最终将取代司马氏，结果恰恰也就是这样，五胡十六国中的前赵刘渊灭了西晋，东晋后来则为刘裕建立的宋所取代。

另一个是说司马睿的DNA有问题，说他不是司马氏家的骨血。据说司马懿早年就有代魏之心，有一本流传很广的谶书叫《玄石图》，上面记有“牛继马后”的预言，司马懿便请懂星象的管辂占卜子孙运势，占卜的结果与《玄石图》不差毫厘。

权倾天下的司马懿心里很不痛快，手下有个叫牛金的将领，为他出生入死，立下殊勋。司马懿忽有所触，想起“牛继马后”的预言，十分忌讳，怕牛金将来会对自己子孙不利，就派人请他赴宴，酒中下毒，将牛金毒死了。司马懿以为牛金已死，子孙便可高枕无忧坐享富贵。殊不知世事难以预料，司马懿的一个孙子司马觐袭封琅邪王，其妻夏侯氏被封为妃子，她为人很风流，没多久就与王府中一个也叫牛金的小吏勾搭成奸，生下了司马睿。

唐朝房玄龄主编的《晋书·元帝纪》对司马睿的身世有记载：

元皇帝讳睿，字景文，宣帝曾孙，琅邪恭王觐之子也。咸宁二年生于洛阳，有神光之异，一室尽明，所藉藁如始刈。及长，白豪生于日角之左，隆准龙颜，目有精曜，顾眄炜如也。

然而在这篇传记的结尾处，又添这样一段：

初，《玄石图》有“牛继马后”，故宣帝深忌牛氏，遂为二榼，共一口，以贮酒焉，帝先饮佳者，而以毒酒鸩其将牛金。而恭王妃夏侯氏竟通小吏牛氏而生元帝，亦有符云。

俗话说，著作不过廿四史，《晋书》在二十四史中排名第五，正史所言，按理应该铁板钉钉，绝非戏言，然而无论谁认真拜读过了，都会觉得有点不靠谱。东晋虽然也有一百年的历史，在六朝中历史最长，却很难引起大家对朝廷的敬重。后人戏谑地称司马睿为牛睿，譬如明朝的李贽，就直称东晋为“南朝晋牛氏”，而不称司马氏。南京老百姓都是前朝的遗民，出于对东吴的怀念，也希望司马睿并非皇族血脉，他们觉得真要是这样，多少也有些解恨。

历史书上习惯把西晋末年的南迁称为“衣冠南渡”。这是中国历史上，有记载的第一次中原人口大迁移。对于南京这个城市来说，好的方面，它促进了文化交流，把中原文明带入了南方，引进了北方的先进生产力。不好的方面，就是傲慢的北方人反客为主，迅速成了这里的新主人。南方吴人和北方中原人士的对立，立刻变得严重起来，原有的矛盾开始激化。

既然北方人视吴人为亡国之民，动不动就是“吴人赼睢，屡作妖寇”，动不动就是“吴人轻锐，难安易动”。既然他们可以凭政治上文化上的心理优势，称江东的吴人为“貉子”，为“南蛮”，那么江东的吴人也完全可以嘲笑那些流离失所的北佬儿，称他们为“伧父”和“伧鬼”。吴人陆机赴洛阳谋求发展，听闻左思要作《三都赋》，便在给弟弟陆云的信中调侃，说“此间有伧父，欲作《三都赋》，须其成，当以覆酒瓮耳”。口气真的很大，要把人家写的文章用来盖酒瓮，轻蔑之意跃然纸上。

《世说新语》中的记载也很有意思，同样是吴人的陆玩，去拜见丞相王导，王导好心以食物招待，没想到差点出了意外：

> 王公食以酪。陆还，遂病。明日，与王笺云：“昨食酪小过，通夜委顿。民虽吴人，几为伧鬼。”

酪为北方人钟爱的食品，陆玩吃这玩意得疾，肠胃不舒服，拉了肚子，竟然直接对北人王导称自己差一点成为“伧鬼”，吴人之自傲溢于言表。傲慢注定要付出代价，南北交融并不是件容易的事情。陆机最后惨死在北方，被夷三族，连带他无辜的弟弟陆云也一起遇难。陆氏兄弟可以说是吴人的杰出代表，是东吴丞相陆逊的孙子，陆机的《文赋》享有大名，是中国文学评论的祖师爷，他的书法作品《平复帖》书写于西晋，是传世年代最早的名家法帖，也是中国历史上第一件流传有序的法帖墨迹，有“法帖之祖”的美誉。

吕思勉先生的《两晋南北朝史》上提供了当时的一些民谣：

> 《五行志》云：武帝平吴后，江南童谣曰：“局缩肉，数横目，中国当败吴当复。”又曰：“宫门柱，且莫朽，吴当复，在三十年后。”又曰：“鸡鸣不拊翼，吴复不用力。”

“中国当败吴当复”，意思是说当时的吴人，根本不愿意把自己当作“中国人”。在他们眼里，中国和东吴是对立的，中原与江东是两个不同的区域，或者干脆就是两个国家。你若说当时的南京人是中国人，他们非跟你发急不可，因为这相当于你骂他们是伧父。曹操挟天子以令诸侯，刘备动不动就是“汉贼不两立，王室不偏安”，骨子里都是以中原文化为正宗。孙权却不太在乎这一套，他根本就不太把中原的文化传统当回事。换句话说，那时候的南京人，完全还没什么“我的中国心”。

以祭天为例，孙权当初登基的时候，假模假样地也祭拜过一回，这以后，就懒得再进行祭天大礼。大臣对此有异议，觉得不符合规矩，不上路子，孙权便说：“郊祀当于土中，今非其所，于何施此？”意思就是祭天这种仪式，让中原的人去玩吧，居天地之中者为中国，跟我们这些处于边远地方的人没关系。大臣又以“普天之下，莫非王土，王者以天下为家”来说服孙权，既然你已经即天子之位，就必须行祭祀告天之礼。孙权依然不予理睬，觉得这些玩意都是俗儒们的想法，“不可用也”，费那个事干什么，他犯不着非要去守那个中土文化的烂规矩。

孙权临死前，使有司传诏问神人请福，神人一本正经地占了一卦，十分肯定地说：

> 国之将兴，听之于人。
> 国之将亡，听之于神。

没人跟孙权解释这段话的真实含义，神神鬼鬼，信了也就信了，不信也就不信。反正接下来，孙权也死了，吴国也亡了。再接下来，是在南京支撑着中原文明的东晋时期。这时候，中国的中心，已经到了南京。东晋时代的南京，开始了历史上的第二个王朝。如果说东吴时代的定都建业，只是为南京这城市奠定了最初的基础，那么衣冠南渡后的东晋，从本质上看，则是完成了一个更重要的任务，或者说是完成了一项重要使命，这就是把北方的中国，把一个失败了的中原王朝，拖儿带女地转移到了江东。把以黄河流域为中心的中原文化，毫无保留地移植到了南方。

当然，东晋也顺便悄悄地干了一件事，把原来以南京为中心的吴地，把原本十分强悍和有点落后的吴文化，把北方人眼里的南蛮鴃舌之人，变成了大中国的一部分，变成了飘扬在中华文明里的一面旗帜。

03 王与马，共天下

公元 307 年，也就是永嘉元年，琅邪王司马睿与王导这两个北方佬携手来到南京。那时候，南京是个标准的废都，整座城市弥漫着一种失败和沮丧的情绪。南京人对两位北方客人的到来，完全无动于衷，司马睿和王导也没意识到，接下来会发生一系列事情，将远远超过他们的预期。

那时候，牛继马后的故事还没开始流传，司马睿刚开始担当的职务，说是市长省长并不准确，大约也就是相当于一个南京都督。南京这个城市已经大大地降了级别，可是扬州治所还在这。有必要解释一下历史上的扬州，长江流域有三个大州，从上往下数，最上游四川为益州，中游湖北为荆州，再下游区域就是扬州。前面已经说过，扬州这一片区域曾经很贫穷，因为贫穷，所以面积很大，大得远远超过我们想象，基本上是今天的华东地区。

管理这一区域的行政单位，也就是它的治所，在隋唐以前，一直都在南京。这地方因为穷，因为边远，算不上好地盘，六朝时开始有发展，渐渐就富庶了，成为暴发户。古诗“腰缠十万贯，骑鹤上扬州”，这个扬州，就是指的南京。因此李白著名诗句“烟花三月下扬州”，不是狭义地指要去今天的苏北扬州城游山玩水，而是与乾隆老爷子下江南的意思差不多，也就是要去灯红酒绿的江南看看，要去访问以南京为中心的江南地区。

司马睿主动要求到南京来上任，在此之前，他只是依附于比自己势力更大的东海王司马越，替司马越打工。这个司马越也是西晋宗室，按辈分应该是司马睿的堂叔，他是晋惠帝和晋怀帝时期的权臣，八王之乱的积极参与者，一度非常有权有势。司马越趁乱出兵占领了下邳，任命司马睿为平东将军，负责监督徐州诸军事，镇守下邳。

随后司马越率军北上西进，争夺晋政权的最高统治权，司马睿留守在了下邳。身为北方大族琅邪王氏的王导，则是司马睿的最亲密战友，他们的关系“素相亲善”，今天的时髦话是好基友，同志加兄弟。天下已乱，王导倒是很清醒，他相信在宗室纷争形势下，以静制动，极有机会产生新的权力格局。

司马睿出镇下邳，也就是今天徐州属下的邳州，王导随任为安东司马。北方局势越来越混乱，王导便建议司马睿南渡，谋求独立地位，摆脱中央的控制。此时执掌西晋大权的已是司马越，他也考虑到要扩大自己在南方的势力，一旦北方失守，为退据江南留条后路，因此同意了司马睿的移镇要求。所谓移镇，就是请求换个地方做官。

这时候，经过东吴政权几十年的努力，南京已初具规模，毫无悬念地成为东南第一城市。东吴灭亡后，南京城不死不活，发展处于停滞状态。国家如果处在一个正常阶段，有一个很好的和平环境，南京大约是一点机会都不会有。北方的西晋政府会打压南京，要防范金陵的王气。普天之下，莫非王土，南京只不过西晋治下的一块属地，在和平年代，谁也想不到它还会有什么重要性，吴人强悍和轻锐，难安易动，屡作妖寇，能够“江外无事，宁静于此”，保持太太平平，这就很好了。

偏偏这时候的中国，正如王导判断的那样，不正常，不正常得离谱。西晋统一三国，本应该是个很强盛的王朝，可惜它根本不懂得抓住机会。堡垒往往首先从内部攻破，晋武帝司马炎死后，整个西晋再也没太平过。譬如八王之乱，都是司马氏，为了个鸟皇位，打过来打过去，杀得狗血喷头。越是离宫廷近的司马氏子弟，越是帝王的嫡系，越是手握兵权的王爷，闹腾得越厉害，你杀我，我杀他，他最后又杀你。死于非命的司马氏数不胜数，闹到临了，加上五胡的介入，像司马睿这样的远门旁支，反倒硕果仅存。

西晋的动乱是自己造成的，自己跟自己厮杀，自己跟自己血拼，最终必定会带来外人的介入。在后来的中国大历史中，明朝亡于清，就是这个原因，中国人向来喜欢内斗，汉人如此，不是汉人也如此。兄弟阋于墙，内斗自然会给外患提供机会，这个外患就是“五胡”，五胡十六国的五胡，所谓“五胡扛鼎，七庙隳尊”。

事实上，扰乱中原的远不止五个少数民族，五只是一个大概，包含了匈奴，羯，鲜卑，氐，羌，卢水胡，乌桓，巴人以及高句丽人。当时“能建邦命氏成为战国者”，确实是十六国，分别是成汉，前赵，后赵，前燕，前秦，前凉，后燕，后秦，西秦，后凉，南凉，南燕，西凉，北凉，大夏，北燕。这是一个非常混乱的时代，对于老百姓来说，没有什么比生活在这个时代更糟糕的事。

司马睿坐镇的南京，由于其特殊的地缘政治，给混乱不堪的北方，提供了一个逃生机会。永嘉年间南下逃往建邺的难民，蜂拥而至浩浩荡荡。永嘉四年，也就是公元 310 年五月，前赵刘渊的部下羯人石勒，攻打汲郡，南渡黄河，荥阳太守裴纯落荒而逃，直奔当时的南京。同年十一月，氐族隗伯攻袭今湖北宜昌市东南的宜都，太守嵇晞逃命南京。第二年二月，石勒侵犯汝南，汝南王司马祐也不得不流亡南京。

北方局势在进一步恶化，石勒等人击溃了西晋的主力军，攻如潮水，势如破竹，《晋书 · 帝纪第五》上有记载：

> 四月戊子，石勒追东海王越丧，及于东郡，将军钱端战死，军溃，太尉王衍、吏部尚书刘望、廷尉诸葛铨、尚书郑豫、武陵王澹等皆遇害，王公已下死者十余万人……
>
> 六月癸未，刘曜、王弥、石勒同寇洛川，王师频为贼所败，死者甚众。庚寅，司空荀藩、光禄大夫荀组奔轘辕，太子左率温畿夜开广莫门奔小平津。丁酉，刘曜、王弥入京师。

帝开华林园门，出河阴藕池，欲幸长安，为曜等所追及。曜等遂焚烧宫庙，逼辱妃后，吴王晏、竟陵王楙、尚书左仆射和郁、右仆射曹馥、尚书闾丘冲、袁粲、王绲、河南尹刘默等皆遇害，百官士庶死者三万余人。

在永嘉之乱中，西晋的王室人员大多数被杀，中原大乱，生灵涂炭，宗藩多绝，幸存下来的只有琅邪王司马睿，西阳王司马羕，南顿王司马宗，汝南王司马祐，彭城王司马纮，都慌不择路地逃命躲到江南来了，史称“五马渡江”。

在宗室所剩无几的情况下，先入一日为大，坐镇南京的司马睿地位迅速上升。机会说来就来，留在北方领导抗战的荀藩，在洛阳被攻陷后移檄州镇，也就是向各地发出最后通告，公推南京的琅邪王司马睿为盟主。接下来，到了 316 年，司马睿坐镇南京的第九个年头，刘曜长围长安，西晋最后一个皇帝愍帝无奈出降，西晋王朝彻底灭亡了。

第二年，司马睿在南京承制改元，即晋王位，年号为建武。东晋王朝正式开始，还是先小心翼翼称王，不敢僭位称帝，皇上愍帝还当着俘虏，人还活着。孤悬在北方的晋地方长官刘琨等一百八十人上书劝进，司马睿仍然不敢当皇帝，直到又过了一年，愍帝死讯传到江东，司马睿才正式登基，称晋元帝，改年号为太兴。

因此说到底，司马睿在南京当的这个东晋开国皇帝，有点出人意料，当得有点可怜巴巴。据说早在司马睿来南京前的太安年间，民间就传唱过这样的童谣：“五马浮渡江，一马化为龙。”五位司马渡江是事实，一位司马当皇帝也是事实，然而这个生来就有点柔弱的琅邪王司马睿，似乎总是在怀疑自己的好运，总是没有挺直了腰杆做皇帝的勇气。

小心撑得万年船，当不当皇帝，他都是有点小心翼翼。因为有了五胡入华，于是南京就有了“五马渡江开国处”的意外。真的是出人意料，司马睿糊里糊涂在这做了皇帝，南京也糊里糊涂再次成为首都。南京人想不明白，东吴亡国三十多年后，南京会又一次莫名其妙地成为首善之城。江南童谣说的“宫门柱，且莫朽，吴当复，在三十年后”，到了三十年后，“鸡鸣不拊翼，吴复不用力”，这些还真全都应验了。

虚心使人进步，骄傲使人落后，有时候，太虚心了也不行。司马睿显然在宗室中受够了被冷落的气，他承继的琅邪国是个非常不起眼的小国，在当时，因为是旁门远支，名望显然还不够大。若以小说《红楼梦》中贾姓为例，他在皇室司马氏的地位，也就和贾宝玉庶出的那个弟弟贾环差不多，在贾府中根本轮不到他说话。偏偏皇室中姓司马的有头有脸人物都死了，机会就到了他身上，结果就是一个大家都不会想到的小角色，出人意料地登基当了皇帝。

司马睿当了皇帝，立刻封王导为丞相，他知道没有这个王导，没有王导出谋划策，自己就不会有这个帝位。巧合的是，他们岁数正好一般大，两个同龄人都生于公元276年。司马睿做了东晋的男一号，作为开国皇帝，对王导的指示，对他的谆谆教导，百依百顺言听计从，你说了都算，你觉得行就行。王导也把自己当成了历史上的管仲和萧何，他知道东晋建立后，提高帝王威信至关重要。要提高司马睿的地位，仅仅靠王导的帮助还不够，还要请出一个名号更响亮的人，这个人就是王导的从兄王敦。

王敦是驸马爷，娶了司马炎的爱女襄城公主，与王导相比，这位王敦显然更有故事，名声也更大。譬如他当年娶襄城公主，晋武帝给他的陪嫁，嫁妆是其他公主的十倍，附带还赠送了一百多个陪嫁侍婢。永嘉年间天下大乱，王敦“以公主时侍婢百余人配给将士，金银宝物散之于众，单车还洛”，豪爽能够如此，世所震惊。搁在前朝，驸马爷王敦的声名，与王导相比，与司马睿相比，不知要大多少倍，他现在出来给司马睿捧场，意义不同寻常。

司马睿刚来南京，吴人野性尚存的南京老百姓，根本不把这位不起眼的小王爷放在心上。老百姓都不把他当回事，南方的士族也采取了观望态度。司马睿到南京已经一个多月，士族百姓都还没有人来登门拜谒，王导为此事很焦急，正赶上司马睿要出去观看禊祭，当时此地的一项民俗活动，王导便让司马睿乘舆，也就是坐在轿子上，安排了高规格的仪仗队敲锣打鼓，威风十足四处张扬。王导和王敦等有名的人物，则骑马跟在后面。

南京人最喜欢看热闹，也最吃这一套，当时的本土名人纪瞻和顾荣，见了这样的场景，感到很惊异。连人家驸马爷都跟在后面跑龙套，这位琅邪王司马睿显然不能轻视，于是一个跟着一个在道路左边行拜礼。这个拜礼行得十分讲究，是在为南京人做表率，既然他们这样的名人都已做出屈从的榜样，南京老百姓对司马睿立刻开始刮目相看，立刻与时俱进，《世说新语》上记录了一段有趣的对话：

> 元帝始过江，谓顾骠骑曰："寄人国土，心常怀惭。"荣跪对曰："臣闻王者以天下为家，是以耿、亳无定处，九鼎迁洛邑，愿陛下勿以迁都为念。"

顾骠骑就是前面说的江南名士南京名人顾荣，骠骑将军的名号是死后追赠，生前的职务是安东军司加散骑常侍。他很会安慰人，商代成汤迁国都到亳邑，祖乙又迁到耿邑，盘庚再迁回亳邑，从成汤到盘庚，共迁都五次，所以说"无定处"。这段对话显然有漏洞，司马睿当皇帝时，顾荣已离世，不可能称陛下。然而对话是后人写的，也没必要太当真，太计较措辞，毕竟映射出来的司马睿心态，非常接近真实。

虽然是开国皇帝，因为这个帝王位置有太多运气成分，司马睿总是显得底气不足，有一点窝囊。他在南京一共待了十六年，前十年是此地的最高地方长官，后六年当天子。从一个地方性省级大员，突然升格为最高中央领导，一下子适应不了也很正常。好在他的左右，有王导和王敦在扶持，这两个人一文一武，成了司马睿的重要助手。

真不知道应该如何给司马睿这个东晋的开国皇帝定位，有人觉得他的能力，甚至还不如东吴的亡国皇帝孙皓。当时民间广泛流传着"王与马，共天下"的说法，就是说东晋初期南京的政治生态，是由司马睿与两个姓王的人共同在掌握，司马睿不过是坐享其成。王导是文臣，出谋划策，想更多的是民生。王敦文武双全，恨不能党政军一起抓，因为司马睿无能，越来越不把他放在眼里。骄横的王敦早就看出这个皇帝不是很能干，不是昏庸，是绝对无能，只要是假以时日，王敦注定可以成为新的曹操或司马昭。

在西晋时期，皇权还很厉害，士族和名士只是政治的装饰品，帝王是士族名士效忠的对象，皇权想除谁就除谁，要杀你就杀你。到了东晋，情况彻底改变，帝王变成了门阀政治的装饰品，皇帝成了傀儡，成了士族利用的工具，“主弱臣强”基本上变为常态。从“王与马，共天下”开始，琅邪王氏，颍川庾氏，谯国桓氏，陈郡谢氏，你方唱罢我登台，先后都执掌过东晋的大权，中央至地方的各级军政大权，也往往是由士族高门所掌控，所谓“号令威权多出强臣”。

“主弱臣强”对老百姓来说，也不完全是什么坏事。毕竟主太强大了，太容易独裁，太容易一个人说了算，在中国古代，指望出现古罗马帝国的元老院，出现大英帝国的上下议院来分摊权力不现实，主弱臣强起码互相有个牵制。况且司马睿再怎么孱弱，毕竟是皇室血统，这就好比《红楼梦》中的贾环，虽然庶出，再如何不济，人家也是姓贾的爷，是主子。驸马爷王敦他再厉害，能力再强，也是个外姓，也是臣，他要有异心，便是乱臣贼子。

司马睿生气时，也想除掉王敦，甚至亲自领兵作战，可是根本不是王敦的对手，《晋书·王敦传》上是这么写的：

诸将与敦战，王师败绩。既入石头，拥兵不朝，放肆兵士劫掠内外。官省奔散，惟有侍中二人侍帝。帝脱戎衣，著朝服，顾而言曰：“欲得我处，但当早道，我自还琅邪，何至困百姓如此！”

司马睿与王敦摊了一次牌，想扳倒王敦，结果未能如愿，反弄得自己狼狈不堪，害得南京的老百姓跟着他遭难。司马睿恼羞成怒，便有了以上气急败坏的一通牢骚，翻译成大白话，就是“你王敦真要想在这南京城里当皇帝，早跟我说啊，我可以把这劳什子皇位让给你，我还是当我的琅邪王去，何苦要让百姓跟着受罪呢”。

04 新亭对泣

说起东晋时期的南京历史，多少有些凄凉。一种风流吾最爱，南朝人物晚唐诗。东晋是个很奇怪的朝代，前前后后，居然也存在一百多年，说长不长，说短真是不短。虽然辛辛苦苦守住了半壁江山，在南京人记忆中，这是一个帝王不太像帝王，大臣不太像大臣的王朝。这里是首都，中华文明的中心，皇帝在皇宫中发号施令，有时候管用，有时候根本不管用。

毫无疑问，东晋并不强大，相对于混乱的北方，经济形势却越来越好。东晋奠定了一个江南的基本模式，这就是相对和平与注重经济。从一开始，似乎就有两股势力在较劲，在竞争，一个是来自北方的豪门，说起来，这些人也都是难民，属于无家可归的主，可是一到南京，立刻反客为主，操着北方的伧音，嘴里冒着葱蒜的气味，谈天论地指手画脚，完全不把江南吴人放眼里。

另一个是土著的江南士族，也算有头有脸，有身份有地位，内心深处充满不服气，像中原人鄙视南方一样，对南来的过江诸人看不入眼。

> 过江诸人，每至美日，辄相邀新亭，藉卉饮宴。周侯中坐而叹曰："风景不殊，正自有山河之异！"皆相视流泪。唯王丞相愀然变色曰："当共勠力王室，克复神州，何至作楚囚相对！"

这个故事选入了中学教材，可以说家喻户晓，没人不知道。它给当时的南京人随手涂了幅漫画，哭着鼻子，流着眼泪，可怜巴巴的样子，从此加深了大家对这座城市柔弱和没出息的印象。一般的注释，都说新亭在南京城西南处，究竟在西南的哪个位置，千百年来意见不能统一。首先望文生义，新亭总得有个亭子，亭字从高从丁，所谓停也，所谓留也，"道路所舍，人停集也"。

《说文》上有"汉家因秦十里一亭"，本义应该是古代设在路旁的公房，供旅客停宿或观赏风景。据专家考证，新亭始建于东吴。南朝刘宋时，山谦之的《丹阳记》上有记载，说新亭源于"吴旧亭"。又有一种说法更早，东汉末年，已经开始出现了私营旅店，"亭"通常作为旅途歇息和迎宾送客的场所，南京的新亭应当也有此功能。

古代的名亭，既然可以用来观赏风景，便应该会留下一些好诗，六朝时期梁陈之间的阴铿，有一首《晚出新亭》：

大江一浩荡，离悲足几重。
潮落犹如盖，云昏不作峰。
远戍唯闻鼓，寒山但见松。
九十方称半，归途讵有踪。

唐朝的李白也有一首《金陵新亭》：

金陵风景好，豪士集新亭。
举目山河异，偏伤周顗情。
四坐楚囚悲，不忧社稷倾。
王公何慷慨，千载仰雄名。

2015年5月，江苏省六朝史研究会和南京市雨花台区政府主办了一场研讨会，中国专家与来自美国和日本的六朝学研究者，一共讨论了六个议题，其中之一就是“新亭的位置”。西善桥街道主任朱向东在论坛上发表了演讲，介绍自己考证成果，他虽然不是专业的历史学者，却因为多年钻研南京历史文化，获得了学界专家认可。

朱向东的结论，根据各种文献记载，新亭不仅是一处聚会场所，南京人迎送亲朋好友的地方，更重要的还是六朝时期长江岸边的重要军事营垒。从军事地形角度出发，通过对地貌的实地考察，他改变了过去单纯从文字到文字的考证，将新亭故址缩小在一个更小的范围内。

新亭很可能就在今天凤台南路和软件大道的交会口南侧，也就是江苏第二师范学院小行校区周围延绵的小山岗上。《建康实录》上曾说，卫玠“葬新亭东，今在县南十里”。根据这句话可以推断，卫玠墓在县南十里，新亭在墓西，其地点差不多就是现南京市安德门的菊花台。换句话说，新亭应该是在菊花台附近的山上，它既可以是个亭子，也可以是一座小山。

著有《乾道建康志》的史正志，在《新亭记》里有文字记载新亭：

> 南去城十二里，有岗突然起于丘墟垄堑中，其势回环险阻，意古之为壁垒者，或曰此六朝所谓新亭是也。

史正志是南宋时期的人，在南京担任过三年军政要职，正是在他手上，又一次复建了新亭，然而是不是还在过去的原址上，有过争论。事实上，即使是在南宋，也不能确定原址在哪，只能说大差不差，是同一片区域，大致就在那个地方。有些事既要当真，也没必要太当真。可以肯定的是，当年的新亭紧靠长江边，是南朝历代国都建康城的西南要塞，地形必须险要，风景殊异反倒无关紧要。

东吴时的新亭，只是饯送迎宾宴集之所，到了东晋之后，作用发生了改变。刘宋孝武帝征讨刘劭，曾在此修建营垒，他的手下王僧达，因此改新亭为“中兴亭”。当时上游举兵下犯，必定要经过新亭，后来的南齐太祖萧道成便称它是“兵冲”之地，也就是兵家必争。

在交通还不发达的古代，长江水道基本上就是一条高速公路，很显然，南京的新亭，军事作用才是最主要的。新亭在，南京城就在，守住了新亭，就守住了南京。千万不要以为过江诸人，只是在这对泣，只会在这哭鼻子流眼泪，此处也曾是古战场，也曾经刀光剑影，真枪实弹地打过好几仗。

有一年，江州刺史桂阳王刘休范举兵于寻阳，远道而来进攻南京，朝廷惶骇，当时还是刘宋大臣的萧道成，与将军们聚在一起商议对策，时间紧迫，情况危急，大家一时无话可说，都拿不出主意。最后还是萧道成发表了自己的看法，说以往长江上游叛乱，都因为行动迟缓导致失败，桂阳王一定会吸取前人教训，率轻装部队急流东下，乘我们没防备，来一个突然袭击，因此应该在新亭防守，“以当其锋”。

形势已经如此，大家也没别的招数，只好都同意他的意见，都签字画了押，只有中书舍人孙千龄不同意，这家伙与桂阳王已有“密契”，也就是说曾有密约，早就怀了二心，说还是应该按照过去的办法，派军去据守梁山。

帝正色曰：“贼今已近，梁山岂可得至！新亭既是兵冲，所欲以死报国耳。”乃单车白服出新亭。加帝使持节、都督征讨诸军事、平南将军，加鼓吹一部。筑新亭城垒未毕，贼前军已至，帝方解衣高卧，以安众心。乃索白虎幡，登西垣，使宁朔将军高道庆、羽林监陈显达、员外郎王敬则，浮舸与贼水战，大破之。未时，张敬儿斩休范首，台军及贼众俱不知。其别率杜黑蠡急攻东垒，帝挺身上马，帅数百人出战，与黑蠡拒战，自晡达明旦，矢石不息。其夜大雨，鼓叫不复相闻。将士积日不得寝食，军中马夜惊，城内乱走。帝执烛正坐，厉声呵止之，如是者数四。

这一段记录于《南史·齐本纪》上的文字，足以显现出当年铁骑突出刀枪鸣的气势，萧道成后来成了南齐的开国皇帝。

大抵南朝皆旷达，可怜东晋最风流，别光想着东晋是如何的软弱不堪，软弱和强硬从来都是相对，根据史书记载，最早在新亭驻军，应该是征西大将军桓温。东晋简文帝司马昱死后，桓温的权力达到巅峰，他“入赴山陵，止新亭，大陈兵卫”。也就是说在新亭安营扎寨，随时随地准备发动军事政变。在当时，要想军事政变，必须先除掉谢安和王坦之，为什么呢，因为这两个人是简文帝临终时托以治国重任的顾命大臣。

说到东晋，说起南京，必然会想到当年的王谢两豪门。事实上，东晋初年“王与马，共天下”中的琅邪王氏，很快就在南京失势了，很快就开始衰落。风水轮流转，王坦之虽然也姓王，却不是琅邪王氏，而是出自山西太原，此王已非彼王。桓温是个新贵，很像他的前辈曹操和王敦，都是“臣强主弱”的狠角色，都习惯于挟天子以令诸侯，完全不把孱弱的皇上放在眼里。而且桓温也是位驸马爷，权倾朝野，只要再除掉了谢安和王坦之，他便可以独自一人说了算。

王坦之也可以算是东晋名臣，是官二代，父亲是尚书王蓝田。他心里非常害怕，问谢安应该怎么办，谢安也没什么好办法，形势搁在面前，只能坦然面对，说“晋祚存亡，在此一行”，去也得去，不去也得去。这时候，桓温暗藏着杀机，表面上是邀二人到新亭宴集叙旧，地点就选在山上的亭子里。此处地势高峻，且山顶开阔，可容数千人，是中军大帐的所在地，在四周埋伏一些刀斧手很容易。

说白了，这就是一场发生在南京家门口的鸿门宴，谢安和王坦之如约来到中军大帐，见了桓温，王坦之已汗流沾衣，连奏事的手版都拿颠倒了。谢安则从容镇静，入席而坐，问候完毕，对桓温说：

安闻诸侯有道，守在四邻，明公何须壁后置人邪？

翻译成现代汉语就是：我听说古时候有道的诸侯大臣，他们的卫兵应该设守在四方，你明公英名一时，又何必要在幕后埋伏士卒呢？旧时对有名位者尊称“明公”，三国时，吕布被曹操打得狼狈不堪，在白门楼上对军士们说：“卿曹无相困，我当自首明公。”吕布帐下的首席谋士陈宫便说：“逆贼曹操，何等明公！”吕布想投降，陈宫极力反对，说曹操这样的人，哪能算狗屁的“明公”，我们怎么能向他投诚呢。

谢安此时称桓温“明公”，把桓温与曹操相提并论，弄得桓温很不好意思，便传令下去，立刻撤掉躲在后面的士卒。就这样在谈笑之间，临危不惧的谢安，在南京城西南处的新亭，为东晋朝廷避免了一场颠覆政权的战争。当时南京，还没有后来的高大城墙，发生在新亭的这一幕，感觉就好像是发生在城门楼上。

不管怎么说，已经定格的新亭对泣历史画面，确实有些悲惨，有些让人不堪。很容易给人产生不好印象，仿佛东晋的过江诸人，只会像个娘们那样地哭泣。本来北方人来到南京，反客为主，也不想就此死死地赖在江南。金窝银窝不如自己狗窝，滞留南京也是没办法，毫无疑问，他们把有家不能回的情绪带到了南京，失败的阴影一直像乌云一样笼罩着这个城市。

然而伤心归伤心，乌云笼罩归乌云笼罩，毕竟是处在一种相对和平的环境中。很多人在这里变得越来越安逸，越来越没有了"克复神州"的斗志。不过这显然也不是当时南京的全部，熟悉东晋典故的人，一定还会记得祖逖的闻鸡起舞，想当年，祖逖渡江北伐，中流击楫，那是多么的英勇豪迈：

> 逖居京口，纠合骁健，言于睿曰："晋室之乱，非上无道而下怨叛也，由宗室争权，自相鱼肉，遂使戎狄乘隙，毒流中土，今遗民既遭残贼，人思自奋，大王诚能命将出师，使如逖者统之以复中原，郡国豪杰，必有望风响应者矣。"
>
> 睿素无北伐之志，以逖为奋威将军、豫州刺史，给千人廪，布三千匹，不给铠仗，使自召募。
>
> 逖将其部曲百余家渡江，中流击楫而誓曰："祖逖不能清中原而复济者，有如大江。"

遂屯淮阴，起冶铸兵，募得二千余人而后进。

祖逖北伐曾收复了大片河南领土，最后已没有力量再北渡黄河。他再也没有回来，就死在了北方。所谓“睿素无北伐之志”，既是事实，也有些习惯性的臆测。以东晋初年的实力，北伐只能是一种空洞口号，朝廷君臣必须体现出北伐之意。决心必须要有，具体怎么实行另当别论，司马睿自身的地位难保，他本来就不是那种强悍的主，加上江东的经济状况，当时经济仍然还是南不如北，北方正在衰退，那只是因为战乱，以经济基础看，当然还是北方更好。

永和二年十一月，也就是公元 346 年，桓温上疏朝廷，请求伐蜀，未等朝廷回复，便与征虏将军周抚，还有辅国将军司马无忌，一起率军冒险西进。朝廷得知消息后，忧虑不已，认为桓温兵力过少，又是深入险要偏远的蜀地，担心他最终会兵败而回。结果却是屡战屡胜，沿长江而上，已经进逼至成都城下，在郊外的笮桥与成汉军队决战。

当时战况惨烈，东晋的军队前锋失利，参军龚护战死，成汉军队的箭矢甚至射到了桓温的马前。诸将皆有些惊慌，意欲赶快退兵，而负责击鼓的士兵，却在一片慌忙中，误击了前进的鼓声。这个错误犯得很及时，于是晋军破釜沉舟，拼死一搏，终于反败为胜，大败汉军，桓温乘胜攻入成都，灭了成汉政权。

成汉是五胡十六国中第一个灭亡的政权，率兵消灭它的，就是东晋的桓大将军。至此，东晋领土面积扩大了许多，对于首都南京来说，这是一个极大的喜讯，非常出乎意料。要知道，东吴时期孙权梦寐以求，也没能够得到蜀地，现在三国时期东吴和蜀汉的国土，都已经归南京所有了，这是南京城从未有过的荣耀。因此，不能简单地说东晋软弱，若以当时获得的领土面积而论，东晋又何弱之有。

05 北伐，克复神州，一个梦

东晋要想在南京这座城市站住脚跟，必须高举北伐大旗，在过江诸人心目中，这既是一面团结的旗帜，一根政治正确的标杆，也是一个可以遮人耳目的幌子。作为南渡的北方政权，不能以过于退居南方的姿态示人，否则对于众多南渡北方士庶，会失去号召力与凝聚力。不管怎么说，对于东晋政府而言，无论真假，北伐都是必须的。

东晋在南京定都，与北方基本上是以淮河为界，首都南京面对着滚滚长江，隔江北和淮南与北方对峙，进退自如攻守兼备。长江和淮河之间的广阔区域，成为护卫京畿重地，成为抵御北方强敌的缓冲地带。要想北伐，要想守住南京这一亩三分地，首先得发展经济，有了经济实力，有了足够的粮草，GDP上去了，才谈得上打仗，才能打胜仗。

然而中国历史上的南北朝，从头至尾，内乱远远超过了外患。不止南边的东晋是这样，北方的五胡也是内乱不断，没有一天太平。中国人的毛病南北都一样，是不是汉人没差别。南京引以为荣的六朝繁华，乱象丛生，王敦差一点颠覆了东晋，接下来，又是苏峻之乱，桓温之乱。宋齐梁陈，一个动乱接着一个动乱，每一次动乱，都会给南京城带来很大的不安，都是人员和财产的巨大损失。

情况危急时，南京的朝廷也不止一次有过再迁都的动议，譬如苏峻之乱以后，南京城里乱作一团，《晋书》卷六十五列传第三十五上有记录：

> 及贼平，宗庙宫室并为灰烬，温峤议迁都豫章，三吴之豪请都会稽，二论纷纭，未有所适。导曰："建康，古之金陵，旧为帝里，又孙仲谋、刘玄德俱言王者之宅。古之帝王不必以丰俭移都，苟弘卫文大帛之冠，则无往不可。若不绩其麻，则乐土为虚矣。且北寇游魂，伺我之隙，一旦示弱，窜于蛮越，求之望实，惧非良计。今特宜镇之以静，群情自安。"

温峤建议要去的豫章，也就是今天的江西南昌，三吴之豪所请的会稽，也就是今天的浙江绍兴，两地都过于深入南方，其退缩的迹象十分明显。不仅无益于北征中原，同时也不利于保守南方，因此王导称之为"窜于蛮越"，而在苏峻乱后迁都向南，也确实有示弱北方之嫌，难免给对手留有可乘之机。

王导认为，逃避是不对的，古代真正有为的帝王，绝不会因为一个地方是否“丰俭”而迁都，如果能够像身着粗陋的“大布衣大白冠”的卫文公那样，有着励精图治精神，迁都到任何地方都可以，迁不迁都一样。如果百姓尽废其业，不能自力更生“绩其麻”，不能织布为衣，身处再好的乐土也是枉然。所以要想维护南京城的稳定，最稳妥的办法是“镇之以静”，忍一忍，群情自安。

东晋选择定都南京，一个重要因素是曾经有过建都历史。人的思维会有定势，东吴在这里经营数十年，方方面面的发展，都已经初具规模。可以说这里就是一个现成的首都，现成二字很重要，西晋平吴，建邺成为扬州的治所，虽然政治上受到一定压制，城市级别降低了，但并未遭到彻底破坏，旧时宫室还都予以保留。司马睿刚来南京时，他的住所就是太初宫。

当然，除了东吴宫室得以保留，南京还依然延续着东吴时的地位。西晋时期的南方已不复存在独立政权，江南地区仍然相对独立，而南京作为前朝的都城，对于长江以南，尤其是东南地区，仍然具有相当强的政治号召力。吴地大族自东吴以来长期聚居于此，在这里形成了强大影响力。他们显然不希望自己的政治势力，随着东吴灭亡而就此消失。

吴地吴人一直都把南京作为实现复国大业的根基，希望重建以南京为中心的南方政权，通过它再度提升自己的地位，维系其自身的利益。而童谣“局缩肉，数横目，中国当败吴当复”，便可以有了另外一种解释。南京再次成为首都，成为中央政府所在地，不就是既成事实的“吴当复”了吗。因此，桓温桓大将军西征灭掉成汉，对于南京的居民来说，无论是侨居在此的南迁北人，还是早就在这里生活的吴人，都觉得是一件非常好的事情，是非常了不得的业绩。

如果北伐直通成功，会怎么样，当然很好，过江诸人可以重新回到北方去，还都洛阳，或是再次定都长安。但是这么好的一件事情，怕是从上到下，无论是士大夫还是老百姓，大家都不太相信，都不敢相信。“克复神州”说说容易，真要做起来就太难了。

因此北伐和光复失地，美梦可以做，也不能太当真，太当回事。东晋曾有过多次北伐，每次北伐，身在南京的帝王，心中都是七上八下，都很担心，一是明白北伐不太可能成功，二是害怕真成功了，功高盖主，再也管辖不了自己骄横的下属。

东晋的皇帝们本来就缺乏威信，前期的王敦，后来的桓温，都是尾大不掉，都是臣强主弱，都是自以为本事很大，完全不把皇帝放在眼里。巧的是王敦和桓温还都是驸马爷，王是司马炎的女婿，娶了襄城公主，桓是司马绍的女婿，娶了南康公主。都是文武双全，两个驸马爷对东晋的建立和稳定，起了非常重要的作用，同时又是非常危险的人物，都到了要篡位的边缘。

桓温灭蜀以后，声名大振，朝廷忌惮不已，担心他日后难以控制。永和五年，后赵皇帝石虎病死，北方形势大乱。桓温立刻上疏朝廷，请求北伐，却未得到回复。永和七年十二月，桓温再次“拜表辄行”，学习前辈诸葛亮的《出师表》，也不管皇上是不是答应，率着五万大军立刻出发，至武昌而止。

朝廷为此惊恐不安，司马昱亲自写信给桓温，极力劝阻，终使桓温率军还镇，返回荆州。皇上不批准桓温北伐，又不能不北伐，于是便派另一名重臣殷浩率军北伐，却屡战屡败，军需物资更被掠夺殆尽，损失惨重。朝野为此怨恨不已，永和十年正月，桓温上奏朝廷，列举殷浩种种罪状，迫使朝廷将殷浩废为庶人。

从此，朝廷内外大权尽归桓温，朝中已无人再能阻止他。接下来，野心勃勃的桓温为所欲为，越来越任性，接连三次北伐，一伐前秦，二伐姚襄，三伐前燕。前两次胜多负少，二伐姚襄时，曾经一度还攻入了洛阳，拜谒先帝皇陵，并设置陵使修复皇陵。然而还是没什么用，占领的土地很快又得而复失。

桓温的第三次北伐，声势很大，决心也很大，却仍然是惨败。这次北伐的最终结局，东晋的敌国前秦由弱转强，至此，东晋政权也从此前的习惯性进攻，转为退缩性的防御。到淝水之战前夕，东晋由强转弱，版图再次变小，消灭成汉后获得的梁益二州，也就是汉中和成都，都已经再次失去。前秦迅速崛起，成为北方最强大的国家，先后灭掉前燕，前凉，并吞鲜卑拓跋氏的代国，统一了黄河流域，然后就把它的进攻矛头，直指东晋。

对于东晋时期的南京人来说，淝水之战是建都以来一场最为险恶的战争，决定了南京还能不能是京城，存亡在此一战。虽然战场远在今日安徽寿县的东南方，但是这场来势汹汹的大战，意味着南朝若是打败，东晋所维护的半壁江山，将不复存在，首都南京也要因此沦陷。那时候，前秦确实太强大了，秦王苻坚亲率大军八十万，号称百万雄师，以势不可挡之势杀了过来，《晋书·苻坚载记》记录了他的狂言：

以吾之众旅，投鞭于江，足断其流。

结果却是东晋以少胜多，秦军大败，刚刚统一起来的北方，又一次陷入四分五裂。从此，与这场大战有关的几个成语，开始流芳千古，它们分别是东山再起，投鞭断流，草木皆兵，风声鹤唳。淝水之战的意义，完全可以媲美赤壁大战，赤壁大战是东吴立国的根本，也是南京成为东吴首都的必要条件，淝水之战让东晋转危为安，北强南弱的局面不再。双方的军事势力重新归于平衡，北伐和南侵的念头顿时都降低了许多，和平的愿望开始占据上风。

有时候，战争实际进行的时间其实很短暂，然而想打仗和准备打仗，却要花费掉很多很多时间。随着时间的推移，过江诸人想回老家的念头，正在逐渐减弱。《世说新语·言语》篇中有个叫卫玠的帅哥，官至太子洗马，人称卫洗马，他刚来南京的时候，形神惨悴，面对浩瀚长江，对身边的人说：

见此芒芒，不觉百端交集。苟未免有情，亦复谁能遣此！

“芒芒”就是茫茫，东晋刚在南京定都时，离乡背井的过江诸人，大约全是这个德性，多愁善感，聚在新亭对泣，应该是很常见的事情。据说这位卫帅哥还是古代四大美男子之一，年少时乘坐羊车到街市去，看到他的人都以为是个玉人，都要赶过去观看。

后来有句成语，叫“看杀卫玠”，说的就是这个卫洗马到了南京城，京师的人听说他来了，都想一睹芳容，都想看看这个美男子究竟长成什么样子，都冲过来看他，围观的群众人山人海，非常热闹。卫玠可能也是受到了惊吓，不久就生病，一命呜呼，南京的老百姓纷纷传言，说那位玉树临风的卫洗马，是被大家看死的。

没有人会说卫玠是因为思念故乡而死，他死了也就死了，南京人还拿他的死当笑话讲。历史上，因为一而再再而三的亡国，南京难免一些亡国情绪。大家完全可以用这样的历史掌故，来讥笑南京人的没心没肺。然而这个故事，似乎也从另外一个方面说明问题，那就是东晋在南京立国以后，“打回老家去”的念头，很快就越来越淡，越来越是个标语口号。一方面，北伐仍然是最具有号召力的幌子，另一方面，在南京的过江诸人，对于返回故乡，所谓“皆有归本之心”，随着时间推移，正在变得可有可无。

桓温北伐，收复了许多失地，上疏给皇帝，说：

> 丧乱缅邈，五十余载，先旧徂没，后来童幼，班荆辍音，积习成俗，遂望绝于本邦，宴安于所托。眷言悼之，不觉悲叹！

“班荆”是聊天的意思，翻译成现代汉语就是坐在一起侃大山。“眷言”是形容人在回顾，出自《诗·小雅·大东》，“眷言顾之，潸焉出涕”。可怜现在的这些孩儿们，都已经在南京成了南方人，聊天时连家乡话都不会说了，一个个都太安于现状，因此桓温提出了建议：

> 自永嘉之乱，播流江表者，请一切北徙，以实河南。

这个从哪来回哪去的建议，立刻引起了强烈反对，玄言诗人孙绰上疏抗议，明确说出了不愿意北迁的理由，说北人“播流江表，已经数世”，“植根于江外数十年”，你非要让他们“离坟墓，弃生业”，“舍安乐之国，适习乱之乡，出必安之地，就累卵之危”，显然有点说不过去。

大书法家王羲之也明确表达过不赞成北伐的意向，东晋王朝派殷浩北伐，他便直接给中军将军殷浩写信，发牢骚说：

> 今军破于外，资竭于内，保淮之志非复所及，莫过还保长江，都督将各复旧镇，自长江以外，羁縻而已。

王羲之认为千里运送粮食，自古就是一件很困难的事情。“况今转运供继，西输许洛，北入黄河。虽秦政之弊，未至于此”，因此“以区区吴越，经纬天下十分之九，不亡何待”。轻易北伐，“社稷之忧可计日而待”。

说孙绰是玄言诗人，说王羲之是书法家，完全是后人的事情，在当时，他们都应该是敢于直言的政治家。孙绰官拜尚书郎，为文士之冠，那年头，有名望的人物过世，都必须请孙绰为碑文，然后再刻在石头上，由此可见其文誉之隆。王羲之出自著名的琅邪王氏，王导和王敦是他的堂伯父，当过江州刺史，领右将军，因此大家习惯上称他为王右军。

事实上，东晋初年开始，过江诸人对北伐就不够热心，就很务实，那时候，北人在南方立足未稳，的确也无力北伐。不过，不管内心深处究竟如何考虑，至少在表面上，大家还不敢像孙绰和王羲之那样，公然反对北伐，反对北迁。

孙绰和王羲之的声音，至少说明到了东晋中期，要不要北伐已经可以在南京这个城市里开始讨论。“克复神州”这个美梦还在继续做，必须做，大家似乎已意识到它可能只是个梦，一个不太现实的梦。梦可以做，也可以说，没必要太当真。当时的南京人，不管你是吴地吴人，还是衣冠南来的北人，心里都明白，偏安虽然难听，没出息，或许还是可以接受的，毕竟和平不打仗，可能更好。

事实上，东晋时期南京人的日常生活，正在一天天好起来。日子一天比一天更太平，乱世正在远去，经济开始飞速发展。和平了才会有建设，人人都可能有好战之心，谁都想耀武扬威，谁有了钱都会觉得自己了不起，人穷而志短，国富则民强。然而民心就是这样，一方面，发展经济是为了打仗，另一方面，经济真发展了，日子真过舒坦了，真明白了事理，又不太想打仗，还能有什么比过太平的日子更好呢。

第三章 六朝人物（下）

01 南腔北调

提起大家都熟悉的南京古城，必定会联想到明朝时才建造起来的城墙，好比说起中国古代历史，脑海里首先会冒出北京的八达岭长城。淮水东边旧时月，夜深还过女墙来，古城砖砌成的高大城墙，足以给人们留下一个高大上的城市印象。高高的城墙上有可以用来射箭的城垛，推开厚厚城门，穿过深深门洞，你就可以走向中国古代城市的深处。

南京明城墙的长度据说是世界第一，然而后人恐怕无法想象，早在六朝繁华时期的南京，城墙又是什么模样。大家不会想到，自东吴定都南京，经历了东晋和刘宋，已经有过三个王朝的古城南京，它的城墙一直都是以竹篱笆围成。

说起来很可笑，那时候整个城市看上去，就仿佛是一座巨大的竹寨。所谓六朝古都，所谓六朝繁华，拆穿了看，有时候只是一种文化上的可爱。《南京通史·六朝卷》第128页，对前人所述这方面的有关文字，进行了一番梳理：

《南齐书》卷二三《王俭传》云："宋世外六门设竹篱，是年初，有发白虎樽者，言'白门三重门，竹篱穿不完'。上感其言，改立都墙。俭又谏，上答曰：'吾欲令后世无以加也。'"《资治通鉴》卷一三五《齐纪一·高帝建元二年》亦云："自晋以来，建康宫之外城唯设竹篱，而有六门。会有发白虎樽者，言'白门三重关，竹篱穿不完。'上感其言，命改立都墙。"白门即宣阳门。《宋书》卷八《明帝纪》云："宣阳门，民间谓之白门。"《建康实录》卷七注引《地舆志》（按：应为《舆地志》）亦云："都城周二十里一十九步……宣阳门，本吴所开，对苑城门，世谓之白门，晋为宣阳门，门三道，上起重楼悬楣，上刻木为龙虎相对，皆绣栭藻井。"

南京别称白门就源于此，不过也有另外一种说法，认为与白下有关。六朝金粉，白门飘柳，因为城北有座山，山上都是白晃晃的石头，南京一度取名为"白下"。李白有诗，"驿亭三杨村，正当白下门"。清朝诗人王士禛也有诗，"秋来何处最销魂，残照西风白下门"。古时候的白色也没什么不吉利，后来不知道怎么就改变了，有了忌讳，《南史·宋本纪下·明帝》：

宣阳门谓之白门，上以白门不祥，讳之。尚书右丞江谧尝误犯，上变色曰：“白汝家门！”

这个记载太生动，大臣无意中说到了一句“白门”，皇帝顿时不高兴，龙颜大怒，竟然脱口而出“白汝家门”，翻译成流行的大白话就是“你们家才白门呢”。白门被明帝理解为“败门”，白和败在当时同音，这个禁忌好像一直都有延续，一千五百年以后，到了“文革”时期，南京的白下区也觉得“白下”二字不好，当时的红卫兵小将曾试图改名为“红卫区”。

当时的白门，也就是宣阳门，应该在今天游府西街一带。这个白门是六朝都城的南大门，它的位置给了我们一个提示，那就是六朝时期的南京都城，与后来城南繁华的夫子庙一带是远远隔开的。打个不太恰当的比方，南京的这个宣阳门，基本上也就相当于北京的天安门。当时也没什么太大的城乡区别，皇城如果是一栋大别墅大豪宅，所谓城区也就是个竹篱笆胡乱圈起来的大园子，它究竟有多大，真不好说。

公元480年，南齐太祖萧道成在南京“立六门都墙”。这个一步到位的“都墙”，究竟是夯土墙，是砖墙，还是砖包土墙，有争论。“立六门都墙”是指对整个都城的城墙进行改造，还是指对宣阳门等六座都城城门部分改造，也有争论。从文献资料来看，六朝时期南京卫星城堡中，除了石头城在东晋末年“加砖累甓”之外，东府城，西州城，新亭垒，白石垒都还只是夯土城墙，它们都在都城之外。

再从后来的考古发掘看，东吴时期的武昌城也是夯土砌造，同一时期的京口铁瓮城城垣是利用自然山体加筑夯土墙，部分墙体外包砌城砖。晋陵罗城城垣为夯土砌筑，外包城砖，只有长江北面的广陵城是砖砌城垣。2001 年以来，博物馆的考古人员在建康城遗址发掘过程中，发现了包砖的夯土城墙遗存。据此，专家们推测，六朝时期的南京城，也就建康城垣应当是夯土垒筑，外包城砖。

作为古都，南京城是南北文化交流的产物。在东吴时期，多宫制的布局，也就是东一处西一处的建筑物，既是对中国古代都城的继承，也是因为“江左地促，不如中国”的限制，因为当时的南京地形，水网交织山陵起伏，城市规划不可能像中原那样“阡陌条畅，则一览而尽”，只能因势利导，只能“纡余委曲，若不可测”。

南京城的设计，从一开始，就有一个向北方虚心学习的过程。学不像，是因为各种条件限制，有些地方想学也学不过来。我们已经不止一次解释过，在中国古代，迄至三国时期，南方的经济都远远落后于北方。在城市建设上更是如此，造城运动既有政治因素，同样也要看经济条件，看经济实力。东吴定都南京，在城市建设方面，已经有一些向北方曹魏都城学习的例子。到了东晋南迁，这个王朝是从北方迁徙过来，它自然会希望自己居住的都市，能向北方旧都“街衢平直”，“阡陌条畅”的方向发展。

一个由竹篱笆围起来的城市，它的安全性显然是可疑的。从某种意义上来讲，只能是“防君子，不防小人”，攻入这样的城市轻而易举。因此，在坚固的城墙修筑好之前，南京并不存在什么城市保卫战。要打仗，都是在城市外围摆开阵势，你来我往地较量一番，决出一个胜负，决定这个城市归谁所有。南京城的石头城，新亭垒，白石垒，甚至包括东府城和西州城，最初都是用来防御的军事堡垒，要拿下南京，首先就要攻城拔寨，解决这些点状结构的城堡，全面防御一个由竹篱笆包围起来的城市是不现实的。换句话说，这样的城市在当时，其实差不多就是开放的。

不只是无可奈何的开放，而且它也不像北方都市设计那样，有着非常严格的社区划分。六朝时期的南京居民，从来源上看，南方吴人以土著居民为主，北方人主要是永嘉年间衣冠南渡的北方流民。所谓“俄而洛京倾覆，中州士女避乱江左者十六七”，根据《晋书·地理志》记载，东晋时期在南京地区设立的侨郡侨县有二十多个。最早设立的一个侨县叫“怀德县”，后改名为费县，专门安置跟随司马睿一起从山东琅邪来的千余家南渡人口，其中大族有上百家，他们居住的地方，就在靠近皇宫的鼓楼一带。

位于南京都城东北的江乘县，因为靠近长江，安置了南东海，南琅邪，南东平和南兰陵四个侨郡，以及临沂，阳都，即丘等侨县。东晋以后，大规模的人口迁徙有七次，据专家考证，当时南渡人口有九十万，占北方人口总数八分之一。东晋南朝所辖区域内，六分之五为本土居民，六分之一为北方侨民，其中又以江苏境内侨民为最多，约有二十六万。南京城内就更多了，聚集在这里的南渡北人，数量几乎与土著人口相差无几，因此这些人的实际存在，大大改变了本地的语言和风俗习惯。

当初王导刚到南京时，做的第一件实事，就是赶快学说南京话。当时南京人说的都是吴语，与今天的苏州话上海话应该差不多，都属于同一个语系。譬如南朝乐府中的吴声歌曲，就是用吴语传唱的歌谣，《晋书·乐志》称“自永嘉渡江之后，下及梁、陈，咸都建业，吴声歌曲起于此也”。王导来南京以后，不仅学会了地道的吴语，而且还经常在同僚们面前卖弄。很显然，作为东晋的丞相，他这样做，会显得非常亲民，《世说新语·排调》有记录：

刘真长始见王丞相，时盛暑之月，丞相以腹熨弹棋局，曰：“何乃渹？”刘既出，人问：“见王公云何？”刘曰：“未见他异，唯闻作吴语耳！”

渹是吴语“冷”的意思，读如［qìng］，弹棋则是一种已经失传的古人游戏，有点像今天的桌球。刘真长即刘惔，魏晋八君子之一，简傲高贵好清谈，也是一位驸马爷，娶了晋明帝的女儿庐陵公主司马南弟为妻，与桓温大将军是连襟。当然，上面这段对话，关键还是“唯闻作吴语耳”，短短六个字，把王导的卖弄和刘惔的不屑，纤毫毕现暴露无遗。

事实上，王导学习吴语，说明他已经看到了未来，知道要想让东晋在南京立足，站稳脚跟，要想管理好这一片区域，掌握吴语，不仅必要，而且必须。因此，不只是丞相王导向南京人学习吴语，本来是说吴语的南京人，也情不自禁地向北人学习官话。南人和北人相互看不入眼，相互歧视，相互讥笑，并不妨碍他们相互卷着舌头模仿对方的语言，这种模仿的最终结果，就是南京出现了一种南腔北调的官话，一种六朝时代所特有的普通话，它既不像吴语，又难免“南染吴越”，无复纯正的中原地带口音。

普通话向来是一种妥协的产物，南北文化在南京融合的趋势，谁也改变不了。既然南人和北人在南京这个城市中，人口比例已经旗鼓相当，那么相互敌视也好，相互看不起也罢，交流总是避免不了。你影响我，我影响你，互相学习就成为必然。当时南京的居民，大体上可以分为贵族和平民两个阶层，说白了就是有钱有势的豪门和无钱无势的寒门，就是富人和穷人。“小人率多商贩，君子资于官禄”，南京作为六朝都城，官署密集，官僚及其家眷，还有在衙门里当差的府吏，为豪门服务的僮仆奴婢，将帅的部曲宾客，商人和僧尼，手工业者也就是所谓的匠户，成为本市居民的重要组成部分。

部曲和宾客是六朝时特有的文化现象，部曲是古代军队的编制，大将军营五部，部校尉一人，军司马一人。部下有曲，曲有军候一人。曲下还有屯，屯长一人。到了南北朝，部曲已成为世族大姓的私人武装，干脆就称为家兵，地位越来越卑微。家喻户晓的《千字文》就产生于南京地区，其中“户封八县，家给千兵”，“八县”和“千兵”都是虚指，且耕且战，平时是佃客，作战时是部曲。世族大姓衣冠南渡，部曲也就跟着一起过来当侨民，这也是当时并不算太大的南京城，能够拥有二十多个侨县和侨郡的原因之一。

当时官员们即使出为外郡，到外地去做官，通常也都习惯把家人留在南京。只要是个人物，“在京师皆有住宅”，都要在这置房子买地。东吴时期，达官显贵的府邸，多分布在秦淮河下游的两岸，“高门鼎贵，魁岸豪杰”，左思在《吴都赋》里已做了出色的描写。东晋初年，秦淮河下游南岸，仍然还保留少量贵族邸宅，如王谢两大家族渡江后，就卜居在南岸的乌衣巷。

此乌衣巷与今天的乌衣巷并不是一回事，而今天夫子庙地区的王谢故居，也是个地道的伪文物，与当时王谢两大豪门毫无关系。事实上，你很难想象昔日的王谢子弟，会从同一个大宅门里进进出出。衣冠南渡以后，南京的大多数贵族邸宅，很快集中到了秦淮河北岸，《建康实录》上便说：

> 京师鼎族，多在青溪左及潮沟北。俗说郗僧施泛舟青溪，每一曲作诗一首，谢益寿闻之曰：“青溪中曲复何穷尽也。”

说起来，富人应该住在富人生活的区域，穷人都应该住在穷人待的地方，有身份和没身份的人应该分开。在中国城市规划的实践中，中原都市无论是曹魏的邺城，还是西晋的洛阳城，以及后来北魏的洛阳城，基本上都是严格按照“仕者近宫，工贾近市”的原则设置里坊，安顿普通老百姓，处置低端人口。在北方平原地区并不难做到这一点，南京城区因为丘陵起伏，水网密布，在实际建设中，安排居民的生活区，特别是达官显贵的府邸，显然不可能完全受这个规范约束。从某种意义上来讲，东晋以后的南京，并没有什么富人区，居民点显得更自由，更随意，既可能是南人和北人的同居，也可能是穷人和富人的混杂。

以当时的居民区里坊为例，在建康城的里坊中，有的里坊人烟稠密，如长干里就包括大小长干和东长干，这一带吏民杂处，地广人稠。有的里坊建有皇家苑囿，如建兴里设有建兴苑。更多的里坊中点缀有寺庙，“南朝四百八十寺”，几乎渗透到都市的每一个角落。如佛陀里有建初寺，即大市寺，蒋陵里有竹园寺有定林寺，长干里有长干寺，蒋山里有蒋山寺本业寺，中兴里有南林寺，定阴里有惠日寺，太清里有解脱寺，斗场里有斗场寺。

所谓有文化，就是敢变化，东晋以后的南京城，在原有的东吴都城基础上，基本上仿照中原魏晋洛阳城和曹魏邺城布局，因为不可能完全照搬，它没有那样便利的自然条件，结果就形成了自己的风格，而这种近乎随意的清新风格，又是后来北魏洛阳城的借鉴蓝本，强制性地把富人和穷人分开，显然是脱裤子放屁，没那个必要。

毫无疑问，六朝南京特有的里坊格局，随着建康城的越来越繁荣，在某种程度上，又必然会悄悄地影响北方，会对北方都市规划布局，产生潜移默化的催化作用。最显著的例子，北魏洛阳城的里坊就和建康一样，开始广布于都城内外，“仕者近宫，工贾近市”，不再是那么绝对。

02 魏晋的风度

魏晋风度滥觞于北方，真正能够发扬光大，应该是在六朝时期的南京。换句话说，魏晋风度的最大市场是在南京，最大的买主是南京人。南京这个城市最能体现它的精髓和神韵，魏晋风度，六朝风流，魏晋在北方消亡了，然而它又在六朝的南京获得了传承，得到了新生。

当然，要说到魏晋风度，首先得感谢一本书，这本书就是刘义庆等编撰的《世说新语》。鲁迅先生《中国小说史略》称它为“名士底教科书”，盛赞它“记言则玄远冷隽，记行则高简瑰奇”。鲁迅眼光很独特，从来不会胡乱推荐一本书，要想了解南京历史，《世说新语》应该是一本必读书。2015年南京评选出二十四部传世名著，《世说新语》毫无争议地名列其中。

为什么又要说这本书是刘义庆等编撰呢，为什么要加一个

“等”，因为事实上，也说不清楚这书究竟谁写的。反正它属于集体创作的产物，通常有一种公认的流行观点，那就是艺术必须要独创。集中大家力量，像写革命样板戏那样合力来完成一本书，这办法似乎不太可取，有点违背创作规律。然而《世说新语》却证明这种编书办法也可行，事实上，你还不能不说它是一本好书，一本非常好的著作。

刘义庆是六朝刘宋时期的一位王子，后来又当了王爷，伯父刘裕是皇帝，自己做过荆州刺史，做过江州刺史，做过南兖州刺史，他的爵位是南郡公和临川王。所有这些头衔都没什么好议论，因为有了《世说新语》，人们爱屋及乌，都喜欢说他聪明过人，说他深得宋武帝和宋文帝的信任，说他备受礼遇，屡屡获得朝廷重用。不过真要说起个人政绩，谈论具体办事能力，这个刘义庆真没有什么了不得的地方。

于是大家都给台阶下，说他“秉性简素，寡嗜欲，爱好文义”，又说当时政治生态环境太差，宫廷斗争太激烈，他呢，为了避祸，就不能不佯狂，成天和一帮文人雅士混在一起。白头宫女在，闲坐说玄宗，文人雅士都喜欢讲过去的故事，讲一些过去的老段子。这些老掉牙的故事和段子，基本上都属于前朝往事，把它们用精致文字记录下来，再编成一本书，于是就有了《世说新语》。

发生在魏晋时期的陈年旧事，能够深深影响南京，能够承前启后，显然与东晋跟西晋紧密相连有关。毕竟还都是司马氏的王朝。譬如《世说新语·汰侈》写王敦与王导，故事发生在西晋，可是二王后来的主要事迹，都发生在南京，都是在南京这个舞台上表演，因此大家怀念西晋，就是在说东晋，就是在说南京：

> 石崇每要客燕集，常令美人行酒，客饮酒不尽者，使黄门交斩美人。王丞相与大将军尝共诣崇，丞相素不善饮，辄自勉强，至于沉醉。每至大将军，固不饮以观其变。已斩三人，颜色如故，尚不肯饮。丞相让之，大将军曰："自杀伊家人，何预卿事！"

《晋书·王敦传》上也有记载，文字略有不同：

> 时王恺、石崇以豪侈相尚，恺尝置酒，敦与导俱在坐，有女伎吹笛小失声韵，恺便驱杀之，一坐改容，敦神色自若。他日，又造恺，恺使美人行酒，以客饮不尽，辄杀之。酒至敦、导所，敦故不肯持，美人悲惧失色，而敦傲然不视。导素不能饮，恐行酒者得罪，遂勉强尽觞。

比较这两则故事便发现，重点不是谁在杀人，是王恺还是石崇，不重要。被杀的是行酒美人，还是吹笛女伎，也不重要。重要的只是东晋丞相王导与大将军王敦的怎么表演，故事发生的时候，王导还不是丞相，王敦也不是大将军，事发西晋时期，把这个故事再拿到南京六朝的背景下来叙述，就有了不同寻常的含义。王导与王敦可以说是东晋的奠基人，他们的生活态度和行事风格，对六朝南京社会风气，对朝廷或民间，有着直接影响。

王导的隐忍，代表了当时东晋草创时期的仓皇软弱，也表现出了坚毅忍耐的柔能克刚，这就仿佛南朝更多时候，虽然以一种文弱形象示人，它的生命活力，它的自我调整能力，远比人们想象得要强大。而王敦跃然纸上的枭雄之色，他的目中无人和不顾死活，他的狂妄他的野心，也反映出东晋在南京定都以后，注定会面对的各种不稳定，无法避免的动荡和错乱。

显然，王敦的故事跟王导相比，有更深一层的东西。我们都知道东晋的王业，可以说成也这个王敦，败也这个王敦。王敦之后的桓温，还有刘宋的开国皇帝刘裕，南齐的萧道成，陈朝的陈霸先，身上都明显包含了王敦的影子，他们的共同点，都是当了曹操似的人物，都是俗称的奸雄，治国打天下有一套，祸国乱天下也有一套。

太子洗马潘滔就曾这样评价少年时的王敦，说他“蜂目已露，但豺声未振，若不噬人，亦当为人所噬”。

六朝时代的人物，必须戴上了魏晋风度光环，才好看，才有意思，才值得咀嚼。你可能会不喜欢王敦，但是很可能会喜欢他的故事。据统计，《世说新语》中共有四十则故事涉及王敦，这些零散故事，勾勒出了他从名士到叛臣的转变过程，譬如写他刚结婚时一段，读了令人大笑不止：

王敦初尚主，如厕，见漆箱盛干枣，本以塞鼻，王谓厕上亦下果，食遂至尽。既还，婢擎金澡盘盛水，琉璃碗盛澡豆，因倒著水中而饮之，谓是干饭。群婢莫不掩口而笑之。

《世说新语》第十三篇“豪爽”一门，共十三则故事，其中前四则都与王敦有关：

王大将军年少时，旧有田舍名，语音亦楚。武帝唤时贤共言伎艺事，人皆多有所知，唯王都无所关，意色殊恶，自言知打鼓吹。帝令取鼓与之，于坐振袖而起，扬槌奋击，音节谐捷，神气豪上，傍若无人。举坐叹其雄爽。

王处仲，世许高尚之目。尝荒恣于色，体为之敝。左右谏之，处仲曰：“吾乃不觉尔，如此者甚易耳。”乃开后阁，驱诸婢妾数十人出路，任其所之。时人叹焉。

王大将军自目高朗疏率，学通《左氏》。

王处仲每酒后，辄咏“老骥伏枥，志在千里，烈士暮年，壮心不已”。以如意打唾壶，壶口尽缺。

王敦王大将军字处仲，以上四则故事，都是生动有趣。胡乱击鼓，鼓音急促和谐，表现出了他的气概豪迈，旁若无人，满座看客都赞叹他威武豪爽。纵色过度，身边人劝其要注意身体，他倒是很干脆，立刻就把婢妾数十人，浩浩荡荡地都打发了，说赶走就赶走，让她们爱上哪玩就去哪玩，爱找谁就去找谁。王敦学有所长，精通《左传》，当然最让人吃惊的，还是他竟然毫不掩饰自己喜欢曹操，常常吟曹孟德的诗自慰。也难怪东晋开国皇帝会跟他发急，说“欲得我处，但当早道”，这个皇帝还是你来做吧，你想当皇帝，早点说呀。

六朝时期的南京人，显然喜欢这样的故事，皇帝有点软弱，有点无能，这也未必是什么太大坏事。有时候，一个过于独裁昏庸的皇帝，或许更糟糕，更祸国殃民。刘义庆编撰的这本《世说新语》，在故事取舍方面，多少也体现了六朝时的开放程度。封建时代谈民主不现实，也不可能，但是在六朝，包括魏晋，文人真正因为写文章而掉脑袋，好像也不太多。

这一段时间内，文人被杀的数量并不少，都不是因为写文章。嵇康可能算一个，即使是算，也很勉强。文人被杀更多的原因，是直接参与政治，六朝时朝代不断更迭，玩阴谋诡计的人不少，文人一旦跟错了主子，站错了队，也就会变得很危险，非常可怕。魏晋风度的最大遗产，是不断地出现相似的乱臣贼子。自从曹操开始，挟天子以令诸侯成为常态，六朝时期的南京，几乎每朝每代，都出现过曹操一样的强人，出现过像曹操那样的野心家。

比曹操更过分的，则是进一步学他儿子曹丕，干脆自己取而代之。习惯可以成为自然，六朝时期，刘宋取代东晋，萧齐取代刘宋，陈朝取代萧梁，基本上都是这个套路，都是先当曹操，再当曹丕，一个人把曹氏父子两人的活都给干了。

譬如刘裕的称帝，就跟玩似的，义熙十四年，也就是公元419年，刘裕派手下杀了晋安帝。刘裕早有意称帝，但是登基当皇帝前，突然又迷信起来，《资治通鉴》卷一一八上是这么写的：

宋公裕以谶云“昌明之后尚有二帝”，乃使中书侍郎王韶之与帝左右密谋鸩帝而立琅邪王德文。德文常在帝左右，饮食寝处，未尝暂离；韶之伺之经时，不得间。会德文有疾，出居于外。戊寅，韶之以散衣缢帝于东堂。

就是说，谶言说晋孝武帝死了以后，得有两位皇帝过渡，晋安帝已被刘裕干掉了，还得有个皇帝来凑数字，于是选中了晋安帝的同母弟弟司马德文，先让这位德文坐一年皇帝，再宰只鸡一样地杀掉，然后名正言顺地玩禅让，然后堂而皇之地登上帝位。

可怜东晋自司马睿登基，好歹也延续了一百零三年，前后共有十一位皇帝，这些皇帝都当得可怜巴巴，基本上是在四代人中间传承，其中一半以上在位时间不超五年，最小的一位登基时才两岁。十一位皇帝中最后两个，是司马睿的重孙，他们的父亲是孝武帝，爷爷是简文帝。相比较而言，只有简文帝和孝武帝还像个正经八百的皇帝。

东晋司马氏如此，刘宋和萧齐，包括紧接在后面的梁朝和陈朝，都是这样。一代报复一代，六朝时期的南京，经历了三百多年，改朝换代就跟小孩子玩过家家一样。因此当王子也好，当太子也好，找上一帮人编本《世说新语》，或者编本《昭明文选》，还真是挺不错的玩法。不能因为宫廷出面组织了文学活动，有了《世说新语》和《昭明文选》，就此证明六朝时的帝室重文轻武。事实当然不是这样，相对地说，六朝是有一点文乎乎，这个文，不是有文化，只是文弱的意思。

事实上六朝时期，也没有什么纯粹文人。万般皆下品，唯有读书高，并不是说文人地位高，号召大家都去读书，目的还是“学而优则仕”，是为了当官。当官才是众人心目中的正道，为了当官，上进心就可能演变为野心，就难免投机，难免受主子牵连。因此六朝人物更多的不是文人，而是名士，各种各样名士，皇帝像名士，大臣像名士，幕僚门人甚至寒士，都学名士。想上位，想避祸，都要向名士学习。

在《世说新语》中，说到桓温，说到谢安，虽然他们一个个武功了得，都打过大胜仗，然而对他们会不会打仗，能不能打胜仗好像都不感兴趣，记录的都是风流雅事。不风流和潇洒，就不配称作六朝人物，譬如桓温叹柳，说他北征，见年轻时所种之柳，皆已粗壮，一个人已经抱不过来，慨然曰：“树犹如此，人何以堪！”然后再补上一句，说他“攀枝执条，泫然流泪”。又譬如描写淝水大战时的谢安，对那场决定东晋生死存亡的战争，无一句正面交代，反而用闲笔大写谢安如何下棋：

> 谢公与人围棋，俄而谢玄淮上信至，看书竟，默然无言，徐向局。客问淮上利害，答曰：“小儿辈大破贼。”意色举止，不异于常。

王敦“学通《左氏》”，史书上能够留下这么一句，绝不会是说着玩玩。桓温工书法，字势遒劲，有《大事帖》传世，唐代窦臮所著《述书赋》，收录晋代六十三位书法家，其中便有桓温。谢安跟王敦和桓温相比，若论文化，怎么样不好说，起码也是旗鼓相当。六朝时期的南京，文化不是文人专利，那时候，只要你是个人物，那就必须得有点文化，就必须是个名士。

《世说新语·任诞》上有这样的记录：

> 王孝伯言："名士不必须奇才，但使常得无事，痛饮酒，熟读《离骚》，便可称名士。"

王孝伯就是王恭，东晋名臣，妹妹王法慧是孝武帝的皇后。不过这个皇后死得很早，二十一岁就过世。王恭作为皇帝的大舅子，很受晋孝武帝信任，应该也是个不折不扣的文人。六朝时期带兵打仗，大都是文人。他的官做得不算小，权力欲望非常强，官越大，心也越大。王恭野心勃勃地想学王敦和桓温，但是他运气明显不如二位，能力也相差太远。王敦和桓温的气场太强，他们在位时，人不死，只要还有一口气，朝廷便奈何不了。王恭则是被杀了头的，他试图起兵反抗，功败垂成，临了被叛将所杀，脑袋被挂在南京的朱雀桥上示众。

王恭死前毫无恐惧，一边梳理自己的胡须鬓发，一边吟诵佛经。死后家中无钱财布帛，唯有书籍，因此当时有一点见识的人，都为他的死感叹，觉得王恭不该死。他的冤家对头，太傅司马道子正好坐车路过，仔细看着挂在那的王恭脑袋，十分不屑地嘀咕着：

> 卿何故趣，欲杀我邪？

翻译成大白话，就是你为什么急着要杀我呢。被杀的人表现得十分优雅，杀人的也表现得十分优雅。可见当时在南京当名士很容易，得意可以，不得意也可以。王恭死了五年以后，司马道子自己也被毒死了，死就死吧，谁还能不死。

这就是大家说的六朝，这就是六朝时的南京风景。

如果谁想了解六朝人物，想体验魏晋风度，最简单可行的办法，就是穿越历史，到当时的南京街头走上一圈。你会很容易碰到各种各样的名士，在那里，你遇到的任何一个人，都有可能是名士，你会发现，你遇到的那些人，都能口吐莲花，一举手一投足，都会透露出影视明星范儿。

03 甘露降生，国号曰宋

传说刘裕他妈生儿子，有神光照亮，当晚还降了神奇的甘露。帝王要出生，总得编些神奇故事，不这样，显摆不出帝王尊贵。六朝初期的南京，一直习惯用童谣来为天子造势，孙权当皇帝是这样，司马睿当皇帝也是这样。转眼间，南京这座城市即将迎来六朝时期的第三个朝代，刘宋就要开始了，童谣已经落伍，现在必须要为它现编点段子。

类似的天子降临故事，结束刘宋历史的萧齐也编过，譬如说齐太祖萧道成小时候，他们家旧宅门前，有一棵巨大的桑树，树的形状很像皇帝出巡时的华盖。萧道成常在树下与小伙伴们玩，堂兄萧敬宗便跟他开玩笑，说这棵神奇之树就是为你而生长，你以后可是要当皇帝的。

宋武帝刘裕出生在京口，也就是今天的镇江，祖籍彭城郡彭城县绥舆里，用现在流行的话说，祖上是徐州人。他应该算是出身寒门，基本上就是一个穷人家的孩子。根据暴发户必须造家谱的原则，他的先人是西汉楚元王刘交，这个刘交又是何许人呢，是汉高祖的异母弟弟，反正五百年前的故事，信不信也无所谓，用不着太当真。可以肯定的一点，刘裕是过江诸人的后代，他的先人早年随晋室衣冠南渡，长居京口。因此说起来，他也应该算是吴化了的北人，已经沾上了吴人的野性，身上并没有多少鲁人的憨直。

刘裕身高七尺六寸，风神奇伟，不拘生活小节，早年因家境贫寒，砍柴，种地，打渔和卖草鞋，什么活都干过，还喜欢赌博。周围的人并不看好他，只有出身琅邪王氏的王谧独具只眼，曾对刘裕说："卿当为一代英雄。"这话当然是随口一说，不承想真被说中了，刘裕不仅成了英雄，而且还在南京当上了皇帝。

刘裕的成功，应该从南京的混乱开始说起。自东晋定都建康，南京城出现过几次重大的叛乱，其中后果最严重的一次，就是苏峻讨伐庾亮，带着部队说打进来，就打了进来。根据《建康实录》的记载，南京深受其害，当时除了常见的烧杀抢掠，还有驱役百官，把当官的都抓了起来，捶挞"光禄勋王彬"。最恐怖的情景是"裸剥士女"，《晋书·苏峻传》专为"裸剥士女"这一条加了注：

> 皆以坏席苫草自鄣，无草者坐地以土自覆，哀号之声震动内外。

被扒光了衣裤的男男女女为了遮羞，不得不以破席和草帘遮挡自己的身体，找不到破席草帘的人，只能坐在地上，以泥土“自覆”。这个场景，很可能是有文字记录以来，南京人遭受的最大一次羞辱。

在东晋历史上，有过很多次叛乱，这些叛乱大都发生在宫廷和门阀之间，对南京老百姓的日常生活影响并不太大。苏峻作乱是个例外，时间是在东晋初期，再以后，就是桓温之子桓玄的叛乱，这时候，已经到了东晋尾声。公元402年，元兴元年正月，司马道子之子司马元显讨伐桓玄。二月，桓玄败王师于姑孰，三月，桓玄进至建康新亭。司马元显的军队开始溃散，元显被杀，桓玄进入南京。

那时候，南京老百姓对桓玄并不算太排斥，由于司马道子和司马元显父子把握朝廷，弄权乱政，大家对他们父子有着诸多的不满意，因此对桓玄侵入京师，杀司马道子父子，倍感欢欣，觉得又有了振兴朝纲之象，《晋书·桓玄传》上有记录：

> 自祸难屡构，干戈不戢，百姓厌之，思归一统。及玄初至也，黜凡佞，擢俊贤，君子之道粗备，京师欣然。

然而好景并不长，作为京师的南京人很快就失望了。桓玄只是个野心家，并不是中兴东晋的适合人选。三十年前，他父亲桓温就有篡位之心，可惜心有余而力不足，并没有能颠覆在南京的东晋政权。与桓温相比，桓玄各方面水平都差，野心却更大，也更狂妄。他“陵侮朝廷，幽摈宰辅，豪奢纵欲，众务繁兴”，结果就是“朝野失望，人不安业”。偏偏东晋末期的朝廷百官，以及世族豪门的实力都相当衰弱，请神容易送神难，南京人只能眼睁睁地看着桓玄为非作歹，根本无力阻挡桓玄的篡晋之谋。

公元403年，桓玄得寸进尺，筑坛告天，在姑孰登位称帝，改元“永始”，改国号为“楚”，又称“桓楚”，改封晋安帝为平固王。姑孰离南京不远，现在属于安徽当涂县。桓玄篡位不久，迁居南京建康宫，骄奢荒侈，游猎无道，通宵玩乐。又大兴土木，修建宫殿，完全是一个地道的昏君形象，百姓因此困苦疲惫，民心于是思变，希望有人出来推翻他。就在这时候，北府旧将刘裕乘势举义兵，讨伐桓玄，最初只有残余兵将一千七百余人，很快便成了气候。

元兴三年二月，刘裕率兵斩桓玄所署徐州刺史桓修于京口，杀青州刺史桓弘于广陵。三月进军至江乘，临阵斩桓玄将领吴甫之，又进至罗落桥，斩皇甫敷。罗落桥就在今天南京的东北角，位于长江南岸，再下来，刘裕兵至蒋山，开始攻打覆舟山，命令兵士大张旗帜，数道并前，并乘东北风放火，浩浩荡荡地开往当时的建康城。桓玄诸军顿时崩溃，慌乱中，桓玄率亲信子弟仓皇出逃，从石头城乘船南奔，刘裕大军进入建康城。到了五月，桓玄兵败被杀。次年正月，桓玄残部被彻底攻破，三月，安帝被迎回南京复位，改年号为义熙。

刘裕的功劳实在是太大，他被授予了一大堆重要头衔，数都数不过来。义熙四年，也就是公元408年，刘裕担任扬州刺史，录尚书事，实际掌握了东晋的中枢大权。在六朝时期，扬州刺史一直是个非常显赫的位置，就管辖范围看，相当于南京军区司令员，整个长江下游都在其掌握之中。最为关键的是，它的治所在南京城里，就在天子脚下，因此，扬州刺史一职，又仿佛是北京军区司令员，某种意义上来说，只要控制好军队，也就直接掌控着中央。

当时南京的扬州刺史治所在东府城，位于建康城东的一座重要城堡，这里也是司马道子的旧宅东第所在地。东晋孝武帝时，会稽王司马道子担任丞相，其手下心腹赵牙为其修建东第，“筑山穿池，列树竹木，功用巨万”。晋孝武帝曾经批评过东第，觉得它“修饰太过，非示天下以俭”。东晋安帝时，司马道子进位太傅，兼扬州刺史，仍居住在东第，时人便称为“东府”。刘裕当了扬州刺史，便搬进东府城居住，在这发号施令，运筹帷幄。此处可以说是他的发迹之地，刘裕临死前，有感于自己是通过扬州刺史一职镇守东府，拥兵自重，进而取得天下，于是手诏太子曰：

朝廷不须复有别府，宰相带扬州，可置甲士千人。

很显然，刘裕已意识到“东府城”对朝廷可能会有的威胁。关于南京东府城的具体位置，有两种观点。一是出自王少华先生，其观点发表在《南京史志》的《建康何处“东府城”》一文中，认为东府城遗址在南京城东郊天堂村，亦明代天坛所在地。此处南临秦淮河，东靠海福巷，西近明城濠，其北为靶场和童子仓山，连接卫岗苜蓿园。一是马伯伦先生的观点，发表在南京地方志编纂委员会编纂的《南京建置志》，认为东府城遗址在通济门附近。当然，双方有个结论是一致的，这就是旧迹早已荡然无存。

南京人大约也不会想到这个叫刘裕的人来了，对于建康城会意味着什么。他们像当初欢迎桓玄一样，迎接他的到来。接下来十多年，这个姓刘的家伙不断地给这个城市带来惊喜。刘裕送给南京的第一份大礼，就是以和平的方式，收复了被后秦占领的淮北诸郡。公元405年，刘裕遣使到后秦，要求归还之前占领的南乡和顺阳等地，后秦皇帝姚兴鉴于西面战事吃紧，不想在东面又与刘裕为敌，竟然答应了将淮北的南乡等十二郡，全部归还给东晋，《资治通鉴·晋纪三十六》上是这么写的：

> 刘裕遣使求和于秦，且求南乡等诸郡，秦王兴许之。群臣咸以为不可，兴曰："天下之善一也。刘裕拔起细微，能讨诛桓玄，兴复晋室，内厘庶政，外修封疆，吾何惜数郡，不以成其美乎！"遂割南乡、顺阳、新野、舞阴等十二郡归于晋。

这个姚兴宽宏大量，成人之美，他大约不会想到，过了十二年，就在他死后的第二年，刘裕这个人会不念旧情，会恩将仇报，攻打后秦，将他的继承人长子姚泓带回南京砍头，同时顺便也将后秦给灭了。刘裕结束了东晋迁都南京以后的软弱形象，他不仅杀了后秦的皇帝姚泓，还杀了南燕的末代皇帝慕容超，杀了东晋的最后两个皇帝安帝和恭帝，加上楚国的桓玄和蜀国的谯纵，他一生中居然杀了六个皇帝。

需要补上一笔，刘裕几乎用同样方式，在南京的闹市中，将作为俘虏的姚泓和慕容超斩首示众。在刘裕取代东晋之前，前代的禅位君主至少都能够得以保全性命，刘裕根本无视这个规矩，宋元之际的历史学家胡三省注《资治通鉴》时便说，“自是之后，禅让之君，罕得全矣”。三国时的曹丕，还只是触发了人人都能当皇帝的野心，到了刘裕这里，不仅是敢当，而且敢杀。皇帝也是人，为什么杀不得，杀了就杀了，真是“卿当为一代英雄”，名不虚传也。

出身于寒门的刘裕给南京人带来了很多惊喜，首先是他让与自己一样的寒门子弟，看到了上升希望，见到了个人发展的通道。在刘裕称帝之前，南京基本上就是皇室与豪门的天下，各种好事基本上与老百姓无关。皇家与门阀之间相互通婚，血脉相连，譬如王敦和桓温，就都是驸马爷，又譬如王羲之的孙女王神爱，就是皇后，不仅仅是皇后，她还是晋孝武帝的外甥女，是孝武帝姐姐的女儿。王神爱十三岁的时候，被封为太子妃，还是一个小丫头片子，就已经是未来要做皇后娘娘的命。

南京的老百姓并不知道，一个做了皇后的女人，未必就是真的幸福。王神爱的老公是晋安帝，一个傻不棱登的家伙，历史书上关于他的文字，惨不忍睹，《晋书·安帝纪》上记录：

帝不惠，自少及长，口不能言，虽寒暑之变，无以辩也。凡所动止，皆非己出。

《资治通鉴》上说的更具体：

> 安帝幼而不慧，口不能言，至于寒暑饥饱亦不能辨，饮食寝兴皆非己出。

也就是说，这位晋安帝从小到大，从生到死，既不会说话，也不知饥饱，不辨寒暑，吃喝拉撒一概不能自理，大小事务全靠别人照料。摊上这么一位人主，司马道子父子想不擅权都不可能。

刘裕的国号称“宋”，因为他曾被封为宋王，按照惯例，王转为“皇帝”，晋升为天子，必须要用自己的封地为名。譬如汉王刘邦登基称汉，吴王孙权登基称吴，刘裕虽然姓刘，与“汉”也沾点边，然而他这个帝位是从东晋禅让过来的，因此称“宋”，意味着对晋的合法继承。这个合法性对于刘裕来说，说不重要，也不重要，说重要，还真的很重要，毕竟“禅让”与“篡”有着天壤之别。

刘裕真正在乎的其实是华夏正统这个旗号，何为正统，既说不太清楚，又似乎是一直明摆在那里。《三国志》以曹魏为正宗，《三国演义》以蜀汉为正统。六朝时期，南方人笔头厉害，会写善辩，况且这些所谓南方人，又都是从北方南渡过来，所以必然会以东晋为正统。魏晋南北朝应该分开来说，应该是魏晋和南北朝，魏晋虽然并称，却有先后，南北朝则是同时存在。六朝只是南京人的说法，南方人的认同，刘裕开创了宋朝，意味着中国历史已正式进入南北朝时期，这时候，北方也不再是五胡十六国，南方有宋齐梁陈，北方则有北魏东魏西魏北齐北周，大家都觉得自己是正统，是正宗。南朝称北方为“索虏”，为“魏虏”，为“夷贼”，强调“魏朝虽盛，犹曰五胡，正朔相承，当在江左”，这个魏，当然已经是鲜卑人的“魏”。

北人也是这样看南方，“汉之名臣，皆不以江南为中国”，匈奴刘渊就以“吾又汉氏之甥”作为登基依据，定国号为“汉”，并“追尊刘禅为孝怀皇帝，立汉高祖以下三祖五宗神主而祭之”。北魏拓跋氏以“魏”为国号，认为自己才是曹魏的合法承继者。北朝史家魏收写《魏书》，分别以“岛夷桓玄”，“岛夷刘裕”，“岛夷萧道成”，“岛夷萧衍”记述宋齐梁三朝之史事。《魏书》同样名列二十四史，好歹人家也是正史。

正统不正统也许根本不重要，以南京人的眼光看，当然更愿意以刘裕为正统，为“正朔相承”。何况刘裕还很能打仗，居然灭了后秦和南燕，带兵一直打到了遥远的长安，这是何等的荣耀。刘宋的领土也是南朝中最为辽阔的，俨然已经是个大国风范。自东吴以后，南方什么时候这么厉害过，一向被人轻视的南京人，突然觉得自己牛了起来。

04 无情最是台城柳

初唐时的虞世南，本是南朝陈时的南京人，隋灭陈以后，和哥哥一起离开家乡去隋朝的京师长安。兄弟二人都已名重一时，当时人把他们比作西晋的陆机和陆云，当作南方杰出文化人的代表。再后来隋朝很快也没了，大唐开始了，经过这样那样，虞世南开始在唐朝发展，深得唐太宗的信任。大家都知道他是唐代的大书法家，其实在初唐，还是名列“凌烟阁二十四功臣”之一。

这个很不容易，与虞世南齐名的都是赫赫有名的大唐开国功臣。李贺有诗，“男儿何不带吴钩，收取关山五十州。请君暂上凌烟阁，若个书生万户侯”，“若个”就是哪个，南京人土语现在还是这么说，还是这么发音。能够进入凌烟阁，待遇和地位可不是一般的高。说起来，只是一介文人，虞世南能够成名，靠刚烈敢谏，敢于开导李世民。用今天的大白话说，就是经常用过去的段子为皇上启蒙。

用前人说事，历来是文人的拿手好戏，虞世南是这样评价南朝的刘裕：

> 宋祖以匹夫挺剑，首创大业，旬月之间，重安晋鼎，居半州之地，驱一郡之卒，斩谯纵于庸蜀，禽姚绍于崤函，克慕容超于青部，枭卢循于岭外，戎旗所指，无往不捷。观其豁达，则汉祖之风；制胜胸襟，则光武之匹。惜其祚短，志未可量。

虞世南的感慨，恐怕也是当时南京人的真实想法。刘裕下手很厉害，非常毒辣，非常冷酷无情，居然弄死了六位皇帝。这些似乎都不算什么，跟一个当了皇上的人主，讲什么人情，太扯了。其实当时南京人的耿耿于怀，应该还是怪刘裕拿下长安后，未能乘胜追击，统一全国。

你都已经看到胜利的曙光，机会千载难逢，就这么眼睁睁地看着它功败垂成。当然这也是南京大萝卜的一厢情愿，历史不能假设，可是历史往往就是用来假设的。毫无疑问，在六朝时期，一支从南京出发的军队，冲锋陷阵，一路打到了长安，拿下后秦的首都，绝对是前所未有的丰功伟绩。根据史料记载，当时刘裕确实也有经营西北的想法，如果当时真要迁都长安，结果又会怎么样呢。

多少年来，南京的偏安一直被后人诟病。事实上，刘裕刚拿下长安，就急急忙忙地打道回府了。即使他有心迁都长安，像以前的汉高祖刘邦一样，像以后的大唐李氏一样，显然也不可能实现。首先他的手下就不情愿，当年孙皓迁都武昌后，南京人立刻不答应，宁愿留在南京喝建业水。刘裕的人马或许有许多是衣冠南来的北人后裔，可是一百多年过去，北人在南京安逸惯了，基本也是属于“此间乐，不思蜀”，再让他们回到北方，已经有相当大的难度。

刘裕有许多理由可以不留在西北，话反过来说吧，就算是有一千条理由要留在长安，只要一条理由，就足以让他赶快回家，赶快回南京。钱穆在《国史大纲》中曾分析过刘裕北伐不能统一中国的原因：

> 裕之北伐，在廷之臣，无有为裕腹心者。裕所以不能从容据长安以经营北方者亦在是。要之江南半壁，依然在离心的倾向上进行。诸名族虽饱尝中原流离之苦，还未到反悔觉悟的地步。

刘裕的北伐计划，是“顿驾关中，经略赵魏”，从策略上说，与周瑜当年给孙权出的主意差不多。问题却是，大家虽然都有收复北方的意图和决心，想做和真正要去做，却有着太大区别。在当时的南京，江南士族和大臣早已习惯偏安，不但不愿回归北方，可能还仍然瞧不起刘裕的寒族出身。况且就算是跟随刘裕北伐的文武群臣，也未必有多少人想彻底收复北方。据《晋书·郭澄之传》记载，刘裕攻下长安，想要继续西征，身边的群臣多有不同意见。《资治通鉴》也记载，刘裕到长安，提议迁都洛阳，同样遭到随从大臣的反对。南京人迁都洛阳都不愿意，又怎么肯再往西，定都遥远的长安呢。

东晋南朝北伐不能成功的原因，陈寅恪先生总结了四点。一是物力南不及北，二是武力南不及北，三是运输困难，四是南人不热心北伐，北人也不热心南人的恢复。较真的话，刘裕的赫赫战功多少也是注了一些水分，所打败的南燕和后秦，都是前秦苻坚败亡后的新政权，南燕只是后燕的残余。两者的政治和武力都算不上强大，说他是乘人之危也没什么大错，基本上就是偷袭成功。如果刘裕继续北伐，定都长安或洛阳，前景未必那么乐观，毕竟北魏要厉害得多。

南京人也就是喜欢嘴上说说，看个热闹。当街砍杀了敌国的皇帝，这种热闹场面，不是什么时候都能看到。接下来，就是刘裕篡位，也就是说到改朝换代了。按说谁当不当皇帝，跟老百姓没什么关系，不过谁真的要当了皇帝，又跟老百姓多少有点关系。自东晋定都南京，异姓的改朝换代这还是第一次，大家一时还真不习惯。皇帝是皇帝家的家事，再无能人家也是个皇帝，怎么随随便便地就禅让了。不过很快会习惯，再接下来就乱套了，宋齐梁陈，一个接着一个禅让，就没安生过。

改朝换代有两种形式，或者老子死了儿子顶替，或者让别人给直接掀翻龙椅。对于老百姓来说，日子如果好过，突然来一个改朝换代，很可能就是灾难。日子如果不好过，破罐子破摔，改朝换代或许还能带来希望。刘裕称帝在南京人心目中掀不起半点涟漪，东晋病入膏肓，晋帝只是个摆设，刘裕大权在握十多年，早已是不折不扣的独裁者。因此，问题不是刘裕当不当皇帝，他当相国和皇帝，差不多就是一回事，问题是刘裕死了以后怎么办。

大抵特别强权的人主死了，都会留下一大堆问题。虽然已经过去几百年，南京人还很难忘记孙权去世给这个城市造成的困惑。事实上，刘裕的风光并不在当皇帝后，而是当皇帝前，他称帝不过三年时间，便一病不起。刘裕死了，长子刘义符继位，为宋少帝，然后少帝又很快被人废了，被废的理由是这家伙太贪玩，蔡东藩先生《南北史通俗演义》写得很传神：

> 时已为景平二年六月，天气溽暑，入夜不凉。宋主义符避暑华林园中，设肆沽酒，戏为酒保。傍晚乘坐龙舟，与左右同游天渊池，直至月落参横，才觉少疲，就在龙舟中留宿。翌日天晓，檀道济自谢领军府出来，引兵前驱，突入云龙门，徐羡之、傅亮、谢晦，随后继进。门内宿卫，已由邢安泰等预先妥嘱，统皆袖手旁观，一任道济等驰入，径造华林园。宋主义符，尚在龙舟内作华胥梦，猛闻喧声入耳，才从梦中惊醒，披衣急起，已见来兵拥登舟中，持刃直前，杀死二侍。仓猝中不及启问，竟被军士牵拥上舟，扯伤右指，你推我挽，迫至东阁。由徐羡之等收去玺绶，召集百官，宣布皇太后命令。

太后的命令是什么呢，就是要废刘义符的帝位。“命令”罗列了一系列罪名，“穷凶极悖”，“日夜媟狎，群小漫戏”，“居帝王之位，好皂隶之役，处万乘之尊，悦厮养之事”，“人神怨怒，社稷将坠”，最有趣的是最后一句话：

奉迎镇西将军宜都王义隆，入纂大统，以奠国家而又人民。特此令知！

说是太后意思，当然还是权臣的鬼点子。什么“以奠国家而又人民”，六朝时期的南京，宫廷斗争演来演去，无非那么几幕，无非那几个关键词，不是大臣擅权，就是皇室相互残杀，哪有什么国家和人民。所谓大臣擅权，在东吴和东晋，权臣们玩的把戏，基本上都是学习曹操，只是挟持皇家血脉，仍然维持帝系不变，到了南朝的宋齐梁陈，干脆都开始效仿曹丕，名义上来次禅让，然后自己上位做皇帝，刘裕，萧道成，萧衍，陈霸先，没有一个人不是这样。

还是以刘裕死后为例，大臣们已经在南京废了长子刘义符，这还不行，废了仍然有危险，要杀掉。计划是让三子刘义隆登基，必须要把远在外面的二子刘义真也杀了，于是再杀。杀完了，再迎刘义隆当皇帝，这就是宋文帝。宋文帝当了皇帝，并不领大臣们为自己除去两位哥哥的情，上任不久，就把原先那些参与谋划的大臣，统统杀了。元嘉三十年，也就是公元 453 年，已经在皇帝的宝座上待了三十年的文帝，欲废太子刘劭，赐二子刘濬死，结果太子刘劭起兵入宫杀了文帝。文帝的另一个儿子刘骏起兵讨伐，诛杀哥哥刘劭及刘濬，登帝位，即为宋孝武帝。

这个孝武帝刘骏更是个杀人不眨眼的家伙，做了皇帝后，恨不能把自家人全部杀光，他诛杀了南平王刘铄和武昌王刘浑，平定了竟陵王刘诞和海陵王刘休茂。还杀了自己的叔叔刘义宣，刘义宣有十八个儿子，除了两位早年病死，其他的都杀了。好在帝王的子孙也多，自家人杀来杀去，要想都杀完也实在不容易。刘骏死后，他的儿子继续大杀宗室之人，又不知杀了多少姓刘的。反正帝王多疑杀宗室，宗室起兵杀帝王，宗室之间也要相互杀。刘宋宗王为了一个皇位，你杀我，我杀他，杀得血雨腥风，最后能够像编撰《世说新语》的刘义庆那样，超然置身于仇杀之外，真的很不容易。

六朝的宋是这样，六朝的齐梁也是这样，有过之无不及。齐高帝萧道成逝世，传位给齐武帝萧赜。等到萧赜病危，太子已死，便传位给皇太孙萧昭业。齐高帝的侄子萧鸾开始乱政，开始觊觎侄孙的王位，杀萧昭业，立萧昭业的弟弟萧昭文为帝，再杀。可怜昭业昭文兄弟，一位做了七个月皇帝，一位做了四个月皇帝。萧鸾称帝，史称齐明帝，他因为是旁宗夺位而立，忌惮高帝与武帝还在世的子孙，便对他们进行了残酷的杀戮。在位五年间，陆续将鄱阳王萧锵，庐陵王萧子卿等二三十位皇室子孙，全部诛灭，其中最幼者被杀时不过六七岁。

南朝齐的历史也就二十年出头，接在后面的梁朝继续皇室屠杀历史。萧栋当了四个月皇帝，萧渊明当了六个月皇帝。孝元帝萧绎把对自己皇位构成威胁的兄弟子侄一一诛杀，最后又被侄子萧詧用装土的袋子活活闷死。附带说一句，萧詧的父亲就是文质彬彬的昭明太子。

六朝文弱是事实，说六朝很文明，恐怕就要打上一个问号。改朝换代总是难免，相比较激烈的革命，农民起义，南京老百姓更愿意接受和平演变的“禅让”。禅让看上去道貌岸然，煞有介事，当然也会有血雨腥风。先秦的韩非子就不相信有什么温情脉脉的禅让，所谓“舜逼尧，禹逼舜，汤放桀，武王伐纣，此四王者，人臣弑其君者也”。古时候的禅让都是政治童话，好在与老百姓关系不大，帝王家的这个那个，干卿何事。况且类似表演看多了，大家也就见怪不怪。

从公元420年开始，刘裕代晋称帝，此后的一百六十多年，所谓六朝繁华，基本上一直在走下坡路，宋齐梁陈四朝共有二十五位皇帝。如此频繁的改朝换代，让南朝政局始终动荡不安，二十五位皇帝中，被弑有七位，被废黜者有三位，被迫禅让者又有三位。最末一位的陈后主，以南朝亡国之君入于隋朝，死于洛阳。

六朝的帝王中，一头一尾，吴后主孙皓，陈后主陈叔宝，搁在史书中十分不堪，起码人家还是性命无虞，还能够苟活下去，中间的四位亡国皇帝，就没那么幸运，禅让的好戏刚演完，不是被勒死，就是被逼吞金自杀。《南北史通俗演义》中写东晋后主之死，连声大喊可怜：

哪知兵士已逾垣进去，置鸩王前，迫令速饮。王摇首道：

“佛教有言，人至自杀，转世不得再为人身。”现世尚是难顾，还顾转世做甚？兵士见王不肯饮，索性挟王上床，用被掩住，把他扼死；随即越垣还报。及褚妃返室视王，早已眼突舌伸，身僵气绝了。可怜！可叹！

与北方的帝王相比，南朝几位开国皇帝，胸襟实在不怎么样，有点小家子气。宋武帝刘裕，齐高帝萧道成和梁武帝萧衍，还有陈高祖陈霸先，都是衣冠南渡的北人之后。刘裕与汉高祖刘邦五百年前是一家，萧道成和萧衍是汉相萧何的二十四世二十五世孙，而陈霸先的祖上就没什么名气，通常只说他是浙江吴兴人。一方水土养一方人，既然在江南长大，无论祖上是北人南人，他们的共同点，都体现了十足的南朝文化。人们印象中，总以为北方少数民族的帝王，更落后更野蛮，真相未必就是这样。

最后，为了让大家印象更深刻，更直观，附一份中国历史王朝禅位顺序表，迄六朝为止：

汉朝（前206年—220年）220年，汉献帝刘协禅让给魏文帝曹丕

魏朝（220年—265年）265年，魏元帝曹奂禅让给晋武帝司马炎

晋朝（265年—420年）420年，晋恭帝司马德文禅让给宋武帝刘裕

宋朝（420年—479年）479年，宋顺帝刘準禅让给齐高

帝萧道成

齐朝（479年—502年）502年，齐和帝萧宝融禅让给梁武帝萧衍

梁朝（502年—557年）557年，梁敬帝萧方智禅让给陈武帝陈霸先

陈朝（557年—589年）589年，陈朝灭亡

05 哀江南赋

后人要总结南北朝，总习惯说南方人天生打不过北方人，当时的经济呀，当时的武力呀，各种分析数据，各项测验指标，都是南方不如北方。这毕竟只是后人观点，虽然有可靠的文献依据，多少也还有点揣测，未必真的靠谱。当时情况怎么样，三言两语说不清楚。追溯过往历史，生活在南京的原住民，又怎么思考这个问题，又会如何看待这段历史。

有个熟悉这段历史的南京人，写了篇很有名的文章，叫《哀江南赋》，这人就是“暮年诗赋动江关”的庾信。庾信平生最萧瑟，庾信文章老更成，说起来，这姓庾的南京人也是不折不扣官二代，自小生活在南京台城的皇宫，与梁朝的太子一起玩着长大。他们家很有来头，所谓“七世举秀才”，“五代有文集”，庾信的爹叫庾肩吾，曾任散骑常侍，当过中书令，是个很不小的官。

《南史·列传》上有这么一段，记录了庾信与萧韶之间的纠葛，萧韶也很有来头，是南朝梁的宗室，官至郢州刺史，祖父是梁开国皇帝萧衍之兄萧懿：

> 韶昔为幼童，庾信爱之，有断袖之欢。衣食所资，皆信所给。遇客，韶亦为信传酒。后为郢州，信西上江陵，途经江夏，韶接信甚薄；坐青油幕下，引信入宴，坐信别榻，有自矜色。信稍不堪，因酒酣，乃径上韶床，践蹋肴馔，直视韶面，谓曰："官今日形容大异近日。"时宾客满坐，韶甚惭耻。

这个记载够狠，龙阳之癖和断袖之欢，在古代有所特指，用今天的流行词是"同性恋"，然而事实上也并不完全，因为有时候只是一种"玩弄"，并不等于现代意义中的"同性相恋相爱"。后人评论萧韶与庾信的关系，更多的是讥讽，纪昀在《阅微草堂笔记》中亦提及萧韶，颇有些不齿：

> 至若娈童，本非女质，抱衾荐枕，不过以色为市耳。当其傅粉熏香，含娇流盼，缠头万锦，买笑千金，非不似碧玉多情，回身就抱；迨富者赀尽，贵者权移，或掉臂长辞，或倒戈反噬，翻云覆雨，自古皆然。萧韶之于庾信，慕容冲之于苻坚，载在史册，其尤著者也。

子系中山狼，得志便猖狂，庾信当众羞辱萧韶，与后来纪昀的讥讽，都是同一路数。《哀江南赋》是骈文，文章写得非常漂亮，数不尽典故，掉不完书袋。读起来比较吃力，譬如这一句牢骚：

头会箕敛者，合从缔交；锄耰棘矜者，因利乘便。

字面上有些复杂，意思很简单，就是世风日下，纳税交粮扛锄头种地的普通农户，慢慢都混好了，竟然也人模狗样，说话管用起来，和以前的豪门子弟平起平坐。作者的优越感，以及对草根暴发户的鄙视，暴露无遗。这种观点放在后来，肯定要严厉批判，搁在当时，却相当写实，为什么呢，因为到六朝后期，经过刘宋萧齐两朝的发展进化，到庾信所在的梁朝，南京的门阀观念大大减弱了。

减弱并不是意味着没有，庾信能这么写，就说明还有。当然，对于人心不古，对于平民阶层的崛起，他的意思无非想弱弱地问一句，"江表王气"，难道真要"终于三百年乎"。事实上，六朝时南京的歧视一直都是普遍存在，贵族眼里没平民，北人看不上南人，南人也看不上北人。先到南方的北人，又看不上晚渡的北人。十有九输天下事，百无一可意中人，六朝进入中期，讥笑晚渡北人为"伧荒"不是早先的吴人，而是先一步衣冠南渡的王谢子弟，《资治通鉴》卷一二四"元嘉二十三年"有这样的记录：

时江东王谢诸族方盛，北人晚渡者，朝廷悉以伧荒遇之。

《晋书》卷八四《杨佺期传》也说：

> 自云门户承籍，江表莫比，有以其门地比王珣者，犹恚恨，而时人以其晚过江，婚宦失类，每排抑之，恒慷慨切齿，欲因事际以逞其志。

譬如当过青冀二州刺史的杜坦，其高祖杜预为晋征南将军，曾祖避难河西，苻坚平凉州，父祖还于关中，刘裕北伐平长安，杜坦随从南迁。他虽然“任遇甚厚”，因为是“晚渡北人”，总觉得自己在仕途上吃了亏，“每为清涂所隔”，动不动就发牢骚。有一次，宋文帝与杜坦说起汉朝的辅政大臣金日磾，盛赞日磾的忠心耿耿。杜坦就说人家日磾是个胡人，搁在今天，恐怕也只配养养马。

宋文帝听出他话中有话，很不高兴地说，“卿何量朝廷之薄也”，意思是说难道你还嫌我给你官小吗。杜坦也不退让，居然振振有辞，拿腔拿调地叫板了一句：

> 请以臣言之。臣本中华高族，亡曾祖晋氏丧乱，播迁凉土，世叶相承，不殒其旧。直以南度不早，便以荒伧赐隔。日磾胡人，身为牧圉，便超入内侍，齿列名贤。圣朝虽复拔才，臣恐未必能也。

东晋时期，士族门阀的势力甚至超越皇权，皇帝要想生存下去，必须依赖士族的支持。士族在政治上高官厚禄，在文化上崇尚清谈，而且不与庶族通婚。到齐梁年间，这种风气依然根深蒂固，东魏降将侯景没有起兵叛乱时，曾经向梁武帝提出请求，想娶一位豪门世族的女子为妻，最好是王谢家族，他的这个请求立刻遭到了拒绝。

因此，最后《哀江南赋》中的“大盗移国，金陵瓦解”，在庾信看来，“虽借人之外力，实萧墙之内起”。大同十一年，也就是公元 545 年，三十二岁的庾信兼任通直散骑常侍，出使东魏。回到南京后，任东宫学士，兼任建康令，相当于当上了首都市长。很快侯景之乱爆发，太子萧纲命庾信率领宫中文武官员千余人，在朱雀航北扎营。可怜庾信一文化人，舞枪弄棍实在为难，文章虽然写得漂亮，又如何能应付这种紧急场面，侯景快到，他匆忙率军撤离，逃之夭夭。

作为亲历者，庾信无法正视梁朝的惨败。一方面，仍然鸭子死了嘴还硬，不承认南方军队不擅作战，说“孙策以天下为三分，众才一旅，项籍用江东之子弟，人惟八千”，结果便是“分裂山河，宰割天下”，打遍天下无敌手，怎么能说我们南人不强悍呢。另一方面，又不得不大发感慨，南方人不强大毕竟事实，南朝梁的军队太不经打，都是草包，“岂有百万义师，一朝卷甲，芟夷斩伐，如草木焉”。

侯景之乱是梁朝的痛，也是整个六朝时期非常重要的转折点，它给南京这座城池带来了巨大伤害。不得不说一下梁武帝萧衍，这是一个很奇怪的帝王，喜欢读书，信佛吃素，不止一次出家，寿命挺长，活到了八十多岁，最后却饿死在台城。六朝帝王中，数他在位时间最长，差不多有四十七年。

梁武帝年轻时，还是很有作为，他曾下令在门前放了两个盒子，一个叫肺石函，一个叫谤木函。如果谁觉得自己没有因功受到赏赐和提拔，或者有良才没被使用，可以往肺石函里投书信。如果是一般的老百姓，想要给国家提什么批评建议，可以往谤木函里扔纸条。梁武帝的节俭也很出名，史书上说他“一冠三年，一被二年”。一个帽子戴三年，一条被子盖两年，不讲究吃穿，每天常常只吃一顿饭，太忙的时候，就喝点稀粥充饥。

如果梁武帝少活几年，如果他早一点死，历史可能就是另外一个模样。公元547年，八十三岁的萧衍第四次出家当和尚，在南京的同泰寺里住了三十七天，然后再花巨款将他赎出。这一进一出，其实就是名正言顺地给寺庙捐银子，国库里的钱，皇上他老人家还不是想怎么花，就怎么花。也就在这一年，梁武帝接受了侯景的归顺，谁也没想到，这会招来彻底颠覆梁朝的一场灾乱。

侯景是鲜卑化羯人，先属于北魏尔朱荣，继归东魏高欢，镇守河南。547年高欢死，侯景恐被高欢之子高澄所杀，打算降西魏，不成，转而求助于南方的萧氏梁朝。梁武帝认为这可能是恢复中原的好机会，于是欣然接纳，封侯为河南王。没想到第二年，侯景这家伙想变卦就变卦，说翻脸就翻脸，与梁宗室萧正德勾结，举兵叛乱，南渡长江，进攻梁都建康的台城。前后一百多天，攻破台城，囚禁了老皇帝梁武帝，活活地将他老人家给饿死了。

杜甫有诗纪念庾信，“羯胡事主终无赖”，这个无赖，说的就是侯景。侯景刚来南朝晋见，非常低调，毕恭毕敬，想在南方找个有些身份的老婆装点门面，梁武帝便警告他，别做梦，休想染指王谢家的女子，人家门槛太高。过了也就一年时间，侯景叛乱，占领了南京，不只是饿死老皇帝，干脆直接染指皇家，娶了梁武帝的孙女溧阳公主。不是不让娶门槛太高的女人吗，我就睡了你们家的孙女，帝王家的孙女，门槛总算够高了吧。

溧阳公主是梁简文帝萧纲的女儿，萧纲是编撰《文选》的昭明太子的弟弟，昭明太子夭折，萧纲被立为太子。据说因为被拒娶王谢家女子一事，侯景一直怀恨在心，曾发誓说，有朝一日，“会将吴儿女以配奴”，意思是你们南京的那些白富美都别得意，以后为奴的苦日子，正等着你们呢。

侯景兵抵建康，梁武帝之侄萧正德率军内应侯景，结果各处守将皆不战而逃。侯景兵分数路，攻石头城，攻白下城，攻东府城，最后围攻台城。久攻不下，侯景遂筑长围隔绝台城内外，并立萧正德为帝，随后攻陷东府城，令人“持长刀夹城门，悉驱城内文武裸身而出，贼交兵杀之，死者二千余人”。台城易守难攻，久攻不下，侯景担心援军汇集，众必溃散，于是：

> 纵兵杀掠，交尸塞路，富室豪家，恣意裒剥，子女妻妾，悉入军营。及筑土山，不限贵贱，昼夜不息，乱加殴棰，疲羸者因杀之以填山，号哭之声，响动天地。

老百姓也不敢藏隐，只能认命，“旬日之间，众至数万”，都乖乖地去干活筑土山。当时作战的方式还很原始，攻城要在“城东西各起一土山以临城内”，还要制造各种攻城的械具，譬如飞楼，橦车，登城车，登堞车，火车，“并高数丈，一车至二十轮，陈于阙前”。所谓火车，就是点了火的推车，侯景以火势攻城，城上守兵也纵火，焚毁其攻城的械具。火攻不成，又引玄武湖水灌台城，于是“城外水起数尺，阙前御街并为洪波矣”。

侯景纵火烧尽城外民居营寺，其残虐不可胜言。南京人好不容易等到援军，偏偏这些援军只是结营城外，隔岸观火，与侯景军队相持，毫无尽力攻救之意。建康百姓扶老携幼迎接王师，才渡过秦淮河，便被大肆抢掠，王师所表现出来的残暴程度，并不下于侯景之兵。到了公元549年的三月，侯军攻陷了台城，纵兵大掠，城内乘舆服玩后宫嫔妾，皆被掳掠。屯于城外的援兵见建康城已破，未曾与侯景交战，就全部作鸟兽散，一走了之。

在攻城时，侯景曾立萧正德为帝，饿死了梁武帝后，他又改立太子萧纲为帝，并立刻杀了萧正德。这时候，名义上仍为梁朝，实际大权已完全控于侯景之手。两年以后，侯景废了萧纲，立萧栋为帝，同时杀宗室二十余人，又命人杀萧纲。到这一年的十一月，能杀的都杀得差不多了，侯景干脆逼萧栋禅位，自立为帝，史称南梁汉帝。

真是让人难以置信的一段血泪历史，这段时期，梁武帝的子孙占据了长江中上游，割据各州，萧绎据荆州，萧詧据雍州，萧誉据湘州，萧纶据郢州，萧纪据益州。侯景占据建康四处攻掠之时，萧梁诸王不仅没有联合起来征伐侯景，拯救陷于水火之中的首都老百姓，反而骨肉相残，自相厮杀。侯景攻陷建康的同年六月，萧绎派兵攻讨萧誉，次年五月平湘州，杀萧誉，八月遣王僧辩率军攻萧纶，萧纶弃郢州而逃。萧绎向魏请兵，以称臣为条件，让西魏军队擒杀萧纶。萧誉之弟萧詧起兵攻萧绎，被击退，以襄阳降附西魏，西魏封其为梁王，并派军队驻扎襄阳，萧詧于是也成为西魏的附庸傀儡。

通过宗室之间的内讧，萧绎基本上控制了长江中游，方才想起要派军攻讨南京的侯景。侯景称帝的次年三月，王僧辩大军攻复建康，侯景败逃，随即被杀。侯景之乱中饱受酷虐的建康城，终于又一次迎来了王师，谁都没想到南京人会再度遭难。大军进驻建康的当夜，一把大火先烧毁了太极殿，《梁书·王僧辩传》上记录：

> 卢晖略闻景战败，以石头城降，僧辩引军入据之。景之退也，北走朱方，于是景散兵走告僧辩，僧辩令众将入据台城。其夜，军人采梠失火，烧太极殿及东西堂等。时军人卤掠京邑，剥剔士庶，民为其执缚者，袒衣不免。尽驱逼居民以求购赎，自石头至于东城，缘淮号叫之声，震响京邑，于是百姓失望。

“王师之酷，甚于侯景”的一幕惨剧再次上演，南京城经历了数度浩劫，京都繁华尽毁。围城期间，城内大饥，死者十之七八，世族亦不能免灾。建康被攻破，文武大臣被杀者数以千计。掳掠的世胄子弟，王侯女眷，以及普通老百姓，多被“卖鬻”，也就是相互出售。庾信《哀江南赋》写到此惨状，用了八个字，“旅舍无烟，巢禽无树”，清朝的倪璠专门为庾信的描写加上了注：

> 《南史·侯景传》云：都下户口，百遗一二，大航南岸，极目无烟。又云：于是千里绝烟，人迹罕见，白骨成聚如丘陇焉。

萧绎是梁武帝的第七子，他在宗室内斗中大获全胜，付出的代价十分惨重，大片国土沦丧，州郡太半入魏，西面丢了一大块，北面也丢了一大块，南朝现在能控制的实际疆域，已经远远小于前代。最让南京人受不了，不只战乱，不只老百姓受到了蹂躏，萧绎这个不肖子孙，居然首善之都也不要了，祖宗家法也不顾了，变南京为废都，竟然在江陵，也就是今天的荆州，一本正经地定了都，是可忍，孰不可忍。

也难怪庾信在《哀江南赋》中哭天喊地，说起来，把首都迁到江陵的萧绎，与父亲梁武帝和哥哥昭明太子一样，也是个喜欢和会读书的文化人。他写的书多，藏的书也多，自称“韬于文士，愧于武夫”。江陵沦陷，萧绎焚古今图书十四万卷，有人问为什么要这样，他回答说“读书万卷，犹有今日，故焚之”。为此，明末清初的王夫之痛心疾首，恨萧绎不懂得反省，不知道反省他的不仁不义不孝，却反过来怪罪读书。

六朝文化中成就最高，最能代表当年风韵，还是南朝时期的梁代。那可是文风极盛的年代，南京城有太多的文人，魏晋南北朝，南京人的文化品位很高，牛得很。某种意义上，《昭明文选》就是中国历史上最早的一部文学史，有了昭明太子，有了他带头编选的这部文集，此前散落的很多优秀文章，因此永载史册。当时的南京，随便挑个文人，都可以作为样板。譬如沈约，宋齐梁三朝都当官，见识广博，官做得很大，尤其在梁代，“久居宰相之职”。有关他的政迹，基本上空白，然而诗歌的“四声”，据说就是他的发现，也是他所提倡，换句话说，中国诗歌史上长期以来的一个最重要规则，是沈约制定。

毫无疑问，南京文人在南朝的著作，最优秀的还是《哀江南赋》。庾信刚到北方，北方文人并不把他放在眼里，大家一读到《枯树赋》，立刻为之倾倒。因为有文才，庾信被留在长安，北方的皇帝十分欣赏，又封官又许愿，真没怎么亏待，他做的官比在南方还大。庾信从此成了离开南京的外乡人，一直活到隋朝的开皇元年，他的死，让隋文帝杨坚深为哀悼，赠以本职，加赠荆淮二州刺史，由其子庾立世袭爵位。

庾信终身改不了文人脾气，即使富贵，也要做出“沉沦穷巷，芜没荆扉”的寒酸样。他写的《哀江南赋》是中国文学史的瑰宝，是六朝的挽歌，是了解南京的必读书。历代文人评价特别高，翻译《茶花女》的林琴南先生认为，《哀江南赋》“不名为赋，当视之为亡国大夫之血泪”。陈寅恪先生说庾信“古事今情，虽不同物，若于异中求同，同中见异，融会异同，混合古今”，“斯实文章之绝诣，而作者之能事也”。

连不太喜欢夸人的钱锺书先生，也觉得庾信早年作品，只不过“体物浏亮、缘情绮靡”，离开家乡南京，“赋境大变”，渐渐“托物抒情，寄慨遥深”，到晚年“善运故实，明丽中出苍浑，绮缛中有流转；穷然后工，老而更成，洵非虚说”，所谓“穷态尽妍于《哀江南赋》”。

第四章 吴姬压酒劝客尝

01. 陈叔宝全无心肝

02. 石头城蒋州府

03. 李白来了

04. 乌龙潭

01 陈叔宝全无心肝

陈朝末代皇帝是陈叔宝，陈叔宝爷爷是陈武帝陈霸先的哥哥。六朝中的最后一朝陈朝，掰指头仔细计算，连头搭尾，也不过三十二年，前后却出了五位皇帝。开国皇帝陈霸先驾崩，陈叔宝的大伯继承皇位，然后大伯儿子继承，然后陈叔宝的父亲又夺了大伯儿子皇位，然后再传给陈叔宝。这里面关系复杂，要整理清楚真不容易，你得列一张表，仔细盘算。

都说“生子当如孙仲谋”才好，皇家子弟也多，真有出息的凤毛麟角。六朝时期的后来阶段，南京老百姓总是在被朝廷里的人忽悠，一会儿是这个不应该当皇帝，一会儿是那个应该当皇帝。天子不停地换来换去，一会儿杀了，一会儿禅让了，都说得振振有词，都说得理直气壮，大家根本弄不明白怎么一回事。

先说陈武帝的儿子，按说皇帝继承大统，当然是要传给自己儿子，偏偏陈霸先的儿子大都早夭了，好不容易还有一个活着的陈昌，却与堂弟陈顼一起，做了西魏的俘虏。陈顼就是陈叔宝的爹，当然，这还是梁朝时的故事，后来陈霸先在南京建立了陈朝，西魏也变成了北周，陈武帝一再要求北周放人，北周嘴上答应了，一直不肯落实。等到陈武帝死了，陈国无皇嗣，皇侄陈蒨，也就是陈叔宝的大伯接任了皇位。北周为了给陈朝制造一些内乱，立即将陈昌放还。

然而那年头路途很遥远，通行不便，南梁的残余势力又横挡在中间，历经千难万苦，终于快要到家，马上就要回到南京，这个陈昌又是个不知轻重的家伙，仗着自己是陈霸先的嫡子，在半道上便给堂兄陈蒨写信，言辞非常不客气，要求堂兄让位。陈蒨当然不高兴，非常虚伪地说了一句：太子快要回来了，看来我只好再找个地方，去当藩王养老了。结果陈昌刚入陈国境内，在渡江的时候，被推入长江淹死了。对外宣布是因船坏溺亡，丧柩至京师，陈蒨亲出临哭，追谥号献，风光大葬。六年以后，陈蒨自己的大限也到了，遗诏皇太子陈伯宗继承帝位。可怜陈伯宗当了两年皇帝，便被他的叔叔陈顼给废了，废为临海王，很快又不明不白地死了。

再下来就是陈顼称帝，也就是陈宣帝。陈蒨有十三个儿子，取名“陈伯”后面加个字，除了四子早夭，都封了王。陈顼更厉害，有四十一个儿子，取名“陈叔”后面加个字，除了早夭的和后面七个小儿子，也都封了王。陈后主陈叔宝是陈顼的长子，他很幸运地成了皇帝。俗话说，皇帝是假的，福气是真的。陈叔宝二弟陈叔陵不省事，一直有篡位之心，据说陈顼崩后，陈叔宝在父亲灵柩前大哭，陈叔陵趁机用磨好的小刀砍击叔宝，击中颈部，差点要了哥哥的性命。

总之这个陈叔宝真命大福大，人要是活在乱世，当个老百姓不容易，当个皇帝更不容易。“生深宫之中，长妇人之手”的陈叔宝终于继位了，这时候，正是隋朝开国之际。天下大势，合久必分，分久必合，南北两朝经过几百年分裂，统一趋势已势不可挡。如果隋朝要想早点灭了陈朝，恐怕陈叔宝这个皇帝宝座，屁股还没焐热，就让人给掀翻了。然而隋朝的杨坚并没这么做，人家要以德治国，不想乘人之危，所谓“礼不伐丧”，你们的皇帝刚死，我先不打你。

隋文帝杨坚字那罗延，是鲜卑语“金刚不坏”的意思，他还有个鲜卑姓氏，为普六茹，是其父杨忠受西魏恭帝所赐。考察南北朝的历史，几乎都如出一辙，谁都想乘人之危，谁都会趁火打劫。又都是满嘴仁义道德，内心里又一个比一个凶狠，风气是一样的坏。因此喜欢阅读历史书的人，都不太相信隋朝会“礼不伐丧”。虽然事实确实是这样，可是，毕竟这个普六茹坚也玩过禅让的把戏，毕竟隋朝的天下，就是从人家北周手里强夺过来的。

反正也就是让子弹再飞一会儿，隋王朝要统一天下，似乎天注定。大势所趋，陈叔宝昏庸不昏庸，都无关紧要。侯景之乱以后，南朝已垮了，“土宇弥蹙，西亡蜀汉，北丧淮肥”，没什么实力再与北朝叫板。公元554年，梁元帝萧绎书呆子气十足给西魏宇文泰写信，要求重新划定疆界，言辞又极为傲慢。宇文泰大为不满，立刻派出五万大军，进攻江陵。萧绎一败涂地，不得不让御史中丞王孝祀作降文，然后带着自己的太子去西魏军营投降，求人家饶命。

西魏变成北周，北周变为隋朝，人家传承有序，都是升级加强版，都是越来越厉害。在强大的隋朝面前，后主陈叔宝没一点点胜算。开皇八年，也就是公元588年，隋文帝杨坚以杨广出六合，杨俊出襄阳，杨素带领水军出永安，共五十一万八千大军，三路人马浩浩荡荡，东接沧海，西距巴蜀，旌旗舟楫，横亘数千里，无不奋勇争先，准备灭了陈朝。

南京城里的秦淮河，有一处风景名胜，叫桃叶渡。喜欢书法的人都传说，东晋大书法家王羲之有个儿子王献之，字写得比他爹还好，这个王献之风流倜傥，有位爱妾叫桃叶，就住在河对面。为了能和心上人相见，桃叶往来于秦淮河两岸，王献之放心不下，常亲自在渡口迎送，并为之作《桃叶歌》三首，现选录二首如下：

其二

桃叶复桃叶，渡江不用楫。

但渡无所苦，我自迎接汝。

其三

桃叶复桃叶，渡江不待橹。

风波了无常，没命江南渡。

历史上的传说往往不靠谱，大家都这么传，后来就有好事者，在秦淮河边上胡乱竖块石碑，基本上把一个虚构的故事给落实了。三人成虎众口铄金，都这么说，大家也就深信不疑。一直到明朝，有位诗人叫沈愚，觉得这事是以讹传讹，下功夫去考证，得出桃叶渡绝不可能在秦淮河的结论，确切地点应该是在长江北岸的“桃叶山”下，那里有个渡口才是原址所在，因此也写了一首诗：

世间古迹杜撰多，离奇莫过江变河。
花神应怜桃叶痴，夜渡大江披绿蓑。

当年的桃叶渡因为桃叶山而得名，桃叶山后来又改名叫晋王山，为什么要改呢，晋王杨广带着千军万马，来到长江北岸，就在城对面的桃叶山上安营扎寨，隔江眺望，谋划着如何一举拿下建康城。这时候，桃叶渡上已经没有渡船来往，隋军虎视眈眈，可怜南朝的半壁江山，苟延残喘三百余年，命悬一线，眼见着就要彻底完蛋。

千寻铁锁沉江底，一片降幡出石头，南京已经出过好几位亡国皇帝，除了孙后主孙皓，名气都还不够大。一朝兴来一朝亡，现在终于要轮到陈叔宝了，轮到这位常被写进教科书的陈后主出场。现在，终于退无可退，到了他不得不站出来面对自己命运的时候。亡国皇帝从来就是个受气包，就是个大痰盂，就是个大号的垃圾筒。各种狼狈不堪，都要让他承受，所有的坏账死账，都可以算在他身上。说他荒废朝政，说他整日里花天酒地，说他大敌当前，依旧奏乐侑酒，赋诗不辍。军情已经不可逆转，他竟然还煞有介事地下诏，还在说大话：

> 犬羊陵纵，侵窃郊畿，蜂虿有毒，宜时扫定。朕当亲御六师，廓清八表，内外并可戒严。

在南京当皇帝的君王中，陈叔宝肯定还不是最荒唐的一个，第二第三也轮不到，事实上，就算是让他排名第四第五，恐怕仍然还会有人不服气。六朝气数早就尽了，欲加之罪，何患无辞，隋朝灭陈，为陈叔宝罗列了二十条罪名，抄写三十万份，在江南各地广为散发，大造舆论。其实陈后主最大的罪名，只是亡国，最坏的毛病不过贪玩，亡了国便有口难辩，亡了国说什么都不重要。

宫廷中照例是不会有好话传出来，况且在皇室中发生了那么多骇人听闻的杀戮，而杀戮必定带来仇恨，仇恨又必定会让人失去理智。于是编造出各种段子，一个比一个更荒诞的谣言，在建康城的上空飘浮，老百姓只不过是在起哄，跟着不明真相地瞎传播。南京人永远也不会弄明白，那些发生在台城宫廷里面的真相，究竟是怎么一回事，究竟是真是假。

假作真时真亦假，千奇百怪的宫廷丑闻，从六朝的宫廷里，源源不断地流传出来，有鼻子有眼。什么“狎姑姊宣淫鸾掖”，什么“诛叔纳妹只手瞒天”，结果便是“丑声外达，喧传都中”。魏收所著的《魏书·岛夷传》，写到宋孝武帝刘骏，一本正经地来了这么一段文字：

> 骏淫乱无度，蒸其母路氏，秽污之声，布于欧越。

欧和瓯在古代可以通用，欧越就是瓯越，属于古越人聚居之地，差不多在今浙江永嘉一带。《魏书》是北魏的官方正史，所谓正史，从来也就那么一回事，不可不信更不可全信。《魏书》以北朝鲜卑族为正统，对南朝帝王难免诋毁抹黑，然而南朝的老百姓，才不管这些，抹黑就抹黑吧，只要觉得好玩就行，只要嘴上说着痛快便好。

大家当不了皇帝，说几句皇帝闲话坏话，又有什么不可以。传说中，南朝刘宋的孝武帝骏独好一个乱伦，最著名的便是“蒸其母”，是浩瀚的二十四史中，唯一有此记录的帝王。在古代，蒸可以和“烝”通用，特指冬天的祭祀。祭祀烝尝，“冬祭曰烝，秋祭曰尝”。同样还是在古代，父亲死后，儿子可以娶庶母，叫作“蒸”。路氏是孝武帝的生母，这个有些大逆不道，骇人听闻。除此之外，整日嗜酒放纵的刘骏，还“诛叔纳妹”，干脆把叔叔杀了，把叔叔的女儿据为己有。

孝武帝的儿子宋废帝刘子业，也不是个好东西，他居然将自己的姑姑，纳入后宫为妃，并与同母姐姐山阴公主刘楚玉有一腿。刘楚玉是新女性的先驱，她对弟弟刘子业大发牢骚：

> 妾与陛下，虽男女有殊，俱托体先帝。陛下六宫万数，

而妾唯驸马一人。事不均平，一何至此！帝乃为主置面首左右三十人，进爵会稽郡长公主，秩同郡王，食汤沐邑二千户，给鼓吹一部，加班剑二十人。

面首即美貌的男子，必须是帅哥，貌美谓面，发黑谓首，据说头发黑的人肾好，肾好活就好。公主得到许多面首，轮流取乐，兴味盎然，小说上只要写到这个女人，免不了也跟着一起津津有味。

六朝南京还出过一位荒唐的皇帝萧宝卷，他是齐朝的第六位君主，被废为东昏侯，也是南朝齐亡国皇帝萧宝融的哥哥。这位仁兄当了皇帝后，男女方面还不算太出格，可是太喜欢在皇宫里玩过家家的游戏，是一位不肯长大的君主，《南北史通俗演义》上有一段戏说，十分传神：

就苑中设立店肆，使宦官宫妾，共为稗贩，命潘妃为市令，自为市吏录事。遇有争斗等情，概就潘妃判断，应罚应笞，一由妃意。宝卷自有小过，妃辄上座审讯，或罚宝卷长跪，甚且加杖，宝卷乐受如饴。后世之跪踏板者，想是受教东昏。

萧宝卷在位时，一个月中，有二十多天要出外游荡，有时白天，有时夜晚，“入富室取物荡尽”。他又不愿被人看见，谁遇上就要被格杀勿论，于是地方官吏得时刻小心，一看见他出宫，立即奔走呼叫，提前驱逐百姓，使道无行人，铺存空屋，结果就是他玩爽了，“工商莫不废业”。

因此，说陈后主在六朝南京帝王群像中，不是最糟糕的那几位，还是有点历史依据，绝不是随口一说。平心而论，南北朝之际的中国，各式各样的皇帝太多，南方有不像话的，北方也有，套路都差不多。有真也有假，譬如隋朝给陈后主安的罪名，无非是宠艳妃，嬖狎客，杀谏臣。其实也就是这么回事，哪个亡国之君能逃脱得了这些罪名。都说这些个罪名，“有一于此，未或不亡，况并三者而具备耶”，陈后主的亡国皇帝是当定了，想不当都不行。

隋朝的千军万马，攻入了建康城，晋王杨广也从桃叶渡威风十足地过了江。陈后主带着两名爱妃跳进了台城的胭脂井，至今在鸡鸣寺旁还留有胭脂井遗迹，与夫子庙的桃叶渡一样，这口井也是个假文物，因为这里并不是台城遗址，真的台城还得往南去。陈后主虽然有情有义，危难时刻仍然舍不得两位心爱的女子，舍不得不也没办法，自古红颜薄命，杨广没杀陈叔宝，却在南京最热闹的街头，杀了张丽华。

南京的街头又一次人头攒动，时间过去太久，人们早已忘记当年是怎么砍杀敌国的两位皇帝，这已经是一百六七十年前的旧事。现在，他们自己的皇帝成了俘虏，代替他被砍头的是一位倾国倾城的美女。还是人家北朝的皇帝好，果然有大国风范，难怪会一统天下。六朝时的南京，吴后主亡国不算，东晋，刘宋，萧齐和萧梁，亡国之君无一不是被胜利者诛杀，陈后主活生生地捡了一条命。朱雀桥边野草花，只是委屈了张丽华，红颜不仅薄命，红颜还是祸水，杀了她，事情便算告一段落。

接下来，隋军奏凯还朝，陈叔宝及后妃子女公卿大臣，一并带归，晋见隋文帝杨坚，感谢不杀之恩。隋文帝对陈后主倒是十分优待，准许以三品官员身份上朝，又常邀参加宴会，还怕他伤心，不奏江南音乐。偏偏陈叔宝从未把亡国之痛放在心上，有一次，负责监守的人报告文帝，说他觉得自己身无“秩位”，也就是实际的职位，入朝不便，希望能得到一个官号，文帝听了，哭笑不得，恨恨地说了一句：

陈叔宝全无心肝。

都说陈后主诗好，最出名的是《玉树后庭花》，被称为亡国之音。商女不知亡国恨，隔江犹唱后庭花，那诗究竟能不能亡国，不好说，就诗而言，也算不上什么好诗：

丽宇芳林对高阁，新妆艳质本倾城。
映户凝娇乍不进，出帷含态笑相迎。
妖姬脸似花含露，玉树流光照后庭。

玩文化的人，结果给文化玩完了。隋文帝曾经说过：“陈叔宝若将作诗饮酒的工夫，都用在国事上，又怎么会落得如此下场。”

这当然是气话，也就是胜利者随口说说。眼见才为实，逯钦立先生编辑的《先秦汉魏晋南北朝诗》，收录了不少陈后主的诗，不妨挑选《三妇艳词》中的“之二”和“之五”两首让大家开开眼，就这水平，除了艳，还是艳，恐怕也治不好国家。南京城落在这种人手上，出息大不了，迟早都会是个问题：

大妇西北楼，中妇南陌头。小妇初妆点，回眉对月钩。可怜还自觉，人看反更羞。

大妇上高楼，中妇荡莲舟。小妇独无事，拨帐掩娇羞。丈夫应自解，更深难道留。

再看看人家隋文帝下的灭陈诏书，那又是何等的气势，不可一世：

陈叔宝据手掌之地，恣溪壑之欲，劫夺闾阎，资产俱竭，驱逼内外，劳役弗已；穷奢极侈，俾昼作夜；斩直言之客，灭无罪之家；欺天造恶，祭鬼求恩；盛粉黛而执干戈，曳罗绮而呼警跸；自古昏乱，罕或能比。君子潜逃，小人得志。天灾地孽，物怪人妖。衣冠钳口，道路以目。重以背德违言，摇荡疆埸；昼伏夜游，鼠窃狗盗。天之所覆，无非朕臣，每关听览，有怀伤恻。可出师授律，应机诛殄；在斯一举，永清吴越。

三百年前，两晋时期的著名术士郭璞，曾经非常准确地预言过：

江东分王三百年，复与中国合。

也就是说，以南京为代表的江东地区，以南京为代表的南方，分王立国三百年之后，又一次注定要与中原统一。

02 石头城蒋州府

公元 588 年，南京人看到了一系列的亡国征兆。这一年是祯明二年，也是隋朝开皇八年，南方虽然还可以称为六朝时期，中国的历史已经跨入隋唐。祯明是陈后主陈叔宝的年号，前一年刚改。本来应该是至德五年，陈后主突然又觉得不妥，感觉不好，决定下诏改号。对于新年号，照例说好不说坏，起码不能太说坏，必须说些吉祥如意的好话：

刑书已铸，善化匪融，礼义既乖，奸宄斯作。何其淳朴不反，浮华竞扇者欤？朕居中御物，纳隍在眷，频恢天网，屡绝三边，元元黔庶，终罹五辟。盖乃康哉寡薄，抑焉法令滋章。是用当宁弗怡，矜此向隅之意。今三元具序，万国朝辰，灵芝献于始阳，膏露凝于聿岁，从春施令，仰乾布德，思与九有，惟新七政。可大赦天下，改至德五年为祯明元年。

要想完全弄明白这段文字，显然不太容易。不过意思很简单，这个那个，无非形式主义，图一点吉祥，改变一下年号，发发牢骚，去掉一些晦气。然而年号改了，也没什么用，刚改完，就发生了地震，好在强度并不太大。根据《建康实录》上的记载，到了初夏时节，大批老鼠“自蔡洲岸入石头”。六朝时的南京，长江中有很多沙洲，从南到北有烈洲，茄子州，蔡洲，白鹭洲，张公洲，这些连片分布的沙洲，最后都演变成了陆地，变成了今天房价暴涨的河西新城。当时情形十分恐怖，无数老鼠沿着秦淮河，浩浩荡荡进入南京城区，四处流窜，几天后，都不明不白地自己死了，于是秦淮河两岸满目鼠尸，又随着河水流入长江。

几乎是在同时，“郢州南浦水黑如墨”。隋朝之前的郢州，就是今天的鄂州，水黑如墨这种异象，当然不应该是什么好兆头。一个月后，“东冶铸铁，有物赤色，如火，大数升，自天坠镕所，隆隆有声如雷，铸铁飞出墙外，烧人家”。宋元之际马端临编撰的《文献通考》有解释，“东冶者，陈人铸兵之所”，也就是说，陈朝的兵器加工厂出了问题。这显然是个天上掉下来的大火球，有的书上记载是大如“数斗”，注家为此做出解释，斗和升二字隶书形近，肯定有人在抄书时，抄错了。

不管怎么说，这些都不能算是吉兆。然后又是“大风自西北激涛水入石头城，淮渚暴溢，漂没船舫”。南京的覆舟山和紫金山连绵相接，有大片的柏树林，冬季常常有泉水流出来，陈后主认为这是甘露，俗呼为“雀饧”，代表着祥瑞。但是老百姓并不认同，因为发生在这前前后后邪门的事情太多了，这世道这人心，都显得很不太平。

有个自称是老子的神人，在南京城里漫游，与人面对面说话，只闻其声，不见人影，预言吉凶则大多应验，“得酒辄釂之，经三四年乃去”。有一只船的下面常常会发出声音，说“明年乱，明年乱”，仔细一看，竟然是一个婴儿，身长三尺而没有脑袋。山上的鸟群也扇动两个翅膀，一起呼应，叽叽喳喳地说“奈何帝！奈何帝”。不祥之兆接二连三，建康城门无故自坏，有人看见青龙飞出了建阳门，顿时“井中涌赤雾，地生白黑毛”。

陈后主做了许多奇奇怪怪的梦，梦见有穿黄衣服的人来围城，于是便下令，除掉了所有环绕城市的橘树。这个记载至少说明，当年的南京郊区，曾有过大片橘林。又梦见一条大蛇从中间分开，头尾各自行走，半夜里陈后主起来喝酒，杯中的酒忽然变成了血，血洒在台阶上，洒到了龙椅上，立刻起火。有狐狸钻入他的床下，派人去捉又看不见了。新修建了一座齐云观，刚修好，南京人却异口同声，一起传唱着这样的歌谣：

齐云观，寇来无际畔。

“际畔”是“边际和界限”，意思是说，一旦敌人要来，这个国家就要完蛋，拦都拦不住。南京人为什么会这样传唱呢，因为在十一年前，北方的北齐亡国了。北齐末年，各台省的长官多被称为“省主”，结果不久就灭亡了，现在整个陈朝的上上下下，也流行这种称呼，有识者就认为省主省主，就是主将要被省掉的预兆。北齐已被北周灭了，北周现在又变成强大的隋朝，陈朝亡国的日子应该也快到了。

大风居然能吹毁建康城的朱雀门，南京人想不震惊也不可能。吴郡的临平湖，杂草淤塞很多很多年，忽然之间，又莫名其妙地自己畅通了。消息传到京城，大家都觉得不可思议，此湖在东吴的末年曾开通过，当时也是多年淤塞不通，突然就自开，结果呢，孙皓便亡了国。因此老人们都相传，“此湖开，即太平”，当年是晋灭吴，天下一统，现在轮到隋要灭陈，同样是要一统天下。这难道不是天意，天意不可违，南京人就赶快认命吧。

陈朝刚建立时，有一个叫史普的人在宫中值夜，梦见有人从天上下来，在随从的陪护下，来到太极殿前，面向北方，拿着玉册一本正经地念道：“陈氏五帝三十二年。”再后来，陈后主还在东宫当太子时，突然有个女人跑了过来，手舞足蹈，嘴里唱着“毕毕国国主主”，唱完了，人就不见了。接着又有一群鸟飞过来，这群鸟很奇怪，都是只有一只脚，“集于殿廷，以嘴画地成文”，那些文字凑在一起，竟然是一首歪诗：

独足上高台，茂草变为灰。
欲知我家处，朱门当水开。

会解字谜的人便认为，鸟的独足是暗示陈后主独行无众，茂草代表一片荒芜，荒芜则草盛，隋朝承的是火运，草盛遇到火而变为灰。结果确实是这样，陈后主很快亡了国，做了俘虏。等他被押到隋朝京城，和家眷一起住在都水台上，也就是所谓上了高台，朱门一开面对着河，那些话最终都一一应验。

南京人做梦也不会想到，六朝就这么结束了。做梦也不会想到，陈后主最后的结局会是这样，当时杀了张丽华，大家心里肯定都在想，这个陈叔宝自然是应该押到长安去砍头。谁也不会想到隋文帝对陈后主会那么宽待，会那么仁慈，全无心肝乐不思蜀的陈叔宝，又活了十六年才死，他最后病死在洛阳。为什么是洛阳，南京人想不明白，也不想弄明白。历史上南京出过三位有名的后主，三百年前有孙皓孙后主，现在有陈叔宝陈后主，未来四百年后还会有李煜李后主，三个后主结果都死在河南。

当然，谁也不会想到仁慈的隋文帝杨坚会对南京城这么狠心，对南京人民这么无情。他对这个城市下达的一道圣旨，就是在地球上将南京抹去，彻底消除，毁尸灭迹。你无法想象，为了让陈后主在长安不再伤感，隋文帝可以让宫廷里不演奏江南的音乐。为了笼络原陈朝的南京老百姓，他甚至还小心翼翼派人守护陈高祖和世祖的陵寝。然而就是他，说翻脸就翻脸，突然下了一道命令：

建康城邑宫室，并平荡耕垦，更于石头置蒋州。

也就是说，南京城内六朝时期留下的所有宫苑城池，统统都要夷为平地，改作耕田。皇恩浩荡，隋文帝就是要用这种非常极端的方式，来消除此地的帝王之气，让龙盘和虎踞见鬼去，免得它再次崛起，再一次兴风作浪，再一次给北方的政权制造麻烦。南京遭遇了建城以来最大的一次摧毁，繁华帝都上的建筑物都毁了，宫殿府第亭台楼阁，都让它不复存在。南京城不仅经历了糟糕的亡国，还经历了惨不忍睹的毁城。宫殿盘郁楼观飞惊，地面上像点样子的建筑，都毁掉了。同时，这个城市的行政级别，也大大降低，从东南的首善之都，当时南方最大的城市，降格为一个最普通的小县城。南京及其周围地区，在此后三百年间，成为不折不扣的“幽径”和“古丘”。

吴宫花草埋幽径，晋代衣冠成古丘。

隋朝灭陈，共得到“州三十，郡一百，县四百”的领土。这些州郡县的建置，与隋朝原有的政治制度并不吻合。因此平陈之初，隋朝的首要任务就是统一地方行政。早在隋开皇三年，也就是公元 583 年，时任河南道行台兵部尚书的杨尚希，上书建议废除郡一级行政机构，实行州县二级制。这一建议被隋文帝采纳，已在北方隋朝境内推行，现在，陈朝被消灭，南北已统一，南方陈朝的旧境内，也必须逐步实行二级制的州县改革。

隋唐期间一次次改制，完全把感觉良好的南京人搞蒙了。反正是越改越小，越改越乱，越改越不靠谱，改到最后，基本上把南京城改没了。先是在石头城设蒋州，管辖江宁溧水当涂三县，这是一个从未有过的建置。南京城从一国之都，降为只能管辖三县的一个州。当时的江宁县面积很小，跟后来的江宁县江宁区完全是两回事。隋文帝驾崩，隋炀帝接班，接着改，这父子俩都喜欢改来改去。公元 606 年，隋炀帝又把蒋州改为丹阳郡，江宁和溧水仍归其管辖，将建康县，同夏县，秣陵县并入江宁，又废临沂丹阳湖熟三县，属地也并入江宁。

真是一笔糊涂账，隋以后是唐，对南京的打压如出一辙，隋文帝隋炀帝父子如此，唐朝的皇帝们也是这样。隋朝有意识抑制金陵，毁掉了六朝建康的城池和宫殿。唐朝继续实行抑制金陵的政策，唐武德三年，以江宁和溧水二县置扬州，改江宁为归化县。武德七年，又改扬州为蒋州，武德八年再改为扬州。武德九年，也就是公元 626 年，将设在石头城的行政机构州治“扬州”，迁往长江对岸的江都，“腰缠十万贯，骑鹤上扬州”的传奇，从此与南京无关。

在此之前，南京就是扬州，扬州就是南京。闻欢下扬州，相送楚山头。过去的扬州是南京无疑，现在情况就有了变化。扬州治所迁走了，迁到江北去了，官员们也跟着走了，意味着南京又降了一级，甚至可以说是降了很多级，《隋书 · 地理志下》中记载的大扬州范围如下：

> 江都郡、钟离郡、淮南郡、弋阳郡、蕲春郡、庐江郡、同安郡、历阳郡、丹阳郡、宣城郡、毗陵郡、吴郡、会稽郡、馀杭郡、新安郡、东阳郡、永嘉郡、建安郡、遂安郡、鄱阳郡、临川郡、庐陵郡、南康郡、宜春郡、豫章郡、南海郡、

龙川郡、义安郡、高凉郡、信安郡、永熙郡、苍梧郡、始安郡、永平郡、郁林郡、合浦郡、珠崖郡、宁越郡、交趾郡、九真郡、日南郡、比景郡、海阴郡、林邑郡。

行政区划的历史，从来都是很难梳理。到了唐朝，大扬州的范围又小了一点，然而仍然还是很大很大。为了更直观，我们不妨看一眼四库全书版的《明一统志》，其中记录的明代属于大扬州的州域内府县：

应天府、凤阳府、苏州府、松江府、常州府、镇江府、扬州府、淮安府、庐州府、安庆府、太平府、宁国府、池州府、徽州府、广德州、和州、滁州、杭州府、嘉兴府、湖州府、严州府、金华府、衢州府、处州府、绍兴府、宁波府、台州府、温州府、南昌府、饶州府、广信府、南康府部分、九江府部分、建昌府、抚州府、临江府、吉安府部分、瑞州府、袁州府、赣州府、南安府、福州府、泉州府、建宁府、延平府、汀州府、兴化府、邵武府、漳州府、福宁州、广州府、韶州府、南雄府、惠州府、潮州府、肇庆府、罗定州、南宁府及高州府、廉州府、雷州府、琼州府。

在明朝人眼里，大扬州几乎与六朝的疆域差不多。隋唐对南京的态度，就是一味打压，消除它对东南地区的领导地位，要抹去六朝的痕迹。唐武德八年改归化县为金陵县，武德九年，又改为白下县，属润州，也就是说南京当时归镇江管辖，是镇江的下属单位。到贞观九年，公元 635 年，南京再改为江宁县。至德二年，公元 757 年，于江宁县置江宁郡，改了以后的第二年，改江宁郡为昇州。三年以后，又改江宁为上元县，过了一年，又废昇州。然后到了光启三年，也就是公元 887 年，复置昇州。

和六朝时期相比，随着政治地位的一步步丧失，隋唐时期的南京，除了名字被改来改去，经济上全面衰退已不可避免。隋朝曾将建康的王公贵族，都迁至长安监视居住，许多为贵族服务的手工业者，顿时失去服务对象，为维持生计不得不迁往其他地区。降格为蒋州的南京，彻底远离了纸醉金迷，经济上的衰退，导致城市面积缩小，人口数量锐减。按照《六朝都城》一书的统计，建康城面积为二十多平方公里，人口最多时达五十多万。到了隋朝以后，包括江宁三县在内的丹阳郡，一共才 24 125 户，定居建康境内的不到一万，最多时也才只有四万人。

伴随着建康城一起埋没，还有六朝时代的灿烂文化。回看六朝历史，是一段很重要的南北气息融合历程。说到底，六朝时的东吴，还是一个以吴人为主的朝代，它既落后，更强悍，然后东晋开始了，北人衣冠南侵，中原文化在南京落脚，逐渐生根，南北开始交融，江东开始中原化，北方人开始反客为主，南京成为华夏文明的中心，成为汉人的避难之地。经过宋齐梁陈的更迭演变，南朝政权又越来越江东化，成为一个事实上已完全南方色彩的朝廷。换句话说，东吴亡国后南方吴人的复国梦想，到了六朝后期，才一步一步地真正实现。然而北方已经越来越强大，南方政权的灭亡早已注定，注定要被北方的中国统一运动所吞噬。

隋唐两朝在军事上对南京的控制一直很严格，因为他们都有些担心，担心南方的政权会死灰复燃，担心南方的崛起，会影响到北方稳定。不管怎么说，南方总是有着太多的不确定因素。隋炀帝杨广未继承皇位前，曾在长江对岸的江都坐镇十年，控制着以蒋州为中心的整个江南地区。隋朝的历史并不长久，这一时期，六朝宫城虽然遭到毁灭性的破坏，个别宫殿也曾短暂地作为地方政府的治所，如陈朝的安德宫就作为隋朝江宁县治所，不到一年时间，治所搬迁，安德宫便从此荒废。

传说中，南京还有隋炀帝杨广的“丹阳宫”。隋朝末年，天下又一次大乱，隋炀帝便有了迁都南京的想法，希望能够割据江南，重温南北朝分裂的旧梦，《资治通鉴 · 唐纪一》上有记录：

> 帝见中原已乱，无心北归，欲都丹阳，保据江东，命群臣廷议之，内史侍郎虞世基等皆以为善；右候卫大将军李才极陈不可，请车驾还长安，与世基忿争而出。门下录事衡水李桐客曰：“江东卑湿，土地险狭，内奉万乘，外给三军，民不堪命，亦恐终散乱耳。”御史劾桐客谤毁朝政。于是公卿皆阿意言：“江东之民望幸已久，陛下过江，抚而临之，此大禹之事也。”乃命治丹阳宫，将徙都之。

丹阳宫究竟建在南京的什么位置，说不清楚。根据常识判断，很可能是建康故宫旧址尚存一定的基础，才使得丹阳宫得以建造，因此“以旧宫所遗存修复最为可能”。对于苟延残喘的隋炀帝来说，此时的南京丹阳宫，将成为他最后的享乐之地。事实上，隋朝末年的隋炀帝，再也不是当年的雄才大略，基本上又是一个陈后主，因为在南方待得太久，他“好为吴语”，喜欢像南方吴人一样说话，常喝得东倒西歪，到了晚上还要喝，一边仰视天文，一边跟萧皇后嘀咕：

“外间大有人图侬，然侬不失为长城公，卿不失为沈后，且共乐饮耳！”因引满沈醉。又尝引镜自照，顾谓萧后曰：“好头颈，谁当斫之！”后惊问故，帝笑曰：“贵贱苦乐，更迭为之，亦复何伤！”

隋炀帝时常惶恐不安，一些正常的自然现象也会令他疑神疑鬼，坐立不得。公元617年11月，在晋阳起兵的李渊，攻入了长安，拥立隋炀帝的孙子杨侑为帝，遥尊杨广为太上皇，改年号为义宁。此时的隋炀帝人还在江都，知道大势已去，回长安无望，立刻准备“起宫丹阳，将逊于江左”。就在这时候，不祥的预兆再次出现：

有乌鹊来巢幄帐，驱不能止。荧惑犯太微，有石自江浮入于扬子，日光四散如流血。上甚恶之。

遥想当年，二十岁的隋炀帝杨广，从江北的桃叶渡杀过来，统军灭陈，进入南京城，那是何等的英雄豪迈。接下来，南平林邑，西吞吐谷浑，开科取士，开挖大运河，都可以在史书上留下一笔。然而三十年后，天下又一次大乱，隋炀帝老了，英雄不再，变得神神鬼鬼，乱招昏招迭出。荧惑星就是火星，太微则位于北斗之南，古人视之为天子之庭。传说中，荧惑星出现在太微中，是帝位不保的征兆。隋炀帝自恃通晓占候卜相，看见形势如此不妙，便打算收拾行李，逃往江南，准备在南京东山再起。

可惜人还没到南京，他就让部下给杀了。中国大历史上的隋唐，和此前的秦汉一样，都是从分裂走向统一，因为统一，所以强盛。秦为强汉奠定了基础，隋为盛唐奠定了基础，隋炀帝功不可没，可惜就像倒霉的秦二世胡亥一样，注定要成为一个伟大历史时期的过渡性人物。时代潮流不可阻挡，从打压南京，到想割据金陵，隋炀帝这一页说翻就翻过去，中国历史从此进入一个新篇章，南京也开始有了新的面目。

03 李白来了

隋唐时期的南京城，很像被火山吞没的庞贝古城，它被深深地压在了泥浆里，显得那样安静，那样可怜和无助。晋代衣冠吴宫花草，都埋葬在废墟之中。南京仿佛一座古坟，人们对它除了祭奠，就是哀悼，除了哭鼻子，便是掉眼泪，初唐的大才子王勃，对当时南京有一番惨兮兮的描述：

> 遗墟旧壤，数万里之皇城，虎踞龙盘，三百年之帝国，阙连石塞，地实金陵，霸气尽而江山空，皇风清而市朝改。昔时地险，尝为建业之雄都。今日太平，即是江宁之小邑。

在隋唐统治者眼里，南京这个地方必须小心防范，必须把可能生乱的种子，都毁灭在萌芽状态。气尽山空的江宁小邑，正是北方帝王所希望的。当时喜欢南京的人，大约可以分为两种，一是那些心怀不满，或者是南朝的遗民，或者在本朝生活得不够称心如意，多多少少还存着一点反骨，他们看中的是南京的帝王之气。既然隋唐统治者总会有那么一点担心，这种担心恰恰说明了问题，说明了还是存在这种可能性。很显然，如果在南京这个地方造反，如果在这里作乱，更有可能会获得机会。

还有就是各种各样文化人，文化人在六朝时代是个很奇怪的群体，他们并不把后人看重的那些所谓文化，当作了不得的东西。譬如书法，好像当时很多人的字，都写得相当不错，能写字的人都是书法家。如果有什么区别，就是有人字留了下来，有人字没留下来。六朝的南京文人最过分一件事，把骈文发展到了极致。不只文章写得好，触目所见，无不琳琅美玉，而且还弄出各种条条框框，制定了各种专门与人为难的规矩。骈四俪六，讲究平仄，讲究韵律和谐，注重藻饰和用典，经常花里胡哨。

骈文过度注重形式技巧，内容表达往往会受到束缚，然而越是难写，越是戴着镣铐跳舞，只要运用得当，越可能写出令人意外的好文章。外行看热闹，内行看门道，南人和北人的文章风格并不一样，情调上也有区别。若以三国为例，当然还是人家曹氏父子的文章好看，建安风骨魏晋文章，平心而论，北方文风真的要强于南方。

可是南方人容易骄傲，甚至可以说是盲目骄傲，总是一味地觉得自己文章写得好，王婆卖瓜，自卖自夸。陆机陆云兄弟去了洛阳，听说左思要写《吴都赋》，就讥笑人家是伧父。相对而言，北人更容易谦虚，更容易吸收南方的先进文化，譬如南京人庾信，从南方流亡到了北方，人家高官厚禄地哄着，他偏要做出满脸萧瑟的样子，一口一个沉沦穷巷，一口一个埋没荆扉。好的艺术品搁在哪儿都能闪光，庾信的《哀江南赋》写了亡国之痛，感动了无数北方人，让多少北佬儿看了流眼泪。

这真是一个中国历史上很奇怪的文化现象，当时让庾信骗哭的，更多的竟然是北方人。孤零零的一个南方老头，流落在北方，多可怜呀。没人去想庾信的官，其实也做得不小了，待遇非常不错，他生前在北朝的头衔很多，当过洛州刺史，当过骠骑大将军，当过开府仪同三司。究竟哪个头衔最大，哪个待遇更高，恐怕要请专家来解释。能肯定的一点只是，若要较真官职，似乎在北朝的官更大，级别更高，“高官美宦，有逾旧国”。

文学史有时候就这么吊诡，南方人庾信的《哀江南赋》，轰动了北方，北方人左思的《吴都赋》，造成了北方的洛阳纸贵，无论南人北人，只要能够立足北方文坛，只要能够让北方人叫好，哄得北方人高兴，就能够传唱千古。北人真说了好，文学地位基本上就肯定了。这还只能算是其一，更重要的是其二，上述两篇文章有个共同点，都是写了南方的亡国，都是写了当年的南京。亡国实在是个好题材，有痛苦，就会有好文章。痛苦酿成了美酒，慰藉着北方人的得意或者失意。

六朝以后的南京城，因为痛苦，因为失落，深受文化人的喜欢，尤其是失意文人的倾心。这些文人大都与南京没什么直接关系，基本上都不是南京人，他们对南京人的现实生活并不了解，却在这里寻找到了共鸣。隋唐期间，能把南京写好写出色的，都是一些莫名其妙的外地人。有一种浪漫叫诗意，有一种诗意叫浪漫，不识庐山真面目，只缘身在此山中，南京人的感觉与外地人不一样，就是总觉得自己城市不好，怎么不好，几近麻木，也说不出所以然。倒是那些外来的过客，甚至根本都还没到过此地的读书人，光是凭着神经敏感，便留下了非常漂亮的诗篇。

譬如河南人刘禹锡，南京人动不动会用他的诗来介绍自己城市，什么“山围故国周遭在，潮打空城寂寞回”，什么“旧时王谢堂前燕，飞入寻常百姓家”，什么“万户千门成野草，只缘一曲后庭花”，所有这些名句集锦，都不是眼见为实，都只是道听途说。写下这些美丽的诗句之前，刘禹锡并没有来过南京。他不过是听人家说说而已，再就是靠自己读的一些诗书，加上了一些想象，然后艺术加工，然后流芳百世。

金陵怀古成了一个不朽题材，成了一个大家都玩得很熟练的文学母题。按说文学要创新，不应该有套路，然而金陵怀古玩的就是套路，大家都在博弈这个命题作文。会不会玩皆靠领悟，能不能写好全凭手艺，大家都在写，篇秩浩繁，高手辈出常咏常新。只要是个文章高手，就肯定写过南京怀古，没有咏叹过南京的诗人，不是好诗人。

最过分的一位就是大诗人李白，没人知道他究竟来过多少次南京，恐怕他自己也稀里糊涂。有人统计过，李白与南京有关的诗歌，多达59篇。他几乎成了南京的形象代言人，千百年来，一直在为南京做免费广告。李白与南京关系确实非同寻常，他一生无数次游览或在此暂住，遍赏金陵名胜，广泛结交当地朋友，喝不完的酒，写不完的诗，无怪后人会说：

金陵江山之胜，甲于东南，古来诗人游者，太白为著。

南京的山山水水，无不掩藏着亡国历史，随便挑几首李白诗，南京的沧桑便立刻扑面而来：

晋家南渡日，此地旧长安。
地即帝王宅，山为龙虎盘。
金陵空壮观，天堑净波澜。
醉客回桡去，吴歌且自欢。

地拥金陵势，城回江水流。
当时百万户，夹道起朱楼。
亡国生春草，离宫没古丘。
空余后湖月，波上对瀛洲。

六代兴亡国，三杯为尔歌。
苑方秦地少，山似洛阳多。
古殿吴花草，深宫晋绮罗。
并随人事灭，东逝与沧波。

与左思《吴都赋》和庾信《哀江南赋》的繁花似锦相比，李白写南京的诗清新脱俗，像教科书一般简单明了。南京沧桑这杯苦酒，浇灭了李白胸中失意的块垒，而李白的诗句，又成为介绍南京历史最简明扼要的宣传词。自从有了李白，有了李白的诗，要想举例说明南京历史，要想夸一夸南京这个城市，变得轻松容易。

隋唐时期的南京，除了破败，还是破败。作为六朝城市象征的台城，片石不留，没有了踪影。无情最是台城柳，依旧烟笼十里堤，台城都没了，哪来的什么台城之柳。艺术就是想象，想象创造艺术，想象中的艺术才是最美的，破败自有破败之艳丽。文化有时候就是一种沧桑，就是无中生有，没有想象力的人，根本没办法描述南京，昔日殿堂楼阁，如今都成为荒园田亩。大家不妨想象一下，曾经的六朝古都，都已经归人家镇江管辖了，你还有什么可以现实主义描写呢，想不浪漫都不行。

也许还可以说的，就剩下两个孤零零的城堡，一个叫石头城，一个叫白下城。石头城仍然还是军事要塞，地方政府办公的所在地，南方一有风吹草动，这里立刻成为重中之重。武则天当政，徐敬业在扬州起兵作乱，他的策略便是利用金陵之王气，所谓依靠长江天险，足以自固，先取常润二州，倚为根据，再北向以图中原，进无不利，退有所归。这次乱哄哄的叛乱，很快被平息，唐朝政府亡羊补牢，赶紧派兵加固南京的石头城。

石头城因此又成了一种象征，道高一尺，魔高一丈，欲谋篡逆者，总是希望以此为基地，而朝廷要做的，便是千方百计地防止这种事情发生。安史之乱以后，盛唐不再，藩镇开始割据，比南京更容易生乱的地方，开始多了起来，中央政权动荡不安，危险已经不仅仅是来自南京。为了维稳，石头城的驻军越来越多，南京除了石头城，还有一个白下城，原名白石垒，地点大约是在今天下关的狮子山，对着大江，当时属于江乘县。

在六朝时，白下城与石头城一样，都是拱卫京城的军事要塞，是南京地区水上交通的必经之地。它曾经是建康的水军基地，当年齐武帝修白下城，目的就是为了北伐。唐朝初年，白下城一度还有点像模像样，因为建康成了金陵县，又改为白下县，其县治就在白下城。可惜这段历史也不长久，很快白下城也废了，直到唐朝末年，天下大乱，才再一次修筑堡垒。

话题还是赶紧回到伟大的诗人李白身上，回到他和南京的关系上。李白的金陵情结，有其十分荒唐的一面，首先相对于当时南京人，他真是个见过大世面的好汉。大丈夫必有四方之志，人家李白不只诗写得好，仗剑去国，辞亲远游，南穷苍梧东涉溟海，什么稀奇古怪的事没见过，什么大场面没经历过。他到过京城长安，跟皇帝老儿一起喝酒，公然为杨贵妃写诗，让高力士脱鞋子。写实也好，传说也罢，敢天子呼来不上船，像他这样的狂士，天底下又能找到几位，因此他老人家一到南京，立刻有许多羡慕他的此地乡贤，急吼吼地希望能够结识，而李白也很乐意，他也想见见隐藏在金陵的高人。

风吹柳花满店香，吴姬压酒劝客尝，从李白的诗中，可以看到当时南京人的好客，看到南京人的文学热情。李白在南京到处喝酒，临别时，金陵子弟纷纷赶来相送，酒逢知己千杯少，越喝越有感情，越喝越有文化，结果便是似通非通地吟出了千古名句，

“请君试问东流水，别意与之谁短长”。南京这个地方，显然太适合李白这样的人物。

在南京，李白以诗会友，朝沽金陵酒，歌吹孙楚楼。草裹乌纱巾，倒被紫绮裘，与酒客棹歌秦淮，达晓歌吹，害得两岸民众拍手称笑，怀疑是六朝时期的王子猷又来了。他与当官的一起喝酒，“春日陪杨江宁及诸官宴北湖感古”，杨江宁是当时南京的一个县令，基本上就属于最高地方行政长官，北湖是玄武湖，一边喝酒，一边怀古。与不相识的名士干杯，“金陵江上遇蓬池隐者”痛饮，并为自己的诗加上自注，“时于落星石上，以紫绮裘换酒为欢”。因为李白写到了落星石，后来的南京人一直在琢磨，想不明白，十分苦恼，它究竟是在什么地方呢。

李白在南京显然是玩得很嗨，他甚至还写文章，自称是南京人：

> 白本家金陵，世为右姓。遭沮渠蒙逊难，奔流咸秦，因官寓家。

这段话出自《上安州裴长史书》，后人读了几本书，积累了少许学问，立刻会表示怀疑，觉得李白不可能这么写，不可能这么不靠谱。譬如明代胡应麟的《续笔丛》，就认为文中的“白本家金陵”乃“万万不通”，因此断为伪作，李白不可能这么胡说八道，他不可能是南京本家。清代的王琦力驳其说，王琦是李白研究权威，他注的《李太白全集》是研究李白的入门之书。王注认定文章就是李白写的，非常坚定地维护了李白的著作权。清朝人做学问，要比明朝人高明得多，李白不是南京人几乎不用讨论，真假不重要，说白了只是一个文风问题，李白一生中，胡说八道太多了。

诗人的话不能太当真，没必要太当真，不管怎么说，李白的《上安州裴长史书》还是一篇研究李白生平的重要文章。大家都知道李白说话，向来有真有假，虚虚实实，喜欢吹牛，不吹牛就不是文人，不说大话就写不了诗。文人永远都在自吹自擂，可是你真要研究李白，要谈及诗人的生平，后人能使用的那些说明文字，有很多必须还得出自这篇文章。

李白的最大问题不是吹牛，不是说大话，他的问题是太热心参与政治，而且经常还莫名其妙地站错了队。书生干政是文化人大忌，好为帝师，又向来是文人最致命的软肋。李白如果只是自己喜欢南京这个城市也罢了，南京是一个有文化含金量的城市，李白作为一个文化人，怎么能不喜欢，也应该喜欢，问题在于他竟然撺掇唐王朝迁都南京，在《为宋中丞请都金陵表》中，大谈迁都金陵的好处：

> 今自河以北，为胡所凌；自河之南，孤城四垒。大盗蚕食，割为洪沟；宇宙峣杌，昭然可睹。臣伏见金陵旧都，地称天险。龙盘虎踞，开扃自然。六代皇居，五福斯在。雄图霸迹，隐轸由存。咽喉控带，萦错如绣。天下衣冠士庶，避地东吴，永嘉南迁，未盛于此。

李白自己就是胡人，虽然此胡非彼胡，写这篇文章不久前，因为组诗《永王东巡歌》，他差点掉了脑袋。“永王正月东出师，天子遥分龙虎旗”，“三川北虏乱如麻，四海南奔似永嘉”，文人一得意，忍不住就会忘乎所以。“南风一扫胡尘静，西入长安到日边”，李白一介穷书生，谈王说霸，竟然怂恿永王李璘割据称帝。李璘兵败被杀，李白也因此下了大狱。幸亏有人出手相救，而救他的这个人，正是李白为之代笔的“宋中丞”宋若思。

说起来，李白也真是没有记性，因为自己严重的金陵情结，在代笔文章结尾处，他干脆赤裸裸地对朝廷来了这么一句：

去扶风万有一危之近邦，就金陵太山必安之成策。

这是篇可以送人性命的文章，用心有些天真，也有些险恶，几乎是在想分裂国家。好在谁也没把这有可能掉脑袋的话当回事。李白如此胡说八道，并没连累宋若思，稀里糊涂就蒙混过去。朝廷突然变得很理智，没有太深究。渔阳鼙鼓动地来，盛唐已不是盛唐，在中国大历史上，此时的唐王朝危机重重，显然已经不把南京当作潜在危险，金陵王气变得不再重要，现在，最难应付的是藩镇割据，天下很快又要大乱，乱得不可收拾。

04 乌龙潭

隋唐时期的南京，有个宝贝叫“三绝碑”。说起此碑来头大，但是，当时的南京人并不看好它，为什么呢，因为这三绝碑上的三个主角，名声虽然很大，如雷贯耳，都不是货真价实的南京人，而且彼此也没见过面，起码是没在南京的地盘上碰头。三绝碑上的图像，河南人吴道子画的，赞是四川的李白撰文，陕西人颜真卿写的字。谁也弄不清楚唐朝艺术史上最顶尖的三个人，怎么就搅和到了一起。论年龄，吴道子最大，颜真卿最小，反正也就相差一二十岁，搁在时间长河里，根本不算事，他们完全可以算是同一时期的历史人物。

三绝碑上画的人物，是梁朝名僧志公。说起志公和尚，当时的南京人未必熟悉，后来的南京人更不清楚，如果换一种介绍，说传说中的济公原型就是他，大家立刻心知肚明。由于战乱，原碑早已被毁坏，元朝重刻，加上了赵孟頫写的《志公十二时歌》，这样一来，原来的三绝，在明朝人眼里，已经是四绝。到了清代第三次重刻，在碑额上方，增添了乾隆手书的“净土指南”四个字。这样一算，又多了一绝，连皇上他老人家都钦点过，还题了字，凑合着也应该算是一块御碑，四绝于是又成了五绝。

大家习惯上还是称它为三绝碑，清末的南京名人甘熙看过这块碑，留诗作证：

有碑屹立古殿北，岿然三绝追李唐。

清人所刻的原碑早已不知所踪，今天大家所能见到的石碑，其实是上世纪汪伪时期的文物，按照宋代原石拓本仿刻，深得原刻精妙。可惜文字已模糊不清，一般都认为是多次捶拓所致，然而专家给出的真相，却是“文化大革命”破坏。“破四旧”，三绝碑被推倒，抬到了一处公共自来水龙头下，当作了大家洗涤的搓衣板。结果当然有点不妙，碑正中文字和画像痕迹全无，边缘文字受力较小，还能依稀可见。即便这样，改革开放以后，有喜欢收藏文物的外来土豪，愿用与三绝碑重量等重的黄金，来进行交换，当然也是说说而已，国家级文物谁敢倒卖。

俗话说，礼失而求诸野，相传这句名言最早是孔老夫子说的，因为找不到绝对的出处，也不敢太当真。不管是不是孔子亲口说过，道理还是对的，隋唐时期的南京虽然破败，六朝繁华不在，宫殿楼台可以泯灭，留存在民间大脑中那些记忆，那些不遥远的传说，并不能完全消失。毕竟当年衣冠南渡，中原文化精华，一度都留存在这了。民众深受教化，用今天的话说，就是南朝遗民，天生具有文化，清朝的浦起龙在《史通通释》上便说：

> 自咸、洛不守，龟鼎南迁，江左为礼乐之乡，金陵实图书之府，故其俗犹能语存规检，言喜风流，颠沛造次，不忘经籍。

唐朝人对南京人总体评价都不低，杜佑的《通典》盛赞金陵南朝遗民：

> 永嘉之后，帝室东迁，衣冠避难，多所萃止，艺文儒术，斯之为盛。今虽闾阎贱品，处力役之际吟咏不辍，盖因颜、谢、徐、庾之风扇焉。

隋唐之际的南京人，并没有因为金陵城市地位下降，就失去了固有的傲慢。人穷志不短，即使是中下层南京百姓，也不忘在辛劳之际，咏吟几句，喊上一两嗓子。出生在南京的颜之推曾经说过，“南方水土和柔，其音清举而切诣”，天下之能言，“独金陵与洛下耳”。也就是说，若论说话好听，声音优美，就应该是南京和洛阳。经历过六朝，南京人口音开始变化，北方语言大举侵入，已经不再是标准的吴方言。“楚歌吴语娇不成，似能未能最有情”，根据当时文献记载，吴音特色还在，仍然还通行吴语，真要变成比较纯粹的南腔北调，也就是现在的南京话，必须还得要经过朱元璋的明朝，才能算最后完成。

事实上南京人的傲慢，与自己长期以来受到委屈有关，和压抑分不开。早在六朝时期，作为本土人士的建康居民，深感到了官场不公平。周一良先生曾经做过统计，东晋的大官，中央一级官员，任用的北人与南人，比例一度严重失调：

	尚书令（附录尚书事）	尚书仆射（含左、右仆射）	中书监、令	侍中	吏部尚书	领军、护军、将军
北人	22（3）	31（1）	20	55	24	44
南人	4	10		17	5	20

注：1. 括号内为宗室诸王数目。

2. 南人被任命为中书监、令者仅贺循一人，未就。

3. 凡一人同时兼任两职或三职者，以两或三人计。

东晋是这样，以后的宋齐梁陈，比例有所改变，基本情况还是差不多，只不过北人性质略有不同，又分为最先衣冠南渡和晚渡，大批晚渡的北人，投身革命队伍时间已经晚了，不得不加入心怀不满的南人行列，因为他们几乎完全等同于本土的吴人，入仕机会显得同样渺茫。

隋唐以后，这种不满情绪正变得越来越强烈。现如今，南京眼睁睁地成了南朝废都，国家算是统一了，南京人跟过去相比，并没有安居乐业，好像更加没有机会，更加没有出头之日。亡国之痛不复存在，在朝当官的却更少了，不只当官不行，官场上还受气，江南文人所自信和擅长的文章，在隋唐以及北宋，也仍然没有什么太大作为。南京人一向感觉良好，自认为文章比别人写得好，偏偏唐宋八大家中，没有一个江南吴人，更不要说是土生土长的南京人。

从唐朝中期开始，江南经济彻底好转，开始成为名副其实的鱼米之乡，但是文化上，还是不得不仰望北方。在浩瀚唐诗中，并不缺乏江南人，第一流大诗人基本和江南无缘。根据《中国大百科全书》的人名统计，唐朝人才分布比例，排名前五的是陕西，河北，河南，山西，山东，江苏排名第六，其实中间包含了辽阔的苏北，像徐州和海州，完全应该算作北方，还有属于苏中的扬州和泰州。以吴语区为代表的江南，真实处境很尴尬，譬如浙江，竟然排名于甘肃之后，差不多是排名第一的陕西十分之一。这个人才统计数据，已退化到与六朝之前的两汉差不多。

公元 757 年，江宁县升格成了江宁郡，第二年再改江宁为昇州。这段时期，也就是公元 759 年，南京来了一位很重要的父母官颜真卿。颜真卿出生在陕西，却与南京人颜之推是本家，一个是颜回的三十五代孙，一个是颜回的四十代孙，籍贯都是山东琅邪。对于今天的南京人来说，颜之推被大家知道，是他写了一部古代的心灵鸡汤《颜氏家训》，颜真卿则是名声响亮的书法家。这些都属于后来的买卖，都是死后的追赠。他们在生前都还不算显赫，都只是实实在在的地方父母官，做事小心谨慎，十分兢兢业业。

颜真卿在南京当昇州刺史的时间并不长，人们能够记住他的故事，是在城西的乌龙潭建了放生池。时间节点很重要，颜真卿到任，正值安史之乱，中原郡县大半已落入叛军之手，陪都洛阳和首都长安相继被占，中央对地方的控制陷入疲弱。江淮以南地区也受到了袭扰，不久前发生的永王李璘之乱，其首要目标，就是要攻下时属丹阳郡的南京，将其作为割据的大本营。李璘失败后，朝廷意识到了江南的重要性，在赴南京上任前一年，封颜真卿为“丹杨县开国侯”。

颜真卿担任昇州刺史，同时还充任浙西节度使，负责昇州及周边诸州的军事。这时候的江南表面上还算平静，实际上也已经危机重重。永王李璘之乱平定才不过两年，安禄山父子死后，其部将史思明又在河北发动叛乱。南方经济成了唐王朝最重要支撑，急需要像颜真卿这样靠得住的人来镇守南京，防止再次发生变乱。读过《祭侄文稿》的都知道，颜氏一门忠烈，刚强坚毅，在此前北方的混乱中，颜真卿已向朝廷证明了自己的平叛能力。

南京人从此也就记住了颜真卿，这当然不仅仅是因为他的字好。后人纪念颜鲁公，让南京人忘不了，是因为他在乌龙潭边修建放生池。因为有了放生池，后人又在池旁修了放生庵，设立祭祀他的神位。为什么呢，其中很重要的一个原因，是念叨颜鲁公建立放生池时的良苦用心，所谓“宣皇明而广慈爱也”，宣传皇明只是幌子，关键还是推广慈爱。

当时为了笼络人心，朝廷号召各处建放生池，“始于洋州之兴道，洎山南、剑南、黔中、荆南、岭南、江西、浙西诸道，讫于昇州之江宁秦淮太平桥。临江带郭，上下五里，各置放生池，凡八十一所”，南京的乌龙潭便是其中之一。一千多年过去，当年的八十一个放生池，现在仍然可以确定地点的，仅剩南京乌龙潭这一处，由此可见其特殊，颜真卿专门为这个放生池撰写了《天下放生池碑铭》。

颜真卿还以“帝王之德，莫大于生成”为题，向皇帝呈了一封《乞御书题天下放生池碑额表》，在中国古代，以下呈上为表，譬如诸葛亮的前后《出师表》。其实就是臣下写给帝王的一封信，希望皇上能为乌龙潭的放生池碑题额。在这封递交皇帝的信中，颜真卿表示，南京的放生池遵照皇上意思，已经修好，他现在“不揆愚昧”，专门写了篇小文章，“又以俸钱于当州采石，兼力拙自书”，就是为了要让天下知晓，弄明白放生池的伟大意义，让天下知道“陛下有好生之德”。

同时，书法大师颜真卿还很认真地考虑到了一件事，“前书点画稍细，恐不堪经久”，又专门“据石擘窠大书一本，随表奉进”，顺便向皇上展示了自己的楷书艺术。最有意思是这封信的结尾部分，他居然会这么说，敢这么说：

> 昔秦始皇暴虐之君，李斯邪谄之臣，犹刻金石，垂于后世。魏文帝外禅之主，钟繇偏方之佐，亦于繁昌立表颂德。况陛下以巍巍功业，而无纪述，则臣窃耻之。

颜真卿这话真有点书呆子气，举例子不伦不类，如果碰上疑心重的皇上，掉脑袋都可能。怎么可以这样引申，怎么可以这样来比较，他显然是把在南京建放生池的意义，过分放大，强调这样一件大好事，不树碑立传太可惜。也不能说没道理，策功茂实，勒碑刻铭，皇帝禁不起哄，虚荣心立刻被激发，不只答应亲笔题碑额，还拿腔拿调地写了一段文字：

> 朕以中孚及物，亭育为心，凡在覆载之中，毕登仁寿之域。四灵是畜，一气同和，江汉为池，鱼鳖咸若。卿慎徽盛典，润色大猷，能以懿文，用刊乐石。体含飞动，韵合铿锵，成不朽之立言，纪好生之上德。唱而必和，自古有之。情发于中，予嘉乃意。所请者依。

“中孚”二字出自《易经》，有诚信的意思。心中挚诚，以诚在怀而接人待物，虽遇隐晦不明，亦能逢凶化吉。南京的乌龙潭放生池，说起来也就是一个不大的池塘，然而在特定年代，确实有着不同寻常意义。作为南京父母官，刚经过北方混乱的颜真卿，显然已意识到了江南可能会有的不安定，他对南京这座城市的未来，有一种不祥的预感。“诸余罪中，杀业最重，诸功德中，放生第一”，建放生池的目的，就是为了稳定民心，以慈悲为怀，弥散民间的杀伐之气。

自六朝以来，南京这个城市屡遭磨难，内乱外患，真正太平的繁华日子并不多。事实上，就在颜真卿被调走不久，南京城便又乱作一团。当年年底，手握重兵的江淮都统刘展，率兵南下攻打李峘，昇州新任刺史仓皇出逃，金城汤池不战而下。叛乱虽然很快被平息，唐王朝对南京潜在的王气，仍然不能放心。怎么办呢，继续给它降级，降低城市级别，公元761年，昇州被废，江宁县改名上元县，再次隶属润州，再次被镇江管辖，六朝古都南京刚有点复兴苗头，又一次沦为一座普通县城。

同样是作为历史名人，李白和颜真卿对于南京人来说，都只是匆匆路过。都是过眼烟云，他们给南京这个城市留下了完全不一样的文化。李白喜欢谈王论霸，好权术，好大喜功，不负责任地酒后瞎出主意，充满了浪漫情调，根本不在乎老百姓死活。颜真卿与李白不一样，他为人正大光明，充满了仁爱之心，注重民生，讲究实际，绝不好高骛远，是非常标准的现实主义。在他的眼里，南京这座城市，究竟帝王之气更重要，还是老百姓太太平平过日子更重要，当然应该是后者。

所以历代在南京有所作为的父母官，更愿意以颜真卿为从政榜样，大家都知道，所谓放生，并不是简简单单往池塘里放几条活鱼那么简单。放生学问很大，一朝兴来一朝亡，宋元明清历代的南京，乌龙潭放生池成了这座城市的和平象征，有和平，才能太平，太平了，老百姓才会有点好日子过。对于南京人民来说，没有一样东西可以比和平更重要。与和平相比，与太太平平过日子相比，什么帝王之气，什么最有历史文化的古城，都可以见鬼去。

放生就是民生，为祈求和平，后人在放生池边建了庵堂，名为“放生庵”，供奉和纪念颜鲁公，并且不断地加以修葺。明宣德年间，在“城西南隅乌龙潭山肇建祠宇”，以答神贶，赐额曰“灵应观”，依照鲁公旧制主持放生。清顺治十三年，当时的总督马鸣佩，还专门立了一块乌龙潭永远放生碑。

清康熙二十三年，灵应观的道士开始破坏规矩，竟然自作主张，沉掉了历代禁碑，公然撒网捕鱼。放生之事，也就因此一度废弃。清乾隆八年，江苏巡抚陈大受重修放生庵，疏浚乌龙潭，恢复放生，并颁示了保护放生池庵的六项条约。第一条，放生池东面的山坡上不准种菜种烟，只能栽种果树，以防水土流失。第二条，不准栽种菱藕，以绝窃取发生事端。第三条，修堤筑埂，以免池旁良田受淹。第四条，严禁窃取池鱼。第五条，冬季农民挖取淤泥，不准借机偷取池鱼。第六条，放生池庵数百年皆僧人住持，今既重修，如有老僧欲居，仍听首事主持。

太平天国期间，连绵不断的战乱，乌龙潭边放生庵再次遭到严重毁坏。到了清同治七年，当时的江宁知府涂宗瀛，偶然经过放生庵，破屋残垣，只有两株古柏尚存，看上去十分凄凉。涂是曾国藩的门生，老年得志，五十岁才开始做官，从江宁知府开始，最后居然当上了湖广总督。在他主持下，放生庵又重新修葺，涂还亲自撰写了一篇《颜鲁公祠记》，刻石立碑，嵌于祠内二厅西墙上。

> 鲁公仕唐，得为昇州刺史，公清德忠节，熠耀惇史。所莅愚夫村妇，咸敬仰之。此祠所谓公放生池也，面石头城，俯乌龙潭，波光岚翠，境幽以寂。余偶过此，见古柏二株尚存而偃蹇屋下，仍挺岁寒之节。因加葺治，以为公祠。

让颜鲁公的光辉永照，让仁爱目光始终注视着南京这个城市，必须要保持乌龙潭水的清澈。清光绪七年，时任江宁知府的赵佑宸，蒙两江总督刘坤一指示，派拨六营兵勇，分段开挖，中筑长堤，截为上下坝，就挖出来的土方而计，不下三万余工。经过这番整治，环池一周，排植矮树，又网以当时还十会罕见的铅丝，外植冬青树，间以桃柳，环境顿时得到改善。

在晚清时期，能够做到这样，已经非常不容易，也因此可见历经战乱的南京人民，对太平的向往，对和平的渴望。到民国十二年，也就是1923年，北洋政府时期，当时的江苏省长韩国钧和督军齐燮元，又在乌龙潭边立了《四言简明布告》碑：

石城之隈，潭曰乌龙。
谁与放生，赫赫鲁公。
鲁公大慈，泽被鳞鱼。
潭水洋洋，涵育以容。
来者鉴此，物我同春。
罔或窃捕，灾及其身。
明有法律，幽有鬼神。
树石潭上，以告无垠。

这以后，时代变迁的节奏越来越快。南京国民政府成立，日本人打进来，抗战胜利，解放军渡江，1958年“大跃进”，三年困难时期，“文化大革命”，粉碎四人帮，改革开放，新时期和新世纪，乌龙潭放生池以及池边祠堂，历代竖立的碑铭，或兴或废，随着时代风云变化，刻了又废，废了又刻。时至今日，乌龙潭公园与周边的清凉山，还有离之不远的石头城，历经沧桑，成为考察南京很重要的历史风景名胜。

第五章 南唐往事

01 画牛的韩滉

隋唐时期，打压南京这个城市，是北方朝廷的基本国策。打压有时候也未必完全有效，六朝之后，沉睡了两百多年，气尽山空的江宁小邑，不可阻挡地又繁荣发展起来。回顾中国南北朝的这段历史，如果说东晋和南朝宋齐梁陈，主要矛盾是解决境内南方吴人和南渡北人的对立情绪，逐渐消除了豪门和寒门之间的差异，北朝的北魏东魏西魏北齐北周，则是一直在处理民族冲突。北方汉人与少数民族逐渐融合，华夷纠纷趋于缓和，隋唐之所以能够伟大，因为在此基础上，国家进一步地完成了统一，王朝不再偏安。

然而旧的矛盾解决，新的矛盾又会来。况且旧有矛盾也未必真解决了，许多问题仍然存在，有时候甚至更严重。安史之乱是个重要转折点，民族矛盾阶级差异，又突然变得激烈起来。盛唐从此不再，开始无可挽回地走起下坡路。盛世说到头就到头，乱世即将再次来临，而南京这个城市，向来有个特点，越是乱世，越会获得机会，东吴是这样，东晋是这样，南唐包括后来的元朝末年，都毫无例外，也许这就是所谓的金陵王气。

南京在隋唐后期，经济上有了十分明显的好转，就大趋势而言，它一方面在沉睡，一方面又在苏醒和崛起。自中晚唐开始，朝廷对于南京的变化，心情很复杂很矛盾，既十分需要江南的财政支持，又不得不时刻提防金陵王气的再次崛起。打压南京是持续的既定方针，事实上，隋唐期间，南京不仅惨遭城市降级，由于京杭大运河的开通，三国时开凿的古运河，连接秦淮河和太湖水网的破冈渎被废除，太湖流域通往南京的运输干线也被掐断了。

无论是城市降级，还是古运河废弃，整个江南地区对南京的认同，仍然没有改变。潜移默化的巨大影响力，总是让人无法想象。六朝时的梁元帝在江陵称帝，曾有朝议还都建康，当时有过一番针锋相对的争论，一些原来已在江陵定居的官员，因为家眷一直在江陵，“皆不欲迁”。

唯弘正与仆射王裒言于元帝曰：“若束脩以上诸士大夫微见古今者，知帝王所都本无定处，无所与疑。至如黔首万姓，若未见舆驾入建邺，谓是列国诸王，未名天子。今宜赴百姓之心，从四海之望。”时荆陕人士咸云王、周皆是东人，志愿东下，恐非良计。弘正面折之曰：“若东人劝东，谓为非计，君等西人欲西，岂成良策？”元帝乃大笑之，竟不还都。

事实上，梁元帝没来得及还都南京，很快被杀。弘正的观点非常具有代表性，这就是说你若不在南京称王，不在这里好好显摆一下，大家就会觉得你只是“列国诸王，未名天子”。对南京的这种认同，贯串了整个隋唐，甚至还可以包括后来的宋元明清。金陵帝王州，不只是南朝遗民有这样的共识，事实上整个北方，包括唐王朝的宗室，都会持同样观点。这也就是为什么永王李璘谋反，想以金陵为据点，而李白竟然不顾杀头危险，力劝处于危机的王室迁都南京。

必须要说明一下，在隋唐时期，以及后来的宋朝元朝，南京以及江苏这些常见地名，与金陵没有一点关系。有关系的只是江南东道和两浙，其中江南东道，又是从江南道划分出来。北方人看南方领土难免大大咧咧，在他们眼里，长江南面统统都叫江南道，觉得太大了，就再分为江南东道和江南西道。唐开元二十一年，也就是公元 733 年，江南东西道分置，江南东道其地辖为今江苏省的苏南，上海，浙江全境，福建全境以及安徽徽州，治所在苏州，共计十九州。

二十五年后的乾元元年，也就是 758 年，感觉江南东道似乎还是大了一些，又继续拆为浙江东道，浙江西道和福建道，浙江西道领长江以南，至新安江以北的原江南东道地，包括今天的苏南，上海，浙北和徽州，即润州，常州，苏州，湖州，杭州，歙州六州。因此，当时南京的地位，就是两浙之浙江西道之润州之江宁。浙江西道的治所，它的政府所在地，并非始终不动，事实就是，随着形势变化，行政辖区的变动，它也不断地在变动，治所先后为苏州，昇州，宣州，润州，杭州。

从颜真卿在南京当父母官一事，就可以看出唐王朝对这个城市的反复无常。一会儿降级，一会儿升格，全看朝廷的需要。唐大历十四年，也就是公元779年的12月23日，晋州刺史韩滉调任苏州刺史，同时兼浙江东西道团练观察使，原浙西观察使李道昌，因为无能被免职。过了一年多，这个韩滉又升官了，改任检校礼部尚书兼御史大夫，同时担任润州刺史和镇海军节度使。有许多头衔，今天也弄不太明白，反正此时的形势不太好，有点混乱，朝廷便把维护东南这一大片区域的安危，托付给了韩滉。

为什么呢，因为这时候，以南京为中心的东南地位越来越重要，越来越不能忽视。隋唐以前，在南北朝时期，中国有两个政治中心，南京是当仁不让的南方中央政府所在地。隋唐以后，政治中心的痕迹给彻底抹干净，随着时间发展，经济中心的地位正在确立。江淮地区的社会稳定，经济不断发展，已成为唐朝的主要财赋来源地。唐朝最著名的理财专家第五琦，向唐玄宗奏事时就说过：

方今之急在兵，兵之强弱在赋，赋之所出，江淮居多。

也就是说，今天要打仗，经济上全靠东南在支撑。当时的名士萧颖士，在给宰相崔圆的书信中，十分明确地提到了这一点，

“今兵食所资在东南”。北方的经济正在迅速崩溃，藩镇一会儿叛一会儿降，朝廷与藩镇之间的斗争始终不断，“东南财源”成为维持唐王朝统治的支柱。在中国大版图上，真正的北方人心目中，过了黄河都是南方，不是河南就是江南，过了崤山或者华山，秦地以外，统称山东，杜诗有“君不闻，汉家山东二百州，千村万落生荆杞”，这个山东大得离谱。东南的中心城市，不管朝廷怎么抹杀，怎么降格，大家还是只认南京。

以南京为代表的东南则具有另外一种目光，在他们心目中，过了长江是江北，过了淮河是山东或者河南。山东和河南都属于中原，中原代表着北方，再往北去，对南京人来说，已遥远得没有什么意义。可以这么说，南京的经济地位，正是由北方的混乱造成，现在，要想维持北方稳定，江南的财源变得非常重要。早在颜真卿做南京父母官时，朝廷已充分意识到这一点，二十年后，又将东南这一大片区域的安危，托付给了能臣韩滉。

南京的特殊地位，正在不可阻挡地迅速上升。韩滉出生在京城长安，他的父亲韩休当过唐玄宗的宰相。关于这个韩休，曾有一个“君瘦国肥”的段子，形容韩休的生性耿直。他当宰相，常常谏言时政得失，重色思倾国的唐玄宗每次稍有过失，便心虚地问左右侍从：“这件事韩休是不是知道？”常常话音刚落，韩休规劝的谏疏，就已经送到，唐玄宗因此闷闷不乐，人都为之消瘦。

> 左右曰：“自韩休入朝，陛下无一日欢，何自戚戚，不逐去之？”帝曰：“吾虽瘠，天下肥矣。且萧嵩每启事，必顺

旨，我退而思天下，不安寝。韩休数陈治道，多讦直，我退而思天下，寝必安。吾用休，社稷计耳。”

左右侍从劝玄宗贬谪韩休，玄宗倒很开明，完全是一个明君的样子，可惜还是没有躲过安史之乱。渔阳鼙鼓动地来，惊破霓裳羽衣曲，这以后，京城长安起码又破了三次，大唐的皇帝一次又一次狼狈地逃离京城。安史之乱是唐朝的转折点。叛乱被平息了，众多在平叛中立有战功的将领需要奖赏，归顺朝廷的安史旧将需要安置，帝王的强势不再，很无奈地任命了大批节度使，以至于“方镇相望于内地，大者连州十余，小者犹兼三四”。朝廷采取的姑息政策，造成唐朝中后期藩镇割据的局面，其中河北和山东的藩镇，最骄横跋扈。

公元 783 年，受诏平叛的泾原兵五千余人途经长安，因为钱粮奖赏等借口发生哗变，一举攻陷了帝都长安，吓得德宗仓皇出逃。在唐德宗出逃期间，韩滉所在的东南地区，为平定叛乱提供了大量物资支援。当时的李希烈叛军，派兵五万人围攻河南宁陵，韩滉派部将王栖曜带兵渡过汴河，击败李希烈部，大大缓解了危机，使得叛军暂时不敢窥伺江东。

唐德宗逃离长安，由于叛军割据，水陆交通断绝，直到第二年春天才抵达梁州，可怜身上还穿着冬天的衣服，军队将士也是如此。坐镇镇江的韩滉得知消息，马上派人往梁州献上四十担绫罗，除了运送绫罗，还给与叛军作战的李晟，送去百余船的粮食，《旧唐书·韩滉传》上有这样的记录：

时滉以国家多难，恐有永嘉渡江之事，以为备预，以迎銮驾，亦申儆自守也。城中穿深井十丈近百所，下与江平。俾偏将丘涔督其役，涔酷虐士卒，日役千人，朝令夕办，去城数十里内，先贤丘墓，多令毁废。

韩滉还在自己的辖区内，封锁了交通要道，关口桥梁都派兵驻扎。为了防止有人趁乱反叛，长江沿岸严防死守，禁止重要战略物资运出浙西境内。需要说明，这个浙西，是指当时的浙江西道，也就是今天的江苏南部。同时训练了一支五千多人的水军，建造楼船战舰三十多艘，在长江下游巡航，展示军威。如果说当年李白劝唐王室南迁，还只是随口说说，装腔作势，韩滉却已经完全是玩真格。为了准备唐德宗渡江南来，韩滉下令拆毁了镇江郊区的名人墓，拆毁了南京四十多所佛寺道观，用拆下来的石材木料，在战略要地修筑堡垒，将铜铁佛像和钟磬重新熔铸，制成兵器铠甲，从镇江到玉山，楼城相连，严阵以待。

韩滉还下令用佛殿拆下的建筑材料，在石头城修建馆舍数十座，准备迎接唐王室。眼看着四百年前永嘉南渡的一幕又要重演，好在叛乱终于被平定，出逃的唐王朝没有迁都南京，又重新回到了长安。韩滉为唐朝国祚的延续，做出了巨大贡献。论功行赏，公元 784 年，他加封为检校吏部尚书，数月后又再次加封检校尚书右仆射。

与此同时，朝中对韩滉的非议也接踵而至。唐德宗回到长安，有人称“韩滉闻銮舆在外，聚兵修石头城，阴蓄异志”。意思是说，韩滉想趁乱割据东南，刚刚经历过战乱打击的唐德宗，对此也颇多疑虑。好在有四朝元老李泌进言，这个李泌当时是宰相，拍着胸脯，以全家百余口人的性命，为韩滉担保，说：

> 滉公忠清俭，自车驾在外，滉贡献不绝。且镇抚江东十五州，盗贼不起，皆滉之力也。所以修石头城者，滉见中原板荡，谓陛下将有永嘉之行，为迎扈之备耳。此乃人臣忠笃之虑，奈何更以为罪乎！滉性刚严，不附权贵，故多谤毁，愿陛下察之，臣敢保其无他。

功高盖主从来都不是好事，所幸韩滉还是得到了善终，官职一升再升，很快又调回长安当起京官，入朝拜相，不久便病故，死得其所。在他身后，大唐虽然不再强盛，百足之虫，死而不僵，仍然又延续了一百年。

关于这个韩滉，史书上对他在南京的所作所为，并没有大书特书，对他的政迹谈得也不多。他更响亮的身份是艺术家，就像王羲之最后只是被当作了书法家一样。韩滉可以说是唐朝最著名的画家，他的艺术创作，仿佛著名的南京六朝石刻，在创作时，并没有想到未来会成为稀世珍品。现藏于北京故宫博物院的《文苑图》，是流传有序的国宝之一，上有南唐官印“集贤院御书印”朱文墨印，有宋徽宗皇帝题“韩滉文苑图”五字，并钤有“宣和”与“政和”朱文印，有宋高宗赵构钤“睿思东阁”朱文印，有元代大画家王蒙钤“王叔明氏”白文收藏印，还有明代大收藏家顾正谊和郭衢阶的印章。

《文苑图》有一说是韩滉的自画像，画了他与文友雅集的情景，这些栩栩如生的文友，也并非等闲之辈，除了画家自己，还有唐朝著名的诗人钱起和刘长卿。另外又有一说，画了王昌龄与诗友在江宁任所琉璃堂厅前聚会吟唱的雅集，共画十一人，僧一人，文士七人，侍者三人。与僧人对坐穿黑衣者为王昌龄，僧人为法慎，后段倚松者为诗人李白。现在见到的只是残卷，并不完整。世人熟悉的王昌龄，好像只是一位边塞诗人，不知道他曾经在南京当过八年江宁丞，这是一个很小的官，相当于常务副县长。

不管画了什么人，反正行家对《文苑图》的评语很高，“如流水行云，功力深厚”。尽管有不同解释，有争论，南京人更愿意相信，这张图的场景就在江宁，就是南京，因为它与南京相对的安宁气息很般配，显然是当时南方文人生活的现实写照。事实上，与人物画相比，韩滉更擅长的还是画动物，他的代表作《五牛图》，名列“中国十大传世名画”，诗人陆游曾盛赞其画：

每见村童牧牛于风林烟草之间，便觉身在图画。

画人也好，画牛也好，与颜真卿留下的《天下放生池碑铭》一样，隋唐时代南京人，看重的并不是书法和绘画艺术。颜鲁公书法艺术有多高，韩滉《文苑图》是否价值连城，这些都不太重要。画中的场景究竟是不是在南京，可以是，也可以不是。重要的是他们在南京当政时的政迹，对这个城市振兴起到的作用，对城市地位提升的贡献。正是从韩滉开始，南京在中国政治上的历史地位，经过相当长的一段冷遇，又一次变得显赫，变得不能忽视，传说中的金陵王气，终于又一次开始暴露出它的峥嵘。

02 徐知诰和李昪

唐朝的藩镇割据，带来了一次次战乱，这些战乱使得北方经济崩溃，同时也让南京的金陵王气，在统治者眼中不再成为眼中钉。烽烟四起，统治者手忙脚乱，有点顾不上了。相比较而言，当时比南京更让朝廷不放心的地方太多。中唐和晚唐究竟有多少藩镇，说不清楚，太多了，至少也有四五十个。

绝大部分藩镇暂时还没有割据，只有河朔等藩镇，视朝廷命令为儿戏，想听则听，不愿意听拉倒。这样的藩镇虽然极个别，足以让朝廷坐立不安。渔阳鼙鼓动地来，唐朝的崩溃已是积重难返，对于南京来说，安史之乱以后，有两件事情影响非同小可。一是会昌年间的灭佛，一是黄巢农民起义。

唐武宗年轻的时候喜欢道教，喜欢“谈道涤俗”，讨厌佛教。公元 842 年，武宗突然下令，僧尼中的犯罪者和违戒者立刻还俗，没收其全部财产，“充入两税徭役”。第二年的四月，朝廷干脆就来了个一纸公文，“命杀天下摩尼师，剃发令著袈裟作沙门形而杀之”。又过了一年，敕令毁拆天下凡房屋不满二百间，没有敕额的寺院佛堂，其僧尼全部还俗。

都知道南朝四百八十寺，南京这个地方，多的就是寺庙，多的就是和尚尼姑。然而世道突然如此，圣旨又不可违，南京的众多寺庙，也不得不跟着毁拆。于是原本宁静的江南小城，变得不再安宁，被毁寺院很多，就连栖霞寺这样的古寺名刹，也难免灾祸，只允许留有僧官看管寺产，以等待官家来没收。结果便是很悲哀，非常悲哀，可怜居于金陵的僧人无衣可着，无物可吃，到了冬天，逃亡的僧人迫于生计，竟窜入乡村劫掠钱财以求活命。

在这场声势浩大的灭佛行动中，南京的僧尼惨遭迫害，寺院被毁寺产被夺，历代留存的大型寺院所剩无几。一个帝王的喜好，直接决定了佛教兴盛和衰败，帝王喜欢则盛，帝王不喜欢便败。隋唐期间，因为历朝皇帝的推崇，佛教寺院享有免纳赋役的特权。既然有这等好处，于是“天下百姓或冒为僧道士，苟避徭役”，而“富户强丁多削发以避徭役”，“户有三丁必令一丁落发，意在规避王徭，影庇资产”。

寺院迅速发展，香火旺盛，特别是唐中期以后，寺院的经济急剧膨胀，大量劳动人口出家为僧，投靠寺院为寺户佃户，导致朝廷的纳税户与兵源财源大为减少，直接危及了国家的经济利益。这是现实，然而会昌年间的灭佛，同样也带来严重后果。统治者绝不会想到，一方面，由于毁佛成功，扩大了政府的税源，巩固了中央集权，另一方面，对于庙产强行占有，剜肉补疮，民间信用也因此受到极大伤害。

凡事都会有想不到的一面，隋唐对金陵王气的防范，对这个城市的刻意抑制，也曾出人意料地带来一些好处。虽然没有六朝都城的繁华，南京却获得一份难得的平静和安宁。说起来令人难以置信，唐朝时的南京不只寺庙多，不只是“多少楼台烟雨中”，此地的老百姓还喜欢经商做买卖，大小生意都做得很好，小日子也过得不错。这看起来已经与大家心目中的金陵王气，南京人向来有文化，完全不相称，但是事实就是如此，《隋书·地理志下》上便说：

> 丹阳旧京所在，人物本盛，小人率多商贩，君子资于官禄，市廛列肆，埒于二京，人杂五方，故俗颇相类。

当时的南京人好经商，地方商业十分发达，出去做买卖的人多，移居到金陵来做生意的人也多。为什么会这样呢，因为经商的人，不在金陵的户籍中，不用缴纳赋税。“年年逐利西复东，姓名不在县籍中。农夫税多长辛苦，弃业长为贩宝翁。”诗人张籍的《贾客乐》是最好说明。“金陵向西贾客多”，南京人通常都是到蜀地去经商，李白《长干行》中就有南京男人远行去蜀地经商的描写：

> 十六君远行，瞿塘滟滪堆。
> 五月不可触，猿鸣天上哀。

门前迟行迹，一一生绿苔。

苔深不能扫，落叶秋风早。

南京女人不容易，南京男人也不容易，娇妻才十六岁，就要与之离别远行经商。丈夫一年中大部分时间，都在遥远的蜀地，诗人想象力很丰富，这门前徘徊的脚印，究竟是男人出门时留下，还是年轻妻子待在家中不肯出门，因为门前没人走动，以往的送行足迹都生出了厚厚的青苔。

附带再说几句唐朝时南京妇女的装扮，当时崇尚丰满肥壮，服饰日趋自由，胡汉交流不拘一格。平民百姓平时穿黄色的粗麻布衣，未入仕的一般穿白袍，下层的奴仆和婢女衣服颜色皆是青色。社会风气开放，有钱人服饰华丽，女装的特点除了裙和衫，还有更重要的帔，帔读作“呸”，是古代披在肩背上的服饰，有了这玩意，袒胸露臂便显得很艺术。当时的南京经济相对繁荣，此地女子更喜欢打扮，李白《越女词》便有这样的描述：

长干吴儿女，眉目艳新月。

屐上足如霜，不著鸦头袜。

南京春秋时期属吴，战国时期属越，又属楚，因此吴姬越女，荆艳楚娃，都可以用来形容南京的女子。李白诗中的南京女子，不仅美丽漂亮，眉毛清秀如“新月”，皮肤嫩白如霜，而且大大咧咧，光着大脚丫子穿“木屐”，不穿大家平时都穿的那种“鸦头袜。所谓“鸦头袜”，就是脚拇指与其他四趾分开，穿了这种袜子，不会影响穿木屐走路。

对于南京老百姓来说，有没有金陵王气，也许根本不重要。有人总是喜欢别有用心地盯着“王气”说事，总是拿这两个字做文章，说得好听，是目光远大，是有帝王之志，说得不好听，就是阴谋家野心家。其实南京有些放生池，有些寺庙，老百姓做做生意，太太平平地活着，这就挺好。可惜历史的发展，并不以老百姓意志为转移，太平的日子，过着过着就不会太平。继会昌灭佛之后，声势浩大的黄巢起义开始了，这件事情产生的后果，显然要比大规模毁拆寺庙严重得多。

横扫华夏大地的黄巢起义，前后接近十年。最后黄巢的脑袋还是被砍了，首级被送到了京城长安，他最风光的时候，曾经在长安称帝，与黄巢的首级一起押往京城的，还有他的二三十个姬妾，唐僖宗与这群美女有过一番对话，很精彩：

> 七月，壬午，时溥遣使献黄巢及家人首并姬妾，上御大玄楼受之。宣问姬妾：“汝曹皆勋贵子女，世受国恩，何为从贼？”其居首者对曰：“狂贼凶逆，国家以百万之众，失守宗祧，播迁巴、蜀；今陛下以不能拒贼责一女子，置公卿将帅于何地乎！”上不复问，皆戮之于市。人争与之酒，其余皆悲怖昏醉，居首者独不饮不泣，至于就刑，神色肃然。

有理由怀疑这些《资治通鉴》上的记载只是段子，因为它与后来五代十国时花蕊夫人的《述国亡诗》如出一辙：

> 君王城上竖降旗，妾在深宫那得知。
>
> 十四万人齐解甲，宁无一个是男儿！

情景相似，结局并不一样，黄巢毕竟也是称过帝的，他的姬妾与花蕊夫人身份相同，也算是娘娘或者贵妃，命运却要凄惨得多。花蕊夫人最后被宋太祖赵匡胤笑纳，收进了后宫，黄巢的姬妾一个个都被砍了脑袋，临刑前，大家可怜那些美女，争先恐后地送酒让她们喝，都觉得喝醉了，然后再行刑，痛苦会减少一些。于是美女们边哭边喝，在醉卧中受死，只有居首的那位女子不哭亦不醉，从容就死。

按说黄巢与南京也没发生什么直接关系，他从中原地区开始起事，东奔西窜，南来北往，跑遍了大半个中国，偏偏没有从南京过境。然而覆巢之下，安有完卵，只要是祸，谁也躲不过。所谓农民起义，也只是一个教科书上的习惯说法，黄巢并不是穷人家孩子，出身盐商，应该也算有钱人家子弟，有点文化却屡试不第。他转战中原，在河南安徽山东境内与官兵周旋，又渡长江向南，征战江西，绕道浙东，进入福建，占领广东和广西，再次回转荆浙，再次北征，从高骈手中死里逃生，然后重整旗鼓杀向中原，攻陷洛阳，最后趾高气昂地进入长安，神气活现地于含元殿即皇帝位，国号“大齐”。

粗略地说，黄巢没能骚扰南京，没给南京带来危害，与当时的淮南节度使高骈有关。那时候，驻节扬州的淮南节度使，就是南京的顶头上司，就是南京的最高长官。这个高骈是个能人，他曾经有过非常好的机会，可以消灭处于绝境中的黄巢，可是突然临时起意，产生了一个坏念头，故意放虎归山，放黄巢通过江淮，让黄巢的大队人马再次进入中原。当时形势对高骈十分有利，进可救朝廷于危亡之中，成为中兴之臣，退亦可保据江淮，以南京为中心，借助金陵王气，实现割据东南的梦想。事实上，怀有不臣之心的高骈，已把他的目光转向了南京。

黄巢和高骈这些野心勃勃的枭雄，最后都没有成功，他们只是为人作嫁，只是给别人创造更好的机会。黄巢很快死了，高骈也死了，都是被自己的部下所杀。黄巢起义彻底动摇了大唐王朝，黄巢手下的一员猛将朱温，亲手终结了唐朝，公元 907 年，通过唐哀帝的禅让形式，代唐称帝，建国号梁，改年号为开平，史称后梁。天下大势，分久必合合久必分，又一段南北大分裂的历史时期开始了，朱温成为五代十国中北方的第一位开国皇帝。

在此前的公元 895 年，高骈手下也有一员能征善战的猛将，叫杨行密，高骈死后，杨行密尽得淮南之地，东取苏州，西取蕲州，北取光州，占据了金陵府，成为东南的无冕之王。公元 902 年，杨行密被封为吴王，919 年吴开始独立建国，改元建制，但是统治者并未称帝，仍然还是称吴王。927 年，他的儿子杨溥称帝，追封已经过世的杨行密为武皇帝。说起来，这个杨吴国虽然也算是五代十国中的一国，日子究竟从什么时候开始计算，这笔糊涂账，还真不好说，反正出息也不大，名气很小，因为此前有过三国的东吴，所以现在这个又叫杨吴。

杨吴又有一员猛将叫徐温，杨行密死后，儿子杨渥继位，他很无能，很快被徐温除去。徐温从此大权在握，拥立杨行密的次子杨隆演为吴王，杨隆演很快又死了，杨行密的第四子杨溥继位。然后呢，几乎是在同时，徐温自己也死了。徐温一死，徐温的儿子开始争权夺利，希望自己能像父亲徐温一样，成为杨吴政权的实际控制者，结果争来争去，反倒让徐温的一个养子徐知诰获得了机会。

这绝对是一个大家都想不到的结果，从高骈到杨行密，到徐温，再到徐知诰。半路里杀出了好几个程咬金，最后水到渠成，真正成了气候的是这个徐知诰。在此之前，徐知诰虽然得到重用，也谈不上什么太大名声。作为徐温的养子，徐知诰是在不声不响中逐渐羽翼丰满。徐温掌权时，曾让徐知诰做过南京的昇州刺使，管理过南京。杨吴最初是在江北的扬州定都，后来又设金陵府为西都，扬州便称之为东都。

公元 937 年，徐知诰大权在握，他也就老实不客气了，让杨溥禅让，自己做了皇帝，不再玩什么面子上的东都西都，直接就把首都定在了南京，也改国号为齐，因为他曾经被封为齐王。不要说后来人很难弄清这一段历史，一会儿朱温，一会儿徐温，就是当时的南京人也犯糊涂。

南唐的建立，就和徐知诰的身份一样，非常莫名其妙。五代十国本来就混乱，剪不断，理还乱，前后一共就几十年时间，大家真要弄不清楚，也没多大关系。唐宋元明清，说起中国大历史，少掉夹在唐宋之间的五代十国，省略了这一章节，本来就是件很正常的事。

然而这一章节，南京人绝对不能省略，它在南京的历史中很重要。毕竟稀里糊涂中，南京又一次成为一个国家的首都，尽管只有半壁江山。强盛的大唐彻底完蛋了，徐知诰定都南京两年后，又对南京人宣布了一个天大的秘密，原来他并不姓徐，他本姓李，是唐宪宗之子建王李恪的四世孙，因此再改国号齐为唐，也就是史称的南唐。

徐知诰还为自己改名李昪，又为唐高祖和唐太宗立庙，追尊父祖四代为皇帝，同时也不忘徐温的养育之恩，改奉徐温为义祖。从此，南京进入了一个新的历史时期，进入了非常有文化的南唐。这期间，北方的中国战火不断，定都金陵的南唐，小心翼翼地扩建城邑，境内基本上没有发生大的战争。秦淮河两岸集市云集，老百姓安居乐业，经济的繁荣，生产力的发展，终于带来了文化的发达。

03 一江春水向东流

徐知诰成了李昪，李昪成了南唐的开国皇帝，他是南唐后主李煜的祖父。关于这个李昪，有个故事很能说明他的性格。据《资治通鉴》记载，李昪掌权后，邀请弟弟徐知询来喝酒，用金杯斟了酒给他，说："哥希望弟弟能活千岁。"徐知询怀疑酒中有毒，便倒出一半分给李昪，说："我愿意和哥哥各享五百岁。"李昪当即变色，不肯饮酒，而徐知询也捧酒不退，左右都不知所措。这时候，伶人申渐高演起戏来，抢过两杯酒喝下，又拿着酒杯离开了。李昪连忙暗中命人送解药给申渐高，但为时已晚。

陆游《南唐书》记载邀请的对象则是大臣周本：

> 周本自吴时有威望，烈祖虑其难制，因内宴，引鸩酒赐本，本觉之，辄取御杯均酒之半以进曰：愿以此上千万寿，

庶明君臣一心。烈祖失色，左右莫知所为，渐高托俳戏，舞袂升殿曰：敕赐臣渐高。并饮之，纳杯怀中而出，烈祖密遣中人持药解之，不及，脑裂而卒。

皇帝要杀个谁还不容易，南唐的故事特别南京，有点弱不禁风，有点儒雅斯文，但是和所有的王朝一样，并不缺乏帝王家的杀气。杨溥把皇帝的位置禅让了以后，被幽禁在镇江，一年后就死了。

杨溥怎么死的，大家可以想象，然后呢，杨氏子孙都迁到海陵，也就是今天的泰州，派兵严加看守，阻绝外人进入。时间久了，杨氏男女只能“自为匹偶，吴人多哀怜之”，一家人可怜到了只能乱伦的份上，多么悲惨多么悲壮。公元956年，后周世宗柴荣征伐淮南，下诏要安抚杨氏子孙，李昪的儿子李璟提前一步，该出手时就果断出手，“虑杨氏为变，使人尽杀之”，杨氏因此绝嗣。

老百姓总是喜欢说故事，听故事，真假不太重要，都会相信，都可以相信。李昪自称唐宪宗之子建王李恪的四世孙，这件事相当不靠谱，然而在欧阳修编撰的《新五代史》上，就是这么说的。《资治通鉴》上又是另外一个记载，说李恪不是唐宪宗之子，是唐太宗之子，所封也不是建王，而是吴王。这一说法更不靠谱，辈分全乱了，从唐太宗到唐宪宗，前后得经过十位往外数的皇上，好在皇帝家的事情，一般老百姓反正搞不清楚。

三百年间同晓梦，钟山何处有龙盘，自隋灭陈，时间如流水，转眼就要四百年，金陵王气又一次显灵了，六朝旧梦再次重温，南京又成为一个王朝的首善之都。好事来得总是有些突然，让人意外，事实上，在南京定都的南唐，自开始之日，就没有真正地强大过。虽然从国土面积来计算，南唐一度还是十国中最大的，经济实力也一直处于领先，然而它就是不够强大，就是强大不了。

还是那句话，南京从来都是一个能在乱世中获得机会的城市，它永远是某个王朝逝去的背影，同时也可能是一个失败王朝的避难所。写诗的李白曾经力劝大唐迁都南京，画牛的韩滉“恐有永嘉渡江之事”，做好了迎接唐朝王室转移到金陵的准备，南京人万万没想到，时过境迁，自己的这座城市，还真成了唐朝最后的落脚点。

清朝陈鳣编撰《续唐书》，根据明朝陈霆《唐余纪传》的观点，认为北方的后唐和南方的南唐，上承唐祚，下启宋朝，应当作为五代十国之正统。这个观点很难说通，很难说服人。公元907年，大唐的最后一位皇帝唐哀帝李柷禅位梁王朱温，朱温改国号唐为梁，史称后梁。当时除了后梁，各国仍以唐为国号，仍称天祐某年。到了923年，李存勖在魏州称帝，改元“同光”，李存勖并没有按照传统，以自己的王号“晋”作为新朝称号，而是继续采用唐作为国号，在灭后梁之前，一直沿用唐昭宗时的天祐作为年号。

所以中国历史上的“前晋政权”和“后唐政权”，国号仍然是唐，为了区别李渊建立的“唐”和石敬瑭建立的“晋”，一般称呼李存勖称帝前的政权为“前晋”，称帝后的政权为“后唐”，它们的领袖其实都是同一个人，都是李存勖。

后唐在北方，南唐在南方，虽然都叫唐，此唐非彼唐，都有点自说自话，不是简单的一个乱字，就能对付过去，大家真弄不明白也无所谓。后唐的李存勖是沙陀人，他在北方称帝后，追赠父祖三代为皇帝，与唐高祖、唐太宗、唐懿宗、唐昭宗并列为七庙，以表示自己是唐朝的合法继承人。南唐李昪的做法与李存勖如出一辙，都说自己姓李，都是拉大旗作虎皮。

有必要提一句，李昪在南京建立南唐时，后唐刚刚灭亡，前后也就十四年，它是五代时期统治疆域最广阔的朝代。“五代领域，无盛于此者”，南唐建国前，“梁晋吴蜀四分天下，后唐以一灭二，天下四分已得三分”，然而谈笑间，强虏灰飞烟灭，强大的后唐说完就完，说没就没了。

南唐好歹延续差不多四十年的历史，这四十年相当重要，给了南京很多实惠，首先是城市规模，过去三四百年间，六朝痕迹基本上被覆盖，吴宫花草晋代衣冠，已是太久远的传说。南唐开始了实实在在的城市建设，它几乎再造了一个新城。面积也扩大，遵循唐朝的制度，南唐仍然是州县两级地方行政管理，以州统县，州的长官为刺史，县的长官为县令，县以下设场镇乡。南唐江宁府统辖江宁，上元，溧水，溧阳，句容，广德，当涂，芜湖，繁昌，六合，铜陵，青阳十二个县，比之今日南京，范围更为广泛。

更重要的是和平和安宁，这才是老百姓的最大需要，李昪出身微贱，早年在战争中流离失所，饱受战争之苦，身上颇有贫民皇帝风范，陆游《南唐书》对他评价很高：

帝生长兵间，知民厌乱。在位七年，兵不妄动。境内赖以休息，性节俭，常蹑蒲履，用铁盆盎。暑月，寝殿施青葛帷，左右宫婢裁数人，服饰朴陋。建国始，即金陵治所为宫，惟加鸱尾，设阑槛而已，终不改作。元宗为太子，欲得杉木作板障，有司以闻，帝曰：杉木固有之，但欲作战舰，以竹作障可也。江淮间连年丰乐，兵食盈溢，群臣多请恢拓境土，帝叹息曰：吾少在军旅，见兵之为民害深矣，诚不忍复言。使彼民安，吾民亦安矣。吴越国大火，焚其宫室帑藏兵甲几尽。将帅皆言乘其弊可以得志，帝一切不听。遣使厚持金币唁之。仁厚恭俭，务在养民，有古贤主之风焉。

就算做秀，李昪的这些行为也是应该表扬。说起来有些矛盾，李昪“性节俭”，连太子李璟要用“杉木作板障”都不允许，南唐的京城还能漂亮到哪里去了。事实上，当时的南京的确也算不上多么漂亮。一个城市的繁华永远是相对，南唐初期，人口流动频繁，原有的户籍制度遭到极大破坏。北方连年战争，“干戈相接，人无定主”，地也没人种了，蚕也没人养了，北人南逃渐成趋势，李昪显然看到这是个机会，于是下诰安抚人心：

其向风面内者，有司计口给食。愿耕植者，授之土田。

意思是说，凡是愿意成为南唐子民的百姓，就应该有口饭吃，愿意种地的，就可以分块地给他们。这个政策几乎立刻促进了社会安定，吸引了大批劳动力，解决了难民问题。考虑当时人口稀少，耕者有其田，并不是很难做到，南唐境内的土地，因此得到了更充分开发利用，很好地促进了当时的农业生产。大家都知道，在农耕社会，农业是根本，治本于农，务兹稼穑。农业好了，经济自然就发展了，南京的繁华也在情理之中。

和平的重要性，在南唐身上得到充分体现，看一看五代十国时的北方，五十三年中居然换了五个朝代，平均十年换次国号，有十五个人过了一把皇帝瘾，平均每人只能享国三年。其中有七个人是通过篡位方式，有五位是杀掉了自己父兄。五代十国与三四百年前的南北朝非常相似，宫廷之内，充满了血腥。北方那么混乱，生活在中原地区的老百姓极度不幸，什么叫乱世，当时就是真正的乱世，生不如死。

虽然已过去了三四百年，历史的阴影还在，那些恐怖故事，仍然让南京人记忆犹新。永嘉之乱造成了中原人口锐减，十室九空，平民百姓饱受亡国之罪，除了南逃这条活路，留在北方的汉人，不是战死，就是惨遭蹂躏。男人当奴隶累死，女人晚上被虐待白天被当作军粮。有记载说胡人喜欢吃人肉，军队中常有一大群女子，被称为“两脚羊”。

这个岁月，同样也不是简单的一个战乱就能解释清楚，有谁分得清鲜卑匈奴氐族，有谁能弄明白慕容鲜卑拓跋鲜卑陇右鲜卑。还有那些令人眼花缭乱的国号，前秦后秦，前汉后汉，前赵后赵，东魏西魏，有一个北魏却找不到南魏。

南唐并不尚武，经过南北朝和隋唐的时间洗刷，南京人身上早没有了吴人的血性。南京市民忍辱负重，爱好和平，作为帝王的李昪也不喜欢打仗。对周边国家，总是能找到不需要开战的理由，西边有楚国，南边是南汉和闽。吴越国在东边，与南唐以苏锡常为界。吴和越本是一家，现在一分为二，变成两个国家，不打仗当然不是因为友好，而是一直不怎么友好，很不友好。南唐最后被宋朝所灭，吴越国是非常残暴的帮凶，当时伤害南京老百姓最厉害的，不是宋军，而是倾举国之兵，直接参战夹击南唐的吴越军队。

南唐前后有过三个皇帝，烈祖李昪，中主李璟，后主李煜。“以厌兵之俗，当用武之世”，如果说当时的南京还有什么可以炫耀，那么就是有过一段相对和平的环境，有过比较发达的经济建设，以及非常繁荣的文化。以文明程度而言，当时南京，应该是中国境内最先进的城市，经济和文化的发达程度，都足以成为城市建设楷模。南京人安居乐业，如果没有战争，大家的日子过得挺好。

自唐朝的安史之乱，武人干政成为常态，这也是北方政权激烈动荡的根本原因。南唐的基本国策是以守为攻，除了中主李璟打过几仗，能够写进历史的武功几乎没有。与它的邻国吴越国一样，南京对北方一直小心翼翼，忍让忍让再忍让。南唐对武人干政的限制，广用儒吏，无疑是一种社会进步。文官政治在战争中也许不合时宜，但是治理一个国家，管理一座城市，显然要比武人专业得多。

以杭州为都的吴越国比南唐小，一直担心自己会被吞并，因此它一直是北方王朝的保护国。与吴越开战，意味着向强大的北方宣战，这是南唐无法承受的严重后果。事实就是，无论南唐还是吴越，都不是北方朝廷的对手，吴越的策略是傍大款抱大腿，它以一个东南小国自居，不管北方五代是哪一代，谁称霸就跟谁结盟，谁膀子粗壮就受谁保护。南唐则多少还背着一些包袱，还要忍不住唱几句“恢拓境土”收复失地的高调，很快这高调也不敢再唱，因为根本就没那个能耐，南唐只擅于文治，无力武功。

公元955年开始，短短几年之内，北方的后周三度入侵南唐，南唐始终被动挨打。寿州一战，周世宗柴荣御驾亲征，周军势如破竹，攻占泗州濠州楚州，南唐军一溃千里，淮河水军全军覆没。李璟没办法，上表柴荣自请传位太子李煜，并请划江为界。打不过人家只好服输，南唐尽献江北之地，包括淮南十四州及鄂州在江北的两个县。

南唐的灭国也是迟早的事，后人坐着说话不腰疼，义正词严地指责南唐的投降主义路线。历史总是由胜利者来撰写，人们也习惯了以成败论英雄，胜利者怎么都是对的，失败者怎么都是错的。南唐重视经济，重视文化，因为失败，很可能就是功不抵过。历史上因为穷兵黩武造成亡国的例子更多，但是大家还是坚持认为，投降主义和软弱才是亡国之原罪。如果不投降，便会怎么样的空洞假设，千百年来一直在人们口头流传，同时还被不断地写进书本。

问君能有几多愁，恰似一江春水向东流。失败就是失败，亡国当然是有原因，然而有时候，也没有什么太了不得的理由。光有 GDP 显然也没用，整体军事实力不如人家，落后就要挨打，这是天经地义，这是硬道理。无可奈何花落去，历史不会以人的意志为转移，不是想分裂就分裂，想统一就统一。

“皇天眷佑，锡祚于唐”，南唐应运而生，应运而亡。反正结局就这样，时也运也，南京的历史上，此前并不缺乏亡国之君，已经有过一位孙后主，有过一位陈后主，到了南唐，再出现一位李后主，应该也不能算是什么太大的意外。

第六章 旧时燕子傍谁飞

01. 卧榻之侧

02. 辛弃疾登建康赏心亭

03.《景定建康志》

04. 蒙古达达来了

01 卧榻之侧

雕栏玉砌应犹在，只是朱颜改，南唐又一次亡国了，南京又一次成了亡国之都。亡国成为南京不断演奏的主旋律，成为这个城市的笑柄。有一点文化的人，都会知道南京有个李后主，都读过他的诗词。李煜是标准的南京人，生于此，长于此，而且还特地挑选了个好日子，才从娘胎里跑出来。李煜出生的那年，爷爷李昇在南京当了皇帝，他出生的那天，据说正好是七夕。

李煜如果不当皇帝，可以是个非常不错的文化人，应该去当文化部长。墓志铭上吹捧他“天骨秀颖，神气清粹，言动有则，容止可观，精究六经，旁综百氏”，“以厌兵之俗，当用武之世”。俗话说皇帝是假的，福气才是真的，本来皇位与他没什么关系，虽然也是生在帝王家，因为排行老六，为避免长兄太子李弘冀的猜忌，李煜醉心经籍，不问政事，自号“钟峰隐者”和“莲峰居士”，以此表明自己无意争位。

偏偏造化弄人，到最后，长兄太子死了，比自己大的几位哥哥也不在了，李煜还是不得不当皇帝。想不当都不行，他爹李璟把一个烂摊子，交到了这个文绉绉的儿子手上，如果南京人对南唐的这段历史，还有点记忆的话，那么能够记住的，大约也就李煜的诗词和他的亡国之耻。

一个不想当皇帝的人，最后当了皇帝。一个不会打仗的皇帝，又处在一个必须要打仗的年代。李煜的诗词，达到了艺术最高境界，南京人的有文化，竟然充分体现在一位失意和失败的君王身上。清代词人周济很喜欢李煜，评价他的词时曾说：

> 李后主词如生马驹，不受控捉。毛嫱西施，天下美妇人也。严妆佳，淡妆亦佳，粗服乱头，不掩国色。飞卿，严妆也；端己，淡妆也；后主则粗服乱头矣。

毛嫱和西施是中国古代的两大美女，这两位美女天生丽质，化妆好看，不化妆也好看，粗服乱头仍然好看。所谓毛施淑姿，工颦妍笑。温庭筠字飞卿，韦庄字端己，这两位晚唐最著名的词人，词坛地位很高，周济评价他们的作品，认为温庭筠是浓妆艳抹，韦庄是薄施脂粉，李后主则是清水出芙蓉，天然去雕饰，不需要任何打扮。

李后主的词是南京人永恒的骄傲，有很多伟大诗人写过南京，只有李煜才是真正土生土长的南京人。春花秋月何时了，往事知多少，在李煜的诗词中，流露出来的不只是一个亡国之君感慨，同时也是南京人对于历史的叹息。

李煜这个皇帝当得很窝囊，从他爹开始，南唐就已经不太像话，已经开始奉北方为正朔，苟安江南一隅。他们不得不降制示尊，给自己降格，不敢再公开称帝，而是把南唐当作宋朝的附属国，定位为中原王朝的诸侯。公元 971 年 10 月，宋太祖赵匡胤灭南汉，屯兵汉阳，李煜非常恐惧，主动除去唐号，改称“江南国主”。于是他爹李璟便成了“中主”，李煜最后亡了国，自然就是“后主”。

李煜内心一直不太愿意承认宋之属国的身份，在南京宫殿中，仍然身着黄袍，所有规制仍然沿用帝王的那一套。当然，他心里也清楚，南唐当年不是后周的对手，现在更不可能与宋朝对抗，每当北方的宋朝要来使者，他都得赶紧脱下龙袍换上紫袍，以免让宋使看出自己的不臣之心。李煜的爹李璟当皇帝，虽然也开始臣服后周，金陵台殿还有帝王象征的鸱吻，那是一种装饰殿脊的兽头。到了李煜做皇帝，宋朝使者到来前，必须先撤去，等使者走后再复原。

“生于深宫之中，长于妇人之手”的李煜，生性柔弱，却又难免有点小孩子气。其实早在继承皇位之初，李煜就不甘心于自己的诸侯地位，他居然忘乎所以，在南京的御宫门前立了金鸡，并降诏大赦天下，这些礼仪属于天子登基之规格，实属唐突。消息传至汴梁，宋太祖勃然大怒，厉声责问驻汴梁的南唐使臣陆昭符，陆连忙为书呆子李煜开脱，说那绝不是什么金鸡，只不过是一只怪鸟罢了。

附属国的角色并不好扮演，南唐不得不放弃大唐的国尊，谨慎事宋，向宋朝进贡，一次次地前去祝寿和请安，还涎着脸去“买宴”，就是专门派人去宋朝的京城开封请客喝酒送礼，开后门拉关系。《续资治通鉴长编》上便有记录，譬如建隆元年正月庚申，也就是公元960年，就清清楚楚地写着，“唐主遣其子蒋国公与大臣冯延鲁来买宴”。开宝七年，也就是974年，“江南国主遣其弟江国公从镒、水部郎中龚慎修重币入贡且买宴”。

不知道南京的老百姓，想到他们的皇帝如此屈尊，真金白银地到北方去请客买宴，会是什么样的感觉。重文轻武已经成了当时南京人的思维定式，李煜很重视选拔人才，他非常看重科举，直至南唐亡国的开宝八年二月，还举行了最后一次科举考试。天有不测风云，当年那些考上或没考上的读书人，面对突然而至的亡国，又不知道会有如何感想。

南唐国弱，面对越来越强大的宋朝，只能被动防守，苦苦哀求，哀求没用，就坚壁清野固守城池，希望能够用这个办法拖垮长途奔袭的宋军。南京城最后被围了将近一年才被攻下来，这已经很不容易。居民无法出城，“城中米斗万钱，人病足弱，死者相枕藉”。南唐军民士气低下，宋将曹彬再三致书劝降李煜，均被拒绝。李煜不降，围城日久，宋军中已生不满情绪，曹彬担心进城后，军队掳掠烧杀之事难以约束，于是心生一计：

彬忽称疾不视事，诸将皆来问疾。彬曰：“某之疾非药石所能愈，惟须诸君诚心自誓，以克城之日，不妄杀一人，则自愈矣。”诸将许诺，共焚香为誓。明日，彬即称愈。

宋军与吴越军发起总攻，南京城被攻破。曹彬率领军队进城，李煜奉表纳降，与群臣迎拜于宫门。曹彬使人高呼：“曹将军甲胄在身，受拜不敢答。”因为进城前的约定，南唐士民受保全者不少。城破后，曹彬又下令大搜军中，令不得藏匿民间妇女。然而对于吴越军队，他的禁令似乎失去作用。作为帮凶的吴越兵大开杀戒，南京的昇元阁，即南朝时期的瓦官阁，毁于一旦，昇元阁为江南名楼之一，破城之时：

士大夫暨豪民富商之家、美女少妇避难于其上，迨数千人。越兵举火焚之，哭声动天，一旦而烬。

就是那句话，天下大势分久必合。统一的大趋势，谁也阻挡不了，天下归宋，似乎已经是注定的事。五代十国这段历史注定要结束，宋太祖赵匡胤按部就班，采用了假途灭虢之计，首先灭亡了南平和楚，又灭亡后蜀，灭亡南汉，然后就是南唐，再然后便是随手拿下吴越国。

作为消灭南唐的帮凶，吴越国很快也就不复存在，南唐的亡国之日，差不多就是它的灭亡之时。为了一统天下，宋太祖可以说用心良苦，规划远大，他不仅将南方和北方成为一家，完成了统一大业，还专门设立一个金库，用来储蓄钱财和布匹，希望日后能够从辽国的契丹人手中，赎买被石敬瑭出卖的燕云十六州。

不管怎么说，南唐这一页就算翻了过去，南京人接受也好，不接受也好，首都京城的地位肯定是没了。这一切与当年隋朝灭陈几乎完全一样，“最是仓皇辞庙日”，李煜作为俘虏，只能在“教坊犹奏别离歌”的音乐声中，垂泪对宫娥，凄凄惨惨地离去。四十年来家国，三千里地山河，凤阁龙楼连霄汉，玉树琼枝作烟萝，说完就完，说没了就没了。

卧榻之侧，岂容他人酣睡，还是那句套话，统一毕竟是件好事，统一起码可以减少内战，统一了也就安稳了。人生总是会有一些胜利者，总是会有一些失败者，谁最后来完成这个统一也无所谓。南京人又一次接受亡国的现实，混乱照例是避免不了。根据记载，入城的宋军纪律还算严明，趁火打劫的吴越军就完全不一样，他们从东面冲了进来，烧杀抢掳，不光彩的事情做了不少，给南京人留下了很沉痛的记忆。

当然，历史书是后人写的，通常又是站在成功者的立场上，宋军是不是真不拿群众一针一线，很难说。把过错推到吴越国军队身上，也在情理之中，毕竟南京人更恨帮凶。唇亡齿寒，兔死狐悲，远亲不如近邻，这些话从来都是说说而已，远交近攻，趁火打劫，落井下石，才是国与国之间交往的常态。南京的富户遭到无情地清洗，人被杀，房屋被烧，财物被抢走，一千多年前越王卧薪尝胆的故事，仿佛又在南京街头重演了一遍。

李煜曾一再表示，一旦南京城亡，将在事先准备好的柴薪上，与自己所藏的名画宝物，一同化为灰烬，以谢列祖列宗，“自言若社稷失守，则尽室赴火死”。李后主精于鉴赏，好文物，宫中所藏非常丰富，图书画帖数以万卷，法帖如钟繇王羲之真迹，皆印有“内殿图书”字样，或者是“建业文房之宝”和“集贤殿书院”印章，签名盖印，题诗作跋，宋军即将攻陷金陵，李煜便关照宝仪黄氏：

此皆吾宝惜，城若不守，尔可焚之，无使散逸。

不知道宝仪是个什么样的角色，大约是掌管文物的女官，而且跟李煜也有过一腿，宋朝陈彭年《江南别录》上说李后主妙于笔札，好求古迹，城将陷，“谓所幸宝仪黄氏曰”，这里的“所幸”二字，不会平白无故。根据李煜的这道命令，南京城破后，黄氏依旨将宫藏书画焚烧殆尽。

李后主是个性情中人，一个眼睛重瞳，当皇帝实属勉强，南唐在他手上，还能够偏安十五年，已经很不容易。李煜为政重仁慈宽刑罚，轻易不肯多杀一个人，每遇到死刑论决，总是希望能少杀几个人，遇到不得不杀的，忍不住就要流眼泪。陆游《南唐书·后主本纪》上说，李煜曾亲自跑到大理寺，参与判案。中书侍郎韩熙载觉得这样不对，坏了规矩，于是便上奏，说狱讼这种事，自有刑狱掌管，非皇上所宜驾临，因此请求罚内库钱三百万以资国用。

这充分说明李煜的开明，不开明，臣下不敢这么说，更不敢罚皇帝的款。当然这话说了也还是白说，他也不可能听进去，然而也没有为这事发怒，觉得自己下不了台。李后主最后死在北方，消息传到南京，江南父老感到很伤心，皇上虽然无能，文弱，书生气十足，毕竟还不是一个坏皇帝。

传说李煜生于七夕，死于七夕，说法很多，各路记载互相矛盾，既不可信，也不靠谱。当时撰写的两块墓志铭，言之凿凿，应该是铁板钉钉，可惜生卒日期已不一样。反正李煜只活了四十二岁，这个没有疑问。至于他是不是被牵机药毒死，他的心爱的小周后，是不是被宋太祖的弟弟宋太宗强幸，正史上当然没有写，野史上的演义，也千万不能太当真。南京人只是怀念李后主，觉得太可惜，可是光怀念他的仁慈，光觉得可惜，又能有什么用呢，历史永远属于胜利者，失败者还能被怀念，已经相当不错。

表面上看，宋灭南唐，与隋灭陈十分相似，都是把南京的皇帝抓到北方去，都是南京作为京城的地位从此不再。然而对城市的破坏程度，却完全不可同日而语，宋太祖没有像隋文帝那样，下达命令把南京从地球上抹去。在对待所谓的金陵王气上，无论是宋太祖，还是宋太宗，都比隋文帝更大度，更开明。与隋唐不一样，宋朝时期并没有过度地打压南京，相反，它其实非常重视这个城市。

北宋时期南京的地位，和南唐相比虽然有所下降，仍然还是东南地区的最重要城市。公元976年，北宋改江宁府为昇州，辖上元，江宁，句容，溧水，溧阳五县。当时的昇州是路一级的治所，行政级别高于通常的州，除了掌管州的民事和军事，还管理着江南诸州的水陆转运。据《宋史·地理志》记载，北宋平定江南后，改江宁府为昇州节度，节度州是宋代州中最高军事等级，相当于特大军区。

公元1018年，宋真宗又改昇州为江宁府，并置建康军，同时封皇子赵祯为昇王，兼江宁知府和建康军节度使。赵祯就是后来的宋仁宗，因为江宁府为他当昇王的封地，江宁府又称为“昇国”。嘉祐四年，也就是1059年，翰林学士胡宿对宋仁宗进言：

昔陛下建国于昇，犹列次国，非所以重始封之地，宜进昇为大国，而与晋皆无得封。

意思是说，皇上你可是从南京这个城市出发登上皇位，南京的地位因此就应该特殊对待。宋仁宗即位后，听从胡的建议，以昇州为“大国”，不再封与他人。因为这里是宋仁宗称帝前的封地，地位特殊，所谓龙兴之地，岂容他人染指。宋仁宗非常重视南京，常派亲信大臣出任江宁知府，如包拯包青天和王钦若。

不只宋仁宗如此，宋朝的其他几位皇帝，对南京同样是关注有加。任用的官员地位日渐提升，王安石就曾三次出任江宁知府，两次从江宁调任，到首都汴京担当宰相，由此可见在北宋，江宁知府一职，还是相当重要，炙手可热，譬如同样是几次出任宰相的王钦若，就也当过江宁知府。在当时地方官员中，江宁知府是个很优质的美差，如果你在当时的宋朝南京应天府做官，这个南京应天府是今天的河南商丘，不是明朝的南京应天府，调到江宁府来当官，还属于“优安近便之任”，而从江宁府调往广州去做官，便已经是发配和贬职了。

02 辛弃疾登建康赏心亭

宋朝初期的南京，与南唐也没什么太大区别，老百姓还是老百姓，当官的依然当官。阶级差异依然存在，民族矛盾完全没有。宋灭了南唐，共“得州十九，军三，县一百有八，户六十五万五千六十有五”。众臣拍马屁称赞，恭贺大宋一统天下，宋太祖赵匡胤却流着泪说：

> 宇县分割，民受其祸，思布声教以抚养之。攻城之际，必有横罹锋刃者，此实可哀也。

为了稳定江南，安抚百姓，宋灭南唐以后，立即采取了一些措施，如“诏出米十万石，赈城中饥民”，又免除税役两年，放免军人俘获生口，使得遭受战乱的江南大体安定下来，《续资治通鉴长编·卷十六》上有这样的记载：

> 赦江南管内州县常赦所不原者，伪署文武官吏见厘务者，并仍其旧。曾经兵戈处，百姓给复二年，不经兵戈处，给复一年。诸色人及僧道被驱率为兵者，给牒听自便。令诸州条析旧政，赋敛烦重者，蠲除之。军人俘获生口，年七岁以上，官给绢五匹赎还其家，七岁以下即还之。

解释几句，所谓“常赦所不原”，就是性质特别严重不能赦免的罪犯，“厘务”是政事，“给复”是免除赋税徭役。宋朝的形象与南唐很像，北宋就是个大号的南唐，南宋与南唐几乎差不多，说得直白一些，就是崇文抑武，就是文气，就是文弱，越来越有文化，越来越孱弱。当然这是个两难之选，文弱和武强往往相对。宋太祖赵匡胤“杯酒释兵权”，不管是段子，还是确有史实，选择解除兵权也是迫不得已。

唐朝藩镇割据的教训实在太大，太惨重，手下将领一旦握有太大兵权，朝廷的日子必然会不好过。隋唐时期，朝廷曾把注意力放在防范南京的“金陵王气”上，事实却证明，一旦藩镇形成，到处都可能有不安定的王气，到处都可能造反，到处都可能玩黄袍加身。因此宋朝最初采取的办法，是“强干弱枝之术”，就是兵权完全集中在皇家手里，有意“萃精锐于京师”，“收四方劲兵，列营京畿，以备宿卫”。

加强中央集权的同时，宋朝还刻意削减地方武装。“江淮诸郡毁城隍，收兵甲，撤武备者三十余年”，“江南诸州民家不得私蓄弓剑、甲铠，违者按其罪”。各州都是文官当政，谁要敢私藏武器，就是犯错。这样一来，中央绝对地强大了，在宋朝初年，天下太平无事，也可以算是一个行之有效的办法。

到后来就成为问题，割据危险暂时没有了，因为城防武备几乎不存在，不要说防止外患，有时候连盗贼都快对付不了。因此，在历史文化叙述中，喜欢说元朝的时候，蒙古人害怕汉人反抗，搜缴民间武器，几家合用一把菜刀，其实是弄错了朝代。蒙古人强悍，英勇善战，他们才不怕你有什么武器。又好比美国人可以合法拥有枪支，只是为了自卫，枪杆子里弄不出什么政权来。

北宋南宋，最大的痛就是外患。如果没有外患，宋朝显然还是非常不错的一个朝代，陈寅恪先生为邓广铭先生《宋史职官志考证》作序，说到宋朝，情绪有点激动和悲愤：

> 华夏民族之文化，历数千载之演进，造极于赵宋之世。后渐衰微，终必复振。譬诸冬季之树木，虽已凋落，而本根未死，阳春气暖，萌芽日长，及至盛夏，枝叶扶疏，亭亭如车盖，又可庇荫百十人矣。

宋朝不只是一个不错的时代，而且是一个文化上非常伟大的时代。宋时的南京，首先是人口大增。人口增长是一个城市繁荣发展的重要标志，是不是首都，是不是有城市地位，对南京人来说，根本不重要。重要的是太平，是安居乐业。王朝兴亡人生如梦，亡国的原因，无非内乱和外患。所谓亡于内乱，或者是底层民众造反，也就是通常说的农民起义，或者是高层篡权，宫廷政变玩禅让的把戏，相对而言，宋朝还真没有什么太大的内乱。

所谓亡于外患，最好的例子就是宋朝，自秦朝开始，只有宋朝二度倾覆，都是因为最直截了当的外患，北宋亡于金人之手，南宋亡于元朝铁骑。对于当时的南京人来说，如果南唐多少有点东晋南渡，那么南宋就是又一次不折不扣的衣冠过江。

南唐时，在南京已经聚集了不少优秀的北方人，譬如韩熙载，史书上说他高才博学，又精音律，善书画，颇有文名，求其为文章碑表者甚多。相传韩熙载因为是北人，没有得到朝廷重用，李煜刚当皇帝，猜忌心颇重，韩熙载为逃避猜疑，故意纵情声色。李煜派画家顾闳中潜入韩家，仔细观察韩的所作所为，把他的生活画出来。这幅画现在依然保留完好，珍藏在故宫博物院，名为《韩熙载夜宴图》。

到了南宋时期的南京，南来的北方优秀人才就更多了，举不胜举，几乎有名有姓的重要人物，都和南京发生过关系。同时，这个城市的重要性也开始进一步提升，首先是作为京城的备选。靖康二年，也就是公元1127年，金兵攻占北宋都城汴京，俘虏了徽钦二帝，这年五月，康王赵构在河南商丘称帝，第二年五月，宋高宗逃至江宁府，驻跸神霄宫。

又过一年，还是五月，诏改江宁府为建康府，仍辖上元，江宁，句容，溧水，溧阳五县。其中上元和江宁县为次赤县，亦称畿县，成为仅次于赤县级别的县。长夜难明赤县天，大家都知道，中国又名曰赤县神州，因此广义的赤县等同神州。狭义的赤县仅指天子直辖之地，即所谓的京畿，“京畿赤县，密迩都城”。南京的上元和江宁级别都提高了，其他的句容县，溧水县和溧阳县为次畿县，即次于畿县。

因为是战时状态，建康府知府既是江南东路的行政和军事长官，又兼行宫留守和兵马都督。知府办公的机构在南唐故宫，建炎三年高宗巡幸至此，改府为行宫，建康府的办公机构，迁至饮虹桥保宁坊的保宁寺僧舍。根据《南京通史·隋唐五代宋元卷》上的记载，公元1133年，南京建康府的办公机构，迁到原来转运司的衙门，此后的行宫留守，制置使，安抚使，宣抚使，兵马都督都在这里办公。具体的地点，应该是在旧办公机构建康行宫的东南，西邻南唐御街，北沿青溪，即今内桥东南，中华路以东，东锦绣坊巷和慧园街以北的王府园小区一带。

所有人都以为南京会再次成为首都，然而出乎大家的意料，宋高宗最后并没有选择南京作为他的京城，建康城只是他的“留都”。多少年来，这件事一直成为一个话题。话题一，不选择南京，说明他胆小，这里离江边太近，紧挨着前线，害怕金兵会冲过来抓他。话题二，因为没有选择南京，避开了南京短命王朝的魔咒。南宋共传五世九帝，享国一百五十三年，远远长于南京的六朝各代和南唐。

北宋在文化上是高峰，南宋也一点不弱，双峰并峙群星闪耀。说当时的南京是个文化重镇，绝对没什么大错。南宋初期的基调就是亡国感伤，不断地有人在这里高喊着要收复失地，要洗雪靖康之耻。当时在南京城西边，有一个重建于北宋的赏心亭，说是重建，因为最初建于什么年代，说不清楚。赏心亭在旧时曾“为金陵第一胜概”，《景定建康志》说：“赏心亭在下水门之城上，下临秦淮，尽观览之胜。”历代诗人词家登赏心亭，吟咏者不计其数，可惜到了元末明初，此亭被毁，遗迹已荡然无存。

早在北宋元丰年间，苏东坡自黄州移汝州过金陵，填了一首词，前面还有一段很长的小引，“金陵赏心亭送王胜之龙图，王守金陵，视事一日移南都”：

千古龙蟠并虎踞，从公一吊兴亡处。渺渺斜风吹细雨，芳草渡，江南父老留公住。

公驾飞车凌彩雾，红鸾骖乘青鸾驭。却讶此洲名白鹭，非吾侣，翩然欲下还飞去。

宋朝的南京赏心亭，无论北宋南宋，都是著名的宴客和送别之所。这地方，与东晋时的新亭对泣，几乎异曲同工，既是日常生活中登高望远的一个风景点，同时也给了文化人借题发挥的机会。北宋时，赏心亭留下的诗歌，与隋唐十分相似，都是感慨前朝往事，叹惜六朝兴亡，至多也不过是带一笔南唐。苏东坡是这样，王安石的《次韵舍弟赏心亭即事二首・其二》也是这样：

霸气消磨不复存，旧朝台殿只空村。

孤城倚薄青天近，细雨侵凌白日昏。
稍觉野云成晚霁，却疑山月是朝暾。
此时江海无穷兴，醒客忘言醉客喧。

还有米芾的《赏心亭晚望》：

晴新山色黛，风纵芦花雪。
尽日倚雕栏，寒霄低细月。

还有梅尧臣的《金陵与张十二传师赏心亭饮》：

但嗟识君迟，不恨春风恶。
风恶舟未前，置酒共谈谑。
渔歌还浦头，斜日下洲角。
明朝渡江去，相望便成昨。

还有郭祥正的《金陵赏心亭》：

秦淮青城几百尺，城上高亭望无极。
南还北去千万艘，人生何苦恋惊涛。
百年易得变尘土，后世视今今视古。
此间风月最为多，莫辞把酒呈高歌。
前朝宫苑荒烟在，乐极悲来亦奈何。

还有王琪的《金陵赏心亭》：

千里秦淮在玉壶，江山清丽壮吴都。
昔人已化辽天鹤，旧画难寻卧雪图。
冉冉流年去京国，萧萧华发老江湖。
残蝉不会登临意，又噪西风入座隅。

北宋诗人没有亡国的切身之痛，他们到了南京，这些同题的诗歌，写得再好，也还是觉得浮浅，免不了隔靴搔痒。到了南宋就大不一样，这时候，中国北方的大片领土沦亡，声音开始铿锵，沉痛，悲愤，譬如陆游的诗《登赏心亭》：

蜀栈秦关岁月遒，今年乘兴却东游。
全家稳下黄牛峡，半醉来寻白鹭洲。
黯黯江云瓜步雨，萧萧木叶石城秋。
孤臣老抱忧时意，欲请迁都涕已流。

陆游说的迁都，是说南宋不应该在杭州定都。暖风熏得游人醉，直把杭州作汴州，在杭州定都显然不利于抗金。应该把首都迁到南京来，借助金陵之王气，北伐中原，收复失地。他上书朝廷，强调“江左自吴以来，未有舍建康他都者”。选择临安，也就是杭州，只能是权宜之计。纵横草疏论迁都，然而宋高宗并没有听他这个书呆子的话，不愿意纸上谈兵，因此陆游至死都耿耿于怀，只能交代儿子，“王师北定中原日，家祭无忘告乃翁”。

说到南宋诗歌，常常会使用一个词，就是爱国诗人。南宋诗人尤其南宋初期的诗人，爱国几乎是个关键词，绝对的主旋律。1168 年，中国最好的词人辛弃疾来到了南京，他被任命为建康府通判，一个并不是很大的官，属于中央特派员下放到地方，负有监察职权，与地方行政长官形成制衡。这时候的南京，已是长江下游的重要战略据点，既有行宫留守，又有军马钱粮总领所。当时的行宫留守史正志，军马钱粮总领叶衡，都是非常显赫的人物，都是坚定不移的主战派。

辛弃疾也是坚定不移的主战派，与史正志和叶衡志同道合，常在一起坐而论道，共谈收复北方大计，畅想北伐前景。史正志字致道，辛弃疾为他写了一首《念奴娇·登建康赏心亭呈史留守致道》，表达自己的感慨：

我来吊古，上危楼，赢得闲愁千斛。虎踞龙蟠何处是？只有兴亡满目。柳外斜阳，水边归鸟，陇上吹乔木。片帆西去，一声谁喷霜竹？

却忆安石风流，东山岁晚，泪落哀筝曲。儿辈功名都付与，长日惟消棋局。宝镜难寻，碧云将暮，谁劝杯中绿？江头风怒，朝来波浪翻屋。

辛弃疾为叶衡写了一首《菩萨蛮·金陵赏心亭为叶丞相赋》：

青山欲共高人语，联翩万马来无数。烟雨却低回，望来终不来。

人言头上发，总向愁中白。拍手笑沙鸥，一身都是愁。

当然，最有名的还是下面这首《水龙吟·登建康赏心亭》，可以说是千古绝唱：

楚天千里清秋，水随天去秋无际。遥岑远目，献愁供恨，玉簪螺髻。落日楼头，断鸿声里，江南游子。把吴钩看了，栏杆拍遍，无人会，登临意。

休说鲈鱼堪脍，尽西风，季鹰归未？求田问舍，怕应羞见，刘郎才气。可惜流年，忧愁风雨，树犹如此。倩何人唤取，红巾翠袖，揾英雄泪！

这首词，写到了当时的南京风景。壮士失意，登高望远，故国晚秋，情景交融，叶嘉莹先生解释这首词时曾说过，中国文化里有个“秋士易感”传统，看到草木萧条，就会联想到生命落空的悲哀。她认为辛词有盘旋沉郁之姿，他的愁恨悲慨，都像是咬着牙说出来的，豪放词人必须写得像辛弃疾这样，才算是真正的好，才算是不空洞，才算是言之有物。

叶嘉莹特别欣赏把吴钩看了的“看了”二字，落日楼头是景，断鸿声里是声，江南游子是人，吴钩是物，是用来杀敌的宝刀，也可以比喻一个人的才干和本领，可惜报国无门，栏杆拍遍，还是没有建功立业的机会。

南宋初年的南京，到处都是渴望收复失地而不能的痛苦，还有长使英雄泪满襟的失望。这仿佛是当年南京建康赏心亭上拍摄的一段视频，画面清晰而生动，只有读明白了这首《水龙吟》，大家才能真正地了解辛弃疾，才能真正地理解北方沦陷后，在留都南京街头涌动的那股激烈抗金情绪。

03《景定建康志》

赵氏宋朝在文化上非常出色，却犯了两次致命的错误，一是在北宋末年，联金抗辽，结果契丹人的大辽被消灭，大金崛起，顺便也把北宋给灭了。二是南宋末年，联合蒙古人的元抗金，金很快灭亡，南宋也彻底完蛋。这两个错误如出一辙，俗话说，人不能两次踏进同一条河，不能在同一个地方摔两次跟头，然而大宋王朝就是这样天真和幼稚。

天底下有很多事情，确实难以预料，历史发展并不以人的意志为转移，宋人“兴文教，抑武事”，崇文轻武，文臣治国，有时候会显得书呆子气十足。如果辽不灭，北宋在北方就有一个巨大的缓冲地带，金不亡，南宋也是一样。引狼入室，唇亡齿寒，北方的保护屏障没有了，接下来只能是害人害己。事实上，尽管宋朝两次遭受异族入侵，南京在整个宋朝期间，社会生活都显得相对平静，一方面，与没有什么严重的内乱有关，另一方面，也与宋朝的重视文化有关。

经历了数百年的变迁，经历了六朝和南唐，南京人变得越来越文气，越来越善于在和平环境中生存发展。北宋词人张昇曾写过一首词《离亭燕》，描绘当时江宁府的繁荣：

> 一带江山如画，风物向秋潇洒。水浸碧天何处断？霁色冷光相射。蓼屿荻花洲，掩映竹篱茅舍。
>
> 云际客帆高挂，烟外酒旗低亚。多少六朝兴废事，尽入渔樵闲话。怅望倚层楼，寒日无言西下。

王安石的《钟山晚步》，写了自己晚年在南京安逸的隐居生活：

> 小雨轻风落楝花，细红如雪点平沙。
>
> 槿篱竹屋江村路，时见宜城卖酒家。

北宋时期的南京，比较荒唐的一件事，就是把玄武湖给填了。王安石做江宁知府，以粮为纲，他的治湖方案竟然是“废湖为田”，将湖面统统变成良田。历史上的玄武湖与杭州西湖相比，不知道要大出多少倍，它与长江直接联在一起，今天已无法想象它的水面有多辽阔。六朝时期，帝王湖上检阅水军，桅樯林立旌旗蔽日，楼舰五百雄兵十万，鼓角声震天动地。玄武湖因此消失了二百多年，经过后来元朝的两次疏浚，才重新在南京的版图上出现，湖水面积当然就有点惨不忍睹，浩瀚二字再也说不上。

王安石与南京很有缘，他显然特别喜欢这个地方，除了在此地三任知府，少年时代便在南京生活过。他父亲在这当官，父母兄弟包括他自己，死后也都葬在江宁。王安石在南京前后二十多年，公元 1084 年，苏东坡来南京，“日与公游，尽论古昔文字，闲即俱味禅说”。这时候的王安石，已退出政坛，像个离休老干部那样隐居在东郊的半山园，过去因为政见不同，两人关系有点僵，现在都是下台的官员，都不太得志，于是冰释前嫌，颇有点相见恨晚，王安石对苏东坡评价很高，感慨说：

“不知更几百年，方有如此人物。”

《苕溪渔隐丛话前集》收了潘子真的《诗话》，其中还有这样一段文字，记录了王安石希望苏东坡像自己一样，能在南京定居，在这买房子买地养老，成为他的邻居：

> 东坡得请宜兴，道过钟山，见荆公，时公病方愈，令坡诵近作，因为手写一通以为赠；复自诵诗，俾坡书以赠己，仍约坡卜居秦淮。故坡和公诗云：骑驴渺渺入荒陂，想见先生未病时。劝我试求三亩宅，从公已觉十年迟。

事实上，即便到了南宋，南京市民的安逸生活，也没有太大改变。南京的名称，再次由江宁改为建康，建康府是陪京和留都，南京繁华与否，只要浏览一下当时的秦淮河风光，便可以知道大概。乾道五年，也就是 1169 年的冬日，建康府重修了镇淮和饮虹二桥，这两座桥横跨秦淮河，地理位置非常重要：

> 自江淮吴蜀，游民行商，分屯之旅，假道之宾客，杂沓旁午，肩摩毂击，穷日夜不止。

与唐朝相比，宋朝远没有盛唐的强盛，具体到南京这座城市，无论北宋或是南宋，都要比隋唐时期安定得多，也繁华得多。当时的南京，所谓“罗绮一城，富六朝之风物；弦歌千里，绵万世之衣冠”。

南宋时期，南京人感到最大的不光彩，不是经济不够富裕，也不是人物不够优秀，而是这里出了一个秦桧。历史上，南京专门出亡国皇帝，这似乎还不够丢人，竟然又出了一个害怕打仗，只知道投降的宰相。秦桧是地道的南京人，少年时期在这里读书，科举中了进士，步入仕途。他曾经两次入相，是主和派的代表人物，著名的投降派，被列入《宋史·奸臣传》，臭名昭著。

北宋大观元年，也就是公元1107年，宋徽宗下令，由朝廷出面，设立了一个九域图志局，专门负责志书的编纂工作，督导各州县大修方志，开启了国家设局修方志的先例。这个传统后来一直被延续，到南宋的乾道年间，时任建康府知府的史正志出面，组织编撰了一部《乾道建康志》。这是南宋时期有关南京的第一部方志，今已亡佚，大家只能在其他的方志中见到它的影子。

史正志是当时很有名的主战派，与同样是主战的辛弃疾志同道合，他的职务是建康府知府兼江东安抚使，同时还兼任沿江水军制置使和行宫留守。在职期间，他文武双修，不仅重视建康府的城防，修造战船，修缮城墙，还设置了贡院，最初只是用于县府学考试，占地不大，应考人数亦不多。如果遇到考生突然增多，便借用僧寺举行考试，正是这个不是太大的考试场所，后来发展成为著名的江南贡院。

组织编撰地方志，向来是盛世而为的事。梁启超先生曾说过："最古之史，实为方志。"编修地方志是中国悠久的文化传统，我国的地方志源远流长，内容由简单到复杂，体例由不完备到比较完备逐渐定型化。譬如比较早的是《建康实录》，刚开始，一般都称为"记"或"图经"，譬如南朝宋的《丹阳记》和唐代的《沙洲图经》。当然，也有称为"志"的，譬如东晋《华阳国志》和唐代《元和郡县图志》，既有实录体，又有纪传体，叙事经常会有矛盾和重复之处。

到南宋时期，地方志的"志"，已经成为一种定式，《乾道建康志》则是以"志"命名的南京地区第一部官修地方志，有极大的开创性意义，所记止于乾道年间。关于此书的编纂，追根溯源，考据时间，有学者撰文做过详细考述。

南京的地方志，见于最早记载的是南朝宋山谦之所撰《丹阳记》，梁代陈代唐代均有志书，而宋代则为地方志修纂的兴盛时期，《郡斋读书志》就说：

《建康府志》十卷，《续志》十卷右帅史正志所修，而为之序，乾道五年三月也。庆元六年八月，帅吴琚续之，又为之序。

《直斋书录解题》上也说：

> 《建康府志》十卷，府帅史正志致道撰，时乾道五年。

史正志，字致道，也就是说，这本书由他所组织编撰，时间是在公元1169年的3月。前面说过，史正志编撰的《乾道建康志》只是一部佚志，已没办法见到它的全貌。研究者做过统计，现存于其他著作中的佚文，共引录《乾道建康志》二百多条，内容涉及很广，疆域，沿革，山川，田赋，风土，祠祀，城阙，文籍以及古迹等。其中有一本《至正金陵新志·祠祀志》，引录的"寺院"多达八十三条，由此可见《乾道建康志》对于寺院记录之详细，同时也说明过去的这么多年，南京的佛教香火多么旺盛。

当然，在诸多记录南京的方志中，最权威，最有影响，应该还是《景定建康志》。乾道和景定分别是南宋的年号，而再后来的《至正金陵新志》的"至正"，已是元朝的年号。在中国古代，地方志是研究城市历史的重要文献，《景定建康志》名列廿四本南京传世名著，是研究南京历史无法避开的一本书，也是最有代表性的。从时间上看，景定年间已到了南宋晚期，当时的江东安抚使并建康府知府马光祖，在《景定建康志序》中说：

> 昔忠定李公尝言："天下形胜，关中为上，建康次之。"自楚秦来，皆言王气所在。勾践城之，六朝都之，隋唐而后为州、为府、为节镇、为行台、五季僭伪覗消，实开吾宋混

一之基。南渡中兴，此为根本。章往考来，国志宜详于它郡，而乾道有旧志，庆元有续志，皆略而未备，观者病之。

马光祖所说的忠定李公，是两宋之际的抗金名臣李纲，马序说了史正志的《乾道建康志》不足，其实也就表扬《景定建康志》的所长。同时也说明，《景定建康志》与《乾道建康志》有着密切关联。这本书的编撰者周应合是在前志基础上，即根据史正志《乾道建康志》和吴琚《庆元建康续志》，重新编撰了《景定建康志》。

《景定建康志》是马光祖与周应合合作的产物，马是官，曾三任建康知府，在南京当父母官，累计十二年，“威惠并行，百废无不修举”。他被调任，“建康之民思之不已，帝闻，命……再知建康，士女相庆”，由此可见，显然是一位政声非常不错的地方长官。周应合则是马光祖的幕僚，是《景定建康志》的实际干活者，没有官方背景，编撰这样一部大规模的地方志，也不可能。事实上，这本地方志的编撰，在当时有着十分重要的现实意义，因为南宋的乾道与景定年间，相差了将近一百年，政治形势完全不一样。

景定元年，也就是1260年，蒙古人对南宋的威胁非常严重。在前一年，忽必烈所部渡过长江，包围鄂州，一时间南宋岌岌可危。幸好此时蒙哥汗去世，忽必烈为争大汗之位，撤军北返。南宋亡国的危险暂时解除，“备边御寇”，以防靖康之变重演，已经成为当务之急。南京临近长江天险，“外连江淮，内控湖海，负山带海，为东南要会之地”，宋代历朝都很重视建康的防务，守住南京就可“壮外攘夷狄之略”，“恢北定中原之规”。此时的南宋朝廷，虽然无力恢复中原，但是考虑到建康乃北面之门户，只有加固这道藩篱，才能守住南宋的半壁江山。

南京地区的重要性，促成了《景定建康志》的编撰。马光祖曾经说过，编撰此书目的，是“善有劝而恶有惩，往者过而来者续”，意思是要为当下和未来留下一份珍贵史料。事实也是这样，《景定建康志》完成不久，柔弱的南宋就令人心痛地亡国了。南宋亡国第二年，1280年，这本地方志的实际编撰者周应合也死了。

《景定建康志》是南京现存最早最完整的一部地方志，在宋代就有过刻本“合为五十卷，凡一千六百余版，印标为二十四册，外目录一册”。到了明朝末年，流传几近断绝。清朝的朱彝尊求访此书不得，后在曹雪芹的爷爷曹寅那里，借得所藏的宋本二函十二册，全帙抄录，于是便有了一个抄本，收入《四库全书》，从此开始传世。

除了朱彝尊的这个抄本，清代应该还有过三个抄本，一为清初钱谦益所藏的十二册抄本，二为黄丕烈藏有的《景定建康志》旧抄本，三为钱大昕所藏抄本。据《中国地方志联合目录》记载，钱大昕的这个抄宋本，现藏于台湾。

1990年5月，中华书局曾出版过影印本，2009年9月，南京出版社出版了四卷本的《景定建康志》，因为是新式标点，铅字印刷，非常适合读者阅读。

04 蒙古达达来了

蒙古铁骑开始横扫欧亚大陆，南京人根本不明白蒙古人是怎么回事。多少年来，抗金的口号已经根深蒂固，是南宋民众心中激荡的主旋律，大家记忆中，北宋亡于金国之手，如狼似虎的金兵，才是国家最大的敌人。因此在观念上，一是要防止金兵继续南下，要做好防范的准备，一是如果有可能，最好是能将失去的北方领土收复回来。

没想到收复北方领土这事，最后靠着蒙古人的帮助，差一点完成。南宋绍定六年，也就是公元 1233 年，南宋派江陵府副都统制孟珙，襄阳府守将江海，率领两万军队，应蒙古人之约，合围金哀宗于蔡州。第二年，蔡州城破，宋军和蒙军分别从不同方向杀进城去，历时一百二十年的金朝至此灭亡。消息传到南京城，立刻是一片欢呼之声，毕竟一百多年的仇敌被消灭了，靖康之耻终于画上句号。

宋将孟珙将金哀宗的遗骨运回杭州，也就是南宋的京城临安，放在太庙里展示，告慰那些被金兵欺侮过的先人。南宋君臣举行盛大仪式，庆祝宋金世仇的了结。得意难免忘形，举国欢庆之后，可能是被金国欺负太久，朝廷又迫不及待地想进一步扩大战果。按照南宋与蒙古国的事先约定，金被灭以后，宋军和蒙军各自撤退。原来金国占领地河南的归属，宋蒙之间并没有做出明确规定，既不属于南宋，也不属于蒙古国，河南成了事实上无人占领的空白区。

于是呢，于是就有了第二年的“端平入洛”，端平和绍定都是宋理宗的年号，因为金国灭了，兴奋过度的宋理宗觉得有必要改国号庆祝，绍定改成了端平。端平二年，南宋发动攻势，派军队入驻河南。对于这个军事行动，当时反对的声音很强烈，都觉得拿下河南没什么太大问题，要想守住可能就太困难。然而宋理宗被胜利冲昏头脑，已经听不进不同意见，出兵收复了河南境内的“三京”，即原北宋的东京开封，西京洛阳，南京商丘，短时间内连下三城，这是一件多么令人鼓舞的事情，太让人扬眉吐气。

南京人兴高采烈，王师出征，进入河南后，并没有遭遇到多少抵抗，很快就拿下了过去连做梦都不敢想的三京。很多事情南京人也弄不明白，反正金国灭了，很高兴的一件事。自己的军队又收复河南，更是一桩值得高兴的买卖。然而好消息来得快，去得也快，南宋这边刚开始入戏，还没来得及庆祝，美梦已经破碎，撤退到黄河以北的元军，又一次渡过黄河，将宋军打得鼻青脸肿。

端平入洛的后果是很严重，经此一战，宋蒙联盟公开破裂。这一年年底，蒙古使者来到南宋首都临安，谴责宋廷“败盟”。第二年，窝阔台便以此为借口，发动了全面侵宋战争，蒙军大举南下，转眼之间，攻占长江中上游多个战略要地。可以这么说，没有端平入洛，宋蒙之间的战争也不可避免，然而也不得不承认，端平入洛成了持续四十多年的宋蒙战争导火索，引起的后患远比金国威胁大得多。

这以后，抗金成了防元，好在蒙古铁骑的兴趣，当时更倾向于西征西进，它的野心实在是太大，饭要一口一口吃，蒙古人的注意力暂时还没放在南宋身上，他们没有继续南下，而是一路往西，所向披靡。蒙古铁骑往西一直打到什么地方，南京人根本无法想象，只知道蒙古人很厉害，比金人还凶，还要野蛮，在蒙军的压迫下，南宋的地盘越来越小。

那个时期，蒙古人称霸欧亚大陆，想要什么地方，就可以占领什么地方。灭西夏，灭金国，一度逼近东欧的腹地，招降吐蕃，消灭大理。公元1271年，忽必烈建立了元朝。元朝的正式国号叫大元，取自《易经·乾篇》的“大哉乾元，万物资始”。大元的“大”字与大汉大唐大宋的“大”不一样，后者是尊称，“大元”的这两个字，按规矩是不应该拆分，朱国祯《涌幢小品·卷二·“国号”条》上有解释：

> 国号上加大字，始于胡元，我朝因之。……其言大汉、大唐、大宋者，乃臣子及外夷尊称之词。

此后的所谓大明大清，都是学的蒙元。就在元朝建立的第二年，蒙古铁骑拿下了襄阳。据说攻打襄阳，还是南宋降将刘整的主意，刘整是一位赫赫有名的战将，他投降忽必烈以后，建议元军先拿下襄阳，浮汉水进入长江，顺流而下进取南宋。襄阳是长江中游的重镇，襄阳军民拒守孤城达六年之久，最后实在守不住，襄阳守帅吕文焕出降。吕文焕是吕文德的弟弟，吕文德也是南宋晚期名将，已在两年前逝世。

南宋灭亡的真实历史，说起来让人难以置信，让人哭笑不得。蒙古军队攻打南宋，基本上就像赶鸭子一样，驱赶着一群对方的降兵降将冲锋陷阵。都说蒙古人残暴，动不动要屠城，然而对付南宋，元军的策略更多的是诱降。吕文焕投降，不只是让襄阳免遭屠城，而且让接下来抗元之战几乎没办法进行。刘整和吕文焕都是当时宋军中非常难得的将才，他们的投降，对于南宋来说，绝对致命。

大家更熟透的抗元故事，可能只是金庸的小说，是《射雕英雄传》中的郭靖，郭大侠在襄阳之战中有过出色表演。小说是虚构，宋军在襄阳之战中，确实也可歌可泣。然而襄阳最终还是没有守住，说句时髦的话，也可以算是和平起义了。元军的耐心，终于得到意料中的回报，攻占襄阳后，元军分三路继续攻打南宋，其中从江汉方向攻宋的军队是主力，沿江而下势如破竹。

在南宋末期，吕文德和吕文焕的势力很大，时人黄震的《古今纪要逸编》上便说过，这兄弟俩从两湖到两淮，“沿边数千里皆归其控制，所在将佐列戍，皆俾其亲戚私人”。南宋朝廷的不少军政要员，都在这个集团之内，因此吕文焕降元，他率领着自己的军队和元军，所到之处，门生故吏纷纷不战而降，仿佛多米诺骨牌倾倒一样，产生了不可阻挡的连锁反应。

接下来，危在旦夕的南宋军队，只能在离南京不太远的丁家洲，象征性地抵挡一下，然后元军已兵临城下。南京的沦陷没有任何悬念，元军“师次采石镇，知和州王喜以城降。都元帅博鲁欢次涟州，宋知州孙嗣武以城降”，和州就是今天的和县，涟州则是今天的涟水，都是不战而降。“大军次建康府，宋沿江制置使赵溍南走，都统、权兵马司事徐王荣、翁福、茅世雄等及镇军曹旺以城降”，元军可以说是兵不血刃就占领了南京。

南京人似乎并没有感到太大的危险，一时间，也体会不到蒙古军队的野蛮。与六朝时的改朝换代相比，与南唐的亡国相比，南京人甚至都没感到太多混乱。元军占领南京，立刻以南京为战略中心，忽必烈命令伯颜设行省于建康，命令各守营垒勿进。同时命令阿术率军攻扬州，阻其南援。阿术率军渡江，进围扬州，在扬州东南的瓜洲修造楼橹，一种守城或攻城用的高台战具，在扬州城外围竖起栅栏，修筑坚固的堡垒，截断了宋军增援部队。又派水师堵截江面，控制长江天险，断绝宋军渡江南救临安的通道。

南宋立国，以长江为防线，两淮为藩篱，当时“重兵皆住扬州，临安倚之为重”，元军占领建康，进围扬州，攻占两淮，南宋都城临安便完全失去了保护屏障。元军在建康稍事休整，兵精粮足，战斗力更加强盛，随时可以攻取临安，处在非常有利的进攻地位，而南宋的朝廷就像砧板上的鱼肉，与此前南京的处境一样，沦陷已是指日可待。

正是青黄不接的日子，为安抚当时南京的老百姓，伯颜不许元军直接进驻建康，骚扰民众，同时开仓赈济饥民，派军医下民间治病，苏天爵辑《元朝名臣事略》上就有记载：

> 行省驻建康，时江东大疫，居民乏食，乃开仓振饥，发医起病。人大喜曰："此王者之师也。"

这个记载显然有美化的成分，多少也说明一些问题。传说中的蒙古铁骑，动不动屠城，让人闻风丧胆。不过在不同时期，面对不同对象，蒙古人的用兵策略并不完全一样。譬如攻打襄阳，打了六年，基本上也是打打谈谈。事实上，当时的吕文焕根本就没什么谈判资本，已经必输无疑，尽管如此，仍然奋力抗敌，襄阳城内物资紧缺，对外联系断绝，宋朝援兵迟迟不来，形势十分恶劣，已到了实在维持不下去的绝境：

> 捍御应酬，备殚心力，粮食虽可支吾，而衣装薪刍断绝不至。文焕撤屋为薪，缉麻为衣，每一巡城，南望恸哭。

1273年的正月九日，在回回炮的助攻下，元军将领阿里海牙攻克樊城，并屠其全城，襄阳彻底沦为一座孤城，元世祖忽必烈降诏谕吕文焕，说尔等拒守孤城，也算是尽忠了，再这么顽抗下去，"如数万生灵何"，也就是说襄阳的几万条生命怎么办。走投无路的吕文焕最终还是投降了，成了南宋的罪人，罪无可赦，襄阳老百姓却因此免于屠城之灾。

《明太祖宝训》上说：

> 昔中国大宋皇帝主天下三百一十余年，后其子孙不能敬天爱民，故天生元朝太祖皇帝，起于漠北，凡达达、回回、诸番君长尽平定之，太祖之孙以仁德著称，为世祖皇帝，混一天下，九夷八蛮、海外番国归于一统，百年之间，其恩德孰不思慕，号令孰不畏惧，是时四方无虞，民康物阜。

朱元璋最笼络人心的口号，是“驱逐胡虏，恢复中华”。这句口号很实用，可以用来打天下，治理国家，管理老百姓，还需要另外一些东西。朱元璋对忽必烈的称赞，表明他对“胡虏”的又一种态度。蒙古人以和平的方式进入南京，并不代表元朝取代宋朝多么合理。事实上，与宋朝相比，无论金国，还是元朝，都是文化上的大倒退，都是文明被践踏，这个没有任何疑问。

元朝时南京人属于南人，有个流行说法，元朝中国人分成四等，即蒙古人，色目人，汉人和南人。南人也是汉人，学术界迄今没有发现元代有把臣民明确划分为四等的专门法令，这种划分或许只反映在一些政策和规定中，例如汉人打死蒙古人要偿命，蒙古人打死汉人只需“断罚出征”。对于当时的南京人来说，欺负他们更多的不只是蒙古人，南京也没多少纯粹的蒙古人，更多的是色目人和北方汉人。其中尤以被北方汉人欺凌，最让南京人难以接受。大家都是汉人，只不过当奴隶的日子早点晚点，又何苦要相煎太急。

近代有研究指出，元代有相当多的汉人在各级官府担任高级职务，其中不少是正职。通过对《元史》，对《新元史》和《蒙兀儿史记》八百六十四名三品以上官员的梳理，汉人占四百零九位，是总数的百分之四十七，汉人担任正职的俯拾皆是。认为“元朝各级官府高级官吏，必须由蒙古人或色目人担任，汉人最多只能做到副职”的说法并不准确。

元朝时的南京属于江浙行省，元朝有十个行省，江浙行省管辖东南地区，面积很大，它的治所一会儿放在扬州，一会儿放在杭州。最后还是觉得放在杭州更合适，因为它是前朝南宋的京城，在这里发号施令，更名正言顺，南京人在心理上，也会觉得与南宋时没太大差别，反正给谁都是缴粮纳税。低于行省级别的是路，再下面是府，是州，是县，南京在当时叫建康路，后来又改名叫集庆路。

飞鸟尽，良弓藏，狡兔死，走狗烹，民间有传说，吕文焕降元后，被蒙古人无情地杀了。这只是老百姓的愿望，真相当然不是这样，历史上，据说吕文焕与文天祥还曾有过一次戏剧性会面，文天祥痛斥吕的降元，吕文焕很狼狈，结巴着说：

“丞相何故骂焕以乱贼？”

成王败寇，文天祥当过宰相，亡国了，失败了被俘，便是阶下囚，不变节就是刀下鬼。事实上，吕文焕在元朝的官做得很大，老了辞官归乡养老，他儿子继续在朝廷里做着高官。元朝的著名诗人白朴，曾写过一首《沁园春》，为荣归故里的吕文焕祝寿，多多少少有点敷衍，有点拍马屁，肉麻当有趣：

盖世名豪，壮岁鹰扬，拥兵上流。把金汤固守，精诚贯日，衣冠不改，意气横秋。北阙丝纶，南朝家世，好在云间建节楼。平章事，便急流勇退，黄阁难留。

菟裘喜遂归休，着宫锦何妨万里游。似谢安笑傲，东山别墅，鸱夷放浪，西子扁舟。醉眼乾坤，歌鬟风雾，笑折梅花插满头。千秋岁，望寿星光彩，长照南州。

公元1298年，吕文焕以私人名义，在南京修建了一个常照庵。常照庵在城正北隅，当时只有很大的官，非常有地位的名人，才能出资修建佛寺。修建常照庵的第二年，吕文焕老死家中。

第七章 应天府

01 谁才是真正的吴王

元朝时的南京，最值得说一说，应该是人口迅速增加。人口统计在古代中国，并不是件容易事，很难找到准确无误的数据。《南京通史·隋唐五代宋元卷》中，有两张南京人口统计表，可以用来作为参考：

附录 1：西汉至北宋南京户口概略统计表

朝代与年代	公　元	属今南京境内州县	户　数	口　数
西汉元始二年	2	丹阳属之五县	31 629	119 243
东汉永和五年	140	丹阳属之五县	42 662	197 097
西晋太康初年	280—283	丹阳属之四县	18 727	93 635
刘宋大明八年	464	丹阳属之四县	20 505	118 671
隋大业五年	609	丹阳属之三县	24 125	123 038
唐贞观十三年	639	江宁、六合、溧水	15 943	79 715

（续表）

朝代与年代	公 元	属今南京境内州县	户 数	口 数
唐开元年间	713—741	江宁、六合、溧水	45 817	297 814
唐天宝十三年	754	江宁、六合、溧水	51 670	335 855
唐元和年间	806—820	江宁、六合、溧水	27 699	180 049
宋太平兴国初年	980—989	昇州、六合	61 679	308 395
宋元丰三年	1080	江宁府、真州之扬子、六合	168 462	842 310
宋崇宁元年	1102	江宁府、真州之扬子、六合	120 713	603 565

附录 2：西汉至宋元时期南京人口大势走向表

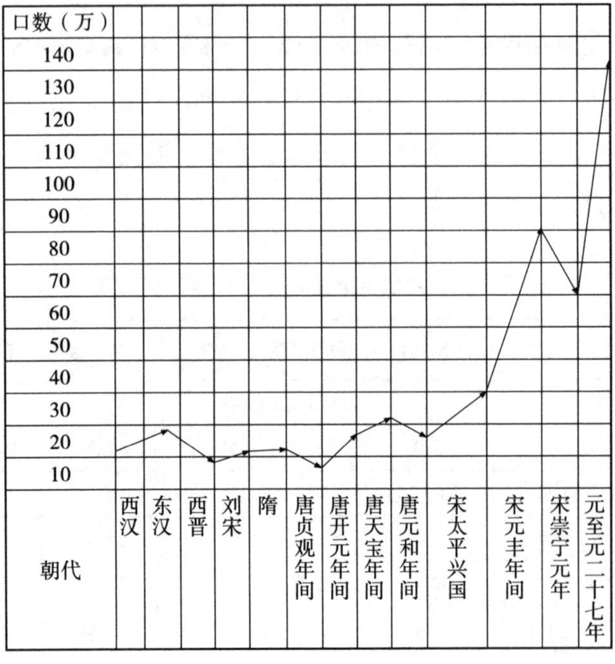

根据这两张统计表不难看出，南京虽然是六朝古都，在繁华的六朝时期，人口其实不是很多，到宋元以后，才突然增加。增加原因也很简单，在宋元时代，江南经济迅速发展，老百姓生活相对稳定，江南越来越富，经济和文化中心，都已开始移到长江南面来了。元朝时南京平民生活，谈不上多好，也谈不上太坏。毕竟经济发展与和平环境有很大关系，只要不打仗，没有天灾人祸，老百姓日子基本上就还能过下去。

说穿了，和平才是人口增长关键，元朝时的赋税，各个地区并不相同，有的地方按人口缴税，有的地方按土地缴税，大抵江淮之北，赋役求诸户口，而江南则取之于田亩。具体到南京，就是你有多少土地，就得老老实实缴多少税，夏秋两税都是土地税，又以秋税为主，《元史·食货志》上说：

取于江南者，曰秋税，曰夏税，此仿唐之两税也。

元朝时南京城，与南宋时并没太大区别。集庆路的城墙，完全沿袭南宋规制，没做什么改动。有变化的只是，南京城垣周围市镇，数量上明显增多，热闹程度也与以前不太一样。在中国古代社会，市和镇两回事，市就是市场，人们在这互通有无，做买卖。镇则为军事戍守之处，部队驻扎的地方。到了宋元时代，市镇并称，基本上一回事。元代市镇发展变化，繁荣程度，可以说是人口数量有较大增长的依据。

《马可·波罗游记》描述当时的江南，“商业繁盛”，老百姓

“皆良商贾与良工匠”，“恃工商为活”。在他眼里，江南到处都是市镇，到处都是能工巧匠，都是做买卖的人。学术界对意大利人马可·波罗是否真正来过中国，有很大争议，怀疑者认定他根本就是个小说家，就是个段子手，全凭道听途说，用的都是第二手资料。然而道听途说也好，用了第二手资料也罢，元朝时南京的市镇特别发达，数量很多，却是不争事实。

专家根据元人张铉《至正金陵新志》上的记载，将元代南京地区的市镇情况整理如下表，先说市：

附录3：元代建康地区镇市统计表

镇市名称	详 细 情 况	所属州县
古市	按《宫苑记》：吴大帝立大市在建初寺前，其寺亦名大市寺。宋武帝永初中立北市，在大夏门外归善寺前。宋又立南市，在三桥篱门外斗场村内，亦名东市。又有小市、牛马市、谷市、蚬市、纱市等一十所，皆边淮列肆裨贩焉。内纱市在城西北耆阇寺前。又有苑市，在广莫门内路东，盐市在朱雀门西。《宋书》有建康市，《南唐书》有金陵市。至今有清化市，罗帛市。而自昔言市者，则以东市、西市、凤台、鹭洲四坊之达为市，盖即鱼市。今银行、花行、鸡行、镇淮桥、新桥、笪桥皆市也	
汤泉市	在上元县神泉乡汤山延祥院之前，去城六十里	上元县
栖霞市	在上元县长宁乡摄山栖霞寺之前，去城四十五里	上元县
索墅市	市有索墅坊，在上元县清化乡，去城五十里	上元县
泉都市	在上元县泉水乡，亦名龙都，去城五十五里	上元县
东流市	市有桥曰东流，以水流自东因名之。在上元县宣义乡，去城四十里	上元县

（续表）

镇市名称	详 细 情 况	所属州县
花林市	南至曹村五里，北至大江十二里，齐、梁诸坟多在其地，属上元县清风乡，去城三十五里	上元县
龙湾市	在上元县金陵乡，去城一十五里。有税务	上元县
竹篠市	在上元县长宁乡，去城五十里。有巡检司	上元县
蛇盘市	在上元县开宁乡，去城二十里，旧有馆驿	上元县
麒麟市	在上元县开宁乡，去城三十里	上元县
西干市	在上元县开宁乡，去城四十五里	上元县
章桥市	在上元县长宁乡，去城五十里	上元县
石井市	在上元县长宁乡，去城二十五里	上元县
五城市	在上元县崇礼乡，去城二十五里	上元县
土桥市	在上元县丹阳乡，去城六十里	上元县
湖熟市	在上元县丹阳乡，去城六十里	上元县
新林市	在城西南二十里	
板桥市	在城西南三十里	
铜井市	在城西南八十里	
东口市	在城南长干桥下东，今乌衣巷口是	
西口市	在城南长干桥下，今西街口是	
小口市	在城西南江宁县安德乡	江宁县
朱门市	在朱门南	
水桥市	在江宁县归善乡	江宁县
杜桥市	在江宁县万善乡，去城四十里	江宁县

（续表）

镇市名称	详 细 情 况	所属州县
路口市	在城南七十里,《戚氏》作路桥市	
仓头市	在句容县仁信乡，去城九十里	句容县
柴沟市	在句容县琅邪乡，去城七十五里，旧有馆驿	句容县
白土市	在句容县来苏乡，有税务	句容县
高友步	俗名上步，在溧阳州南二十五里	溧阳州
周城步	在溧阳州西南四十五里	溧阳州
上兴步	在溧阳州西六十里	溧阳州
黄连步	在溧阳州西北五十五里	溧阳州
	江宁有江宁市、秣陵市、金陵市，上元有淳化市，句容有东阳市、下蜀市、长宁市、靖安市，溧水有孔家冈市、固城市、高淳市，溧阳有举善市、社渚市（皆见镇内）	

从字面看，“步”与市应该相当，都是可以做买卖的地方。接下来再说镇，镇显然要比市大得多：

镇市名称	详 细 情 况	所属州县
秣陵镇	在江宁县南三十里，今有税务巡检司	江宁县
石步镇	在上元县东北四十五里，即古罗落桥	上元县
大城港镇	在江宁县西南七十里，今作水站	江宁县
靖安镇	在龙湾市	
常宁镇	在句容县东南五十里，天禧九年以镇置寨，今有税务	句容县

（续表）

镇市名称	详 细 情 况	所属州县
下蜀镇	在句容县北六十里，有巡检司	句容县
土桥镇	在上元县东南六十里与句容县西界	上元县
东阳镇	在句容县西北六十里，今有巡检司	句容县
江宁镇	在江宁县西南六十里，有巡检司	江宁县
邓步镇	在溧水州南一百二十里，宋乾道四年，养官收税，宝祐四年，移东坝市收税。今有税务盐仓巡检司	溧水州
孔家堽镇	在溧水州南四十五里	溧水州
固城镇	在溧水州南九十五里	溧水州
高淳镇	在溧水州南一百里，有税务巡检司	溧水州
举善镇	俗名戴步，在溧阳州南三十五里，有税务	溧阳州
社渚镇	在溧阳州西南六十里，乾道四年，移税额于溧水县邓步	溧阳州

宋朝南京地区许多市镇，到元朝成了向民间收税的地方。当时的税收分点，大部分都分散在市镇和交通要道上。元朝疆域太大，根本管理不过来，为了能保证收税，为了国家安全，除了设立许多税收分点，还离不开行之有效的驿传制度。也就是说，在南京城市周边，到处都有驿站，通过这些驿站来传递消息。驿站之外，交通线上设有专门传递令旨的急递铺，也就是快递公司。根据记载，每铺相距大约十里，急递铺上设提令，每十铺设一邮长，每铺有铺兵五名，日夜守候，随时准备接转邮件。记收发邮

件的时间，接递人名姓，以及绢袋封记必须完好。

元朝政府管理国家，很大程度上，都要依赖驿站和急递铺，通过这种制度，保证物资运输及信息往来，《元史》上也有明确记载：

> 于是四方往来之使，止则有馆舍，顿则有供帐，饥渴则有饮食，而梯航毕达，海宇会同，元之天下，视前代所以为极盛也。

以南京地区的上元县东路为例，就有东门铺，双牌铺，蛇盘铺，麒麟铺，东流铺，张桥铺，昆仑堽铺。江宁县南路有土门铺，夹堽铺，迟店铺，清水亭铺，玄武桥铺，秣陵铺，李村铺，路口铺，乌刹桥铺。江宁县西路有越台铺，石子堽铺，官庄铺，板桥铺，三城湖铺，江宁镇铺，青松林铺，铜井铺，葛家铺堽。因此元朝在政治上看似松散，其实管理还是很有效。

元朝的强盛并不长久，南京人喜欢和平，祈求太平，依靠中央政府，就可以管理得很好。然而随着时间推移，很快进入了元朝末年，乱世又一次不可避免地来临。天下又开始大乱，蒙古人对华夏的统治，变得岌岌可危。所谓乱世，它的基本特征就是内外交困，民不聊生，天灾和人祸不绝。而且问题总是首先出现在内部，早在元朝中后期，二十多年间，朝廷连换了八位皇帝，如此频繁的帝位更迭，想不乱都不行。

于是就有了声势浩大的农民起义，农民起义未必都是农民，反正天下是乱了，大乱，乱得不可收拾。好在南京暂时还没有乱，只有一些关于乱的消息，不断从北方传递过来。躲是躲不过的，风声越来越紧，到了1356年的三月，朱元璋亲率大军渡过江来，攻克了南京。元行台御史大夫福寿死，水寨元帅康茂才投降，元朝在南京的统治正式宣告结束。攻进城的第二天，朱元璋下令，改南京的名字集庆路为应天府。“路”和“府”在建置上，级别其实一样，在当时却昭示着新旧朝代的更迭，应天二字意味深长，隐含了“应天之命”的意思。

进入南京，对朱元璋来说，是一件很重要的事。史书上说，朱因此得军民五十万，军队已达到十万人马，而水军元帅康茂才的归附，颇有戏剧性。康茂才本是一个乡村读书人，天下乱了，农民军四起，攻陷了他的家乡蕲县。于是康召聚兵马，保卫乡里，被朝廷所用，被封为镇抚，然后官就一级级升上去。1355年，朱元璋率军渡江，当时康屯驻采石，扼守长江。朱几次派军攻打，都被康击退。后来，朱的手下将康茂才诱出采石，以伏兵将其部下精锐尽数歼灭。康茂才被打败，聚集残军，又在天宁洲设立营寨。

结果朱元璋攻破天宁洲，康茂才逃到南京，朱立刻又追到南京，又一次将其打败。康茂才屡战屡败，难免灰心丧气，便决定率部归降，《蕲国武义康公神道碑铭》上有这么一段记叙：

> 甫逾月，上亦克金陵。又奔京口，舟师追及之。公度天命有归，乃率所部余兵三千解甲来附，免冠顿首，言：“前日战，各为其主；今日屡败，天数也。事至于此，死生唯命。

苟得生全，尚竭犬马之力，以图报效。”上笑而释之，仍许统所部兵从征。

康茂才日后成为朱元璋手下的一名重要将领，几乎逢战必胜，屡建奇功。他归附朱元璋之后，建立的第一项功勋，不是打仗，而是在南京城西的农田开发。朱元璋刚进入南京，羽毛尚未丰满，他的手下朱升献计，让朱“高筑墙，广积粮，缓称王”。朱元璋于是任命康茂才为秦淮翼水军元帅兼营田使，守御在今天的龙江附近。当时的军队都是农民出身，种田都是一把好手，朱元璋还向手下宣布：

古者寓兵于民，有事则战，无事则耕，暇则讲武。今兵争之际，当因时制宜，所定郡县，民间武勇之材，宜精加简拔，编辑为户，立民兵万户府领之，俾农时则耕，闲则练习，有事则用之。事平，有功者一体升擢，无功者还为民。如此，则民无坐食之弊，国无不练之兵，以战则胜，以守则固，庶几寓兵于农之意也。

康茂才很听朱元璋的话，在龙江及金川河中下游区域，进行了大规模的农田开发，这些地段平坦低洼，开耕起来也不难，非常适合种粮食。经过五年耕耘，收获稻谷一万五千余石，扣除所部的军饷，竟然还库存了七千石。

进入南京的朱元璋，把维稳放在了第一位，坚定不移地把

“缓称王”当作基本策略。他知道只有保持一种低调姿态，才可以让自己不成为众矢之的。南京成为朱元璋赖以生存的根据地，渐渐地，形势开始发生变化，元兵已不足为威胁。位于楚头吴尾的应天府，东边有占据苏州的张士诚，西边有占据江西九江的陈友谅。都是势力越来越大，与朱元璋一样，都是起义军领袖，都是元末枭雄，都比朱更强大，他们才是朱元璋你死我活的真正对手。

1360 年，陈友谅在采石矶称帝，国号为汉，改元大义，率部攻打南京。南京与采石近在咫尺，陈部在兵力上又占着优势，顺流而下，志在必得。结果却出乎意料，就在南京城郊，就在今天的江东门附近，朱元璋大败陈友谅，陈不得不退兵西去。这以后，朱元璋与陈友谅多次交手，陈友谅拥有江西和湖广的地盘，实力仍然还在朱元璋之上。

双方你来我往，此消彼长，1361 年，面对已称帝的陈友谅，朱元璋依然保持低调，只是在南京改称“吴国公”，依然还不敢称王。两年以后，反倒是张士诚在苏州先自立为吴王，他与朱挨得也近，当然会更加觊觎南京，不时地派兵攻打朱元璋。朱元璋两面受敌，就在张士诚称吴王的这一年，陈友谅又一次亲率六十万大军东征，朱元璋率军迎击，双方在鄱阳湖大战，结果陈友谅大败，陈在突围时被乱箭射死。

击溃了陈友谅，朱元璋实力大增，这时候，他再也憋不住了，不甘心做一个“吴国公”，也自立为吴王。这样一来，在当时的江南一带，同时就出现了两个吴王，究竟苏州的那个吴王厉害，还是南京的这个吴王更胜一筹，最后只能在战场上决出胜负。1366年，朱元璋封徐达为大将军，常遇春为副将军，统兵二十万，与张士诚决战于太湖和湖州一带，仗打了整整一年，最后徐达攻入苏州，生擒张士诚。至此，朱元璋称霸江南，成为独一无二的吴王。

值得再说一句，在南京归附朱元璋的康茂才，无论是与陈友谅绞斗，与张士诚决战，还是参加后来的北伐，都表现得非常出色。古典小说《英烈传》中，康茂才攻重庆，在瞿塘关被飞炮击杀，葬于大溪口山坡之麓。单田芳评书《燕王扫北》中则说，康茂才外号花刀将，封蕲春侯，随开明王常遇春驻守雁门关，后回朝搬兵，为救李文忠，被朱元璋金瓜击顶而死。太平歌词中有传统曲目《挡谅》，讲述元末群雄混战，康茂才打赌要擒拿陈友谅，结果在南京江东桥，念及同窗之情，又放走了陈友谅。

这些故事都不靠谱，都是民间演绎，康茂才随徐达夺取定西和兴元，在回军途中病逝，时年五十七岁。根据明初的功臣表，按公侯伯子男五个档次排列，共有二十五位公爵，七十九位侯爵，十二位伯爵，十一位子爵，二十三位男爵位。在这些明朝开国功臣中，康茂才被封为蕲国公，位属第一序列，与徐达和常遇春这些人物并列，可见朱元璋对他的重视。

南京历史上，有过太多的人，自称为吴王。不只是在南京，在苏州，在扬州，自封为吴王的有过好几位。早在南宋时期，在南京担任军政要职的史正志，写过一首叫《新亭》的诗，既叙说了一段真实的历史，又借古讽今了一下：

龙盘虎踞阻江流，割据由来起仲谋。
从此但夸佳丽地，不知西北有神州。

自从孙权割据江东，“吴”就成为南方独立和自治的一面旗帜。事实上，朱元璋并没有满足只当一个地方割据的吴王，消灭了张士诚，公元1368年，朱元璋在南京正式称帝，定国号为大明，建元洪武，立朱标为太子，改相国为丞相，以徐达和李善长为左右丞相，以应天府为南京，以开封为北京。

从此，虎踞龙盘的金陵，正式有了“南京”的这个名称。金陵王气第一次得到了真正的落实，南京第一次真正意义的一统天下，第一次告别分裂，第一次成为大中国的首都。事实上，此前史书上出现的南京字样，通常与金陵的这个南京，没有多大关系，或者说，根本没有关系。

02 南京的城垣

公元 1328 年，朱元璋出生在家境贫寒的农家。在元朝年间，这一年真是足够混乱，既是泰定五年，又是致和元年，又是天历元年，又是天顺元年。一年里竟然会出现四个年号，东汉末年有过一次。朱元璋原名重八，后改名叫兴宗，又名元璋，字国瑞。三岁随家人离开泗州，流离颠沛，辗转穷乡僻壤。十六岁家庭遭遇不幸，短短十六天，“连遭三丧”，父母和兄长先后病亡。

走投无路的朱元璋，出家当了八年和尚。到 1352 年，赖以栖身的皇觉寺毁于兵火，又一次走投无路。好在伽蓝菩萨的一卦“从雄而后昌”的吉兆，给了他很大启发，朱元璋跑到濠州，投奔郭子兴的农民革命军。从军不到一年，获得红巾军将领郭子兴器重，仅仅用了三年时间，便由普通兵卒，升为九夫，升为百夫，又转为亲兵，然后就是“镇抚”，到渡江攻占皖南的太平时，朱元璋已经出任大元帅。

刚进入南京，作为元末群雄之一的朱元璋，恐怕也不会想到，自己未来会那么美好。他会成为吴王，会成为大明王朝的开国皇帝。要说朱的最大幸运，还是过去这些年，手下攒积了一批人才。譬如提出“高筑墙，广积粮，缓称王”的朱升，世有伯乐，然后有千里马，千里马常有，伯乐不常有。拥有人才重要，能够识别人才，敢于使用人才，更重要。又譬如会打仗的康茂才，他与朱为敌，打仗总是要输，跟了朱元璋，打仗便一直是赢。

当时南京人的想法，大概也和朱元璋一样，并没有想到未来会是什么样子，城头变幻大王旗，老百姓怎么也不会想到，这个姓朱的人以后会当皇帝，因为有了这个人，南京会成为大中国的首都。历史上，南京已不止一次成为京城，有过六朝繁华，有过南唐风光，然而都只是割据的半壁江山，或者说连半壁江山都谈不上。南京作为京城的历史，说过来说过去，吹得再好听，也就是割据，格局都不够大。

情况总是在变化，最初只是想以南京为根据地，进可攻，退可守，基本思路还是割据一方。所谓高筑墙，广积粮，目的仍然以守为攻，天下已大乱，真能守住南京这个根据地就相当不错。随着形势不断变化，形势对朱元璋越来越有利，对未来的诉求，显然也与刚开始不一样。他的内心变得越来越强大，越来越不能满足仅仅做个农民起义的领袖，做个乱世枭雄。既然短短三年时间，他能从一名普通士卒，晋升为大元帅，为什么不能再创造更大的奇迹。

朱元璋确实创造了奇迹，借助南京这个平台，借助金陵王气，西边平汉，东边灭吴，称霸江南，然后雄赳赳气昂昂挥师北伐，从一个真正的吴王，进而成为大明王朝的明太祖。王者之师不可阻挡，1368 年正月，四十岁的朱元璋在南京称帝，同年八月，徐达率领大军攻进元大都，也就是今天的北京，结束了元朝的统治。胜利来得太快，太突然，南京人真有点目瞪口呆。

南京人开始享受首都人民的荣耀，此时之南京，既“非古之金陵，亦非六朝之建业”，已经是天下归为一统的大中国首都。在首次享受大首都荣耀的同时，南京人民开始感受到种种不痛快，开始感受到大有大的不妥，皇城有皇城的麻烦。明朝初年南京城，说白了就是个不断在建设的大工地，没完没了的劳役。那时候还不像今天这样讲究环保，也没有雾霾，然而没有节制地大修城墙，大家开始受不了，叫苦不迭。在古代中国，老百姓首先害怕战乱，其次便是永无止境的劳役。

大修城墙，不仅让南京人民受累，全国老百姓都跟着遭罪，“民力有限，而徭役无穷”。明朝初年，基本上可以算作太平无事，朱元璋的军队打遍天下无敌手，许多部队闲着也闲着，干脆轮换着拉过来修城墙。明代一个重要特点，永远在修城墙，最显著例子莫过于举世闻名的万里长城，今天所见城砖砌的城墙，仿古和假古董不算，无论南北，基本上都是明朝遗迹，譬如大家熟悉的北京八达岭长城。

南京的明城墙是人类建筑史上一个奇迹，它的规模之大，总长度之长，都让后来的南京人引以为豪。这座由四重城墙组成的旷世城垣，占地面积居然达到了230平方公里，若以外郭长度和郭垣内面积计算，南京明城墙绝对属于世界之最。不过这个世界之最，肯定会有惨重代价。

大修城墙的历史，可以追溯到朱元璋刚进入南京，谋士朱升提出了“高筑墙”，那时候，想法很简单，目的也明确，就是积极做好防御准备，非常现实。高筑墙更多的只是一句象征性口号，它所隐含的意义是要以退为进。因此，大明王朝建立以前，朱元璋即使已有了设想，已经下达过造城令，并没有来得及大修南京城墙，在四面受敌形势下，根本也没那个条件。明朝建立前的南京城墙建设，基本上只是为了应急，都是急就章，都是为了应付当时的军事需要。

类似高筑墙的建议，也不只是朱升一个人提出来，朱元璋重创陈友谅后，当时元朝曾派人过来拉拢，向朱封官许愿，有个叫叶兑的宁海人写信给朱元璋，劝他不要接受元朝官职，在信中是这么说的：

> 取天下者，必有一定之规模。韩信初见高祖，画楚汉成败；孔明卧草庐，与先主论三分形势者是也。今之规模，宜北绝李察罕，南并张九四。抚温台，取闽越，定都建康，拓地江广。进则越两淮以北征，退则画长江而自守。夫金陵，古称龙蟠虎踞帝王之都。藉其兵力资财，以攻则克，以守则固，百察罕能如吾何哉？

叶兑说的张九四，就是在苏州自立为吴王的张士诚，察罕是察罕帖木儿，当时最著名的元军将领，击溃过多支农民起义军，可以说是红巾军最大杀手。朱元璋自己就是红巾军出身，当年追随的郭子兴，是红巾军领导成员之一。叶兑给朱元璋写信时，北方红巾军遭受重大打击，已经失败了，没办法再恢复元气。元朝气数也差不多了，在与红巾军作战中，两败俱伤。叶的这封信很长，对形势分析很到位，很深刻，所谓“一纲三目之天下大计”，深得朱元璋赏识。

事实上，静观其变的朱元璋，并没有一味想到防守。1358 年冬天，他由宁国府转道徽州，朱的手下邓愈在当地筑城，劳民伤财。朱元璋向老百姓询问，对修城墙有没有意见，老百姓回答说意见很大，朱为了笼络人心，立即下令停工。这种情形，建造南京城墙初期，也曾发生过。

在派徐达东征张士诚的同时，当时还是吴王的朱元璋下达了造城令：

> 丙午八月庚戌朔，拓建康城。初建康旧城，西北控大江，东尽白下门，外距钟山，既阔远，而旧内在城中，因元南台为宫稍庳隘。上乃命刘基等卜地，定作新宫于钟山之阳，在旧城东白下门之外二里许，故增筑新城，东北尽钟山之趾，延亘周回凡五十余里，规制雄壮，尽据山川之胜焉。

风萧萧兮易水寒，壮士一去兮不复还，大家可以说朱元璋是抱着必胜的信心与张士诚决战，也可以认为是在赌一把，如果战败，所谓“造城令”便成为一纸空文。这个造城令更多地显示了朱元璋的决心，已经不是缓称王，而是要把称帝的野心昭告天下。这个造城令不局限于战争需要，它的规模严重超标。一般府县这级的城垣，至多在二十里到三十里之间，而中国古代都城，也很少超过四十里。如果真是旧宫稍微小了一点，只需要稍作扩大即可。

很显然，朱元璋意识到自己可以打败张士诚，江南的真正吴王非他莫属。如果说大明王朝成立之前的造城，仍然还是一种割据思维，仍然是一种吴王之争。等到朱元璋当上皇帝，情况完全不一样，他身上土豪气开始显露出来。朱元璋农民出身，太知道大规模造城会劳民伤财，看《明太祖实录》，可以看到许多他在这方面的担心，然而中国文化有个最大特点，就是会忽悠人，就是嘴上说一套，实际操作又是一套。

南京明城墙的浩大工程让人叹为观止，光是它的长度，就让人摸不着头脑，多少年来，一直众说纷纭。即使同一本书上，也往往会有不同记录。1935 年，在南京国民政府主持下，一批著名历史学家编撰了《首都志》，前后也难免自相矛盾，互相拆台，譬如引用顾炎武的《肇域志》记录，“城周围五十七里五分，垛口一万三千六百一十六个，窝铺二百座”，《首都志》给出的数据则是：

【南京之地理环境】 南京城周旧称九十六里，其实只有六十一里，但其长度已为世界第一。城之高度有在六十尺以上者，最低亦有二十尺，平均在四十尺以上。垣顶之阔，除一小段外，皆在二十五尺以外，最广处达四十尺，且已铺石为道。城以花冈石为基，巨砖为墙，又以石灰秫米锢其外。故任指一处击视之，皆作纯白色。是以崇垣屹立，历数百年巍然无恙。

“九十六里”这数字最大，《首都志》与《肇域志》结论接近，相差三里多，也就是不到两千米。美国汉学家牟复礼先生在《1350 至 1400 年的南京》一文中，通过他的研究发现，中国人好像更喜欢引用那个错误数字，更喜欢九十六里之说。事实上比较科学的结论早有了，1945 年，美国军事地图局拍摄空中侦察照片，通过修正的南京地图，已得出精确数字。该资料显示，南京明城墙长度是 39 500 码，23.2 英里，七十四里多。根据同类地图计算，北京明城墙总长 36 500 码，大约 21 英里，相当于六十七里，南京明城墙只比北京长了将近四千米。

南京的明城墙形状很怪异，曲折视地形而变化，不像北方城市那样方正。好事者穿凿附会，说它像个葫芦，像个壶，所谓“壶中有天地”。又有人提出南京城墙是“南斗星和北斗星的聚合”，究竟怎么样，说不清楚，反正尽量在“天命”和“皇权”上做文章。研究了南京历史不难发现，“金陵王气”从来就是别有用心。如果仅从实战出发，南京的虎踞龙盘完全不靠谱，它几乎很难完成一次像样的保卫战。

说南京明城墙更多只是一个摆设，似乎有点夸张，真实情形也相差不多。它所能起到的作用非常有限，更多的是一种国力象征，不只南京的城墙如此，大到中国人引以为豪的万里长城，小到一个普通的县城，甚至一个小山寨，也是一样道理，因此，牟复礼的解释就是：

> 所有这些好像都反映了一个民族，或至少可以说一个王朝对军事防御的关注，然而，这或许不是问题的正确答案。从纯粹的军事意义上讲，明代中国的长城并不非常有效，明王朝更多的是依靠深入到草原上蒙古人的背后、主动出击的办法，或者通过外交、贸易手段，来使蒙古人陷于分裂、满足于现状和不愿或不能进行战争。长城本身并没有多少战略上的意义；它的真正意义莫非在于它对敌人造成的心理影响。或许从广义上讲，南京和其他城市的城墙主要是发挥着重新确定中央政权存在的心理功能，而不是纯粹的使城市和它们的居民免遭可能的危险的实际功能。

很显然，用城墙围起来的城市，并不一定比没有城墙的城市更安全。对中国老百姓来说，真遇到了战争，广大的乡村才是更安全，才不会被防守方裹胁成人质，被进攻方当作泄愤屠城的目标。南京城墙是不是世界第一，并没有太大意思，一点都不重要，然而因为有了高大雄伟的城墙存在，作为一种象征，无论在当时，还是后来，在心理上，它始终保持着一种虚拟的不可战胜的神秘魅力。

明城墙所围起来的大南京，仿佛一幅简略中国历史地图，六朝和南唐旧城，形态上很像割据的江南，拥有的是半壁江山，而城区新增加的广大面积，新增加的皇宫和新城，大片的农田，起伏的山峦，代表着广袤北方领土。有了这些，朱元璋似乎还不满足，还有一个更庞大计划，要在京城之外建造一座更大的城垣，也就是南京的外郭，要再包一层饺子，再建造十八座城门。

十八座外城门分别为石城关、江东门、驯象门、小安德门、大安德门、凤台门、双桥门、夹岗门、上坊门、高桥门、沧波门、麒麟门、仙鹤门、姚方门、观音门、佛宁门、上元门、外金川门。外郭长度旧称一百八十里，实际长度约六十公里。因为这样那样的原因，只有城门的名称，实际城墙并没有最后完成，这个工程太浩大了，如果完成，也就不是什么中国地图，而是接近一幅世界地图。

03 永乐大帝

1370 年的春天，已当了两年皇帝的朱元璋，在南京下诏封藩，册封诸皇子。朱皇帝的意思很简单，前有古人，后就有来者，过去的皇上都是这么干，“天下之大，必建藩屏，上卫国家，下安生民”，把天下分给自己的孩儿们，“非私其亲，乃遵古先哲王之制，为久安长治之计”。

这时候，朱元璋虽然刚当皇帝不久，已经有了十个儿子，岁数都不大，除长子朱标为皇太子留在南京外，其他九子各有封地，朱樉驻西安为秦王，朱㭎驻太原为晋王，朱棣驻北平为燕王，朱橚驻杭州为吴王，朱桢驻武昌为楚王，朱榑驻青州为齐王，朱梓驻长沙为潭王，朱杞为赵王，朱檀驻兖州为鲁王。后来又封了好多王，一共是二十四位藩王。

十年以后的 1380 年，二十岁的燕王朱棣离开南京，前往封地北平就藩。史书上见不到他依依不舍的描写，作为皇四子，燕王能力虽然不凡，可是排名老四，前面还有三个哥哥，在当时也没显得特别出众。况且朱元璋年富力强，老当益壮，在南京足足干了三十一年的皇帝，到朱棣三十九岁时才驾崩，因此，南京人对燕王也没有太多了解。

藩王没有直接管理地方的权力，毕竟是皇帝的儿子，地位特殊，凡朝廷调兵，必须“得王令旨，方许发兵，无王令旨，不得发兵”。凡事总是有利有弊，与外姓的藩王相比，当然还是自己的儿子靠得住。然而无论封外姓，还是封自己子孙，都有个尾大不掉的问题。朱元璋经过反复衡量，还是选择了古法，肥水不流外人田，还是觉得把江山交给自己孩儿保险。朝廷由皇帝直接掌管和统领，地方事务由宗室子孙协理，内外相应，用这种老套并且落后的政治模式掌控和治理国家。

当皇帝难免嘴上一套，说得好听，干的又是另一套，朱元璋刚称帝时，告诫手下：

> 天下初定，百姓财力俱困，譬犹初飞之鸟不可拔其羽，新植之木不可摇其根，要安养生息之。

大修南京城墙，显然就是最大的折腾。朱元璋是个反复无常的人，他的脾气一般人真摸不透。监察御史张尚礼写了一首《宫怨》的诗，玩的也是命题作文，古人经常写这个题材：

庭院沉沉昼漏清，闭门春草共愁生。
梦中正得君王宠，却被黄鹂叫一声。

然后呢，朱元璋他老人家就生气了，说是涉及宫禁，有点色情，结果张尚礼被下蚕室而死。“蚕室”在中国古代有特指，因为养蚕的地方不宜通风，被宫刑的男人容易感染，要躲在蚕室一样的封闭环境里等待伤口愈合，因此，宫刑又称之为“下蚕室”。可怜张尚礼好好的一名大明王朝纪检干部，因为一首不着调的小诗，不仅被割了生殖器，而且还要了卿卿性命，连写《史记》的机会都不给。

一个叫作来复的僧人，不好好地念经做功课，写了一首诗歌颂朱元璋，也是马屁没拍好，丢了性命：

淇园花雨晓吹香，手挽袈裟近御床。
阙下彩云明雉尾，座中红芾动龙光。
金盘苏合来殊域，玉碗醍醐出上方。
稠叠滥承天上赐，自惭无德诵陶唐。

朱元璋也不管诗好坏，只是将那个“殊”字拆开来看，说这个“歹”“朱”，分明是在谩骂当今皇上。真是不怕帝王没文化，只怕皇上有学问，朱皇帝一生气，也不问真的假的，结果这个叫来复的僧人，竟然被凌迟致死。

实行封藩制度后，鉴于历史上教训，朱元璋很担心日后会同室操戈，会骨肉相残，担心归担心，也不知道如何才能避免。有些事情避免不了，偏偏朱又要做出明君的样子，向天下虚心求言，听取群众意见。于是山西平遥训导叶伯巨这个书呆子，便一本正经地上万言书于朝廷，称天下可患者无非“分封太侈、用刑太繁、求治太急”三事。所谓分封太侈，就是藩王权力过大，不利于“强干弱枝，遏乱源而崇治”，他列举历史上的教训为证明，说“秦、晋、燕、齐、梁、楚、吴、蜀诸国，无不连邑数十，城郭宫室亚于天子之都，优之以甲兵卫士之盛。臣恐数世之后，尾大不掉，然后削其地而夺之权，则必生觖望，甚者缘间而起，防之无及矣”。

朱元璋对“分封太侈”一词大为恼怒，称叶伯巨“小子间吾骨肉，速逮来，吾手射之”。叶被逮到京城，当时的丞相玩了一点小心计，趁朱皇帝高兴，等到他老人家心情好，才报告说人犯已经押到。朱总算没有亲手射杀之，只是将叶下刑部大狱，最后死于狱中。从此，封藩之大是大非，有没有什么后患，无人再敢议论，说了就是找死。

结果还真让这个叶伯巨不幸言中，等到燕王朱棣带兵打过来，南京的老百姓基本上还蒙在鼓里，一觉睡醒过来，大军兵临城下。朱棣跟玩似的，就把他那可怜的侄儿搞定，就把皇帝的位置抢到手上。朱元璋死了，传位给了孙子建文帝，一个有点文弱的小家伙，他根本不是叔叔的对手。

南京人都知道明成祖进入南京后，是怎么样杀了方孝孺，方是南京当时文章写得最好的人，在文坛上很有地位。朱棣跟他爹一样，为人处事常常粗犷，不按常理出牌，难得他还能看上了方孝孺的文采，指定要方为自己的登基写诏书。这本是何等荣耀的事，多有面子，方孝孺竟然拒绝了，据说还在纸上写了一个“篡”字。朱棣很生气，说这是我们老朱家的私事，跟你又有什么关系呢。于是一怒之下，不只满门抄斩，还夷了十族，前后一共杀了八百多号人。

朱棣成了明成祖，成了永乐大帝，成了南京人喜欢议论的对象。有关他的段子特别多，正史里还少一些，毕竟是筛选过的，野史中五花八门，什么玩意都有。譬如南京的中央政府雄心勃勃地要削藩，朱棣便在北平街头装疯卖傻。历史上，北京曾有两个时期称之北平，一个是民国年间的南京国民政府时期，还有一个就是明朝初年，朱元璋北伐成功，将元大都改名为北平。为了不让建文帝起疑，他在北平“佯狂称疾，走呼市中，夺酒食，语多妄乱，或卧土壤”，建文帝这边便放松了警惕，没想到燕王那边已开始带兵南下。

与父亲一样，朱棣也是个特别喜欢蛮干的主，在南京当了皇帝后，他把有钱人都弄到南京来，后来又弄到北京去。把看不顺眼的统统赶出京城，一生气，就迁徙和发配一大批人。南京人经历了一次次大清洗，许多人被迁走了，迁到云南，迁到青海，几百年后，南京人到云南和青海去旅游，还能遇到自己失散多年的老乡，还能听到古老的乡音，也就是明朝时南京话的余韵。

与父亲一样，朱棣经常不按常理出牌，随心所欲，杀起人来不眨眼睛。他可以把活人扔进油锅里炸，不管你曾经当过多大的官，也可以把罪臣的妻女“转营奸宿”，发往教坊，美名为女乐，实为官妓，每一日一夜，叫二十条汉子守着，折磨死了，便拉出去让狗吃了。屠戮建文遗臣毫不手软，明成祖还有比夷十族更狠的一招，叫“瓜蔓抄”，凡是有点牵连的人，都抓起来问罪，《明史·景清传》上有记录：

> 籍其乡，转相攀染，谓之瓜蔓抄，村里为墟。

上百度搜索，立刻会跳出来一条，“永乐大帝朱棣活剐三千宫女”。

朱棣出生在南京，在南京长大，二十岁时才离开，去北平就藩燕王，靖难之役后，又回到南京当了十八年皇帝。南京人心目中，这位明成祖既凶神恶煞，又大大咧咧。跟父亲明太祖如出一辙，都是免不了敢想敢当的土豪气，而且更像一个出自南京的土豪。南京的城墙还没有最后完工，朱棣对它最后是不是能够完成，似乎并不太放在心上，他要做的是另一件大工程，就是要为朱元璋竖个前无古人的大碑，要把父亲的丰功伟绩，都刻在这块巨大的石碑上，希望能通过这种方式，来确立自己继承皇位的合法性。

这块纪念朱元璋的“神功圣德碑”，最后并没有竖起来，它太大了，大得根本不可能完成，只能静静地躺在南京郊区。如果它真要能竖起来，总高度将达 78 米，总重量 31 100 多吨。采石部分基本完成，虽然未完工，虽然还只是一块“阳山碑材”，它的“天下第一碑”虚名，已经当仁不让。

明洪武七年的春天，明太祖朱元璋下诏，在南京城西北的狮子山开始建一座阅江楼，并以《阅江楼记》为题，让手下的文臣每人交一篇同题作文。朱元璋自己也写了一篇，是不是代笔说不清楚，其中最有名分数最高的，是大学士宋濂写的《阅江楼记》，被选入了《古文观止》。阅江楼建到一半，朱元璋突然决定停建，理由是太劳民伤财。

朱棣最后放弃了“神功圣德碑”，理由与父亲停建阅江楼应该差不多。反正帝王怎么做都是对，想怎么做都可以，都是天意，说放弃也就可以立刻放弃。放弃有时候也是一门艺术，朱氏父子都是十分果断的人，他们身上有土豪的一面，同时又特别会见机行事，不拘泥于小节。平心而论，明成祖虽然洗不了篡位之名，可是与文弱的侄儿相比，他要比建文帝有作为得多。

起码在南京人心目中，朱棣更像一位大帝。明朝初年的南京，如果说朱元璋时代像初唐，那么永乐年间便是盛唐时的长安。自有史以来，这是南京最显赫的年头，无论文功还是武治，都达到了前所未有的最高境界。在文的方面，编纂了《永乐大典》，这部由解缙、姚广孝担任总纂修的巨著，花了整整六年时间。是中国最著名的一部古代典籍，也是当时世界上最大的百科全书。

《永乐大典》的规模，远远超过了前代编纂的所有类书，它保存了十五世纪以前各种文献，共计 22 937 卷，分装成 11 095 册，全书约三亿七千万字。与法国狄德罗编纂的《百科全书》相比，与英国的《大英百科全书》相比，《永乐大典》早了三百多年。粗略统计，它收集的古代典籍有七八千种，在以后的大型书籍中，大约也只有清乾隆时期的《四库全书》可以相媲美。

另一个能够展示永乐时期的文明，就是郑和的七下西洋。南京是郑和下西洋的出发地，因为要远洋航行，南京拥有了全国最大的船厂，叫龙江船厂，始建于洪武元年，就在今天的龙江附近。最初专门制造水军使用的战船，后来又在此基础上，有了宝船厂，专门负责生产远航宝船。在一个标准的农业化时代，南京成为当时的造船基地，集中了全国手艺高超的工匠。

据《明史·郑和传》记载，郑和航海最大的宝船长四十四丈四尺，宽十八丈，是当时世界上最大的海船，折合现今长度为151.18米，宽61.6米。船有四层，船上九桅可挂十二张帆，锚重有几千斤，要动用二百人才能启航，一艘船可容纳上千人，《明史·兵志》有明确记载：

宝船高大如楼，底尖上阔，可容千人。

1957年5月，南京龙江船厂遗址，出土了全长超过11米的巨型舵杆，如果以正常比例来推测船体大小，《明史》上记载的大船确实存在。郑和七下西洋在时间上，比哥伦布发现美洲大陆早了八十七年，比达·伽马开辟印度新航道早了九十二年，比麦哲伦环球航行早了一百一十四年。航线从西太平洋穿越印度洋，直达西亚和非洲东岸，途经三十多个国家和地区。对于当时世界，郑和的庞大船队，从规模到实力都无可比拟，充分彰显了大明王朝的实力，所谓“耀兵异域，以示中国富强”。

然而无论当时，还是在后来，南京人其实一直搞不太明白，为什么要造那么大那么多的宝船，郑和为什么要七下西洋。在永乐大帝时代，南京人显然还没有就业率这个概念，大家并不会去想，因为郑和七下西洋，提供了多少就业机会。七下西洋的意义，都是后来人奉旨总结出来，在当时，在南京人记忆中，它就是个劳民伤财的玩意，与开采阳山碑材一样，只是没完没了的劳役，只是无穷无尽的赋税。

与巨大的付出相比，郑和七下西洋，更像一个华而不实的面子工程。先说远洋时必须自带的生活用品，据记载，郑和远洋船队“官校旗军水手”将近两万八千人，要出一趟远门，时间又很长，将是一笔非常大的开支。再说赏赐的礼品，既然摆阔，就要让对方觉得你真是有钱，要显摆你是不折不扣的土豪，便不得不准备大量的金银财宝。

永乐大帝时的南京，确实有一番盛世景象，足以震惊海内外。如果说一千多年前左思的《吴都赋》，更多的还是靠艺术渲染，那么明朝桑悦所著的《南都赋》，便要相对地写实一些，他笔下的南都应天府，虽然也难免虚词，还是写出了当时的南京繁华：

> 洒削追针之户，贩脂砺宝之家，各闪尸以道术，联鸣鸡而昏鸦，以至斗门淮清之桥，三山大中之街，乌倮白圭之俦，骈背项兮交加，日中贸易，哄哄咤咤，云间之布，雅安之茶，吴会玉栅之灯，勾漏石床之砂，翠聚琼台之馆，曲连淮阴之车，万货各离其乡土，何聚会之纷拏，反兮如潮之汗漫，覆兮类汐之荣查，来无趾兮得得，散无声兮参参。

用骈文写的赋体，特点就是有话不肯好好说，掉不完的书袋，引不尽的比喻，让人读得似懂非懂，隔靴搔痒。

事实上，不只是南京人想不明白，当时南京之外的中国人和外国人，都没想明白。郑和为什么非要七下西洋，为什么要这么浩浩荡荡，为什么要这么轰轰烈烈，结果也与阳山碑材一样，兴了师，动了众，最后又不了了之，说放弃也就放弃。大明王朝并没有借助庞大的舰队去征服世界，它确实是走出去了，可是这个牛皮哄哄地走出去，太有点不明不白。并没有真正地走向世界，很有点冤大头，因为它是严重的入不敷出，得到的回报实在太少了。

根据黄仁宇先生的推测，永乐年间，郑和下西洋的花费，在白银六百万两左右，相当于国库年支出的两倍。这还不包括造船费用，当时建造和修补一艘船，平均又需要一千六百两银子，每次出航，平均需船二百多艘，仅维修费用一项，就需要几十万两银子。于是“支费浩繁，库藏为虚”，被认为是下西洋终止的最直接原因。

不管怎么说，在永乐年间，南京的地位还是相当特殊，它是个完全国际化的大都市，起码是和国内的其他城市相比。它的心态是开放的，在当时的南京，见到外国人并不是什么稀罕之事。早在洪武年间，海内太平，天下无事，为了与民同乐，朱元璋就下令，官府在应天府的主要通道上，修建了“金陵十六楼”，也就是当时的戏院，开始上演昆曲。

很多人并不知道，昆曲发端于昆山，真正流行起来，却是在南京。此后数百年里，除了“渔阳鼙鼓动地来”，遇上刀光剑影，昆曲一直是南京城的主旋律，是娱乐界的龙头老大。后来赫赫有名的“秦淮八艳”个个都是昆曲名角，什么汤显祖，什么孔尚任，还有李渔，这些对昆曲传统剧目有突出贡献的人物，都与南京有着密切关系，汤显祖在这写了《紫钗记》，孔尚任写了与南京有关的《桃花扇》，李渔更是躲在南京的芥子园里，写了一大堆东西。

说永乐年间的南京，一定程度上是东方世界中心，并不为过。那时候的南京，完全担当得起这份荣耀，应天府是中国的京城，南京与海外交往频繁，各国使节前来朝拜和访问，相望于道，络绎不绝。追随郑和船队而来的各国贵宾，云集南京，为了安歇好这些使节，专门建造了会同馆，用来接待外国人。除了会同馆，还有许多“官店”，也就是官办的旅社，譬如在《上元县志》中就有记载，位于大通街东一家叫“寰中”的官店，具有很好的接待外宾能力，可以安顿庞大的外交使团人员。

永乐年间的金陵十六楼，生意十分兴隆，宾客齐聚，高朋满座。十六楼中的“来宾”和“重译”二楼，负责用来招待外国人，接待各国使节，娱乐活动十分丰富。洋人们在南京玩得开心，本土的南京老百姓日子似乎也好过得很。

这南京乃是太祖皇帝建都的所在，里城门十三，外城门十八，穿城四十里，沿城一转足有一百二十多里。城里几十条大街，几百条小巷，都是人烟凑集，金粉楼台。城里一道河，东水关到西水关，足有十里，便是秦淮河。水满的时候，画船箫鼓，昼夜不绝。城里城外，琳宫梵宇，碧瓦朱甍，在六朝时，是四百八十寺，到如今，何止四千八百寺！大街小巷，合共起来，大小酒楼有六七百座，茶社有一千余处。不论你走到一个僻巷里面，总有一个地方悬着灯笼卖茶，插着时鲜花朵，烹着上好的雨水，茶社里坐满了吃茶的人。到晚来，两边酒楼上明角灯，每条街上足有数千盏，照耀如同白日，走路人并不带灯笼。那秦淮到了有月色的时候，越是夜色已深，更有那细吹细唱的船来，凄清委婉，动人心魄。两边河房里住家的女郎，穿了轻纱衣服，头上簪了茉莉花，一齐卷起湘帘，凭栏静听。所以灯船鼓声一响，两边帘卷窗开，河房里焚的龙涎、沉、速，香雾一齐喷出来，和河里的月色烟光合成一片，望着如阆苑仙人，瑶宫仙女。还有那十六楼官妓，新妆袨服，招接四方游客。真乃朝朝寒食，夜夜元宵！

要想再现当时的情景，再也没有什么文字，能比《儒林外史》这段描写更能传神。

04 迁都

永乐大帝要是不迁都，不迁到北京去，结果会怎么样。这还真不好说，恐怕除了南京人，懂一点政治的，都觉得这个都迁得好，迁得及时，要不然，老是秦淮河边的这番热闹，“朝朝寒食，夜夜元宵”，好日子总要过到头，迟早又会是一个亡国。

当然南京人不这么想，太平盛世多好，商女不知亡国恨，隔江犹唱后庭花。中国人从来就不好战，南京人更不喜欢打仗，南京人最怕战乱。自东晋衣冠南渡，历史上的吴人强悍，有野性有血性，经过岁月洗礼，早已经磨去了棱角。不只是南京人不愿意打仗，在南京登基做了皇帝的朱元璋，也不太想没完没了征战，没完没了开疆拓土，与手下讨论对外方针，他就明白无误地表明了自己态度：

夫驭戎狄之道，守备为先，征伐次之，开边衅，贪小利，斯为下矣。故曰天子有道，守在四夷，言以德怀之，以威服之，使四夷臣服，各守其地，此为最上者也。若汉武之穷兵黩武，徒耗中国而无益；隋炀之伐高丽，而中国蜂起。以唐太宗之明智，后亦悔伐高丽之非。是皆可以为鉴，非守在四夷之道也。

明太祖这番话，或许可以为后来的郑和七下西洋做注解。下西洋的宗旨就是和为贵，同时因为在海洋里这么转了一下，也证明海外对中国几乎不会形成什么威胁。明朝初年，真正威胁还是来自距离南京遥远的北方。洪武元年，徐达率兵占领了元大都，也就是北平，元顺帝不得不逃亡大漠。元的国都失守，残余势力还在，还拥有相当大的军事力量，还有众多的部落听其调遣。被称为清代文苑第一人的谷应泰，在《明史纪事本末》中便说，明太祖与汉唐的开国皇帝不一样，他的改朝换代，不是简单的中原王朝更迭，真正对手并没有土崩瓦解。

元“顺帝北出渔阳，旋舆大漠，整复故都，不失旧物，元亡而实未始亡耳”。顺帝死后，太子即位，仍沿用元国号，史称北元。北元残余不时南下骚扰，严重威胁新建立的明朝统治。明太祖朱元璋心里很明白，他知道危险来自什么方向，为了巩固北方边防，除了分封诸子，派重兵驻守北部边塞，还屡次派大将北征，直捣大漠深处。

朱元璋封藩，除了太子朱标留在南京，老二老三老四，分别封在北方，老二是秦王，老三是晋王，老四是燕王，从西到东，一字排开。这三个儿子的位置都很重要，仿佛是伫立在北境的三个城堡，随时都在防范元朝残余势力的攻击。朱元璋的策略，并不是一味死守，而是一次次地主动出击，杀到敌军后方，以攻为守。在对北方的作战中，又以燕王朱棣最为可靠，也最为出色和有效。

朱棣在南京称帝后，与老父亲的策略一样，心里仍然一直惦记着北方，他的防守仍然还是以攻为守。曾五次亲赴漠北，比他父亲在时胆子更大，走得更远。又于沿边设镇，派兵驻守。初设辽东，宣府，大同，榆林四镇，继设宁夏，甘肃，蓟州三镇，又设太原，固原两镇，是为九边，或者说是九个军区。

北方的事情太遥远，北方太平了，才是真正的太平，南京人大约不会想到，即使是明太祖大修南京城墙的时候，他老人家心里还在担心北方，还在想着准备迁都。朱元璋在南京经营四十多年，当了三十一年皇帝，迁都的念头却一直纠缠着他。洪武初年，明军初定中原，他便迫不及待地赶往河南，史书上说明太祖“急至汴梁，意在建都，以安天下”：

> 尝云君天下，非都中原不可。今中原既平，必躬亲至彼，仰观俯察，择地以居之。遂于当年夏四月，率禁兵数万往视之。溯流河上，足月，抵汴梁。

明太祖抵达汴梁，立刻改汴梁路为开封府。当时的朱元璋心目中，就为选择定都南京，还是定都开封纠结，始终拿不定主意。

最后只能以“立国规模固重，而兴王之根本不轻”为由，选择了南京。同时也留了一个尾巴，仿造中国传统两京之制，诏告天下，“以金陵为南京，大梁为北京，朕于春秋往来巡守。播告尔民，使知朕意”。意思是说虽然定都金陵了，南京并不是唯一的首都，而“大梁”就是开封，金陵称之为“南京”，也是到此才开始的一个新地名。

在建都的问题上，朱元璋一方面犹豫不决，另一方面，多少也表现得有点土豪气，定了就定了，他看中哪，就是哪。事实上，他不仅看中过开封，还看中过自己的家乡凤阳，也曾下诏“以临濠为中都”，南京人根本就不知道这个临濠在哪，而且也不知道除了南京之外，居然还有一个中都存在，《明太祖实录》有记录洪武二年的一段文字：

> 九月癸卯，诏以临濠为中都。初，上召诸老臣问以建都之地。或言关中险固，金城天府之国；或言洛阳天地之中，四方朝贡道里适均，汴梁亦宋之旧京；又或言北平元之宫室完备，就之可省民力者。上曰：“所言皆善，惟时有不同耳。长安、洛阳、汴京实周、秦、汉、魏、唐、宋所建国，但平定之初，民未苏息。朕若建都于彼，供给力役悉资江南，重劳其民；若就北平，要之宫室，不能无更作，亦未易也。今建业长江天堑，龙蟠虎踞，江南形胜之地，真足以立国。”

朱元璋解释了一番应该在南京建都的理由，因此就大兴土木，建造了一个硕大无比的南京城，同时，他又念念不忘地想着迁都，内心深处总觉得不踏实，觉得不安稳，毕竟六朝和南唐的短命，是一道难以抹去的阴影。前事不忘，后事之师，好在虽然也劳民伤财，南京城垣的建设，还是卓有成效，而北京大梁和中都临濠，基本上就是随心所欲，虎头蛇尾，不了了之，大把的银子都白扔了。

事实上，曾经有过一段时间，朱元璋更中意的地方是关中。他曾派太子专程去长安考察，可惜太子年纪轻轻地就走了，明太祖在《祭光禄寺灶神文》中，以一种痛苦的语调，表明自己安排皇太子朱标前往陕西的真实目的：

> 朕经营天下数十年，事事按古有绪。惟宫城前仰后洼，形势不称。本欲迁都，今朕年老，精力已倦，又天下新定，不欲劳民。且废兴有数，只得听天。惟愿鉴朕此心，福其子孙。

在迁都这个问题上，朱元璋的最终选择，同样也只能是不了了之。南京老百姓自然不会明白这些道理，眼看着修城墙，眼看着盖高楼，眼看着一派繁华景象，熙熙攘攘利来利往，四海同心，八方来朝，做梦也不会想到，与南京人民同乐的老皇帝，心中还时刻存着要走人的念头。

事实上，真没人能想透皇上他老人家心目中，究竟在盘算什么。洪武十四年，也就是公元1381年，明孝陵开始动工，直到明永乐三年才建成，先后调用军工十万人，历时长达二十五年。

它继承唐宋帝陵“依山为陵”旧制，又创方坟为圜丘新制，这种样式，成了后来帝王陵寝的模板。让人感到最难以置信，陵墓已修了，朱元璋已经准备老死在南京，他心里竟然还是没有忘了要迁都。

明成祖在是否要迁都这件事情上，肯定也一度是非常纠结。跟老皇帝不太一样，朱元璋是开国皇帝，想在哪定都，就可以在哪定都，他老人家具有说了就算的资格。不管怎么说，朱棣的帝位毕竟是从侄子那里夺来的，毕竟名不正言不顺，人言很可畏，他要想坐稳皇帝的位置，在是否迁都的问题上，必须要三思而行，否则就更有篡位之嫌。好在永乐大帝登基的当年，就有人开始拍马屁，为朱棣此后的迁都北平先做铺垫，说历史上的龙兴之地，皇上一旦“入承大统”，便应该提高“肇迹之地”的地位。朱棣本是燕王，坐镇北平，现在已经是皇上，因此北平的地位必须升级，应该更名为北京。

这样的例子早在北宋时就有过，当时的皇子赵祯在南京为昇王，兼江宁知府和建康军节度使。后来赵祯当了皇帝，昇州也就是南京的地位，便随之水涨船高上升，为了显示其特殊性，以昇州为“大国”，从此不再封与他人。在中国古代，“京”这个字不能随便乱用，很快，北平府也改名为“顺天府”，升为正三品，与作为京城的南京“应天府”齐名，针锋相对，其他各地知府都只是正四品。

南京人并不知道，明成祖一直有条不紊，不动声色地实施着自己的迁都计划，永乐初期，他将“直隶苏州等十郡，浙江等九省富民”，以及山西“太原、平阳、泽、潞、辽、沁、汾民一万户”，强行迁徙，都弄到北京去。同时还下令：

> 凡人命，十恶死罪，强盗伤人者依律处决。其余死罪及流罪，令挈家赴北平种田。流罪三年，死罪五年，后录为良民。

这一招明太祖在南京也玩过，想当初，朱元璋不仅把看不顺眼的人统统赶出南京，发配到边疆，把江南的富人，都强行招集到应天府来居住，而且把全国的有钱人，各地的能工巧匠，都搜刮到了南京城里。朱棣在南京做了十八年皇帝，这期间，南京的首善之都地位仍然不可动摇，然而北京的地位迅速崛起，也开始变得无法阻挡。

迁都是要花银子的，要花大笔大笔的钱。盛唐以后，全国的经济重心开始南移，到了南宋和北宋，江南已经成为国家金库和粮库。“建都北平，去长江綦远，百司庶府，卫士编氓，一仰漕于东南之粟。”没有富庶的江南作支持，北京要想作为一国之首都，根本就玩不起来，因此在迁都之前，疏通京杭大运河，便成为一件很重要的事情。

大家都只知道隋炀帝开通了大运河，其实真正通往北京的运河，最初还是人家蒙古人开通。隋朝大运河以洛阳为中心，元朝定都北京，南方要往北方送钱送粮，最好的办法就是开通济州河，会通河，通惠河，使南北大体取直，不必再在涿郡绕一个大弯。

元朝因为强悍，可以走海运，对运河的航行，也不是特别走心，水量总是控制不好，到元朝后期，河道基本上淤塞，已经不能再通航。永乐大帝真要想迁都，就必须先大修运河，浚而通之，这在当时，是一个非常浩大的工程。

那时候，仅会通河道的四百五十余里，“其淤塞者三之一”。朱棣坐镇南京，显得非常有耐心，“发山东及徐州、应天、镇江民三十万”，淤塞的大运河很快被疏通了。明朝永乐年间，朝廷拥有了庞大的郑和舰队，但是对付海盗，对付海上倭寇，常常束手无策，毫无办法。“海运险远多失亡”，因此大运河一旦通航，出于安全考虑，海运便立刻取消。有学者考证，当年的所谓海盗，所谓倭寇，主体并不是什么日本人。

无论哪朝哪代皇帝，建造陵寝的选址，都非常讲究风水。明孝陵完工不久的永乐五年，也就是公元 1407 年，明成祖的徐皇后在南京去世。徐皇后是明朝开国功臣徐达之女，明成祖朱棣并未为自己的爱妻选择葬在南京，而是决定在北京另觅一处好地方。于是有个江西术士出来说事，说昌平北面有“吉壤”，名叫黄土山，山前有龙虎二山，“天门山拱震垣，地户水流囚谢”，是一块难得的风水宝地。

明成祖于是决定在此建造陵墓，永乐七年开始修建他与徐皇后合葬的陵寝，也就是后来的长陵。这项工程说明朱棣已经决定了，他死后就要长眠于北京。别人爱怎么说怎么说，事实上，明成祖在南京当皇上的十八年，经常以各种理由住在北京，譬如要亲率大军北征，要视察边疆的防务，要巡视正在修筑的万里长城。

大臣们好像也习惯了这种流动，皇上在哪，那些贴身的官员也就跟随到哪。

北京原来是朱棣的藩邸，他在这兴王，他在这创业，那些跟着他一起混的谋臣宿将，有很多本来就是北方人，跟着燕王一起南下靖难，一起升官发财，现在如果能有机会，重新回到家乡，正求之不得。尽管还有很多人反对迁都，朱棣的决心已下，谁也改变不了。到了永乐十八年，南京人只能眼睁睁地看着朝廷北去，除了留太子仍驻南京之外，中枢机构全部随迁北京。

明成祖的迁都，历史评价一直很高，都觉得大明的江山，竟然能够有两百多年历史，定都北京功不可没。历史描述向来都是嫌贫爱富，总是青睐于胜利者，为成功的人树碑立传。北京确实得天独厚，确实更适合作为中国的帝都，青出于蓝胜于蓝，雄心勃勃的朱棣，不可一世的永乐大帝，显然还不愿意止步于父亲明太祖的成就，他幻想着要建立一个更庞大的帝国，像蒙古人那样，“控四夷制天下”，结果是不是这样不重要，重要的是他有这些想法，必“欲远方万国无不臣服”，清人张廷玉总结说：

> 燕地负山带海，形势雄伟，临中夏而控北荒，诚所谓扼天下之吭而拊其背者。故金、元皆以此龙兴虎视，其比建康偏安之地相去迥若天渊。成祖自就封北平，屡经出塞，凡天时地利所在，筹之已熟。故即位以后，决计迁都，定其规模，而后从事，卓识独断，诚非近虑者所可及，不得以恋旧邸訾之也。

然而南京人并不会这么认为，南京人有南京人自己的看法。首先洪武和永乐年间，南京并不偏安，同样也是盛世，老百姓安居乐业，时间也长达五十年。其次，为什么强大的王朝，就一定要以开疆拓土为标志。“边庭流血成海水，武皇开边意未已”，结果呢，结果就是“汉家山东二百州，千村万落生荆杞”，“青是烽烟白人骨”。

南京人满怀着一腔怨恨，看着朝廷北去。天要落雨娘要嫁，永乐大帝在这里待了十八年，终于还是走了。从朱棣来南京的第一天起，民间就一直在传言，说这个人迟早要把皇位带到北京去，说他是一位篡位的君王，无颜在紫金山下与自己的父兄见面，不好意思与他们葬在一起。各种各样的流言蜚语，始终都在悄悄流传，像生了翅膀的蝴蝶在空中飞舞，最后尘埃落定，这一切，终于得到了毋庸置疑的落实。

05 贪玩的武宗

永乐十九年，明成祖迁都北京。三年以后，北征回师途中，在榆木川，也就是今天的内蒙古乌珠穆沁，一病不起，驾崩了。因为远在塞外，从榆木川到北京，路途相当遥远，怕有人趁机作乱，怕引起天下混乱，只能秘不发丧，蔡东藩先生的《明史演义》，第三十回“穷兵黩武数次亲征，疲命劳师归途晏驾”，写永乐大帝的崩逝，有这么一段描写：

再行至榆木川，气息奄奄，不可救药了。自知不起，遂召英国公张辅入内，嘱咐后命，传位皇太子高炽，丧礼一如高皇帝遗制。言讫，呼了几声痛楚，当即崩逝。张辅与杨荣、金幼孜商议，以六师在外，不便发丧，遂熔锡为椑，载入遗骸，仍然是翠华宝盖，拥护而行。暗中遣少监海寿，驰赴太子，太子遣太孙奉迎，太孙至军，始命发丧，及郊，由太子迎入仁智殿，加殓纳棺，举丧如仪。

秘不发丧很古代，很戏剧，为了演得跟真的一样，每天照样还要有隆重仪式，还得问候，请安，送膳，一切都跟人仍然活着一样。七月人死，磨磨蹭蹭八月才回到北京。明成祖的死后交接，与明太祖传位有点相似。朱元璋死了，因为太子先死了，便传给孙子建文帝。明成祖死了，传位太子，太子朱高炽只当了十个月的皇帝，也死了，于是皇位便到了皇太孙朱瞻基手里。

明宣宗朱瞻基有个强悍的叔叔叫朱高煦，这家伙是明成祖的次子，与朱棣一样，也是能征善战，曾为父亲的篡位立下过赫赫战功，论能力，远比太子强，也就是说，比朱瞻基的父亲朱高炽厉害得多。朱高炽是个胖子，腿还有些瘸，朱高煦一直不怎么服气这个哥哥，朱棣生前也确实想过要传位给朱高煦。朱瞻基继位以后，朱高煦很想学习父亲燕王，也有篡位之心，根本不把自己侄子朱瞻基放在眼里。

说到这里，必须说一说这几个人与南京的关系。先说朱高炽，他是明成祖的长子，也是太子，朱棣要迁都，自己又特别喜欢找借口住在北京，因此太子必须留守南京，因此他和南京的感情比较深。不管怎么说，未正式迁都前，南京才是真正的京城，北京只是别墅，所谓的第二居所，第一居宅之外用来享受生活品质的另外一套房子，明成祖只不过是更愿意住在别墅里。

朱高炽这个太子不仅人胖，腿瘸，而且那个事做得也比较多，不够节制，也就是传说中的嗜欲过度。即位不久，大臣李时勉便上了一道奏疏，其中有劝皇上谨嗜欲之语。朱高炽看了奏折，怒不可遏，老子的男欢女爱，干卿何事，当即令武士动刑，李时勉差点为此丧命。这个小细节，虽有段子之嫌疑，多少也说明了明朝时的南京，自上而下，从太子开始，淫靡之风已有多厉害。

朱高炽为太子时，弟弟朱高煦被封为汉王：

> 汉王高煦，成祖第二子。性凶悍。洪武时，召诸王子学于京师。高煦不肯学，言动轻佻，为太祖所恶。舅徐辉祖以其无赖，密戒之。不听，盗辉祖善马，径渡江驰归。途中辄杀民吏，至涿州，又击杀驿丞。
>
> 成祖屡濒于危而转败为功者，高煦力为多。成祖以为类己，高煦亦以此自负，恃功骄恣，多不法。

朱高煦的舅舅徐辉祖是徐达的长子，位居魏国公，也管不了这个桀骜不驯的外甥。成祖封次子为汉王，藩国云南，高煦不肯前往藩国，说“我有何罪，要被赶到万里之外”，死活非要赖在京城南京，成祖无奈，只得同意。他这人天生就是没规矩，私下常以唐太宗自比，后又改封到青州，仍然不愿前往。朱棣开始疑心他有夺嫡之意，下诏催高煦就藩，他不肯动身，私自挑选卫士，招募精兵三千人，又击杀兵马指挥徐野驴，僭用御用车马器物。朱棣为此大怒，剥夺其冠服，囚禁在南京的西华门内，准备将他废为庶人。

还是太子高炽念及兄弟之情，为高煦说了不少好话，保住了他的王位。成祖在北征的归途中驾崩，太子继位，成为仁宗。很快仁宗也死了，仁宗的太子朱瞻基与父亲一样，当时也在南京留守，立刻赶往北京继承皇位。高煦便想在半道上劫杀侄子，没想到朱瞻基行动太快，未能成功。紧接着，高煦又继续作乱，俨然与朱棣当年南下靖难时一样，想北上取代刚继承皇位的侄儿，然而他毕竟没有燕王的能耐，口气虽然很大，气焰十分嚣张，还没有来得及出兵，朱瞻基已派大军兵临城下。

朱高煦被带回京城，关押在北京西安门内，跟当年囚禁在南京的西华门一样，不过他再也没有翻身机会，高煦父子这次真的被废为庶人，手下亲信全部被杀。朱瞻基曾去看过被关在西安门的叔叔，这家伙当了阶下囚，仍然还不老实，还要耍王爷脾气，《国朝献征录·汉庶人传》说：

> 一日上欲往视，左右止之，不听。及至，熟视久之。庶人出不意，伸一足，勾上仆地。左右亟扶起。亟命壮士舁铜缸覆之。缸约重三百斤，庶人有力，项负之，辄动。积炭缸上如山，然炭逾时，火炽铜镕，庶人死。诸子并死。

这里“上”是宣宗朱瞻基，“庶人”是朱高煦，也是非常戏剧性的一幕，高煦当时已四十六岁，居然还会伸出脚去，绊了皇上一个跟头。是可忍，孰不可忍，史书上记载，汉王高煦有十一个儿子，中间那字都是“瞻”字辈，瞻后面一个字都与“土”有关，譬如壡圻坦垐，都封了王，封为济阳王临淄王昌乐王淄川王海丰王。高煦一怒，失去理智，自己死了不算，可怜自小娇生惯养的儿子们，也跟着一起遭殃。

自从明成祖迁都去了北京，南京一直弥漫着一种失落情绪。没迁都前，南京可是正经八百的首都，北京也叫京，必须挂着“行在”两个字。五府六部大理寺锦衣卫，在北京虽然都有分支，有了行在二字，多少还是有点临时的意思。正式迁都后，南京的人口结构，政治环境，商业发展，文化氛围，立刻发生了巨大变化。

首先人口减少了，人口锐减，因为迁都，“取民匠户二万七千以行，减户口过半”，当官的当大官的都走了，驻守京师的军队人数，也急剧下降。南京人口结构中的政治和军事成分大打折扣，城市的商业与文化功能却不断加强。换句话说，随着国家政治中心北移，南京作为留都，还保留了府部院寺等国家机构，都是中看不中用。

成祖驾崩，仁宗朱高炽继位。朱高炽的行事风格与朱棣不一样，朱棣喜欢北京，仁宗喜欢南京，他一上任，就开始改革，纠正了父亲的一些做法，对于南京人来说，最振奋人心的是一条还都消息：

> 戊戌，将还都南京，诏北京诸司悉称行在，复北京行部及行后军都督府。

是月，南京地屡震。

《明史·仁宗本纪》上确有准备还都南京的记录，然而为什么就在这个月，会“南京地屡震”，很微妙，很不可思议。历史上的南京很少地震，偏偏是在准备还都的这个月发生了。更糟糕的是，仁宗竟然在完全没有预兆的前提下，突然死了，他一死，还不还都，就得由新皇帝朱瞻基说了算。

朱棣刚从北京来南京时，曾很愤怒地对方孝孺说，我们老朱家的私事，跟你有什么关系。对于老朱家来说，国就是家，家就是国。对于南京人来说，则是这个老朱家，究竟谁说了算。朱棣的儿子刚说要还都南京，要让北京再次成为“行在”，诏书都已经下了，朱棣的孙子又决定不这么做了。天下现在到了朱瞻基手里，他跟他爷爷一样，更愿意待在北京，南京人民因此又白白地空欢喜了一场。

南京人很无奈，南京人很无辜，老朱家的私事，别人确实还真管不了。大家能做的，也就是私下里聊聊，偷偷地传播一些跟老朱家有关的八卦。既然无缘生活在天子脚下，那就充分享受天高皇帝远的平静生活。京城有京城的好，不是京城，也有不是京城的妙处。平心而论，失落归失落，迁都以后的南京，日子并不比以往更糟糕。明朝中后期，南都人民安居乐业，很闲适，活得很有文化。

想当官的，能当官的，都跟着去了北京。南京的生活变得很安逸，因为财产雄厚，土豪气渐渐开始暴露出来。过去是怕露富，老百姓畏祸，办什么事都尽可能低调，不穿过于华丽的衣服，房屋也只是将就着住，红白喜事都不敢张扬。现在已经没什么忌惮了，民间炫富变得很日常，想怎么摆阔，就怎么摆阔，想怎么铺张浪费，就怎么铺张浪费。著有《金陵古今图考说略》和《客座赘语》的顾起元，曾在文章中写到了当时社会风气：

> 役累重时，人家畏祸，衣饰、房屋、婚嫁、宴会务从俭约，恐一或暴露，必招扳累。今则服舍违式，婚宴无节，白屋之家，侈僭无忌，是以用度日益华靡，物力日益耗蠹。

南京仍然还是留都，京城习气还在，繁华依旧。如果说永乐年间的中国，相当于历史上的盛唐，迁都北京后，就属于中唐，基本特点就是安逸，太平无事，然后慢慢地接近晚唐。

宣德八年，也就是公元 1433 年，四十岁的宝庆公主在南京去世。葬礼很隆重，南京人纷纷涌上街头看热闹。宝庆公主是朱棣的妹妹，明太祖最小的一个女儿，她出生的时候，朱元璋已快七十岁。多少年来，宝庆公主一直被南京人津津乐道。传说太祖临终遗诏，嫔妃一律赐死殉葬，因为怜惜这个年幼的女儿，特留其母张氏不死，于是民间便有了公主救母的故事。

这故事可以成立，却不真实。根据史料记载，明朝殉葬规定很细，凡被册封为贵妃，生过儿子，不殉葬，娘家原有功勋的也可“恩免”。给朱元璋殉葬的人数究竟有多少，正史上并无确切记录，明末毛奇龄《彤史拾遗记》有个数字：

> 太祖以四十六妃陪葬孝陵，其中所殉，惟宫人十数人。

《明史·后妃传》也有记载：

> 初，太祖崩，宫人多从死者。建文、永乐时，相继优恤。若张凤、李衡、赵福、张璧、汪宾诸家，皆自锦衣卫所试百户、散骑带刀舍人进千百户，带俸世袭，人谓之“太祖朝天女户”。

朝廷对殉葬者的家属进行表彰和封赏，所谓牺牲一人，造福全家。宝庆公主母亲身份肯定很低，若是没有女儿，很可能性命不保。除了救母，宝庆公主还很帮夫，她的老公是位美男子，一个在南京镇守金川门的军官。宝庆公主在南京出嫁，她的侄儿朱高炽，以后的仁宗皇帝，亲自护送姑姑。论岁数，宝庆公主比哥哥朱棣小了三十多岁，比仁宗皇帝小十七岁，只比明宣宗，也就是她的侄孙朱瞻基大三岁，地道的皇上小姑奶奶。

南京人不羡慕这位小姑奶奶，羡慕那位长得帅的驸马爷。宝庆公主一死，轰轰烈烈地葬了，驸马爷开始纵情声色，开始一个又一个讨小老婆，这个南京男人挺能活，活到九十岁，享尽了荣华富贵。公主不死，朝廷不北迁，也不敢如此嚣张，也不可能那样快乐。不只是单纯快乐，他还被记录进了《明史·公主传》：

宝庆公主，太祖最幼女，下嫁赵辉。辉父和以千户从征安南阵没，辉袭父官。先是，成祖即位，主甫八岁，命仁孝皇后抚之如女。永乐十一年，辉以千户守金川门，年二十余，状貌伟丽，遂选以尚主。主既为后所抚，装赍视他主倍渥，婚夕特诏皇太子送入邸。主性纯淑，宣德八年薨。辉至成化十二年始卒。凡事六朝，历掌南京都督及宗人府事。家故豪侈，姬妾至百余人，享有富贵者六十余年，寿九十。

经历过六朝皇帝的这位驸马爷，活脱一个《金瓶梅》中的西门庆，经历了明朝南京最风光的一段好日子。就社会风气而言，唐宋元明清，明朝最为淫靡，最下流堕落。元朝时期南京风流场所如何，不是很清楚，反正再往前看，宋朝严禁官员嫖娼，公款吃喝，再找“三陪女”，属于绝对犯忌。如果有违反，轻则打屁股，重则开除公职。明朝好像很开放，突然就没了禁忌，官员们都像皇帝一样有土豪本色，当时的文人名士，富商大贾，普遍也以狎妓宿娼为风流韵事。

譬如朱元璋父子一生气，喜欢把罪臣的妻女送往妓院。当时的妓院很多还都是国营性质，生意火爆，是个非常赚钱的营生，能够直接增加国家税收。到了后来，有一本叫《嫖经》的书开始公开流行起来，成为狎界指南。明朝中叶，青楼生意兴隆，弄得皇帝都看不下去。

公元 1429 年，明宣宗朱瞻基决定改变这个风气，改变祖父和曾祖父时的规矩，大刀阔斧禁娼，开始了大规模的扫黄运动，下诏取消官妓，严禁官员嫖娼，胆敢违令狎妓宿娼者，必然罢职，永不叙用。士子嫖妓，也要受到处罚，科考中不予录用。

于是南京的官妓受到重创，然而“上有政策，下有对策”，在外嫖娼变成了蓄养女乐家妓，扫黄则查无可查，禁无可禁。国营妓院停办了，私营妓院如雨后春笋冒出来。最糟糕的，朱瞻基并不长寿，在位时间只有十年，三十八岁便英年早逝，他一死，扫黄运动也立刻无疾而终。

南京在风月场上的赫赫声名，就是在大明朝开始建立，应天府的秦淮河，灯红酒绿，成了一条很暧昧的胭脂河。明朝南京的“淫风大炽”，从此名不虚传，而且越来越不像话，以至于后来的武宗皇帝，在北京宫殿里心痒痒的，一直惦记着想到南都来玩玩，亲眼见识一下秦淮风月。武宗朱厚照是宣宗的曾孙，自从朱棣迁都以后，他是第一位到过南京的皇帝。

清朝的康熙和乾隆曾多次下过江南，明朝皇帝从南京创业发家，去了北京后，好像有意无意地都回避再到江南来。只有武宗是个例外，在明朝的皇帝中，这位朱厚照以荒唐著称，老百姓熟知的是他拥有的“豹房”，关于这个豹房，民间有种种说法，专家有不同解释，然而即使名列二十四史中的正史，说到这位武宗，也有点哭笑不得，《明史·武宗本纪》中，曾三次提到豹房，而武宗最后，就是死在豹房之中：

丙寅，崩于豹房，年三十有一。遗诏召兴献王长子嗣位。罢威武团营，遣还各边军，革京城内外皇店，放豹房番僧及教坊司乐人。戊辰，颁遗诏于天下，释系囚，还四方所献妇女，停不急工役，收宣府行宫金宝还内库。

这一段文字信息量巨大，为什么会“崩于豹房”，为什么要“革京城内外皇店，放豹房番僧及教坊司乐人”，为什么要“还四方所献妇女”，虽然距今已五百年，民间关于武宗的种种传闻从未间断。搜索百度，“豹房秘史”，“纵欲淫乐”，“每晚强幸民女连寡妇都不放过”，这些字眼会接二连三跳出来。

野史不足为信，武宗南巡和驻跸南京，却是千真万确。说起来武宗好歹也是个皇帝，但是他的举止，完全像小孩。当时要南下的理由很充分，宁王朱宸濠叛乱，武宗就提出来要亲征，这谁也拦不住。偏偏他带的大军还没赶到南方，叛王朱宸濠已经被捉。捷奏的消息传到，武宗意犹未尽，故意压住不发，继续南下，浩浩荡荡先到扬州，然后再到南京。

在扬州，武宗的手下便以“民居为都督府，遍刷处女、寡妇，导帝渔猎”。到了南京，手下“又欲导帝幸苏州，下浙江，抵湖、湘”，诸臣极谏乃止。很显然，武宗已被佞臣小人控制，他们专门给皇上出坏主意。在北京，因为有一班大臣看管，动不动会以死相谏，会以祖宗的规矩约束，现在既然离开京城，武宗正好可以好好地胡闹一番。

纯粹是胡闹，武宗南巡，以南京为行在，一直胡闹到第二年的八月才走人。皇上驻跸南京，地方官员与百姓不仅要接待圣驾，还要供应其扈从，不胜其扰。明人周晖撰的《金陵琐事·三人协力》上有条记录，十分写实和传神：

寇亦山西人，与白严同乡，躯体颀硕，眼微近视。每日带小帽，穿一撒坐堂，自供应。朝廷之外，一毫不妄用。若江彬有所需，每差人来，寇佯为不见。直至堂上，方起坐，立语呼为“钦差”，语之曰：“南京百姓穷，仓库又没钱粮，无可借办。府丞所以只穿小衣坐衙，专待拿耳。”差人无可奈何，径去回话。每次如此，江彬知不可动，后亦不复来矣。

江彬即武宗身边的佞臣，嚣张跋扈，在北京时出入豹房，与武宗同起卧。由此恃宠擅权，统领镇军。进毡幄，导巡幸，取悦武宗。寇天叙是南京应天府最大的官，他只能用哄小孩子的办法，来对付武宗君臣。一天晚上，江彬派人向都督府索要各城门锁钥，人人惊骇，不知如何应对。都督府向南京吏部尚书乔宇求助，乔宇就说：“守备者，所以谨非常。禁门锁钥，孰敢索，亦孰敢予，虽天子诏不可得。”意思是说，城门锁钥，怎么可以随便给人。都督府便以此言回复，江彬听了，亦无可奈何。

气焰嚣张的江彬动不动就假传圣旨，他的手下，都是身长力壮的西北大汉。为了打击江彬气焰，乔宇在南都军营教官中，选取矮小精悍者百人，每日都与江彬的亲兵比试：

南人轻捷，跳趋行走如飞，而北人粗坌，方欲交手，被南人短小者，或撞其胁肋，或触其腰胯，北人翻身僵仆。移时，江提督大为沮丧，而所畜异谋，亦已潜折其二二矣。

皇上驻跸南京，南京人一方面深受骚扰，另一方面，也增添了很多谈资。武宗是个性情中人，手下又有那么一帮不是东西的小人，因此他在南京期间，做出什么荒唐的事，都有可能。秦淮教坊，自是常去之地，家花不如野花香。除了风流场所，他还喜欢去逛老百姓家，看见人家的园子漂亮，便去巡幸。

南京有个快园，主人叫徐霖，号髯仙，别号九峰道人。原来也是读书人，“然倜傥不羁，坐事削籍”，成为布衣，所谓一介平民。能写一手好字，楷书行草小篆俱佳，还能画几笔。关键是有钱，有钱才能当土豪，修了很漂亮的园子，广结宾客。因为有点小名气，又喜欢张扬，结果把爱玩的皇上给招引去了。有帝王到此一游的金字招牌，快园名声大振，徐霖的生活也愈加逍遥。七十寿诞，“于快园丽藻堂开宴，妓女百人，称觞上寿，缠头皆美之诒者”，然后又幸福地过了十年，活到八十岁寿终。

武宗南巡时最荒唐一幕，莫过于把捉到的宁王押到南京来，现场放了，让皇上亲自指挥再捉一次。南巡的借口是平叛，武宗在南京，大臣及地方官员不断上奏章，劝其回京。然而他硬是赖着不走，理由十分滑稽，既然亲征宁王之乱，活要见人死要见尸，必须以战场擒敌为终结。为了哄皇上高兴，诸嬖幸商议来商议去，准备将宁王放回鄱阳湖，再让武宗亲自擒获，而此时距离抓获朱宸濠，都已经过去一年。

这个想法实在太过分，实在太离谱，最后只能折中，双方都做些让步，把戏弄到南京来表演。在广场进行隆重的受俘仪式，让武宗穿上戎服，令诸军环列四周，去掉宁王和手下的桎梏，让他们佯装逃跑，再伐鼓鸣金，将其擒获，朱宸濠等则缴械受俘。经过这一番折腾，武宗一行也玩够了，玩爽了，这才离开南京，取道扬州返回京师，南都父老“拊掌称幸”。

06 在南京的利玛窦

万历二十三年，也就是公元1595年，一个叫利玛窦的意大利人来到南京。很显然，这个城市给他留下了美好印象，对明朝时期的南京城，这个老外的评价可不是一般的高，在他的札记中写道：

在中国人看来，论秀丽和雄伟，这座城市超过世上所有其他的城市；而且在这方面，确实或许很少有其他城市可以与它匹敌或胜过它。它真正到处都是殿、庙、塔、桥，欧洲简直没有能超过它们的类似建筑。在某些地方，它超过我们的欧洲城市。这里气候温和，土地肥沃。百姓精神愉快，他们彬彬有礼，谈吐文雅，稠密的人口中包括各个阶层；有黎庶，有懂文化的贵族和官吏。后一类在人数上和尊贵上可以和北京的比美，但因皇帝不在这里驻跸，所以当地的官员仍被认为不能与京城的相等。然而在整个中国及邻近各邦，南京被算作第一座城市。

同时期一个南京人顾起元，也在自己书里，描写了这位利玛窦：

面皙，虬须，深目而睛黄如猫，通中国语，来南京居正阳门西营中，自言其国以崇奉天主为道，天主者，制匠天地万物者也。所画天主，乃一小儿，一妇人抱之，曰“天母”。

在顾起元笔下，利玛窦是一位“西洋欧罗巴”人。明朝人的知识库里，就算他已经是个很明白事理的学问家，就算对天下对世界地理有所了解，欧洲也只是同一个国家，所谓欧罗巴国，那些高鼻子蓝眼睛的外国人，都出自这个国度。利玛窦曾经向万历皇帝进贡了一幅世界地图，有理由相信，地图是利玛窦亲自绘制，上面用汉字做了注解。事实上，这幅《坤舆万国全图》，不只是中国人将信将疑，感到吃惊，后来的外国人也感到不可思议。

这是一幅长三米，宽两米的世界地图，由十二个类似屏风的长条拼成。地图上第一次出现了我们熟悉的汉语名词，如“亚细亚”，“欧罗巴”，“大西洋”，“罗马”，“古巴”，“地中海”，“尼罗河”。它与我们如今所熟知的世界地图，总体样貌上已经相差无几。最关键的是地图上还出现了“地球”这两个字，明确无误地告诉大家，世界并不是什么“地方天圆”。

为了哄皇帝高兴，也为了哄中国人高兴，利玛窦的《坤舆万国全图》与后来常见的世界地图一样，让中国位于这幅地图的中心位置。或许是因为颠覆了“普天之下，莫非王土”这个中国传统思想，这幅地图并没有产生任何影响，万历皇帝大约也只是觉得挺有趣，召集臣下一起看着玩玩，看了也就看了。

当时的南京人也有缘见到了这幅地图，利玛窦为什么会来南京，为什么又会在这里定居，三言两语解释不清楚。可以肯定的是，作为一名传教士，利玛窦遭遇了太多困难，他在澳门学会汉语，然后进入广东，在广东境内悄悄地传教。一开始，打扮很像穿着袈裟的和尚，因为从西方过来，有人以为他是印度人，有人以为他是中东的回民，反正大家也分不清楚什么佛教天主教伊斯兰教。后来有高人指点，利玛窦开始改变装扮，穿上中国的“儒服”，留起了大胡子。

利玛窦的计划是在南京建立一个传教中心，有一位叫徐大任的人在此地担任工部侍郎，他是利玛窦的熟人。早在广东时，他们就打过交道，利玛窦曾经送给徐一个天球仪和一只沙漏，这些小玩意在当时很贵重，很能讨好地方官员。然而利玛窦试图利用徐大任的如意算盘，并没有能够实现，到了南京，利玛窦信心十足地拜访了徐大任，说自己想在南京城常住，并且准备建一个天主教堂，没想到立刻遭到拒绝。徐大任不仅拒绝了他，而且还派兵去威胁收留利玛窦的房东，要定房东窝藏洋人的罪名。

在南京的工部侍郎徐大任为什么会突然翻脸不认人，这显然与当时政治形势有关。要知道，陪都南京远比广东更加保守，这段日子，日本和朝鲜正在打仗，在华的外国人都有可能受到怀疑，都有可能是间谍。徐大任不想惹上私通外国的罪名，无论在大明，还是后来的大清，通夷都可能是要命的，都是汉奸，跟外国人有来往绝对不是闹着玩的事。利玛窦很失望，尽管他在后来文章里，说了许多南京的好话，这个城市在一开始表现得很不友善，并不愿意收留他，只好灰溜溜地离开。

三年后，利玛窦又一次来到南京。这一次，南京不是目的地，他只是借道此地，想去北京见万历皇帝。新任南京礼部尚书的王忠铭将要赴京觐见皇上，为皇帝祝寿，或许级别更高的缘故，级别高了，胆子也大一些，这位王尚书也是利玛窦的一个熟人，他竟然同意带着利玛窦一同前往。为什么要贸然带一位洋人北上，一般的解释有两个原因。一是王接受了贿赂，利玛窦送给他一块玻璃三棱镜，在当时，大家都认为这是一块价值连城的宝石。二是利玛窦也为皇帝准备了不少礼物，譬如万国地图，制作精巧的自鸣钟，还有两幅画着基督的油画，王忠铭觉得这些东西很可能会讨得万历皇帝的欢心。

利玛窦如愿到了北京，并没有见到皇帝本人。中国的皇帝岂是你一个老外想见就见，与第一次到南京的情形相似，利玛窦在北京一无所获，不得不灰溜溜地离开。好在他来北京前，停留南京期间，有了一个意外的收获，当时南京城的总督，也就是应天巡抚赵可怀，他是王忠铭的好友，非常愿意结识利玛窦。赵不仅热情邀请他前去做客，让他在自己府上住了十天，临别还赠送了一笔数额不算太小的盘缠，因为巡抚大人看到这些怀揣宝物的外国传教士，实际上很穷很贫困。

在准备去北京进贡给皇上的礼物中，有一幅放在玻璃镜框里的基督像，当利玛窦向巡抚大人展示这幅画像时，南京城的总督赵可怀感到很震惊，《利玛窦中国札记》中做了如此描述：

> 总督叫他的仆人在香堂中修建了一个祭坛，他在祭坛上摆点燃着的明烛和香，把十字架放在当中。他穿上正式的礼服，必恭必敬走向祭坛，进行四次通常的礼拜，然后登上祭坛凝视十字架像。他总是从一侧走上去，从不直接在像的正前面；他那么长时间瞻仰十字架，仿佛再也不能把他拉开。随后，全家仆人都进行同样的仪式。这种崇敬的仪式成为全家每天的礼节，其中一个仆人奉主人之命保持炉香不断燃烧。总督邀请城里的要人来看这个不可思议的圣像，其中有南京提学使。

作为一名南京的地方长官，赵可怀在基督画像前表现出的那份虔诚，多少有些不可思议。利玛窦的北京之行可以说完全失败，他几乎立刻想到了回南京，北京不留爷，自有留爷处，既然南京的总督大人对自己那么热情，他显然会欢迎利玛窦的再次莅临。

接下来，在苏州和镇江兜了一圈以后，利玛窦第三次到达南京，并且真的就在这个城市里住了下来。先是住在三山街的承恩寺，后来又在地方官员关照下，找到了另一处安身之地。虽然在北京没见到皇上，可是利玛窦的名声已在南京城传开了。大家都相信这个老外手里有着非常珍贵的宝贝，这些宝贝迟早还是会送到北京的宫廷里去，而只有皇上才配拥有这些贵重的宝贝，因此都想先睹为快，真到了皇帝手里，谁也别想再看到。

那位被利玛窦称为南京总督的赵可怀，就一直以最先目睹利玛窦所藏的救世主基督像为荣，若干年以后，他还经常在北京的官场上吹嘘，说最后送给万历皇帝的那幅油画，曾经在自己的官邸中放过好多天。当然，喜欢热闹的南京人想看的，显然还不止画像，他们还想看看可以奏音乐的自鸣钟，看看那块巨大的玻璃钻石。利玛窦成了一个怀揣宝物的人，他居住南京期间，无论是在承恩寺，还是在后来借住的房子里，拜访者接二连三，络绎不绝。

与外国人来往的禁忌被打破，除了总督赵大人对利玛窦关照有加，新任的南京礼部尚书王忠铭还亲自去承恩寺看望利玛窦。这一带头作用影响很大，南京的老百姓眼见着尚书大人身着官服，走进了承恩寺，庙里的方丈连忙出来迎接。一传十，十传百，在王忠铭拜访了利玛窦之后，这个老外已成了南京这个城市中的贵客。

> 当大家得知关于尚书拜访了利玛窦神父的消息时，所有司法官和其他高级官员都来向他表示敬意。其中只提三个就够了：刑部尚书及侍郎，和位居二品的户部尚书，这三个像主要客人一样，身着官服，全副排场并带着与他们的高位相称的礼品前来表示敬意。

当时最让利玛窦搞不明白的，是为什么南京会有那么多官员。谁的官更大，谁更有权力，这是一门很复杂的中国学问。南京不只官员多，北京有的这个那个，南京好像也有，尚书呀侍郎呀，虚虚实实，多如过江之鲫。还有大官们的后代，也就是所谓的豪门。当年跟随朱元璋一起打天下的功臣，他们的后人还留在这个城市中继续享乐，譬如徐达的后人世袭魏国公，南京著名的瞻园就是他们家。

有一天，利玛窦应邀去魏国公家做客，在瞻园里，他大开眼界，目睹了王府中的各种奢侈，见到了魏国公本人，一个出门可以享受八抬大轿的青年贵族。除了主人，利玛窦还在这见到了两位非常有权势的人物，一位是南京城的最高军事首长，另一位是来自北京的太监总管，《利玛窦中国札记》中译者将这位太监总管，译为冯保，显然是错了。

万历十岁时当了皇帝，冯保和首辅大臣张居正，基本上可以算他的监护人。据说万历到了十八岁，开始不学好，居然调戏宫女，冯保向太后告密，结果年轻的皇帝被太后罚跪几个小时。因此，张居正一死，冯保也跟着倒霉，不仅与首辅一样被抄家没收财产，还被罚到南京来守陵种菜。利玛窦在南京的时候，冯保已死了十多年，他在瞻园里见到的太监总管显然不可能是冯保。

然而利玛窦的记录并没有大错，他确实在南京遇到了一位来自北京有着“几乎拥有无限权力”的太监，这个人“管理京城内的几千名太监”，“还管理着京城的各种城门收税”。明朝宦官政治之厉害，不容置疑，具体是哪位太监有待考证，利玛窦感到无法解释，为什么此人会有那么大权力。这位太监总管早就上了年纪，有点老朽，耳朵听音已重听，必须有个助手在旁边重述别人的谈话内容。大家都称呼他为“千岁爷”，别人都这么叫，利玛窦也不得不这么跟着称呼。

《利玛窦中国札记》中关于南京的篇章，为我们展示了当时南京一幅幅生动的画卷。有时候，借助洋人的眼睛，我们似乎可以看得更清楚一点。习以为常，视而不见，熟视往往会无睹，首先，当时的南京人根本不会觉得官多，中国这地方，向来就是乌纱帽多，再往后，到了晚明，到了大清朝，到了民国，这些官都是怎一个多字了得。

自元朝开始，诗词之外，文人开始喜欢玩曲，明朝冯惟敏的《清江引·八不用》，分别描述了乌纱帽，拖天带，皂朝靴，花藤轿等八种官员配制，其中“乌纱帽”写得最好玩：

> 乌纱帽，满京城日日抢，全不在贤愚上。新人换旧人，后浪催前浪，谁是谁非不用讲。

乌纱帽起源于东晋，作为正式的官服始于隋朝，兴盛于唐朝，到宋朝时加上了双翅，今天看来已经非常的滑稽。按照官阶高低，乌纱帽材质和式样有区别。明朝以后，乌纱帽成了做官为宦的代名词，头上是不是一本正经地戴着，已不重要。南京这地方冬天冷，夏天热，从实用角度出发，乌纱帽那玩意真戴在头上肯定不舒服，顾起元《客座赘语》上说：

南都服饰在庆、历前犹为朴谨，官戴忠静冠，士戴方巾而已。近年以来，殊形诡制，日异月新。于是士大夫所戴其名甚夥，有汗巾、晋巾、唐巾、诸葛巾、纯阳巾、东坡巾、阳明巾、九华巾、玉台巾、逍遥巾、纱帽巾、华阳巾、四开巾、勇巾。巾之上或缀以玉结子、玉花瓶，侧缀以二大玉环。而纯阳、九华、逍遥、华阳等巾，前后益两版，风至则飞扬。齐缝皆缘以皮金，其质或以帽罗、纬罗、漆纱，纱之外又有马尾纱、龙鳞纱，其色间有用天青、天蓝者。至以马尾织为巾，又有瓦楞、单丝、双丝之异。于是首服之侈汰，至今日极矣。

“忠静冠服”是明朝官员的正装，有着严格规定，“三品以上用云纹，四品以下用素”。在一开始，规矩就是规矩，不可以乱来，到了后来，规矩只是规矩，大家都乱来。利玛窦当时穿的是中国的儒服，这个儒服究竟是什么样子，也讲不清楚，反正就是当时读书人的服饰，是诸葛巾还是东坡巾，大家就随便乱想吧。

明朝中后期的南京，既有京城遗韵旧都气派，又难免一种天高皇帝远的潇洒，不只是一个乌纱帽“殊形诡制，日异月新”，许多事都不太靠谱。利玛窦在自己的住处，曾接待过两位民间高人，一位号称已经三百岁，显然是位敢于胡说八道的骗子，还有一位九十岁，看上去不过六十岁，基本上也是个骗子，扬言能够包治百病。

三百岁的那位老寿星，为掩盖他的谎言，“自称他一生中大部分时间都是在中国境外度过”。利玛窦意识到，当时的中国人“向往延年益寿已经发了狂”，都想学到长寿秘诀，因此骗子极有市场，很容易获得认同。这两个骗子，一个以长寿闻名，一个以医术闻名，合在一起互相恭维互相拔高。他们不耻下问，结伴过来拜访利玛窦，与利玛窦十分严肃地讨论数学问题，理由是他们擅长的“中国风水”，也是数学的一个分支。

在南京居住期间，利玛窦结交了不少名士，如南京礼部侍郎叶向高，还有著名的文化人李贽和徐光启。他还与大报恩寺的和尚雪浪大师进行了一场辩论，辩论的结果是大家都觉得自己获胜了。那段日子，利玛窦在南京大出风头。他获得了一处“永久性的寓所”，一座新落成的官邸因为闹鬼，准备廉价出手，可是大家都怕鬼，“找不到人肯与鬼怪住在一起”，于是一位官员就对利玛窦宣布：

> 你素有圣洁的名声。你不怕鬼的话，你可以买下；不争价钱，悉听尊便。

对于利玛窦来说，这真是一个天降的好机会，是天主在援手相助，结果只用了“所耗造价的半价”，他就得到了这套房子。

> 利玛窦神父发现它比他此前所察看过的任何房舍都更适合他的目的。它坐落在城里最高的地段，不怕河水淹，并且位于南京的大街上，此处街道约有一投石的宽度。从瞭望楼

四周，可以看到皇宫和各部衙门。大厅和起居室可供约十名传教士居住。这是一座新盖的房屋，建筑是准备多年之计的。它从前后门都可出入。门前的道路通向另一条大道。幸运的是，出售这座房屋的是工部主事，因此不难获得地方长官批准购买，而在过去，这件事曾造成了那么多的麻烦。事情真像是天主援手为神父们准备了这座房舍。

这座房子的具体位置，应该是正阳门内的西崇礼街，也就是今天光华门内尚书巷。利玛窦不仅获得了房契，还有一张官方的告示，“禁止任何人妨碍他们占有这座房屋”。在当时，一张盖着官印权威的告示相当重要。这里成了应天府的第一座天主教堂，而利玛窦在城西罗寺转湾的住址，后来也成为著名的天主教堂，也就是石鼓路教堂。

在利玛窦的指引下，南京开始有了第一个信徒，这人是南京的名人，也算是担任军职的贵族，他的儿子在武举考试中曾获得了第一名。再往后，到晚明时期，据保守估计，南京地区的受洗人数，至少也有四千人，这个数字不算多，然而确实也不算少了。

07 相公止爱钱，皇帝但吃酒

1644年4月25日，李自成势不可挡地杀进了北京，走投无路的崇祯皇帝在煤山自尽，留下一份血书，话虽不多，主要意思也就可怜巴巴的一句话，希望不要加害百姓。冯梦龙编辑的《甲申纪闻》中遗诏是这么写的：

> 朕在位十有七年，薄德匪躬，上邀天罪，至虏陷内地三次，逆贼直逼京师，诸臣误朕也。朕无面目见祖宗于地下，以发覆面而死；任贼分裂朕尸，勿伤我百姓一人。

《明史》是清朝人编的，崇祯皇帝的遗诏基本上也这个意思，只是删掉了影响民族和谐的“虏陷内地”字样。反正大明王朝从此结束，北方陷于一片混乱，而且越来越乱。李自成的大顺军，与吴三桂准备开打，清军坐山观虎斗，准备趁机入关。

这时候，南边的应天府却是另一番热闹。过去一段日子，南京地位变得越来越重要，首先人口在发生变化。北方社会混乱不堪，大批官员士绅纷纷涌向南京。不只是北方不安定，在辽阔的南方也有严重问题，明人吴应箕《留都见闻录》上就说：

> 京师为五方所聚，要皆贸易迁徙之民，及在监游学之士而已，而移家者固未数数也。自辽东破，而北人始来，自奢酋难作，而滇黔之宦于南方者始不反，此天启元年后事。崇祯庚午以来，而南直有民变，于是宜兴、溧阳、通州三处之荐绅有奔徙者。甲戌桐城民变，乙亥流寇猖獗，江以北之巨富十来其九，而山东、河南、湖广之人几于望衡对宇矣，于是，南中风气为之一变。

这里的京师不是北京，而是留都南京。“奢酋难作”是指发生在西南地区的“奢安之乱”，云贵川很不太平，“荐绅”是缙绅，也就是有身份的人，直白地说，就是有头有脸的，还有做生意的，读书准备参加高考的，都一起避难跑南京来混了，结果在他乡异地的老乡“望衡对宇”，抬头不见低头见，都在南京成了街坊邻居。

历史又一次重复，北方一旦开始有难，南京的机会立刻降临。仿佛又回到了从前，回到衣冠南渡时的东晋，回到靖康之乱后的南宋。在这节骨眼上，福王朱由崧悲惨兮兮地来到了南京。南京人起初并不知道这家伙是谁，北京的皇上若在，作为一名外省的藩王朱由崧，根本不入大家法眼。这时候的朱由崧，只是个丧家之犬，他的父亲老福王朱常洵，几年前已被李自成的农民军杀了。民间传说，福王生得很肥胖，农民军宰了两头鹿，与他放在一口大锅里煮，熬成一锅“福禄汤”分吃了。

朱由崧有幸躲过了一劫，他从河南流落到淮安，又从淮安到仪征。到了仪征，待遇总算开始好转，毕竟他还是一位王孙，当时在南京的魏国公，明代开国功臣的第十四世孙徐弘基，亲自赶过去迎接，在江浦主持了一个正经八百的欢迎仪式。接下来，便是将他带回南京。

福王如何进入南京城，如何与留都的老百姓见面，显然经过精心安排，仪式必须隆重再隆重，不能随随便便。大家都知道，明代南京城垣有外郭城，有内城，有皇城，还有宫城。忧心忡忡的福王先坐船，到达外郭城北的观音门，文武百官在龙江关等候谒见。再乘马从内城的三山门向东环行，拜谒太祖孝陵和懿文太子东陵。最后，又从最东边的朝阳门，即后来的中山门进入内城，穿过东华门，到达宫城。

宫城是明代南京都城最重要的区域，又称紫禁城。福王此时的身份，不便乘马，只能徒步拜谒奉天殿。奉天殿是宫城最重要最宏伟的建筑，俗称“金銮殿”，用于皇帝登基和接受大臣百官朝贺等大典。拜谒完毕，再从西华门步出宫城，暂以南京内守备府为行宫。大臣们纷纷请朱由崧登基当皇帝，福王再三谦让，表示愿意仿照前朝的故事，先就任监国。

扭扭捏捏戏演得差不多，客套都玩完了，朱由崧在武英殿正式即皇帝位，以明年为弘光元年。南明的历史就算正式开始，南京不再是陪都，不再是备胎，又一次成为正式的首都。朱由崧在武英殿拜受国玺，百官朝贺，俗话说，国不可一日无君，自从崇祯皇帝缢死的消息传到江南，人心一直无所依附，至此“社稷初定，民情始安”。

福王朱由崧半推半就，被推到了皇帝宝座上。在一开始，这个皇位就来得很意外，多少有些硬着头皮干的意思。皇帝谁都想当，也不是谁都能当好。明朝的皇帝，因为祖宗留下了各种规矩，因为祖宗打下的良好基础，只要不是遭遇乱世，即使像武宗那样纯粹瞎胡闹的君主，照样也可以维持，照样可以将就，国家机器照样可以有效地运转。很多时候，皇帝只是个摆设，如果不是大规模农民起义，如果不是强悍异族入侵，谁都能凑合着当下去。

与东晋和南宋相比，弘光小朝廷手中的牌并不算太烂，然而朱由崧天生不会打牌。他只是个落难的公子哥，自小娇生惯养，锦衣玉食，根本不知道如何处理国家事务。明朝后期的最大问题，是门户之见和党派之争，阉党与东林形同水火，党派和集团之间，没完没了相互攻讦，一争斗起来，都是有私心在作怪，根本不考虑国家死活。太平盛世的相互诋毁，有时候也可以起到一种监督作用，然而国家到了危亡之际，门户朋党之争，就会带来非常严重的后果。

谁都能看到问题的严重，谁也解不开这个死结。朱由崧上任后，“一切雪耻除凶、收拾人心之事，丝毫未举”，当时的南京市长，应天府丞郭维经有些着急，实在看不下去，上疏说：

> 今伪官纵横于凤、泗，悍卒抢攘于瓜、仪，焚戮剽掠之惨，渐逼江南，而廊庙之上不闻动色相戒，惟以慢不切要之务，盈庭而议。乞令内外文武诸臣洗涤肺肠，尽去刻薄偏私及恩怨报复故习，一以办贼复仇为事。

当时的形势非常危急，南明小朝廷却斗来斗去，吵不完的架，打不完的小报告，党派之争愈演愈烈，大事不顾，小事乱争。南京这地方向来不明是非，应天府曾是复社雅集之地，东林党人气势很盛，然而阉党把持朝政，操纵君主，风头丝毫也不弱于东林，结果两败俱伤，转眼间，清军已快到长江对岸。

朱由崧在南京称帝，一共就八个多月，在南京人看来，已经相当漫长。这期间发生了太多故事，1645 年春天，朱由崧登基不久，一个自称皇太子朱慈烺的人出现在南京。这个消息非常惊人，因为皇太子身份若是真的，那么他的合法性显然比福王更高。一时间，朱由崧与诸位大臣都很当回事，传说先派了两名太监去辨识，两个公公见到太子，抱头恸哭，解下衣衫为太子御寒，如实飞报。朱由崧大怒，说真假还未辨，“何得便尔”，立刻将两太监杀了灭口。

第二天，朱由崧召集群臣，说有一孩子自称先帝东宫，若真是先帝之子，他也就是朕的儿子，当抚养优恤，不令失所。然后带着一帮人前去辨认，陪在朱由崧身边的原总督京营太监卢九德看了，立刻觉得这太子是假。当时最具权威的鉴定还是王铎，也就是大家熟悉的那位书法家王铎王觉斯，他曾在东宫担任教官三年，自然熟悉太子模样，见了假太子很生气，说你认识我吗。太子说不认识，王铎连续几问，太子都答不出来。于是便让锦衣卫将其缚之，假太子见真相暴露，长跪以求饶，哭着说：

> 小人原是赝质，不过为人所玩弄，徒以此恐喝于诸侯耳。小人王其姓，之明其名，高阳人，父纯，母徐氏，有引小人者阴以诳诱焉。

这件事情本来也很简单，假就是假，真就是真。南都的许多官员曾在北京任过职，都见过真太子朱慈烺，他们一眼就看出了这是个伪太子。朱由崧“又命旧东宫伴读太监丘执中往认，之明见执中，亦不识也。于是群疑稍解”。不过，仍然还有人不相信，大家都觉得现在的这个弘光帝，实在不怎么样，都希望有个像点样子的家伙来代替他。于是一些文武百官，纷纷赶赴关押假太子的兴善寺，“踊跃趋谒”，朱由崧只得将太子交付锦衣卫看管，心里想杀，又不敢杀，怕有杀人灭口之嫌疑。

在南京当了弘光帝的朱由崧，注定会成为各种段子中的滑稽人物，他无能，优柔寡断，没有任何见识，就是个酒囊饭袋。当年拥戴他成为南明君主，实在也是不得已而为之，没办法想出来的急就章。朱由崧是个不折不扣的傀儡，早在其即位之前，史可法曾写信给马士英，转达了大家签过字的“福王七不可立”，说他又贪，又淫，又酗酒，又不孝，又虐待下属，加上不读书和干预有司。这个七不可，每一条朱由崧都当之无愧，每一条都铁板钉钉，因此认定，这个福王真的是不太适合当皇上，可惜老天爷偏要降大任于这种货色。

南京人在短短十个月里，见证了弘光帝的荒唐和无耻，虽然形势已到了不能再紧张的地步，史可法在扬州苦苦支撑，眼看着就是扬州十日屠，朱由崧心里好像还在记仇，还在想当初你不是说“七不可立”吗，我他妈就不派援兵救你。当然，朱由崧手下也没什么援兵可派，公子哥就是公子哥，情况越来越不妙，照样潇洒不误，都到了这个节骨眼上，他不是如何想出办法来支撑大局，来摆脱危机，而是抓紧时间，赶快享受最后的吃喝玩乐，陶醉于最后的疯狂。

中国历史上出现过无数个荒唐的皇帝，最好玩最有趣的那几个，或者说最不像话的顶尖选手，都出现在南京。朱由崧“性暗弱，湛于酒色声伎”，当弘光帝时，已快四十岁。四十而不惑，做皇帝常常会短寿，朱由崧大约也明白这道理，知道“时乎时，不再来”，必须赶紧荣华富贵。当了没几天皇上，迫不及待地下令选“淑女”。民间为宫中选送女子，一向都是有规矩的，要有程序，朱由崧也烦不了那些繁文缛节，只要求赶快办理就行。

于是手下便开始不择手段，流氓恶棍，擅自闯入居民家中，见有漂亮女子，不问年龄，通通抬进宫中，“但云大者选侍宫帷，小者教习戏曲”。太监开始四出扰民，作威作福，遇到姿色好的少女，不问有主无主，不问门第出身，不问愿与不愿，“黄纸贴额，持之而去”。即使是富贵官宦人家的女子，也不能幸免，“富室官家隐匿者，邻人连坐”。千挑万拣，总算选出几位淑女，朱由崧仍然不满意，下令再继续选。南京自古是“江南佳丽地”，这里选不出来，再到苏州杭州去寻找。

除了美女，朱由崧喜欢看戏，除夕之夜，他独坐兴宁宫中，愀然不乐。太监韩赞周问道：“宫殿新落成，皇上应当欢喜，现在闷闷不乐，是思念皇兄吗？”也就是问，他是不是想到了在北京自缢的崇祯皇帝，朱由崧不说话，最后回答了一句：

梨园子弟无一佳者，意欲广选良家，以充掖庭。

明朝宫廷有个规定，只有遇到大的变故，才可以半夜鸣钟。有一天，突然钟声大作，官员们听了惊恐不已，以为发生什么大事。过了一会儿，有太监跑出来索取鬼脸面具，原来是宫里在准备演戏。

皇帝这么昏庸，手下趁机聚敛钱财，干脆什么事都让钱来说话。只要交了钱，便可以入学，便可以当官。民间老百姓的上升通道，无非读书和当官，既然钱能开道，事情也就好办。当时在南京主持中央政府工作的马士英，为了解决财政困难，通通明码标价，不同官衔，不同学历，分别标上不同的价位：

武英殿中书纳银九百两，文华殿中书一千五百两，内阁中书二千两，待诏三千两，拔贡一千两，推知衔一千两，监纪职方万千不一。

一时之间，好机会全来了，白丁隶役，只要拿得出银两，虽然没上过一天战场，立致大帅。以至官贱银贵，各类官衔只得屡屡降价，“府部首领与待诏皆千金可得之”。富有人家皆纳银买官，绣衣大扇招摇道中，民谣也立刻流传开了：

中书随地有，都督满街走。

监纪多如羊，职方贱似狗。

“文归吏部，武归兵部”，成了一句空话。纳银还可以直接入学，上户六两，中户四两，下户一两，“以所纳多寡，定名次先后，即赴院试”。随后又实行“诸生纳银充贡”，廪膳生员二百两，增广生员六百两，附学生员七百两。童生入学和诸生充贡皆不以考试成绩，而依纳银多少，学政因此大坏。

当时流行的民谣，是“相公止爱钱，皇帝但吃酒”。手下拼命捞钱，皇上只顾喝酒，朱由崧又是个贪杯之徒，本来稀里糊涂，酒一喝更不像话。据传内庭之上悬有一副对联，“万事不如杯在手，百年几见月当头”，旁注“东阁大学士王铎奉敕书”。这个当然是小说家的戏言，有着明显虚构成分，不过弘光帝的荒唐，史书确实有太多记载。

前线御敌的军事将领或死或降，南京城危在旦夕。清兵攻陷扬州，朱由崧仍然还在看戏。五月“端午节，百官入贺，以演剧不视朝”。过了三天，清兵趁夜黑从瓜洲渡过长江，镇江失陷。南京城门不得不关闭，朱由崧传旨放出淑女，“午夜，犹召梨园入宫演剧”，照样锣鼓喧天。听完戏已是二更天，皇上开始逃跑，带着四五十名太监，骑马从通济门仓皇溜出南京城。

天亮后百官上朝，见宫女内臣优伶杂沓逃奔西华门外，方知弘光帝已经不在了。南京城内顿时哗然，大家都傻了，也不知道应该怎么办，据说有人想到了假太子王之明，立刻将其救出狱，扶其入宫，在武英殿即位。势已如此，福王朱由崧指望不上，这个假太子当然更指望不上。

弘光元年，也就是清顺治二年，公元1645年，端午节过后的第十天，南京城门大开，清军神气十足地进来了。南京城里的世族子弟，魏国公徐文爵，保国公朱国弼，灵璧侯汤国祚，定远侯邓文郁，以及尚书钱谦益，大臣赵之龙，大学士王铎，都御史唐世济，为了保命，都纷纷削发降清。

清军攻克南京，多铎命降将刘良佐带清兵追击弘光帝。众叛亲离的朱由崧和爱妃刚逃到芜湖，清军已经追了过来，明军官兵眼看着招架不住，便干脆冲上御舟，劫持了弘光帝，将其献给清军立功。朱由崧成了清军的俘虏，多铎命令去掉锁链，改以红绳捆绑。到了五月二十五日，从南京城溜出去的朱由崧，乘无幔小轿再入南京的通济门，又回到了南京城里。他头蒙缁素帕，身衣蓝布袍，以油扇掩面，两妃骑着毛驴跟在后面，夹路百姓看着挺痛快，有唾骂的，有投瓦砾的，此情此景，让人哭笑不得。

清兵南下，史书上记载的，更多的是抗清英雄，是史可法，是阎应元。“愁看京口三军溃，痛说扬州十日围”，扬州屠城，江阴屠城，南京似乎一点事都没有，因为根本就没有抵抗。多铎在灵璧侯府设宴庆功，南京城里许多削发降清的名人，应邀出席，弘光帝朱由崧与假太子王之明，也赐座陪酒，让朱由崧感到不堪的，是他的座位，竟然还排在假太子之下。

宴会结束，弘光帝被关押在江宁县署衙门里，再以后，便押往北京。南京历史上，不止一次出现亡国皇帝，有孙后主，有陈后主，有李后主，弘光帝与他们相比，显然没有什么光彩之处，不只是他的南明皇帝时间当得太短，关键是他除了荒唐之外，没有给南京留下任何一件可以称道的事情。

一年以后，在南京登基的南明弘光帝朱由崧，与假太子王之明一起，在北京菜市口一同被斩首。另有一说，朱由崧是被弓弦勒死的，大约是考虑到这家伙好歹当过几天天子，砍掉脑袋有些不太合适。

第八章 治隆唐宋

01 桃花扇底看前朝

明朝初期的南京，明太祖朱元璋在这定都开国，当了三十一年皇帝，他儿子明成祖永乐大帝继往开来，又接着干了十八年。应天府因此成为户籍人口最多的城市，根据文献记载，朱元璋初入南京，人口只有九万五千人。到洪武四年，精确统计应天府户口，全城“军民官吏人户凡二万七千一百五十九”。

过去更在乎的是户口，是看有多少户人家，通常是按户口收人头税，而不是像今天这样，以人口为统计单位。按照专家的推算，洪武四年，南京城中各色人等，已接近三十九万人，在当时，可以算是一个很说得过去的大城市。然而朱元璋还不是很满意，他老人家苦孩子出身，好不容易当了皇帝，一心要成为中华历史上最大的土豪。

对于城市管理，朱元璋喜欢大换血，喜欢玩人口大挪移，喜欢换来换去。这种近乎极端的做法，完全是凭着自己的个人意志，给南京原住民带来灭顶之灾，留下了一道道难以磨灭的创伤，让南京在短时期内，成为一个全新的移民城市。万历年间的南京人顾起元，在《客座赘语》中便写道：

高皇帝定鼎金陵，驱旧民置云南，乃于洪武十三等年，起取苏、浙等处上户四万五千余家，填实京师，壮丁发各监局充匠，余为编户，置都城之内外，名曰“坊厢”。

明朝人眼里的“苏、浙”是苏州和杭州的意思，当时还没有江苏这个词，江苏省还没有诞生，坊厢的具体解释就是，安置在城里的居民为坊，弄到城郭之外去住的是厢。中国古代城市区划，城中曰坊，近城曰厢，随着城市扩大，“坊厢”又往往可以泛指市街。当时大规模人口“填实京师”，据《上元县志》记载有两次，一是洪武十三年，徙五千三百户富民于京师，一是洪武二十八年，移直隶苏州等十七府及浙江等六布政司小民进京。在朱元璋的进京指标中，既有全国的富人，也有穷人，即所谓为富人配套服务的低端人口。

到洪武末年，南京人口大约是七十万人，无可争议地成为全国排名第一的大都市，不折不扣的首都，面积最大人口最多。因为有太多移民，这时候的南京话已不纯粹，不纯粹就变成了国语，就是通行的普通话。永乐大帝迁都后，南京人口立刻走入低谷，将近一半的人去了北京，当官的走了，工匠们走了，许多从事三产的服务人员，也浩浩荡荡地跟着走了。

当然，说当官的都走了并不完全准确，南京仍然还有一个很大的官场。物无两大，权以一尊，虽然南吏部不与铨选，南礼部不知贡举，南户部无敛散之实，南兵部无调遣之行，可是南都的六大部名义还在，级别仍然。毕竟此次迁都与以往南京历史上的亡国不一样，应天府不再是首都，仍然还是留都，大明王朝的太祖坟在这，祖宗在这。江南经济地位已无可动摇，这里的财政收入是中央政府经济支柱，首都可以北迁，必须还有一个庞大的官僚机构，在这帮着看家护院，帮着收租子。

粗略地估算，永乐大帝迁都，南京人口急遽下降到三十万人，然后又慢慢增加，到明朝末年，应天府常住人口，至少有五十万人。总体而言，明朝时期的南京，生活水平相对还是好的，还是安定的，富庶的，社会风气呢，却有点越来越不像话，《客座赘语》对此就有记录：

> 正、嘉以前，南都风尚最为醇厚。荐绅以文章政事、行谊气节为常，求田问舍之事少，而营声利、畜伎乐者，百不一二见之。逢掖以呫哔帖括、授徒下帷为常，投贽干名之事少，而挟倡优、耽博奕、交关士大夫陈说是非者，百不一二见之。军民以营生务本、畏官长、守朴陋为常，后饰帝服之事少，而买官鬻爵、服舍亡等、几与士大夫抗衡者，百不一二见之。妇女以深居不露面、治酒浆、工织纴为常，珠翠绮罗之事少，而拟饰倡妓、交结姏媪、出入施施无异男子者，

百不一二见之。

再解释一下，正德和嘉靖之前，也就是1505年明武宗当皇帝前，南京民风还是十分醇厚。推荐人材，讲究以德服众，讲究真才实学，那时候的读书人很有些读书人样子。所谓“逢掖”，是古代读书人穿的服装，引申为读书人，“呫哔帖括”这词早已不用，前面两字是朗读，后面两字是经卷，抱着书死读的意思。渐渐开始不像话了，读书人再也不像读书人，老百姓呢，也越来越不像老百姓，越来越不循规蹈矩，越来越不靠谱。

仍然是以服饰为例，明朝初年穿衣服有严格规定，绝不允许乱来。正德和嘉靖之后，天高皇帝远，规矩不再是规矩，穿红戴绿，想怎么玩就怎么玩，头上帽子千奇百怪，脚上鞋子也是五花八门：

足之所履，昔惟云履、素履，无它异式。今则又有方头、短脸、球鞋、罗汉靸、僧鞋，其跟益务为浅薄，至拖曳而后成步，其色则红、紫、黄、绿，亡所不有。

必须交代清楚，这些五花八门的鞋，不是穿在女人的三寸金莲上，是蹬在大老爷们的脚上。因此在明朝的中后期，你若在南京大街上行走，看见一位男同志趿着一双大红绣花鞋，千万不要吃惊。

明朝初年，严格规定老百姓的服饰，庶民只能是“服浅色”，不得穿金戴银，首饰也不允许用金玉珠翠。到明朝中期，特别是到了晚明，经济发达了，老百姓日子好过了，国家律令开始置若罔闻，“巾服违制之禁，视若弁髦矣”。上上下下都不讲规矩，影响从来都是相互的，越是不允许，大家越是想试试。按照规矩，教坊司乐工，也就是在妓院打工的老少爷们，其地位卑鄙，只能戴青色卍字巾，系红绿褡禣，常服则绿头巾，所谓的绿帽子，以不同于士庶。然而在明朝后期却坏了规矩，已经“与朝臣无异，且亦衣练鹊如士夫”，“进贤冠束带，竟与百官无异”。

秦淮名妓的服饰，号称“时世妆”，竞相为世人所模仿。本来只能“戴明角冠，皂褙子”的贱民，突然引领时装潮流。“近时冶容，犹胜于妓，不能辨焉”，既然良家妇女不再“耻类娼妓”，结果便是“女装皆踵娼妓”，“奴隶争尚华丽”，大红礼服竟然可以作为“常服”，“担石之家非绣衣大红不服，婢女出使非大红里衣不华”。男子服锦绮，女子饰金珠，早已非常普遍，封建的等级制度，朝廷制定的各种规矩，各种条条框框，说打乱就打乱了。

古代妇女抛头露面的机会不多，清规戒律对她们的约束，往往最不容易奏效，“男子僭于外，法可以禁止，妇女僭于内，禁有所不及，故移风易俗者，于此尤难”。女人的事有时候比男人还难办，晚明时的很多南京妇女竞尚虚荣，在服饰上争奇斗妍，往往不顾经济实力。“俗尚日奢，妇女尤甚，家才担石，已贸绮罗，积未锱铢，先营珠翠”，最后的结果便只能是“生计日蹙，生殖日枯”，“贸易之家，发迹未几，倾覆随之，指房屋以偿逋，挈妻孥而远遁者，比比是也”。

最过分的是南京某些尼姑，虽然遁身空门，却仍然心系红尘，“衣服绮罗，且盛饰香缨麝带之属，淫秽之声，尤腥人耳”。看过《金瓶梅》的人常会怀疑，当年的社会风气怎么可以是那样，怎么可以，答案是当时确实就那样。还是拿读书人来说事，往好里说，是解放思想，打破了等级制度，已经有一点点资本主义萌芽。往不好里说，整个社会风气相当堕落，人心不古，读书人带了一个非常坏的头。

晚明时期的中国，发生了两种混乱，都是不可收拾，都是亡国之兆。在北方，轰轰烈烈的农民起义，愈演愈烈，最后把崇祯皇帝活生生地给逼死了。在南方，则是社会风气的越来越不像话，越来越下流，“人情以放荡为快，世风以侈靡相高，虽逾制犯禁，不知忌也”。百毒俱发，势在必亡，而南都的繁华却更胜于以往。考察当时的南京，形象地说，就是娼盛和文盛。娼盛用不着过多解释，余怀《板桥杂记》描述当时的妓院，有一段文字非常精彩：

> 屋宇精洁，花木萧疏，迥非尘境。到门则铜环半启，珠箔低垂；升阶则猧儿吠客，鹦哥唤茶；登堂则假母肃迎，分宾抗礼；进轩则丫环毕妆，捧艳而出；坐久则水陆备至，丝肉竞陈；定情则目眺心挑，绸缪婉转。纨绔少年，绣肠才子，无不魂迷色阵，气尽雌风矣。

所谓文盛，并不是文章写得有多好，而是文化人闹得太欢，折腾起来没完没了。快到乡试之年，各地读书人都跑南京来准备高考，借着“文战”之名，想怎么风流，就怎么风流，能如何快活，便如何快活。“结驷连骑，选色征歌，转车子之喉，按阳阿之舞。”南都名妓的价格可不便宜，鸨儿爱钞姐儿爱俏，男人要有钱，还得有才，还得长得好看，否则人家根本就看不上。譬如当时的名妓王月，字微波，《板桥杂记》中说她“曲中上下三十年，决无其比也”，又说她面色“如建兰初开”，“如出水红菱”，能写一手漂亮的楷书，能画兰竹水仙，能唱吴歌。

关键是人家架子还大，“南京勋戚大老力致之，亦不能竟一席”。可是一旦她看中了谁，情况就完全不一样。金钱诚可贵，自由价更高，王月看中了“明末四公子”之一的方以智妹夫孙临，便与孙“拥致栖霞山下雪洞中，经月不出”。大姑娘可以倒贴，只图个快活，这位叫孙临的帅哥，对王月始乱终弃，他后来娶了另一位名妓葛嫩娘为妾，葛并没有名列秦淮八艳，身份也远低于王月，因为不止一次出现在电影银幕上，后来名气甚至比王月还大。

至于《桃花扇》中的男主角侯方域，也是个既有钱更有才的帅哥，不仅名列“明末四公子”，而且排名还在方以智前面。他云游金陵，就住在桃叶渡，“日夜召故人善酒者，挟妓弹琵琶纵饮，所治盘馔甚盛，费辄不赀”。公子哥只会乱花钱，随身所带的银子很快用完了，便大大咧咧地赊账。因为赊账，引起口角发生冲突，于是酒后无德，竟然“急叱出挞杀之，投其尸秦淮水中”，其行为与流氓恶霸并无两样。那时候，“侯氏势方张，见者皆咋舌不敢问”，也就是大家都装着没看见。

崇祯十一年，公元1638年，南京闹了一场轰轰烈烈的学生运动。正好是乡试之年，众多东林党的后人到南都参加科举。说起东林党，大家会想起魏忠贤，想起阉党，到崇祯年间，阉党已经失势。东林党人的继承者扬眉吐气，组成一个新的团体叫“复社”，一时间，凡是东林的后裔都依附复社，这个小团体风头很健，很能来事。这一年的南闱乡试，年轻的王谢子弟和东林孤儿，连翩入场，气焰虽然很盛，可惜战绩并不理想，“明末四公子”中的侯方域，陈贞慧，冒辟疆，纷纷落榜下第。

当时有个叫阮大铖的文化人，在南京也是大出风头。阮颇有才华，最初同样是个东林党，在《东林点将录》中绰号“没遮拦”，名列二十四位，比黑旋风李逵只差了两名。后来投靠了阉党，为士林所不齿。魏忠贤被清算，他也跟着身败名裂，两头都不讨好，便逃回老家隐居。偏偏家乡又来了农民军，不得不到南都避乱，在南京买房子置地。阮大铖是个颇有心计的人，喜欢拉帮结派，与流寓于南都的安徽绅士结合，发起组织了一个“群社”，钱澄之《皖髯事实》上说：

> 大铖避居白门，既素好延揽，见四方多事，益谈兵，招纳游侠，希以边才起用。

所谓边才，是专指治理边疆的才能。阮大铖野心不小，与复社的年轻人相比，他应该属于文坛前辈。晚明时期，南京人特别爱看戏，那时候最红火的剧作家是阮大铖。大家一边欣赏他的戏，一边忿忿不平骂娘，骂阮大铖，骂他曾经附逆阉党。南京人的戏曲欣赏水平很高，政治正确的觉悟更高，当时阉党已成为人人喊打的落水狗，攻击阉党便成为一种时髦。因此一方面，阮大铖的戏在南京很叫座，另一方面，也出现了梨园弟子罢演《燕子笺》的一幕，这可是阮大铖最有名的代表作。

阮大铖的戏当时真的很火，不仅老百姓喜欢看，很多复社名人也忍不住一次次去观摩。大家觉得这样做很不好，怎么能够为这么一个逆贼捧场呢。于是便有了《留都防乱公揭》，也就是一张要驱逐阮大铖出南京的大字报。当时在这个大字报上签名的，有侯方域，有冒辟疆，还有黄宗羲，共计一百四十多名，都是有头有脸的文化名人。阮大铖立刻声名狼藉，灰头土脸，再也没办法在南京城混下去。

发生在南京的《留都防乱公揭》，成了孔尚任的《桃花扇》中一个重要情节。说起当时南京，没有一本书能比《桃花扇》更合适，更形象更传神。当年真如戏，今日戏如真，《桃花扇》中大唱了正气歌，而侯方域与李香君的爱情故事，其实就是“借离合之情，写兴亡之感”：

> 《桃花扇》一剧，皆南朝新事，父老犹有存者。场上歌舞，局外指点，知三百年之基业，隳于何人？败于何事？消于何年？歇于何地？不独令观者感慨涕零，亦可惩创人心，为末世之一救矣。

南京人必须要感谢《桃花扇》，这本书虽然在北京完成，首演也在北京，描写的却是货真价实的南京，说的也是地道南京故事。大家都知道清朝文字狱厉害，能出现《桃花扇》这样一本爱憎分明的书真是奇迹。桃花扇底看前朝，阮大铖的戏曲虽然曾在南京叫好叫座，还是很容易地便被大家唾弃和遗忘，毕竟政治正确最容易深入民心。在《桃花扇》中，阮大铖属于不折不扣的反派，是坏人，侯方域与李香君则是正面形象，是好人。复社同人都是正能量，与阮大铖一正一邪，黑白分明。

阮大铖在南京当过南明的兵部尚书，他这样劣迹斑斑的还能重用，也可以看出南明小朝廷的不堪。清军来了，阮又很快投降，非常无耻地带领清军攻打福建，一心惦记着当满人的福建巡抚。他这样的汉奸败类，如此结局意料之中，让人不太能接受的是侯方域，这位《桃花扇》中的正人君子，曾经在南京大出风头的第一号男神，当年的学生领袖，最后也落水成了汉奸。

文学中的正面形象常常可以蒙人，南京人可能还不知道，与阮大铖相比，深得秦淮八艳之一李香君喜爱的侯方域，所作所为，并不比阮大铖好到哪里。他降清之后，曾为清军统帅张存仁出谋划策，献计掘开荆隆口黄河大堤，为清廷剿灭令其头疼的反清武装，坐稳中原江山，立下了汗马功劳，《清史稿·张存仁传》便有记录：

> 六年八月，起授兵部尚书，兼右副都御史，总督直隶、山东、河南三行省，巡抚保定诸府，提督紫金诸关，兼领海防。

盗发榆园，为大名诸县害。存仁闻归德侯方域才，贻书咨治盗策，方域具以对。存仁用其计，盗悉平。

中原许多地区一度曾因此变为无人区，死伤以百万计算。大家或许都知道侯方域参加了清廷的科举，对于明遗民来说，这是很不光彩的一件事，因此，在孔尚任的《桃花扇》中，并没有应试科举这一幕，而是虚拟了他与李香君双双出家入道。后人在改编《桃花扇》时，增加了这个情节。很显然，并不是孔尚任不知道应试这事，显然是知道了不愿意写。然而助纣为虐，与清政府合作，为张存仁献计出点子，让张十分精准地扒开黄河大堤，孔尚任肯定不知道，如果他知道，大约也就不会再写《桃花扇》了。

青楼皆为义气妓，英雄尽是屠狗辈，这件事，在南京的李香君肯定也不知道。秦淮八艳的意义，就是她们都懂得人生的“大义”。李香君要是知道了，一定会为自己当初爱上这样一个男人痛悔不已，肚肠子都会悔青。

02 杀了金圣叹

自古以来，南京人一向喜欢看热闹，尤其喜欢看杀人。清军兵不血刃进入了南京，这个城市看似风平浪静，没有什么特别波澜，好像什么事也没发生。说起来是亡国，大明朝这一次是真的没了，南明小朝廷在南京闹腾没几天，终于完蛋。一转眼，又是十多年过去，一般老百姓心目中，早已没什么改朝换代意识。老百姓永远是老百姓，满人要说了算，就让满人说了算。让大家剃头，留发不留头，南京人一开始都觉得挺别扭，这事非同小可，“盖此身发，四大五常，恭惟鞠养，岂敢毁伤”，也曾想抵抗，最后剃了也就剃了。

1661 年的秋天，金圣叹在南京三山街被杀了头。他好歹也算是位历史文化名人，评点《水浒》，评点《西厢记》，编《唐才子书》，基本上可以算是著名的文学评论家了，不过当时看热闹的南京老百姓，未必真知道他是谁。事实上，与金圣叹一起被砍脑袋的，还不是一个两个，是一大堆人：

至辰刻，狱卒于狱中取出罪人，反接，背插招旌，口塞栗木，挟走如飞。亲人观者稍近，则披甲者枪柄刀背乱打。俄尔炮声一震，一百二十一人皆毙死。披甲者乱驰，群官皆散。法场之上，惟血腥触鼻，身首异处而已。

这样的杀人看着有些轰轰烈烈，南京历史上屡遭屠杀，老百姓无数次经历了自己的被杀，能在街头热热闹闹看杀别人，这样的机会并不多，尤其是要杀那些有名望有来头的角色。一千多年前，曾有两位被捕获的皇帝，在南京街头被砍掉脑袋，他们是后秦的姚泓和南燕的慕容超。除了这个遥远的历史记忆，著名的砍头示众，还有青溪中桥砍杀张丽华，倾国倾城佳人貌，原来红颜是祸水，张美人从胭脂井里与陈后主一起被拉上来，成了亡国的替罪羊。

满人逼着汉人剃发，剃了也剃了，杀文人金圣叹也一样，杀了也就杀了。这是个非常严重的事件，金圣叹因为“哭庙案”被砍了脑袋，很少有人去认真计较这是为什么。很显然，案子并不简单，同案在南京三山街一起被批发砍头的多达十八人。关于金圣叹被杀，民间更多的只是看热闹，只是讲段子，是说他临死前怎么样，怎样表演，如何幽默，说了什么，捉弄了什么人。版本太多，都煞有介事，都很好玩，真假难辨：

斫头最是苦事，不意于无意中得之。

割头，痛事也；饮酒，快事也；割头而先饮酒，痛快痛快！

民间议论金圣叹的被杀，向来以戏说为主，都是不靠谱的八卦传闻，禁不起推敲。譬如他临死前，曾告诉儿子，说花生米与豆腐干一起搁在嘴里咀嚼，有火腿味。又说毛豆放在锅里水煮，“啖之以醋，当有蟹味”。砍头不要紧，只要玩得爽，金圣叹留给民间的形象，才华横溢能文善诗，落拓不羁放浪形骸，仍然还是晚明名士风范。

事实真相当然不会这么简单，作家孙犁先生在“文革”前，买得一部商务印书馆辛亥革命那年排印的《痛史》，两函共二十册。这本书最初价格四元七角，孙犁购书时，经过多次转手，定价已涨到十五元，当时应该是很贵的一套古旧书。在《痛史》中，有本小册子叫《哭庙纪略》，孙犁读完，写了一个读书后记，对“哭庙案”的分析非常到位。

哭庙案来龙去脉并不复杂，顺治十八年，皇上驾崩，哀诏下达到苏州吴县，府衙设灵举哀痛哭三日。这时候，新任县令任维初，严刑催交赋税，杖毙一人，又大举盗卖官米，中饱私囊。吴中百姓不堪其苦，以金圣叹为首的几个秀才，便把文庙大门打开，在庙里痛哭，义愤填膺地写了“揭帖”，公然要求驱逐县令。

“哭庙”是苏州一带的习俗，文化人经常玩的把戏，官府有什么不法之事或不当之举，士子们便聚集在文庙，作《卷堂文》向孔夫子哭诉，然后再召集民众，向更上一级官府申告。所谓“吴下士子，好持公论，见官府有贪残不法者，即集众倡言，为孚号扬庭之举，上台亦往往采纳其言”。“孚号”是现在已不用的古词，有两个意思，一是君王的号令或诏命，还有一个就是呼吁，这里应该前一个解释。明万历四十四年，松江府的学子一齐发讨伐檄，飞章投揭，讨伐董其昌，儿童妇女竞传“若要柴米强，先杀董其昌”，到处张贴声讨的大字报和漫画，连娼妓嫖客的游船上也在辗转相传，结果董的住宅被抢被焚，连城外白龙潭的书园楼居也被焚毁。

人多势众的“哭庙”，往往能让官府不敢轻视，但是进入清朝后的这次哭庙，情况却发生了变化，因为已经改朝换代，老黄历撞上了坚硬的南墙。哭庙的目的是向上峰告状，要求罢免县令，而县令所作所为，恰恰又是上峰的意思，告县令就等于是告上峰，于是上峰十分恼火，在心里盘算了一番，便让手下写了一个很恶毒的奏折，向朝廷解释：

一、“看得兵饷之难完，皆由苏属之抗纳。”

二、秀才“厕身学宫，行同委巷。因哀诏哭临之日，正臣子哀痛几绝之时，乃千百成群，肆行无忌，震惊先帝之灵，罪大恶极”。

三、“县令虽微，乃系命官，敢于声言扛打，目中尚知有朝廷乎？”

四、“串凶党数千人，群集府学，鸣钟击鼓，其意欲何为哉！”

这个奏折真的很恶毒，结局便有了南京三山街杀人一幕，南京老百姓只知道看热闹，根本没意识到哭庙案已被官方定性为一场意识形态斗争。在明朝，特别是晚明，官方对文人通常是一种放任的态度，名士风度往往会得到追捧。大家似乎都忘了，如今已经是大清，是人家在当家做主，清朝统治者不喜欢文化人没规矩。规矩从来都是人定的，不能说明朝没规矩，明朝只是有规矩而不执行。譬如同样是学规，明朝就有严格规定，在明太祖颁的《禁例八条》卧碑中明确写道：

一切军民利病，工农商贾皆可言之，惟生员不可进言。

清朝有同样规定：

军民一切利害，不许生员上书陈言，如有一言建白，以违制论，黜革治罪。

同样的照抄规定之外，满人郑重其事地加了一条：

生员不许纠党多人，立盟结社，把持官府，武断乡曲，所作文字，不许妄行刊刻，违者听提调官治罪。

与明朝当权者相比，清朝政府显然更害怕士子捣乱，无论哪朝哪代，官员都不会喜欢学生运动。满人做事，远比汉人认真，明人是不讲规矩，有法不依，清人讲规矩，定了法就要执行。文化人千万不能太把自己当回事，杀个把文人，本来跟杀鸡一样，金圣叹有点小名气，有名气又怎么样，照样杀，杀了再说。杀金圣叹，江南的士子都觉得挺过分，这很让读书人寒心，然而说杀就杀，“血腥触鼻，身首异处”，还真把文化人给吓住了。

清廷知道汉人内心不满其统治，不狠狠收拾一下，不知道朝廷厉害。哭庙案是清廷给江南士子们看的一个脸色，所谓恩威并重宽猛相济，不给点厉害看看，不知道马王爷几只眼。枪杆子里出政权，刀把子捏在别人手上，清兵以一种和平方式，进入了南京城，没怎么杀人，没怎么杀南京人，并不意味着人家就好说话，就傻，就讲道理。扬州十日，嘉定三屠，血淋淋的教训都放在眼前。

1645 年端午节过后的第十天，清军进入了南京城，也就是在同一年秋天，江南乡试便继续举行。对于中国南方的读书人来说，高考一刻都不曾被耽误。科举在，孔孟之道就在，孔孟之道在，中国就在。满人在降清的汉人帮助下，很会对症下药。继续举行乡试的举措非常重要，它足以磨灭明朝遗民的亡国伤痛。事实上，只要科举还在，读书人机会还在，江南的人心就可以保持稳定。

哭庙案收拾的是文人试图干政，清朝政府的意思很简单，读书人嘛，犯不着胡思乱想，你就给我老老实实地读几本书，继续孔孟之道，学优登仕，摄职从政。用未来可以当官，可以荣华富贵做诱饵，把读书人像驱赶羊群一样，都撵到了科举这条逼仄的小道上。然而科场也有科场的邪门歪道，康熙皇帝第一次下江南，回銮之际驻跸南京，对江南的民风并不满意：

> 朕向闻江南财赋之地，今观市镇通衢，似觉充盈，乡村之饶、人情之朴，不及北方，皆因粉饰奢华所致。

尽管给康熙爷看的都是光鲜一面，他还是一眼就看出了江南的真相。这地方有些富裕是真，说白了，所谓富裕，也不过是表面，无非财税缴得多，GDP 高，老百姓看上去阔气，并不比北方人更有钱。“粉饰奢华”是前朝留下来的坏毛病，而且社会风气也不理想，大家竞相虚荣，“人情”不够质朴，“人情以放荡为快，世风以侈靡相高”，读书人风气很坏，很恶劣，最具体的表现就是科场舞弊。

事实上，早在哭庙案之前，在南京的三山街砍杀金圣叹之前，清廷已借江南乡试科场案，收拾过一回江南的文化人。乡试每三年进行一次，江南乡试从 1645 年开始，这一年是乙酉年，十二年过后的丁酉年，以南京为考场的江南科场舞弊案事发，后果相当严重。本来作为明朝遗民，去参加清廷的乡试，在江南文人心目中，就已经是个羞于言说的伤痛，就已经掉了身价，毕竟这件事很不光彩。后人改编《桃花扇》，写到了侯方域失节，最具有代表性一幕，便是他竟然参加了清廷乡试。

国家兴亡，匹夫有责，南京人忘不了不久前的《留都防乱公揭》，当年那群意气风发的年轻人，在清朝的高考指挥棒下，怎么会突然那么没有骨气，突然就都丧失了民族自尊。身上安排新顶戴，胸中整顿旧文章，当时人的心目中，去参加满人的乡试属于失节，参加了还要作弊，作弊了又让人抓住把柄，实在是太狼狈不堪。丁酉科场案起于顺天，延至江南河南山东山西，许多考场均受到波及，这说明虽然已经到了清朝，考场的风气还和晚明一样。然而说起风气不正，也不是南京一处，最后予以惩处的力度，则是江南科场的舞弊案为最重，影响也最大最深远。

丁酉科江南乡试发榜，舆情大哗，落榜的士子多怒其不公，于是又开始哭文庙，辱考官，疑神疑鬼，物议沸腾。万般皆下品，唯有读书高，清廷早知汉人有各种考场恶习，当时的国史侍讲方猷，弘文检讨钱开宗，被任命为江南乡试主考官，临行去南京前，顺治皇帝曾当面告诫，让他们必须秉公行事。没想到最后还是出了问题，出了大问题，舞弊案被揭发出来，顺治很生气，龙颜大怒，立即下旨：

> 方猷等，经朕面谕，尚敢如此，殊属可恶。方猷、钱开宗并同考试官，俱着革职，并中式举人方章钺，刑部差员役速拿来京，严行详审。本内所参事情，及闱中一切弊窦，着郎廷佐速行严查明白，将人犯拿解刑部，方拱乾着明白回奏。

作为江南乡试的主考官方猷和钱开宗被正法，妻子和家产籍没入官。同考官十八人，除已死的卢铸鼎外，全部处绞。被认定参与作弊的中式举人方章钺等八人，各责四十大板，家产籍没入官，父母兄弟以及妻子流徙宁古塔。审理此案的刑部官员，也因

"谳狱疏忽"，分别受到处分。

江南乡试科场案要点，并不是谁在舞弊，而是借题发挥。与后来的哭庙案一样，它的重判和严判，只是代表着清廷要展示的威严。杀头也罢，籍没充军也罢，科场既然是猎取名利的最有效手段，其中流弊就不可能完全根除。中国人的恶习向来难改，明朝是这样，清朝后来也是这样，好坏不过五十步笑一百步。事实上，很快清廷对于此中奥妙，也开始渐渐睁眼闭眼，该抓的抓，该放的则放。

清代中叶以后，每到各省该放考官时，皇上会下谕旨，"某省着某某人去"，选一些自己喜欢的在京文官，叫他们去充任"学政"，去主持考试。被点到名的大臣要"陛辞谢恩"，当京官清苦，这是皇帝一种特殊恩典，故意叫他们去外地弄些"外快"。所以文官们都盼着这一任命，高高兴兴离京去，一路遇见风景名胜，又吟诗又作赋，等任务完成了，满载而归，还可以刻一本诗集。

丁酉江南科场案与哭庙案的共同点，都是突然放出大招，狠狠地杀了一下文化人的傲慢。为什么要杀一杀文化人的傲慢，因为当时的江南初定，安稳还只是表面现象，江南并没有真正驯服，反清情绪还在蔓延，抗清义士还在活动。南京人不太会去想金圣叹该不该杀，皇上肯定是金口玉言，他说要杀，必死无疑，老百姓很少会有这样那样的觉悟，在他们心目中，只能选择盲从，朝廷永远是对的，被杀的人永远是应该被杀。

南京人也不太会去进一步琢磨，在他们城市中进行的丁酉江南乡试，究竟有没有舞弊。这种事情，从来都是宁可信其有，不可信其无，反正考官已斩首，不舞弊又怎么会杀头呢。那些金榜题名的举子，大多已经返乡，也统统抓起来。“师生牵连就逮，或就立械，或于数千里外锒铛提锁。”逮捕入狱，再押到北京，举行当廷复试，“每人以满兵一人夹之”，士子们怕交白卷，遭极刑，只好战战兢兢“尽心构艺”。

有必要解释一下，江南乡试科场案中的江南，并不是特指长江下游以南的江南地区。这个江南其实是明朝的南直隶，具体范围包括江苏和安徽两省，再加上后来从江苏分割出去的上海市。明亡于清，清朝就给南直隶改了名字，改为江南省，事实上，江南省的大块面积，并不在长江之南，苏南皖南之外，苏中苏北淮南淮北，都属于江南省。最后为什么不选择在南京复试，倒不是说怕在这里再次舞弊，而是这么大张声势地拉到北京，动静和影响都可以放大许多，能起到更好的震慑作用。

当时的江南省中，有两个地方专出文化人才，一是安徽桐城，一是江苏苏州。乡试科场中被认定舞弊的方拱乾和方章钺父子，北京参加复试时被认定不及格的吴兆骞，就分别来自这两个地方。前者是安徽桐城人，后者是苏州吴江人，他们都很有才华。以他们的锦绣文章，中举很正常，没中举才是怪事，然而腹有诗书也没用，没地方去说理，说你舞弊就舞弊，统统流放宁古塔。

欲加之罪，何患无辞，方章钺与考官方猷都姓方，都姓方便是一家人，便有嫌疑，其实这个方，一个在浙江，一个在安徽，从未同宗。吴兆骞成名很早，“松陵吴兆骞，才若云锦翔”，当时“诸前辈巨公，恨不识吴生”。因为少年得志，难免恃才傲物，吴兆骞曾对当时极有文名的汪琬说："江东无我，卿当独步。"就是这么一个名士，在北京复试时，都到了那个节骨眼上，还要玩名士气，竟然当堂交了白卷，理由是让他这样的大才子补考，怀疑他会作弊，实在是污辱他的人格，是可忍，孰不可忍。

结果当然非常可悲，与金圣叹相比，方章钺和吴兆骞没被砍去脑袋，只是流放宁古塔，已属非常幸运。对于清廷来说，用意很简单，就是要收拾收拾心高气傲的江南文人，杀一儆百，杀鸡给猴看。清初的哭庙案，科场案，以及后来更加令人惊悚的文字狱，基本上都是这个路数，就是要严厉惩治，惩前毖后，要把南方士子收拾得服服帖帖。跟明朝相比，跟晚明的自由开放相比，江南文人的名士气从此大大收敛，清朝皇帝眼里的"粉饰奢华"，也立刻大打折扣。

南京人开始像北方人一样，变得越来越"质朴"，越来越听话，越来越没有情调。换句话说，清朝时期的南京，再也不会有秦淮八艳，再也不会有《板桥杂记》，更不会有学生运动，唐伯虎点不了秋香，李香君也不会遇到貌似一身正气的侯公子。改朝换代就是改朝换代，改朝造成了很多不一样的东西，换代让南京人变得不再像过去那样潇洒。明朝的南京是浪漫的，生机勃勃，活色生香，起码大多数时间是这样，清朝则是彻头彻尾的现实主义，呆滞刻板，暮气沉沉。

清朝的南京变得不太可爱，变得老实本分，变得木讷无趣。清朝的南京，开始让人感到有一种别样的伤痛。

03 南京城里的柏林墙

南京人都习惯偷懒，不太会去想“南京”这两个字怎么来的，清军进入南京城，就仿佛历史简单重复，赶紧要做的一件事，是先给南京这个城市改名换姓。于是在北京开会，将满汉大臣招集到一起议论，拿主意说观点。大伙七嘴八舌，小心翼翼地揣摩圣上意思。其实这时候的顺治，还是个小皇帝，只有七八岁，根本不明白事，当家做主的是摄政王多尔衮。

很快，过了两个月，顺治二年的闰六月十八日，方案终于有了，清廷正式下令，将南京应天府改名为“江宁府”，原设的府尹改为知府。紧接着，多尔衮又给在前线督战的多铎下指示：

> 南京着改为江南省，应天府着改为江宁府，设知府不设府尹。掌印指挥、管屯指挥暂留，余指挥俱裁去。其卫所改

为州县，俟天下大定，从容定夺。

好一个“俟天下大定，从容定夺”，胜利者的口气，说起话来就是不一样，就是牛。这指示有两层意思，其一，多尔衮说的南京，是指南直隶，也就是大南京的意思。这个大南京的范围，最初由明太祖朱元璋钦定，前面已经解释过，包含江苏安徽和上海，现在改名为江南省。其二，应天府才是地道的南京城，江宁也不算什么新名称，一千多年前，东吴亡国，南京就叫过“江宁”。当时是晋武帝南巡，慨叹“江外无事，宁静于此”，因此只是给南京恢复了这么个名字。

江宁这名字显然复古，出主意的肯定是汉人大臣，满人刚入关不久，哪会有这脑子。与元朝的蒙古人一样，满人根本不把南京这座城市可能会有的反叛放在心上。北方的汉人王朝特别忌讳南京的王气，因为所谓的金陵王气，很可能会让我们的国家处于分裂状态，因此隋朝统一中国，立刻毫不含糊地将南京这个城市给灭了，把六朝的痕迹烧得一干二净。满人跟蒙古人都是少数民族，他们知道广大的汉人地区，都可能生出一份反叛之心，在哪都差不多，都一样，犯不着要特别防范南京这一个城市。

满人很善于用兵，八旗铁骑指向哪，打到哪。自从入关以后，基本上逢战必胜。南京只是一个必须认真对待的重要据点，在前期，它是进一步南下西征的中转站。天下大定之前，一方面，在级别上，南京的政治地位先要降下来，再也不允许称什么“京”，再也不是“留都”。对于发迹于东北的满人来说，北京才是他们不折不扣的南京。另一方面，改名江宁后的南京，仍然“为江南根本之地，绾毂十省”，仍然还是东南地区的政治中心和军事重镇，不可小觑。也就是说，清政府要凭借这个地方，控制南方。

满人在数量上是很少的，汉人可以不服气，不服气也没用，谁厉害谁狠，谁厉害谁就是精英，谁厉害谁就是狼。汉人只是羊群，但清朝的天下事实上也是汉人帮着打下来，当时进入南京的清军，有很多都是投降的明军。大家都知道史可法没投降，英勇就义，然而大多数晚明的军事将领，都十分狼狈地投降了，都成为满人的爪牙。多铎给朝廷的奏报便称，先后投降的总兵有二十三人，监军有两人，副将有四十七人，骑兵和步兵二十三万八千人。

当兵的都投降了，老百姓还能怎么样，只能看热闹。南京的城市级别降低，降低就降低吧，这样的历史，过去也曾经历过。当时南京最大的汉官是洪承畴，洪是明朝重臣，降清以后，又得到了满人重用，官做得比在明朝时还大。洪承畴到南京来坐镇，主要是起到一个安抚作用，他是汉人，又是前朝的大官，有他在场面上支撑，南京人的亡国情绪会少了许多。

要控制和管理南京这座城市，也不是什么难事。根据记载，当年在南京的清军，真正属于八旗军的数量，少得让人不敢相信。实际兵力仅仅为“左翼四旗满洲、蒙古兵二千名，弓匠二十八名，铁匠五十六名”。这个数字并不是想当然，还是有来头的，在《钦定大清会典事例》里有确切记录。

此外，维护南京安全的还有绿营兵力四千人，原来是明朝江南提督曹存性的部下，降清后被编入了绿营。这个比例很有意思，计算起来，绿营的人数比八旗军多了将近一倍，可是这些“南兵”基本上就是做做样子，完全没什么战斗力，管管南京城里手无寸铁的老百姓还可以，指望他们缅怀旧主，能够揭竿而起，起义造反，根本不可行。

也不能说没有一点反抗，起码在南京的外围，在东南沿海，反清复明的战斗还在进行，还在继续。南京人心里显然也还不服气，可是满人不跟你们讲道理，他们来到这个城市，作威作福，想干什么就干什么，想怎么干就怎么干。最先开始感受到这份委屈的，是生活在南京的贵族，在过去，这个城市属于他们，吃香喝辣为所欲为，偏偏人家是提着一把屠刀来管理南京，才不会把这个城市中的什么贵族和世家放在眼里。

一大批原明朝的勋贵高官，被削爵免职，被抄没家产。中山王徐达的后裔魏国公徐文爵，被除去封号。徐文爵有个弟弟徐青君更惨，被“籍没田产，遂无立锥”，最后不得不“与佣、丐为伍，乃至为人代杖”。勋戚贵族如此，一般士绅的境况，显然会更糟糕。形胜当年百战收，子孙容易失神州，不亡国不知亡国恨，真亡了国，再抱恨也来不及了。可怜一片秦淮月，曾照降幡出石头，有点文化的文人，只能靠书写诗歌来言志抒怀。

1645年的五月，明朝的南京官员们出城投降，迎接清军。这个场面很戏剧性，清军大队人马开了过来，耀武扬威进城。清军和平进入了南京，立刻将城市的东北部划为八旗军营地，原来的老百姓呢，对不起，该去哪去哪，统统驱逐：

分通济门起，以大中桥北河为界，东为兵房，西为民舍，通济、洪武、朝阳、太平、神策、金川凡六门，居大清兵。

军令如山，没有任何商量余地。南京城立刻大乱，原来住在这里的南京原住民，不得不“日夜搬移，提男抱女，哀号满路”，众多居民不得不移家城西和城南，造成“西南民房一椽，日值一金”。官兵军爷免不了要趁乱抢劫，趁机捞一把，清军统帅多铎为严肃军纪，“斩兵抢物者八人”，效果如何，也只有天知道。老百姓都害怕兵荒马乱，都担心家破人亡，没想到这个灾难说来就来：

百姓俱狼狈走，稍迟则刀棍交下，立毙。什物悉为兵有，百姓止走空身而已。

南京城东北部，就这么眼睁睁地成了八旗军的地盘，满人反客为主，鹊巢于是鸠占。很快，到顺治六年，为确保满汉分居，互不干涉影响，干脆在南京城东部修筑“满城”，专供旗人居住。自南京城有史以来，这状况是第一次出现，竟然出现了“城中城”，在城市内部又加修了一道城墙。仿佛过生日切蛋糕，活生生地切了一刀，硬是生造出了一个满城，与旧城以一道高高的新城墙为界线：

起太平门，沿旧皇城墙基，至通济门止。

不熟悉南京城市格局的读者，对这道区分满汉的古代柏林墙，不会有什么感觉，也绕不太明白。清朝当局曾先后两次修建南京城中的满城，具体方位是以原明皇宫为基础，将皇宫的东墙和南墙拆掉，利用南京城的东南城垣。满城西侧，从太平门内皇宫角竺桥至通济门，沿用旧宫城西墙，添造城垣，南接通济门东侧。满城的西侧城墙上开设两道城门，以便与汉人居住的区域相互往来。北侧城墙是将原明皇宫北墙进一步延伸，整个满城“长九百三十丈，连女墙高二丈五尺五寸，周围三千四百十二丈五尺”，是清代直省各驻防城中面积最大的。

满城中修筑了箭亭和校场等军事设施，当然还有八旗营房，满汉分居是清朝的一大特色，国内其他城市中也有满城，大多按八旗方位进行布局，红黄蓝白，各有各的位置。南京城内的这个满城如何布局，在清代方志以及史料中，并无明确记载，后人因此也很难弄明白。清道光年间，江宁将军祥厚曾奏称：

> 奴才闻得有人在朝阳门迤南并正阳门之东、西倒塌里披城墙土坡上种地……查验得镶黄、正白、正蓝等三旗界之里披城墙均于早年坍塌，砖块无存。

根据此段文字，可以认定到了清道光年间，南京城里这道柏林墙已名存实亡，很多地方已经坍塌。同时也可以认定，位于朝阳门，也就是后来改名的中山门以南，正阳门也就是后来的光华门两侧城墙，属于镶黄正白正蓝三旗的辖境。这与八旗方位中通常镶黄旗位于东北，正白旗位于正东偏北，正蓝旗位于东南的规定相吻合，说明清代南京满城的内部格局，极有可能也是遵照了传统的八旗方位。

这道区分满汉的柏林墙，足以造成一个城市的两种不同文化。南京城里的满城，就好像一个巨大兵营，行政上不受地方府县管理，江宁将军是南京八旗驻防的最高长官，其职责为“镇守险要，绥和军民，均齐政刑，修举武备”。军事事务是驻防将军的首要职掌，不过驻防旗人的日常生活，譬如婚丧嫁娶，譬如养赡救济，必须也得过问，别人想管都管不了。

满城也因此自成体系，成为南京享有特权的城中之城，《八旗通志初集》上便有明确记载：

> 江宁驻防旗员给园地三十晌至十晌不等。

换算一下，每个旗员可分得六十亩至一百八十亩土地，这可是一个不小的数字，人人都是大地主。八旗官兵的主要收入，按说是清廷发给的粮饷，将军每年俸银为一百八十两，俸米九十石，佐领俸银一百零五两，俸米五十石五斗，骁骑校尉俸银六十两，米三十石。自雍正朝起，对将军和副都统等高级官员，另增给养廉银，数额是正常薪俸的数倍甚至十几倍。大家都知道满人马上得天下，不擅耕种，有了土地也只能收地租，这是一笔很大的收入，当时旗田地租年收入总数为三千九百九十两，根据《佚名奏报江宁驻防八旗每年盐菜及地租项下用银数目事》记载，乾隆年间的具体分配情况为：

> 江宁将军一员，每年银八百三十两；江宁副都统二员，每员每年银二百二十两；左翼协领四员，每员每年银二百两；左翼佐领二十四员，每员每年银八十两。

由此可见，当时旗人在南京的日子十分快活，可以充分享受打下江山的种种好处。天下是老子打下来的，当然应该是老子和老子的后人来享受。清代设立理事同知一职，专门负责审理旗人与南京原住民的诉讼。理事同知在官制上为地方属员，不隶属于八旗驻防。自康熙朝起，清廷将理事同知定为旗缺，只有旗人才能出任此职。因此，虽然名为地方官员，其职责只是保护驻防南京的旗人权益，在处理各种纠纷时往往袒护旗人。

在南京的江南贡院，存有一块《韩绍文等立颂德碑》，为雍正年间的理事同知赫胜额歌功颂德，说他“仪型虽往，恩德犹存”，“自莅任以来，旗民安堵，地方宁静，强梁敛迹，宵小潜踪”，说他“片言折狱，秉正持平，哀矜勿违，小大以情”，说他“无偏无袒，至公至明”。“安堵”是安居乐业的意思，强梁和宵小都是属于坏蛋，明白事理的人都知道，秉正持平是对断案的最基本要求，却还要专门拿出来歌颂，足见当时秉公执法，不偏袒旗人，实属非常难得。

在八旗制度下，朝廷会按月发给粮饷，驻防兵丁不允许从事农工商等产业，过着不劳而获的快乐生活。南京城中也因此不可避免地存在着满汉矛盾，譬如满汉不通婚，禁止旗女嫁与汉人，旗人男子则可以娶汉人民女为妻。又譬如旗人有很好的福利待遇，拥有政治和司法方面的特权，不受地方法规约束，旗人的不法行径便在所难免。特权很容易产生腐败，更容易造成罪恶，江宁驻防官兵“日就纵驰，至不堪言，更且习气大坏，多有窝盗包娼、行窃诈民，甚之重利盘债、骂官闹衙，无不任为”，而“该管之官反行百计袒护”，地方官府虽受其扰，亦无可奈何，无计可施。

当时在南京，出现过一种让市民哭笑不得的盗匪，俗称“旗盗”。一度十分猖獗，没办法收拾。不是旗人直接参与了偷盗，而是一些投靠旗人的本地刁民，在为非作歹干坏事：

> 昼则倚势行凶，夜则纠众打劫。地方官追捕急迫，彼即仍窜归旗，无从究诘。

所谓投靠旗人，又叫“投充”，其实就是投到旗人名下，打着旗人招牌，狐假虎威伤天害理。顺治和康熙年间，八旗官兵买卖人口之风，曾经非常厉害，一般老百姓自然不愿意卖身为奴，可是到了后来，风气开始转变，汉人百姓竟然会主动投入旗下为奴。投充者既有孤身前来，亦有干脆携家带口，包括自家的田地投靠。一旦投入旗下，挂名旗奴，其田地即可免除官府赋役。受经济利益的驱动，一些南京人不惜投充为奴，更有奸恶之徒，借投充之机，仰仗旗人的特权威势，在地方上横行无忌：

投充名色不一，率皆无赖游手之人，身一入旗，夺人之田，攘人之稼。其被攘夺者愤不甘心，亦投旗下。争讼无已，刁风滋甚。

根据嘉庆年间的《新修江宁府志》记载，江南地区原住民投充旗奴所带来的骚扰，最严重的地方就是南京。所谓“南民投充，惟江宁为多”。这是让傲慢的南京人感到很不光彩的一段历史，因为当时的投充，“非尽艰窘而然也”，并不是迫不得已，并不是走投无路，不得不这么做，而是“半属作奸恶棍，半属逋罪强徒，急欲逞凶，遂尔走险”，结果就是“一经收录，大肆猖狂，或伙赴市廛以陵商，或横行村镇以诈懦。有司惮其恶而不敢制，小民畏其威而不敢言”。

没有人说得清楚，隔绝南京市民与旗人的柏林墙，什么时候被拆除。跟北方的万里长城一样，南京城里这道满城城墙，更多的只是一种摆设，并没有起到真正的防御作用，它提供的是一种心理上安慰。因为年久失修，更重要还是因为没什么实用性，很多地段都坍塌了，坍塌也就随它坍塌。一段接着一段毁坏，坏了也没人去修缮，满城的旗人不会去修，南京的原住民也不会去修，跌落在地上的旧墙砖，正好被贪小便宜的人拿回家派上用场。

从清朝中期，到太平天国，到晚清，到民国，到国民政府，到汪伪时期，都会有一些南京老百姓浑水摸鱼，偷偷地将旧城砖挪为家用。甚至官家也参与过盗拆明城墙这些事，民国初年，大清没了，南京城内“手不任执殳，肩不能荷锄”的旗民，由于生计问题，一度在地方政府默许下，靠拆旧城砖卖钱度日。国民政府定都南京，黄埔军校也迁到昔日的满城，蒋介石曾做过批示，同意军校拆些城墙砖建校舍，因为有关人士反对，遂告停止。

横贯在南京城内的这道柏林墙，最后是不是就这样荡然无存，不得而知。遗忘总是很容易，今天大多数南京人的记忆中，好像从来就没有过这么一道城墙。晚清时期的鲁迅曾经在南京读中学，当时南京人心目中，显然还留有一道柏林墙。再过不了几年，就辛亥革命了，汉人和满人的对立情绪，多少还是有那么一点点。鲁迅先生喜欢骑马，在满城区域里骑马，会遭到清兵呵斥，不只呵斥，还会向学生娃子扔石头。鲁迅他们也不甘示弱，也会用石头进行还击，结果当然是谁也伤害不到谁，大家都只是扔着玩玩。

04 两江总督大人

南京有个众所周知的明孝陵，明朝开国皇帝朱元璋就埋在这。城东的紫金山地区因此成为禁地，有军队和太监守陵，擅入者要杀头。明成祖迁都去了北京，死后又葬在那，于是有了后来的十三陵。南京的明孝陵多少有点形影孤单，虽然设立了神宫监，设立了孝陵卫和祠祭署。遇到重要日子，在位皇帝生辰，太祖帝后驾崩之日，都要上香点烛祭以酒果。清明和中元日，也就是七月十五日鬼节，各致祭以太牢，派遣勋旧大臣一人，譬如徐达之后裔嗣魏国公前去行礼，南京各衙门文武官员要陪祭。

古代帝王祭祀社稷，牛羊猪全备为“太牢”。这些针对明太祖的繁文缛节，到了大清，自然而然全部取消。魏国公的封号也被削除，明孝陵的地位立刻下降。清军到南京，多尔衮下达命令，“洪武陵设守陵太监四名、人丁四十名，仍给地二百晌，以供祭祀、护守之用，余悉入官”。表面上看，只是将守陵的规格降低，实际效果则是，陵园因为缺乏有效管理，它的光环不再，衰败已不可避免。

南京紫金山最早叫金陵山，汉代称钟山。汉末有秣陵尉蒋子文逐盗，死于此，为了纪念，东吴的孙权封他为蒋侯。孙权的祖父叫孙钟，为避讳，又将钟山改名为蒋山。南北朝的孔稚珪写过一篇很有名的《北山移文》，收入《古文观止》，广为流传，他笔下的北山，就是紫金山，因此文化人掉书袋，除了说蒋山，也喜欢说北山。

紫金山还有一个称呼，叫神烈山。这个称呼有点莫名其妙，与北京的明世宗嘉靖皇帝有关。世宗是武宗的堂弟，武宗是独子，没兄弟没儿子，他死了，堂弟继位。偏偏这位堂弟是大孝子，做了皇帝，不断地给自己亲爹追封。按照皇室规定，这么做很出格，三句两句也解释不清楚，反正史称“大礼仪”之争，闹得十分厉害。皇上总是可以有些话语权，为抬高葬在湖北钟祥的生父地位，嘉靖封生父的显陵为“纯德山”，封祖陵为“基运山”，封皇陵为“翔圣山”，南京的明孝陵当然也得跟着追封，于是诏改为“神烈山”，并在今天的下马坊公园，立了一块“神烈山碑”。

进入了清朝，中山门外的明孝陵，与南京隔着一座满城，很快变得很荒凉。紫金山地区人迹罕至，野兽出没，明末清初的大儒顾炎武，却在这里留下了一首《侨居神烈山下》：

典得山南半亩居，偶因行药到郊墟。

依稀玉座浮云里，落寞金茎淡日初。
塔葬属支城外土，营屯塞马殿中庐。
犹余伯玉当年事，每过陵宫一下车。

这时候，留在南京城里的老百姓，一个个都已削发降清，清廷留发不留头，谁也不敢违抗。顾炎武打定主意，要做明朝的遗民，不剃发不易服。这样的人在当时显得很特别，也很麻烦，因为与众不同，只要一出门，会变得十分惹眼。清朝的遗老遗少在民国初年，留一条猪尾巴似的小辫子，不过是被旁人笑话，在大清时代，顾炎武这种顽固坚持，很有可能会掉了脑袋。

顾炎武在南京，选择侨居在神烈山下，显然也是迫不得已。毕竟这一副前朝人的打扮，会有太多不方便，非要出门，不得不“稍稍去鬓毛，改容作商贾”。他不得不隐姓埋名，自署“蒋山佣”，蒋山即神烈山，表明自己仍然还是明朝皇帝的忠实仆人，他的《蒋山佣诗集》和《蒋山佣残稿》，就在此期间完成。

南北朝时的士大夫喜服五石散养生，服了药，要漫步以散发药性，所谓“行药”。“药后足行千步，信其血导气捎，效能薄震邪薮”，顾炎武的“偶因行药到郊墟”，肯定不会是无意。顺治年间，他曾前后七次谒孝陵，当时的灵谷寺，据说还供奉着一幅明太祖“御容”画，瞻仰以后，无限感慨，写了好几首与孝陵有关的诗。除前面引用的《侨居神烈山下》，还有《恭谒孝陵》《再谒孝陵》《孝陵图》《重谒孝陵》，其中《孝陵图》是长诗，前面还有一段长序，十分沉痛：

重光单阏二月己巳来谒孝陵，值大雨。稽首门外而去。又二载昭阳大荒落。二月辛丑，再谒。十月戊子，又谒，乃得趋入殿门，徘徊瞻视，鞠躬而登殿上。中官奉帝后神牌二；其后盖小屋数楹，皆黄瓦，非昔制矣。升甬道，恭视明楼宝城；出门，周览故斋宫祠署遗址。牧骑充斥，不便携笔砚，同行者，故陵卫百户束带玉稍为指示，退而作图。

政治文明沦丧，衣冠文化尽废，这是明末清初南京社会风气的基本写照。明孝陵越来越破败，“陵卫多官军，残毁法不捕”。异族入主，山河破碎，借拜谒孝陵，一抒故国之恸，成为明遗民最后的精神寄托。当然，也可以理解为一种文化上的坚守，国破家亡，作为一介文人，只能做到这样。顾炎武编过一本《建康古今记》，除了不剃发不易服，他学问渊博，创立了一种新的治学方法，被誉为清代朴学“开山始祖”。

说到明孝陵拜谒，不妨顺便提一下康熙和乾隆。两位皇帝创造了大清的康乾盛世，在位时都是六下江南，只要下江南，必定要到江南的首府南京转转。明孝陵埋葬着前朝皇帝，别人怕犯忌不敢去，他们无所谓，兴师动众来到南京，很重要的一个仪式，就是去明孝陵祭拜。其中只有一次，康熙的第四次下江南，行色匆匆，在南京待了两天，便迫不及待离开，不得不“遣大学士马齐祭明太祖陵”，是历次南巡中绝无仅有的事情。

中华书局出版的《康熙起居注》，记载了康熙爷第一次过南京的情形，他亲率“内大臣、侍卫、部院官员往谒明太祖陵，于孝陵殿前行三跪九叩头礼，次于宝城前三奠酒”。同样是看到了亡国原因，与顾炎武谒陵的心态完全不一样，康熙从明孝陵的衰败中，看到了“金陵虽有长江之险为天堑，而地脉单弱，无所凭依”，看到了“六朝偏安，弗克自振”，看到了“成平既久，忽于治安”，“万历以后，政事渐弛，宦寺朋党，交相构陷”。康熙还因此写了一篇《过金陵论》，大发兴亡感慨：

> 门户日分而士气浇漓，赋敛日繁而民心涣散。闯贼以乌合之众，唾手燕京，宗社不守；马、阮以嚚伪之徒，托名恢复，仅快私仇。使有明艰难创造之基业，未三百年而为丘墟。良可悲夫！孟子曰：天时不如地利，地利不如人和。有国家者，知天心之可畏，地利之不足恃，兢兢业业，取前代废兴之迹，日加儆惕焉，则庶几矣！

胜利者和失败者的心情不一样，康熙盛赞明太祖的丰功伟绩，“礼文隆渥，逾于常祀”。在明孝陵，他还写下了四个擘窠大字，此后谁要去明孝陵，都会迎面看见刻有“治隆唐宋”的御碑。不会作秀的人当不了好皇帝，康熙的谒陵被誉为“千古盛德之举”，载入史册，与明太祖当年歌颂元朝的皇帝如出一辙，朱元璋也曾说过成吉思汗祖孙起于漠北，“混一天下，九夷八蛮、海外番国归于一统”。说到底，都不过是借题发挥，表明自己这个天子名正言顺，拥有主宰天下的正统地位。

事实上，当时在南京城，真正能像顾炎武这样有骨气的，绝对凤毛麟角。国家兴亡，匹夫有责，也都是说说而已，老百姓就是老百姓，老百姓更多的是老老实实地做顺民，国家兴亡与他们有屁的关系。改了朝换了代，经过丁酉江南科场案，经过金圣叹的“哭庙案”，南京土著居民变得更加老实，晚明的恶习改了许多。南京的城市级别与前朝相比，大大降低，然而仍然还是一个硕大的官场，只要形形色色的官场还在，当官的仍然还是可以逍遥快活。

清廷派洪承畴来到南京，前面已经说过，洪是汉人，在前朝就是大官，官至兵部尚书。到了清朝，继续是大官，继续得到朝廷重用，比前朝的官还要大。他胸有成竹地来到南京，对于如何管理这座城市，脑海中已有了一个十分成熟的方案，上报清廷，很快便得到了认可：

> 江南改京为省，一应设官，自当与各省一例。应如所议，设操江都御史一员，布政使司左右布政使各一员，分守江宁道一员，按察使司按察使一员，驿传兼盐法道一员，分巡江宁兼江防道一员，整理马政道一员，按察使司经历、知事、照磨各一员，省城内掌印都司、操捕都司、管屯都司各一员，都司、经历、断事、都事各一员，江宁府知府一员，江防同知、马政同知、船政同知、管粮同知各一员，捕盗通判二员，查盐通判、水利通判、管粮通判各一员，推官一员，经历、知事、照磨、检校各一员，江宁府儒学，江宁、上元两县儒学教授、教谕、训导俱照旧，两县县丞各二员，

主簿、典史各一员。

这段有些啰嗦的文字记录，有助于了解当时南京的干部配备。洪承畴知道，要稳定南方，首先要把南京的这个官场给稳定住。清王朝已定都北京，“居北制南”，南京不能再像从前那样，与北京并称都会，宜“去京之名，存设官之实”。把当官的搞定了，也就把老百姓搞定了。世易时移，为什么大家会很在乎城市级别，原因就是级别高，官员名额就多，能分给大家的糖果也多。很多职务听上去都很奇怪，反正属于官场一套，弄不明白查查百度就行。当然，也可能查了百度，仍然还不明白。

说起清朝时南京最大的官，无疑还是两江总督大人。南京人很在乎虚名，这基本上也是明朝留下来的后遗症，留都的虚名不复存在，现在，此地又有了一个两江总督。老百姓吹牛，排座次，总是喜欢讲两江总督的重要。大清有八大总督，两江总督排名绝对靠前，仅次于北方的直隶总督。事实上，两江总督官衔虽然不小，真正的实权很难说，它可大可小，有时候很牛，有时候也就那么回事。

两江总督之名，最初可以上溯到洪承畴的“总督大学士”，当时清军刚占领江南，这一职务的最初使命，只是“招抚南方”，辖境并不仅限于江南一省。顺治四年，马国柱被任命为江南江西河南总督，接替洪承畴。过了两年，河南划归直隶总督管辖，马国柱的职务变为江南江西总督。几经折腾，到康熙后期，江南江西总督开始简称为两江总督。江南省又拆分为江苏和安徽，从此两江总督的管辖范围，包括江苏安徽和江西三省，以及后来从江苏分裂出去的上海。

江南省的总督名称与辖境一直在变动，巡抚和布政使等官员的驻地也经常会变。清朝改京为省，曾在江南省设立了三名巡抚。凤阳巡抚驻泰州，辖江北淮安扬州庐州凤阳四府及滁州和州徐州三州，并协助淮扬总督办理军务。安徽巡抚驻安庆，辖安庆徽州宁国池州太平五府，广德一州。江宁巡抚驻苏州，辖江宁苏州松江常州镇江五府。

江宁巡抚不在南京办公，这个大约会是后来很多南京人想象不到。整个大清期间，南京都叫江宁，在南京办公的叫江宁知府江宁布政使，而江宁巡抚不在南京，在苏州上班。其实江宁巡抚就是江苏巡抚的前身，只不过江南省原有三巡抚，后来重新组合，分成江苏安徽两省，江苏巡抚一直都在苏州。南京作为两江总督府所在地，它的行政职能随形势而变，基本套路就是，如果世道不安定，两江总督大人的权力就会大一点，必须党政军一把抓。

相比较而言，两江总督最要负责的是军事，有权“节制三巡抚、一提督、六镇”，即江苏安徽江西三巡抚，江南一提督，苏松镇，狼山镇，徐州镇，寿春镇，九江镇，南赣镇六总兵。曾国藩做两江总督时，他的权力更大，大到他自己都有些害怕。权力大既是好事，也是坏事，曾奉旨督办苏皖浙赣四省军务，因为要与太平军作战，他必须拥有非常大的兵权，四省巡抚和提镇悉归节制。然而一旦剿灭太平军，就犯了功高盖主的大忌，变得十分危险，于是连忙请求削藩，主动削去自己的兵权。

南京的两江总督署，位于沐府东门，即今长江路总统府旧址。太平天国占领江宁，将总督署改为天朝宫殿，即天王府。太平天国覆亡，天王府大部分毁于战火。同治十年，也就是1871年，又在原址重建，次年四月竣工。两江总督是南京最大的官，应该是一直就在这里办公。

清朝时期，南京一共有过八十三个两江总督。最初三位都是汉军旗人，所谓汉旗，基本上就是汉奸的意思。老百姓的观点可以变化，随着时间推移，南京人心目中华夷之分，不再是满人和汉人，而是中国人和外国人。满人刚入关，对内地风土人情一无所知，对江南一带的民风根本不了解，启用介于满汉之间的汉军旗人，以汉治汉，显然能起到非常好的沟通作用。经过三任汉人两江总督，天下越来越太平，接下来，两江总督的头衔，基本上落入满人囊中。

一直到道光年间，两江总督的职务，大多由满人来出任，渐渐地，汉人总督开始多于旗人。从套路上来讲，考虑到南京所处的位置重要，太平年月，一般都让满人来担当总督，因为在和平盛世，说起来也算是个封疆大吏，两江总督也就是个用来享乐的闲职。毕竟江南的重点不仅是军事，更重要的还是保障税收，这是维持清政府能够正常运转的生命线，顺治皇帝就有过明确批示：

总督、巡抚，责任不同。巡抚专制一省，凡刑名钱谷、民生吏治，皆其职掌；至于总督，乃酌量地方特设，总理军务，节制抚、镇文武诸臣，一切战守机宜，调遣兵马重大事务，当悉心筹划。

总督大人只要把枪杆子抓住就行了，雍正爷也有过差不多批示：

巡抚统率全省文员，提督统率通省武弁，至于总督，则兼文武而统辖之者。

道光皇帝之前的历任两江总督，非进士出身者所占比例高达三分之二。旗人出身的两江总督，大多不是科举正途出身。这些人天生就是贵族，承袭世职，根本用不着什么学历和文凭，即便没什么真才实学，在太平年代能够下放江南，来南京干上几天两江总督，也不能算是太委屈他们。

汉人要想在南京担任总督，则完全不一样，必须得有功名。担任两江总督的名人很多，大清历史上很多厉害的角色，都干过这差事，譬如林则徐，曾国藩兄弟，左宗棠，李鸿章，刘坤一，张之洞，端方，都是清代的重臣。上述名人中，除了端方，都是汉人。事实上，两江总督一职，权力有个逐渐上升的过程，大致说来，除了紧紧把握枪杆子之外，民生也变得越来越重要，毕竟在清朝，和平的年月更多。

清朝后期，两江总督开始承担一些新的职责，譬如兼管漕运和河道。清朝在八大总督之外，还设有漕运总督和河道总督，相当于今天的交通部长与水利部长。两江总督把这两项差事兼任了，可以想象其职务的重要。此外在扬州设有巡视两淮盐政，监察御史一员，专管盐务，道光十年裁两淮盐政，改由两江总督兼理。到了咸丰和同治之后，两江总督又兼任南洋通商大臣，掌管中外交涉事务，“专辖上海入长江以上各口，其闽粤浙三省则兼理焉”，也就是说，都管到浙江福建和广东去了。

05 秦淮冬尽不堪观

秦淮冬尽不堪观，桃叶官船搁浅滩。

一夜渡头春水到，家家重漆赤栏杆。

这是明朝书法家文徵明曾孙文震亨写的《秣陵竹枝词》，一首民俗风景诗，十分生动地描写了枯水季节的南京秦淮河情景。文震亨只是个很小的官，标准的文人，能写字会绘画，喜欢写诗，留给后人有点影响的作品，不是书画，也不是诗，而是一篇《福王登极实录》。

南明福王南京登基，六十岁的文震亨恰好在现场，目睹整个过程。这篇实录十分传神，写到了当时南京民众的兴奋，“都人聚观呼万岁，见两大星夹日而行，钟山紫气中五色云见”，“龙江浮梗楠巨木千章，若为鼎新大内而出者”。好像也没人会想到亡国，崇祯皇帝在北京上吊死了，大家仍然十分乐观，特别是听说“辽东总兵吴三桂疾驰至山海结虏入关，大杀贼十数万，夺其辎重无算”，竟然高兴得手舞足蹈。

南京人很快尝到“结虏入关”的恶果，接下来，清军不仅入关，而且立刻南下，立刻大兵压境，南明小朝廷说完就完。文震亨避居阳澄湖，清廷下达了严厉的剃发令，文震亨投河殉国，被家人救起，绝食六日而亡。读当年的一些文字记录，清军进入南京，正是雨季，虽然秦淮河水很大，内涝严重，似乎并没有发生太多像他这样投河殉国的事。可能此前的南明小朝廷也折腾得太不像话，南京人多少有些离心离德，不值得为那帮人去死。

还是回到文震亨的《秣陵竹枝词》，还是回到冬季的秦淮河枯水季节。秦淮河是南京的母亲河，因为有了这条河，就有了南京这座城市。有了这条河，南京城自然而然就活了。事实上，在一般情况下，我们通常说的秦淮河，都是特指内秦淮。它从东水关流向西水关，流向走了一个“V”字形，从东北端开始，向西南流去，河道的最南端是镇淮桥，然后又蜿蜒向西北。镇淮桥位于聚宝门内侧，也就是今天的中华门内，因为紧靠南门，亦名南门桥。

南京人并不太在乎秦淮河是从哪里流过来，反正它缓缓流过，经过了这个城市。除了内秦淮河，南京城里水道曾经很复杂，有运渎，有青溪，有杨吴城濠，还有金川河。说起来，有些水系现在已不复存在，然而毕竟是南京城历史的一部分，永远都不能抹去的痕迹，它们当年“皆与城外各河脉络贯通，既便客货往来，兼资居民汲饮”。

秦淮河在城东的通济门外与护城河汇流，经东水关流入城内，与内秦淮河相通。外秦淮河沿城墙外侧，在城市西南角分道，也就是在赛虹桥那里一分为二。自水西门城外的石城桥，至西北隅龙江关抵达长江，这一段称之为下河，长十五里，“为漕盐挽运及闽浙各省商货必由之路”。自中华门城外的赛虹桥，至西南隅西新关通往长江，这一段称之为北河，长十二里，“为民田灌溉所赖及安徽、江西、湖广各省行旅通津”。

要想把历史上的南京水网图说清楚，很不容易。沧海变桑田，南京城的文明史，基本上是从一大片沼泽地，慢慢发展而来。遥想当年，在城北，玄武湖与长江相连，白茫茫一大片，望不到尽头。石头城也是临江，古人站在今天的石头城上，可以对着浩瀚的长江赋诗。南京城在一开始格局很小，东吴建都时开始都市规划，挖了一些人工河道，譬如运渎，譬如青溪，譬如城北堑和潮沟。

用今天的眼睛看古时候南京，很局促很小气，远比你想象中的还要小。赤乌三年，“使左台侍御史郗俭监凿城西南，自秦淮北抵仓城，名运渎”。赤乌四年，“诏凿东渠，名青溪，通城北堑、潮沟”。运渎在西，青溪在东，青溪的遗迹还在，运渎现在已很难考证明白，查看老地图，在晚清至民国初年，今天的户部街淮海路铁汤池一带，还散列着大大小小的池塘，水道十分明显，沿洪武路一线展开，自南向东北延伸，因此研究者有理由认定，这附近很可能就是运渎故道。

简单地说，河道就是古时候的公路，必须四通八达。内秦淮河既是母亲河，同时又相当于北京的长安大街，是南京这个城市中最重要的主干道。河岸人家开始了这个城市的历史，河道纵横，水路交错，两岸人民要交往联络，就必须借助渡船，借助桥梁。以秦淮河最南端的镇淮桥为例，在东吴时曾被称为“南津”，为什么叫“津”，因为最初还没有什么桥，只是个渡口，陈作霖的《东城志略》上说：

> 晋立大航以与朱雀门对，故名朱雀航，实二十四航之一，至唐始有桥。

镇淮桥东北的秦淮河上，有武定桥，有文德桥，有利涉桥，这些桥和六朝古都没关系。朱雀桥边野草花，乌衣巷口夕阳斜，只是唐朝时风景。没有人说得清楚朱雀桥的准确位置，在六朝时它只是一座浮桥，到了清朝，已经沦为传说，“野草溪花媚晚凉，残基犹说晋咸康。镇淮桥北无遗址，何处当年廿四航”。武定桥“在大功坊右”，始建于南宋淳熙年间。也就是说，南京吹嘘起来挺风光的这桥那桥，它们的历史并不像我们想象得那么久远，唐之前并没有镇淮桥，南宋之前没有武定桥。

文德桥始建于明万历年间，地点是在江南贡院以南，紧邻夫子庙，基本上可以算作南京当年最热闹的一座桥。“跨文庙泮池之上，蒋山真面，青翠扑人”，这一段河流是十里秦淮精华之所在。位于桃叶渡的利涉桥，也就是相传为东晋王献之送爱妾之地，它的历史更短，到了清顺治初年，江宁一个叫李正茂的知府才在这里建桥，最初是座木桥，康熙时一度改为石桥，后来又改建为木桥。

镇淮桥往西北去的一段秦淮河，显然没有东北方向热闹，不热闹也必须还得有那么几座桥，挨个数过去，有新桥，有上浮桥，有下浮桥。新桥名新其实很旧，原名万岁桥，它的历史倒有些悠久，竟然是六朝遗迹，早在齐梁时期就有，北宋改为饮虹新桥，俗称新桥。然后是上浮桥和下浮桥，所谓浮桥，顾名思义，最初应该是漂浮在水面上，这肯定会影响通航。

丰富的水路交通，给了南京最充分的水上便利，然而有利必定有弊，有水利就有水患。水患注定也会困扰这座城市，秦淮冬尽不堪观，桃叶官船搁浅滩，到冬天枯水季节，秦淮河通航首先会成为问题。当然，随着城市发展，人与自然的关系发生变化，陆路交通变得越来越重要，越来越便捷，水路通航渐渐已不是太大问题。甚至老百姓的饮用水，也变得无关紧要，大家已习惯了喝井水。对于城市管理者来说，与枯水相比，南京这个城市所面临的真正水患，很显然还是发大水，是内涝。

为了调节南京秦淮河水位，在利涉桥东北方，也就是内秦淮与青溪交汇处，设有一个限制水位的东水关，直接控制进入南京城的水量。东水关为砖石结构，共有三层，每层十一券，共三十三券。所谓“券”，就是门洞，俗称为“偃月洞”。上面二层安置守城的将士和储藏物资，最下面一层调节内秦淮河水位，中间的铁栅栏可以防止敌军从水路偷袭。

东水关修建于明朝，它与玄武湖南侧的武庙闸一样，至今仍然还在发挥作用。它们与城墙完美融为一体，在中国建筑史上堪称一绝。秦淮河水流到了东水关，在这里一分为二,一股顺城墙外侧流淌，成为护城河，另一股穿过水关入城，便形成了著名的十里秦淮。

从线路上来看，入城的水流自东水关进，再蜿蜒向前，经过西水关出，绕城大半圈，是非常合理的设计。城市北面还一个玄武湖，又是个巨大的蓄水池，进退有序，这城市旱涝无虞，应该在情理之中。事实却并非如此，掰开手指粗粗计算，虽然有东西水关，有武庙闸，明清以来的南京，仍然屡遭水灾，“一夜渡头春水到，家家重漆赤栏杆”不假，接下来，随着绵绵雨季到来，南京城里很可能变成一片汪洋。

因为城市在长江边上，南京自古遭受水患之苦。操舟行市屋毁民亡，这样的事情经常发生。根据文字记载，早在东吴时期，大的水灾就有过六次。赤乌十三年，也就是公元250年，“丹杨、句容及故鄣、宁国诸山崩，鸿水溢”。过了一年雨季又来，长江洪水漫溢，“大风，江海涌溢，平地水深八尺，拔高陵树二千株，石碑蹉动，吴城两门飞落”。五凤元年，东吴又一次全境大水，再次因为大雨“水泉涌溢”。

从孙权定都南京，一直到陈朝灭亡，六朝时的南京，平均七年有一次水患。东晋穆帝永和七年，王羲之撰写《兰亭集序》的两年前七月，无情之江水突袭石头城，南京城“溺死数百人”。东晋安帝元兴三年，公元404年的一天深夜，南京城遭到江涛袭击，江水再次倒灌，南京的石头城“沉没”，城下商旅船只猝不及防，被摧毁千余艘，尸陈江面，一派惨状。

整个六朝期间，一共有五十多次淹水事件，时间差不多都发生在雨季。到了公元507年，也就是梁朝天监六年，连续下暴雨，长江水倒灌，城内积水无法排出，导致御道水深三米多，梁武帝的皇宫也被浸在水里，朱雀楼上的屋顶被大风掀掉，梁武帝一度被困，情急中，大臣们只好划船去把梁武帝救出来。

处理水患一直是南京城的最大问题，六朝时秦淮河两岸，为防止河水侵蚀，曾用木栅栏筑起高堤。考古发现，在御道和皇宫内外，有规整的六朝砖修的明沟。皇宫里还有暗沟，暗沟也都是砖砌。在今天南京图书馆一带，发现了深埋的六朝排水管道，说明当时已相当讲究，只是生产力水平有限，还不足以抵御大自然威力。不过也有专家指出，与一百多年后的盛唐长安城相比，南京城排水能力要领先很多。长安城只有一条宰相府到大明宫的御道，铺上了沙子，供人在雨天时行走，其他土路遇上下雨，三天内不能出门，排水不畅导致长安城被水淹的记载屡见不鲜。

从中唐开始，长江江岸西移，南京的水患相对减少。南宋隆兴二年，1164年，出现过一次大的灾情。这一年，整个长江流域发大水，圩堤被淹没，田地毁坏，秋粮绝收。正遇上宋金关系紧张，朝廷也无暇顾及水患。南京城浸泡在水里，老百姓房子被淹，出门必须划船。“操舟行市者累日，人溺死甚众。越月，积阴苦雨，水患益甚。”《宋史·五行志》有记载，人们吃不上粮食，靠吃米糠度日，江淮一带的流民匪徒，多达数十万。

明清之际的南京，城市规模与以往已不同。东西水关以及玄武湖武庙闸的建成，大大地提高了这座城市抵御洪水的能力，但是作为一座滨江城市，水患问题总是不可能彻底解决。朱元璋在南京定都，他填掉了燕雀湖，把自己的宫殿建在了低洼地带，皇宫前昂后洼，地势并不佳，为解决这个致命弱点，朝廷对南京城的排涝尤其关注。

当时的皇宫与四周水网交错，为了防止大雨，除了借助自然水系和原有的河道外，对城市地下排水管道又有了更新。在南京五龙桥和草场门，以及明故宫遗址，都发现过当年的地下排水通道。五龙桥发现的是铜制圆柱状下水管道，明故宫发现了圆柱形水闸，将近两米长，一截截套接，这些水闸的功能，是把皇宫内的水汇入附近御河。

最神奇的考古发现是在1991年，南京建邺路进行拓宽改造，人们意外地发现明朝初年的地下水道，它正对着明故宫，与内秦淮河相通。说明明朝初年的南京城，地下水道不仅有合理布局，设计还相当讲究。这条南北走向的古地下水道横截面呈现拱形，它高两米，宽二点五米，距离地表面有一米，都是用厚厚的明城砖垒砌，人可以自如地在宽大的下水道里行走。

然而明朝的南京，仍然水灾不断，明城墙被多次冲坏，下关的江堤也多次被冲毁。明弘治十五年，接连数日狂风暴雨，致使“江水泛溢入城五尺余”，军民房宇倒塌一千多间，连明孝陵的一些墙垣桥梁，都未能够幸免。万历三十六年，大雨连下近二十日，城内一片泽国，南京地方官给朝廷的奏折中说，水灾异常，百姓被淹，“盖二百年来未有之灾”。

相比较起来，清朝时期南京的大水患要少一些。这个少，只能说是相对。数据往往可以骗人，引用不同的资料，查看不同的文件，有些记录自相矛盾。事实上，根据印数只有八百册的《清代长江流域西南国际河流洪涝档案史料》记载，1736—1911年，南京共遭遇大小水患六十四次。其中乾隆朝二十一次，嘉庆朝两次，道光朝十五次，咸丰朝三次，同治朝四次，光绪朝十八次，宣统朝一次。计算下来，平均不到三年时间，南京就要遭受一次水患的侵袭。

明清时期的南京水患，一半是天灾，一半是人祸。河道畅通关系到水利体系的正常运转，所谓“岁时旱涝，尤复籍资蓄泄，必须一律疏浚深通，使内外脉络贯通，呼吸相乘”。平时要疏浚河道，这是水利工程的重点环节。明万历四十四年，曾对秦淮河进行了一次疏浚。此后直至清嘉庆年间，南京城内外大规模的河道疏浚屈指可数，由于长期缺乏疏导，“秦淮渐就淤塞”，越来越不像话：

嘉庆辛未以来，民犹殷阜，夹淮运起屋者众，河身日狭相近，弃灰土瓦砾者率于河，以是日渐淤垫，几成平陆。

清嘉庆年间，地方政府不得不开始着手再次疏导秦淮河。嘉庆九年，当时的布政使康基田，“率邑中绅士”，疏浚秦淮以及城内其他河道。嘉庆二十二年，又是盐巡道方体，“率邑之绅士”疏浚运渎，反正还是当官的带头，有钱出钱，有力出力：

自斗门桥至北乾道桥，东至内桥，西至铁窗棂，悉行疏决。始复旧道，可通舟楫，民甚便之。

可惜问题并没彻底解决，积重难返，越往后越糟糕。人患不止，水患不绝，道光十一年气候异常，梅雨期持续时间长，长江中下游各地都是大水。南京“江潮与内水交相顶灌，无路疏通，遂至城内民居、官署多在水中，并贡院号舍亦俱被淹”，“城中被水，十淹七八，水不退者三月有余”。

面对严峻水患，只能关闭东水关，不让洪水进城。内河新鲜水源得不到补充，长期处于死水状态，污秽无法外排。接下来，“满河之水变成绿色，腥秽四闻，时疫大作，死亡不可胜记”。当局只得重新“开放水关，起除各坝”。水患始终困扰着南京，道光二十年，“五六月间连降大雨，山水骤发，江潮涌灌入城”，贡院再次积水严重，乡试再度被迫改期，连高考都要改日子，由此可见灾情有多严重。

有人因此提出引湖入江的设想。历史上玄武湖与长江本来连成一片，宋朝的王安石以粮为纲，废湖为田，湖面消失了二百多年。经过元朝两次疏浚，玄武湖已变成了一个与长江完全隔绝的内湖。新的治水思路是凿断山脉阻隔，利用玄武湖相对较高地势，使湖水直接入江，这样即便遇到北麓山洪暴发，城市面临的水患压力也会大大减轻。

从大禹治水开始，疏浚从来都是上策。但是这个设想，在讲究风水的南京官绅眼里，显然无法接受。双方观点没有办法协调，一方觉得只有这样，才能根本解决问题，另一方认定玄武湖的湖水，经过武庙闸，“通秦淮，出西关，归大江，为钟山随龙养荫真正胎水，断不可旁泻”。持反对意见的人认为，引湖入江的必经之路，即南京神策门一带，系“大龙正脉入城之处”，六朝时曾经凿断，引后湖通江，“故百余年间屡遭杀戮，至明初建都，始复其旧，最忌开凿”。

风水是一种说法，军事防卫还真不能不考虑。一旦开通运河，则“江上诸艘势可进逼钟山，直捣省城之背，于形势险阻尤大不便”。此时正值中英鸦片战争期间，东南地区局势紧张，若开通一条足以危及城防大局的河道，多少有些冒险。结果只能妥协，大水来了，该淹的地方还是在淹。道光二十八年和二十九年，长江中下游接连发大面积水，南京遭遇的水患更是史无前例，“道光己酉年，金陵水灾为数百年所未有，通城行船，东花园、王府巷等处水逾屋脊者数尺，船行其间，为水中树枝所挂，辄至覆溺，人谓之渡海”。

好在太平天国之后，气候异常导致的大水，明显减少，治理水患已不再是地方当局关注的重点。同治九年“浚西城外北河口”，次年“复浚东水关一带河”，光绪五年“疏运渎”，旧有的弊端并未彻底消除。反正就是被动应对，头痛医头脚痛医脚，这种简单粗暴的治水，在南京已经成为常态。

06 太平天国

鸦片战争中大出风头的林则徐，对于南京人来说，并不是太陌生。这个人在南京做过父母官，当过江宁布政使，三次担任江南乡试监临官，也就是在南京负责过三年一次的科举考试。科举是封建时代的高考，它的重要性不言而喻。赵翼有诗夸赞袁大才子，说袁枚“曾游阆苑轻三岛，爱住金陵为六朝”。袁是大名士，他定居在南京，带过不少女弟子，写了很多诗，写过一本《随园诗话》，还写了一部《随园食单》，是个不折不扣的美食家。

林则徐不是名士，他为友人题画，不管三七二十一，全然不怕抄袭，也学着赵翼的腔调，随手来了一句“即今仍踏长干路，官爱江南为六朝”。不太明白“官爱江南”的准确意思，难道是说当官的都喜欢在南京任职。林则徐是从南京官场上打拼出来，他的政声很不错，是一位能做实事的官员，兢兢业业，一次次地就地提拔，升任江苏巡抚，升任两江总督。

只是林则徐这个两江总督的时间并不长，很快调任湖广总督，然后又去了广州，在虎门销烟，跟英国佬干起来。广州十分遥远，远隔万水千山，虎门那边在热火朝天地销烟，南京这边并没有什么太大动静。南京人当然也有吸鸦片的，也欢迎禁烟，究竟如何动真格地禁止，并没有太当回事。虎门销烟差不多一年，英国人的舰队抵达广东珠江口外，封锁了海口，鸦片战争开始。

事不关己，高高挂起，南京人都觉得这打仗跟自己没关系，隔得非常遥远。没想到这大英帝国也太厉害，说和南京有关系，立刻就有了关系。广州那边感冒，南京这边也打起了喷嚏，英国军队的军舰，竟然会沿着长江，气势汹汹地就杀过来了。很快打到镇江，一阵猛烈炮轰，先把镇江给拿下。然后逆流而上，兵临城下，炮口直接对准南京，龙盘虎踞的金陵立刻危在旦夕。

谁都没想到林则徐大人会给南京惹下这么一大堆麻烦，朝廷慌忙调兵遣将，河南江西湖北的援兵匆匆赶到，数量上还说得过去，可是考虑到双方武器装备和战术素养的差距，大家心里都明白，人再多也没用，根本不是对手。英军舰队是移动的，人家想打哪打哪，南京作为“省城地方辽阔，周围五十余里”，需要分兵把守之处太多，“以之守城则无兵御敌，以之应敌则无兵守城”。

当时南京最高军事将领叫德珠布，是一名“年逾八旬，室有六妾，其人风烛余光耳”的老家伙，下属求教御敌之策，他“默无一语”，毫无主张。当时的守城计划，认定英军会从西面进攻，后来解密的英军攻城计划，恰恰是要从城市东面发动，城东的钟山居高临下，俯瞰全城，英军计划一旦开战，即以此山为基地，“把大炮安置在钟山的山坡上，用大炮作掩护，从高地上向南京进攻”。

好在这一仗并没真正打起来，根据双方作战计划，英军若展开攻势，南京城迅速陷落不会有任何悬念。南京人幸运地躲过一场血光之灾，当时居民慌不择路往城外跑，形势危如累卵，英军随时可以攻城。经过一次次求和，英国佬要求先付三百万“赎城金”，再坐下来谈判，“坐定之后，逐条议论”。结果众所周知，不得不于停泊在下关江面的英国“康华丽”号旗舰上签订《南京条约》，英方条件共有八项，包括赔款二千一百万元，“割让香港地方，开放广州、福州、厦门、宁波、上海五处为通商口岸，外交上使用平行礼，废除广州行商，赦免汉奸等”。

指望南京人能像广州三元里的老百姓那样抗英是不现实，自南唐抗宋以后，南京基本上都处在和平的环境中。东晋和南宋基本上改变了吴人好战的习性，南京民众已经习惯于远离战争，说他们胆小怕事有些不恭敬，可是你也还真不能说他们有多勇敢，会有多少宁死不屈。《南京条约》是晚清历史上第一个不平等条约，清朝政府算是让洋鬼子给打怕了，打服了，不得不被迫割肉，牺牲香港止损，保住了更为重要的南京。这以后，仿佛魔瓶塞子被打开，魔鬼开始从瓶子里接二连三跑出来，《南京条约》开了很不好的头，接下来，丧权辱国的条约一个连着一个，套在了中国这条巨龙的脖子上。

不管怎么说，向洋人乞降，城下之盟虽然很丢脸，考虑到能够免于战乱，躲过一场兵灾，南京人还是觉得很庆幸。庆幸南京的龙脉没被挖断，庆幸没贸然实施引湖入江工程。大家发现风水这玩意还是有点道理，该讲究的必须得讲究，事实证明龙脉在，南京就可以安然无恙。当初反对引湖入江工程，其中很重要的一条理由，是考虑到了军事：

> 至于金陵之城，背山面水，仅仪凤一门与江相近，择要凭守，后顾无虞。倘湖路一通，则神策、太平皆失其险，三方受敌，防不胜防，四不可也。若形家者言，谓后湖为胎元之水，气一外泻，则会城之中，上而达官，下而居民，皆有不利。

较真起来，说历史上的南京多灾多难，并不太准确，事实上，除了隋朝灭陈稍稍惨烈一些，把南京城差不多给毁了，其他的改朝换代，在本地老百姓看起来，也就那么回事。兵荒马乱的日子是有，哪里都有，哪个城市都遭遇过，南京也说不上特别多，说不上最厉害。遇到改朝换代，要说抵抗，说起城市保卫战，六朝开始的东吴孙后主，六朝结尾的陈后主，根本谈不上进行了什么有效抵抗。倒还是南唐的李后主勇敢一些，都以为写了“恰似一江春水向东流”的李煜只是一味软弱，一味风花雪月，不知道他的南京保卫战，其实是打得最好的。

如果没有太平天国这段历史，南京人有充分的理由相信风水，相信龙脉，相信“后湖为胎元之水”可以保佑自己的城市，相信是龙盘虎踞，把气势汹汹的英国佬给镇住了。可惜同样的风水，同样的龙脉，抵挡住了洋人，却抵挡不住从广西过来的太平军。静海寺的《南京条约》签字十一年后，外国的洋鬼子走了，中国的长毛却势不可挡地又来了。

太平军沿着长江顺流而下，炮口又一次对准了南京。苏东坡《前赤壁赋》中描写的“舳舻千里，旌旗蔽空”历史场景，再现在南京人眼前，汪士铎的《汪悔翁乙丙日记》是这样记载的：

> 登三山门望之，自城外至江东门一望无际，横广十余里，直望无际，皆红头人。

这种“既众且整”壮观场面，怎么能不让已多少年没见过战事的南京人“望之夺气”。1853年的3月12日，声势浩大的太平军对南京完成了合围，即将展开全面攻势，南北两路同时攻城。南路因地制宜，利用上新河木行的木材，扎制木筏“以济其众”，扎制云梯攀登城墙，同时轮番攻打聚宝门水西门和旱西门。北路猛攻靠近长江的仪凤门，在仪凤门外静海寺天后宫一带开凿隧道，安放炸药准备把城墙炸开。

总攻前连续数日，太平军对各城门实施游击骚扰，消耗守军的精力和弹药。到3月18日夜，攻城准备就绪，隧道里安放好炸药，只等着点火。攻城突击队已携带云梯和绳索，进入城外的前沿阵地。总攻开始，静海寺隧道一声巨响，狮子山正面城墙被炸开了，成群结队的太平军迅速冲入缺口，一路从仪凤门扑向鼓楼，一路经金川门冲往神策门，爬上鸡笼山。上山的这一路又分为两支，一支越山而下，经成贤街至小营和黄家塘，逼近清军驻防城，在黄家塘路口杀死两江总督陆建瀛。另一支则由鸡笼山东侧下台城，经旧府学向东，与防守太平门的清军激战。

双方你来我往，死伤无数，很快，南京城大部分攻克，负隅顽抗的是被称为城中之城的“满城”，是那些死到临头的旗兵。满城的防御工事相对要完备一些，因为太平军对旗人格杀勿论，旗人只能死战到底。东王杨秀清亲自指挥围攻正阳门和朝阳门，成千上万太平军在炮火掩护下，潮水般冲击满城，城中旗人疯狂反扑，妇女皆上城墙与太平军搏杀，老人孩子也跟着呐喊助威，三次强攻都未能攻克，阵亡数千人，尸积如山。

太平军分西北两路围攻满城，以正阳门和朝阳门为牵制，在炮火掩护下实施强攻。淮清桥畔，乌衣巷口，当年都曾是激烈战场。旗人士兵抵不住对方庞大的人数优势，杨秀清令部队轮批上阵，靠车轮战消耗敌军。战斗持续数日，旗兵最后竟有人“力尽气竭而死”。杨秀清又下令，投降的旗人可以免死，旗人士气顿减，无心再战。太平军趁机猛攻，一举突破城墙，清军主帅祥厚骑马督战，被太平军“砍折马足倒地，身受数伤殒命”。其余清将均为太平军所杀，洪秀全又下令，全城捕杀旗人，“有擒得旗人者，赏银五两”。于是城中的汉人都起来搜捕追杀旗人，旗人两万余人几乎全部被杀。

对于当时的南京人来说，太平天国这段历史，从头到尾充满了血腥。在一开始，就是刀光剑影，而且已不是冷兵器时代，动不动则万炮齐轰，血肉横飞。那种老式的火炮，放起来像点爆竹，也没什么准头，大致瞄准一个方向，一轰一大片。老百姓被误伤是很容易的事，战事一旦发生，躲在哪都不行。后来的教科书中，太平天国一直以正面形象示人，查百度，关于太平军定都南京，仍然用了带有褒赞的文字：

> 1853年3月19日攻克江宁（今南京），两江总督陆建瀛阵亡。1853年3月29日，洪秀全在杨秀清和文武百官、黎民百姓的跪迎欢呼声中，进入金陵城，暂住藩司衙署，不久修缮两江总督衙门，改作天王府，并宣布定都金陵，改名天京，正式建立了与清王朝相对峙的太平天国农民政权。

"黎民百姓的跪迎欢呼"这一句，很值得琢磨，可以是褒，也不排除是贬。跪迎从来都是对胜利者的屈从，是无可奈何的选择，从英军要攻打南京开始，准确地说，自从来了长毛，这以后的漫长岁月，南京老百姓就没怎么太平过，就没少低过头。城头变幻大王旗，兵灾连绵不断，战乱一个接着一个。没完没了地忍辱负重，渐渐地也习惯了，谁都想昂起高傲的头颅，在强权面前，在刀枪威逼之下，这个城市中的居民能够活下来，已经很不错。

或许是度过了几百年的太平岁月，南京人对太平天国的到来，感到特别不适应。长毛给南京带来了十分痛苦的一段记忆，自始至终，都伴随着战乱。本来太平军也有点像英军的舰队，是一支流动的大军，只不过人数更多，队伍更庞大，擅长运动战。所向披靡，从广西一路打过来，沿江而下，想打哪就打哪，谁也拦不住。没人想到他们会停留在南京不走了，在一开始，太平军自己恐怕也没想到会在南京扎根。按照天王洪秀全的意思，按照他们最初的设想，本来是还要往河南去，去逐鹿中原，直逼京畿，彻底推翻清朝统治。

然而将河南与江南做了一番比较后，太平天国的高层意识到，南京“城高池深，民富足余”，拥有长江之险，舟船万千，“远胜水小无粮敌困不能救解”的中州之地河南。由太平天国官方刻印出版，名为《建天京于金陵论》一书中，四十一位朝臣从不同角度，阐述了天京的天然优势，一致认为南京是帝王之都的不二之选，异口同声地盛赞在此建都的英明与正确。结果就一句话，习惯于流动作战的长毛，到了南京，被这里的金陵王气吸引，突然决定“不走了”。

改名为天京的南京，成为太平天国的首都。自六朝开始，加上南唐，加上大明王朝，以及后来民国的国民政府，南京终于成了十朝都会。好事者还喜欢给南京加上五代十国时杨吴的西都，加上南宋初年的行都，硬凑成十二朝都会。从 1853 年太平军攻进这座城市开始，到 1864 年城池被湘军攻陷，南京基本上一直都处于战时状态，战争和杀戮没有停止过，这一段日子，说南京人过得胆战心惊并不为过。

太平天国定都南京，军事方面有三件事不得不赶紧做。首先要派劲旅继续北伐，所谓直捣幽燕。这件事做得并不好，很不好，有头无尾有始无终，本来清廷已有些弱不禁风，既不是大英帝国的对手，也抵抗不了农民起义军的攻击。此时太平军如果一鼓作气，真打到北京去，改朝换代，也不是不可能。偏偏太平天国只派了两万多军队北上，孤军深入，根本不可能获得成功。

其次遣重兵沿江西征，廓清上游，拱卫天京。太平军是从西边打过来，因为是流寇性质，习惯于流动作战，狗熊掰棒子，走一路扔一路。好不容易攻下的城池，一旦离开，又轻而易举地被清廷收复。换句话说，太平军虽然横扫了半个中国，清军其实一直是紧追在他们身后，太平军前脚跨进南京，大批的清朝军队，也已经追击到了南京。

太平天国的北伐和西征，都只是象征性的，都是以攻代守，应该都是无效。最迫切的其实还是这个第三，加强防务坚守天京，抗击清军的江南大营和江北大营。很多人不太明白什么是江南大营，什么是江北大营，这两支新成立的部队，是清政府专门用来对付太平军。太平军攻入南京，从后面追过来的清军立刻就在孝陵卫安营扎寨，成立了江南大营。南京人都知道，出了中山门不远，就是孝陵卫，清军的江南大营就驻扎在这，紧挨着城区，南京城里又如何能够太平。几乎同时，在江北的扬州又成立了江北大营。

从定都南京的第一天开始，太平天国真是没有过一天太平日子。南京被改名为天京，天京的老百姓苦不堪言，印象中总是在打仗，一直在打仗，一直处于被围困之中，根本尝不到成为首都的甜头。老百姓需要的是和平，江南大营和江北大营像把大钳子似的夹住了南京城，太平天国要想获得喘息机会，必须要解决这个被合围的尴尬局面。当时处境确实很尴尬，非常危险，好在清朝的皇家军队，也烂到骨子里，虽然已将太平天国包围，可就是奈何不了。

太平天国有着自己独特奇怪的制度，自金田起义开始，即在内部实行男女分营，严禁男女聚首，管控性生活，即使夫妇亦不得随便同居。太平天国攻占南京，又把这一制度推行到城内居民中，凡男女不分老幼，男入男营，女入女营，进行军事化管理，衣食所需均由圣库供给。所谓圣库，就是一切财产都属于太平天国，归公后，再重新分配。

无论教科书上给予太平天国多么高评价，南京人提起长毛这段历史，都会感到一种抹不去的伤痛，这是一段非常惨烈的经历。对于城市平民来说，太平永远是最重要。没什么，不能没有太平，偏偏太平天国给不了太平。俗话说，上有天堂下有苏杭，很多人不明白这句话出处，不知道它的确切含义，以为只是指苏州和杭州两个美丽城市。其实苏杭二字，只不过为了朗朗上口，为了合辙押韵，真正想说的是长江下游这一大片吴地，当然也包括了南京。在宋朝的时候，黄河和淮河流域战争不断，中原老百姓千辛万苦地渡过长江，逃难到江南，突然发现这里竟然没有战乱，顿时喜出望外。

老百姓心目中，没有战乱就是天堂。有什么也千万不要有战乱，战乱从来都是人间最大的不幸，最大的灾难。“自胡马窥江去后，废池乔木，犹厌言兵”，没有什么比战争更让人感到恐惧。相对而言，历史上的南京，在此之前，真正战乱并不多，所谓多，而且惨重，也只是从太平天国才开始。

07 胡家花园

咸丰三年，也就是1853年的正月，太平军兵临南京。有位叫胡恩燮的南京人，奉在苏州做生意的父亲之命，回南京接母亲去苏州。那一天是正月二十七，胡恩燮赶到家，恰逢母亲生日，兵荒马乱，南京城里面目全非，也没什么心思祝寿。很快，太平军攻进城了，胡恩燮母子被困在家里。有一天，外面火光连天，又听见有敲门声，胡恩燮心惊胆战去开门，一名穿着红衣的太平军，左手举着火把，右手提着刀，对着他挥刀便砍。

胡恩燮夺路而逃，情急之中，想起自家破院有个后门，跑到后门处，发现门被巨石堵塞，连忙闪身躲在乱石堆砌的茅厕旁。那名太平军追过来，举着火把查找，没发现踪影，胡乱抢了些东西，又去别处继续砍杀。当时城里居民，出自对太平军的惧怕，惶惶不可终日，“或自焚，或自经，或仰药，或投水”，死伤无数。

寓居金陵的画家汤贻汾全家，住在胭脂巷的县官谌命年之母及兄长，峄县知县张若谷，状元秦涧泉的儿媳毕还珠，都选择了极端的方式告别人世。

胡恩燮的族人胡凯封搅拌了一盅鸦片，与其妻一起服下。胡恩燮最心爱的小妾陈寿兰刚分娩数日，体虚胆怯，也怀抱着初生婴儿吞服了鸦片。玉碎香消的还有胡恩燮十岁的女儿云姑，就在一日之内，胡氏族人大小十一口命丧黄泉。胡恩燮强压悲愤，在厢房内掘地三尺，将殉难的家人用被褥包裹掩埋，然后带领家仆翻墙而出，逃命寻找活路。

太平军攻克南京，在城南钓鱼台设立旗帜馆。为了落脚藏身，胡恩燮前往该馆自荐工于镌刻，暗中侦探太平军内情。太平军设立男馆和女馆，规定令男人和女人必须分开居住，有混居者斩。在旗帜馆隐藏了一些日子，胡恩燮到女馆拜别老母，然后逃离了南京城。这以后，他曾投奔过清军在南京城外孝陵卫的江南大营，打算随清军攻打朝阳门，未果，便离开江南大营去苏州他父亲处，不久又回到南京。

重新回到南京的胡恩燮，成了一名与清军勾结的地下工作者。作为一名熟悉地形的当地人，他与“同志数人”共同努力，“设抚恤局以安难民，联孝陵卫以通声气”。胡恩燮曾装扮成卖柴人多次进出天京城，城外上新河北河口的租赁房屋，成了联络地点，传递太平军城防的军事情报，以及转发清军给内应者的指令及物品，譬如给策反所用的免死牌和委任状。

除了协助清军，胡恩燮还有一桩值得夸耀的事，就是“雪窖救母，名列清史”。当时出入刀锋，密谋内应，他不顾生死，一直惦念身陷城内的老母亲。苦于太平军守城森严，便在城郊水西门外芦苇深处掘了一地窖，让母亲先藏匿其内。是年十二月，大雪漫天，雪深没踝，胡恩燮来到黑夜中的芦苇深处，找到地窖。其母听到儿子声音，喜极而泣，胡恩燮唯恐惊动太平军，忙让老母止住哭声，随即跳入地窖，背负老母迅疾向郊外奔去。

雪夜北风呼号，四野苍茫，行之不远，传来急促的马蹄和说话声，只见太平军手提寒光闪闪大刀，高举着火把疾驰而来。胡母要儿子逃避，由自己去死，胡恩燮抓住母亲趴雪地上一动不动，侥幸脱身，《清史稿》卷四百九十三之列传二百八十条有记录：

> 胡恩燮，字煦斋，江宁人。与继庚谋内应，出入贼中者三十六次，破衣草履，洇迹如丐。往往伏壕内，或潜立桥下坚冰中，屡濒于危。母陷贼中，以奇计脱之。后以功叙知府。

胡恩燮在科举方面并没功名，也就是个标准的南京市民，因为做过地下工作，多多少少有了些军功，获“赏蓝翎六品”，后又获得“知府保换花翎”，具体算多大的官，说不清楚。反正也就相当于一个处级干部吧，在晚清的南京，有句笑话是“婊子多、驴子多、候补道台多”。据说清朝末年，正式在编的官员有四万多人，各级候补官员却高达二十四万之多。胡恩燮这样的候补小官员，在官场上没有什么了不得的优势，仅凭一个忠孝之大德，做点地下工作，当了一回好儿子，能够名列《清史稿》，实属非常不容易。

民间传说中，胡恩燮当过苏州知府，这是一个误传。事实上，给南京人留下深刻印象的，既不是胡恩燮吹嘘的所谓军功，也不是什么忠孝大德，更不是因为名列《清史稿》。大家羡慕的，只是胡家不知为什么就突然暴发了，竟然在城市的西南角，修筑了一座豪华的胡家花园。

说起南京私家花园，首推明朝权贵的王府，譬如汉王府的煦园，又譬如大名鼎鼎的瞻园。还有就是那些玩文化的，也就是文化人自己设计的园林，譬如袁枚的随园，李渔的芥子园，它们完全是靠品位取胜。王侯家的花园，对于普通老百姓来说，遥不可及，这府那府，人家是皇朝的开国功臣。帝王将相，宁有种乎，这种话不是一般老百姓可以随便发问。相比较而言，南京的随园和芥子园，又太有文化，太风雅，仍然与市民关系不大。

真正让南京人能够眼红的，是那些有钱人家的宅门和园子，譬如甘熙宅第和胡家花园。像甘熙宅第，也就是南京人俗称的甘家大院，民间传说有“九十九间半”。真实数字还远不止，据统计，被列入全国重点文物保护单位的“甘家大院”，共有一百六十二间房子，还有一说是二百多间。无论是甘熙宅第，还是胡家花园，在当时的南京都属于标准的民居。什么叫民居，就是你再牛，说得再好听，也还是老百姓。老百姓并不代表就没文化，甘家大院有个用来藏书的“津逮楼”，收集珍贵书籍十多万册，其中就包括李清照夫妇当年整理撰写的《金石录》，这是民间收藏的一部国宝级惊人秘籍，现藏国家图书馆。

因为甘家大院房子太多，保存又相对完好，地段好，不管是当年还是后来，名气似乎都要远大于胡家花园。很多老百姓只知道南捕厅的甘家大院，并不太知道门西的胡家花园，虽然胡家花园建造在后，从观赏角度看，这花园更好看，更值得玩味，更适合让人参观游览。甘家和胡家都是南京暴发户的标本，甘家子弟中的甘熙，说起来也可以算是晚清的文人，桐城派首领姚鼐的门生，写过一些闲书，与曾国藩同榜中过进士。

大家仔细想想就可以明白，甘家能够花那么多钱盖房子，绝对不是因为有文化，因为中过进士。在中国，特别在南京这个级别的城市，有点文化，取过进士，并没什么特别了不得。甘氏家族从离南京不远的小丹阳来宁，靠经商发家，经商显然比读书更容易致富。甘熙本人擅长风水堪舆，通晓星相之术。《论衡・诘术》中的“图宅术”称，商家门不宜南向，因商为金，南方为火，火克金为凶，而北方为水，金生水相生相吉，甘家大院大门朝北，也就是坐南向北，这种朝向上的“悖异”，便是根据风水理论决定。

甘家大院在太平天国时期，遭遇了严重摧残。津逮楼毁于兵火，藏书损失大半。甘家靠经商发家，发家之后，很在乎读书，把科举功名看得很重，所谓“教子有方，个个读书”。据说甘家大院祭祖，取得功名的子孙，可以在友恭堂祭拜，没有功名的子孙，只能在堂外磕头，因此真要说甘家已是书香世家，也没什么太大问题。有钱人家子弟读书，为了维持有钱人家的地位，而穷人家孩子去读书，梦想变成有钱人，有没有钱，才是最重要。

清朝时期的南京，江南乡试所在地，科举从来就是一件大事。

关于科举，关于江南乡试，最好的教科书，莫过于吴敬梓的《儒林外史》。事实上，读书人参加科举，都是奔功名而去，说穿了也就是一群能否中举的范进之流。以成败论英雄，是不是真有学问，文章漂亮不漂亮，在老百姓心目中并不重要。当年在南京最容易被忽略的，往往是另外一类读书人，这些人才是真正读书人，才是真正有学问，譬如南京钟山书院教书的先生们。

钟山书院是当时南京最好的讲学场所，能够在这担任院长都是非常厉害的狠角色，像钱大昕，像姚鼐，还有陶澍，还有梁鼎芬和缪荃孙。说起文章好坏，大家都知道清朝有个桐城派，中国古代散文的绝唱。“天下之文章，其在桐城乎”，不知道桐城派大本营就在南京。桐城文风能够发扬光大，与它的主将姚鼐大力推广有直接关系，他老人家主持钟山书院长达二十年。嘉庆十五年，八十五岁的姚鼐功德圆满，卒于钟山书院，此时桐城派地位已无可撼动。道光和咸丰年间，在曾国藩及曾门弟子手中，桐城派的文风又极一时之盛，此后一直延续到严复和林纾，以及再后来的新文学诞生。

一般老百姓对文章好坏，并没有太多判断。事实上，桐城派能够在文坛上站稳脚跟，引领潮流，说到底还是实用主义。就像后来的高考作文，南京人只知道这一派古文有用，把它与科举八股文有效结合，便可以考出好成绩。姚鼐是乾隆癸未进士，他很多弟子都获得了功名，考场上的巨大成功，促进了桐城派古文传播，尤其是一些桐城派文士担任了各个科场的考官，为投其所好，桐城派古文成了非常实用的高考教材，越来越让考生顶礼膜拜。

科举考场得意，轰轰烈烈的功名成就，并不能证明南京老百姓有多么热爱读书。万般皆下品，唯有读书高，往往是读书人在蒙骗自己。进入明清，尤其到了晚清，南京越来越城市化，城市化注定了越来越商业化，越来越世俗化。所谓耕读世家与书香门第，也只是挂嘴上说说而已，前提还是要成功，要有功名，要通过科举这一关。有了科举功名，变富贵了，耕读和书香这些美好字眼，可以用来装点门面。没有绝对的因果关系，读书人穷一辈子的太多了。

早在唐朝的时候，南京人就很擅长经商，“农夫税多长辛苦，弃业长为贩宝翁”，当时情形是“金陵向西贾客多”，南京人通常都到蜀地去经商。明清以后，南京城多了很多经商发财的人，生意不一定在南京做，往往是成功了再回到南京。也就是说，在南京不仅有可能做生意发财，更适合发了财搬来居住。爱住金陵为六朝，南京人只不过是羞于言商，像甘家大院主人，因为有了钱，从小丹阳搬过来，来了南京，才开始有文化。多少年来，甘家在南京做什么买卖，一直都是语焉不详。

胡家花园主人胡恩燮，最后如何发迹，为什么突然会有那么雄厚的经济基础，不是三言两语能解释清楚。南京人也不想弄明白，胡家花园是民间说法，花园真正的名字叫“愚园”，都说胡恩燮当年官至知府，正是仕途得意之际，眼见要升官晋爵，却辞官归里，可谓愚蠢得很。于是为标榜清高，故意“自以为愚，更其名为愚园”。这解释很勉强，无疑是蒙人，俗话说“大智若愚”，敢称自己愚的人，何愚之有。凡事都必须经得起推敲，一些事情显然被掩盖了。

三年清知府，十万雪花银，这是老百姓的想当然，知府这样副厅级小官，挣钱没那么容易。胡家花园地处夫子庙秦淮风光带，是晚清时期南京最著名的私家花园，曾有“金陵狮子园”之美称，占地面积约 3.36 万平方米，建筑面积约 3 890 平方米。由宅院和园林两部分组成，“水石极一时之胜”，满园皆翠绿，放眼尽花草，陈寅恪的父亲陈三立老人曾为其写过诗：

城中佳胜眼为疲，聊觉愚园水石奇。
碧蕊紫荑春自暖，叠岩复径客何之。

陈三立晚年定居南京，老人家名列清末四公子，诗坛盟主兼国学大师，父亲陈宝箴是湖南巡抚，以他的身份和地位，也只能是羡慕胡家花园。很显然，要想在南京的黄金地段，建造一座私家园林，仅靠一个小小知府薪俸根本玩不起来。胡家发财致富，肯定另有秘密，应该是与太平天国有关。太平军进入南京城，胡恩燮家破人亡，报仇心切，直接参与过对太平天国的作战。不过这段历史并不太长，他个人起的作用也不大，准确地说，也就是投靠了清军。

胡恩燮的发迹，与在扬州担任孔家涵厘局总办的副手有关。所谓厘局，相当于税务局，专门负责为清军筹措军饷。他在这方面显然非常能干，“潜心创办，略为变通”，很有一套生意人的精明，柴捐毫无拖欠。1863 年春，胡恩燮调至东台大桥厘局，遇到滋事和诬告一类的纠纷，他据理辨明，恪尽职守。不久又调至三汊河厘局，因为母亲患病，他放弃了赴京接受吏部考察的机会。在接下来五年中，在江宁织造与苏州织造任幕僚。

太平天国失败后，南京城里一片萧条。有钱人都跑了，跑到了上海租界。不只是南京的有钱人消失，整个江南地区的富人，都不太愿意到南京来发展。事实证明，真要打起仗来，还是在洋人的租界保险，上海这个小县城从此开始崛起。当然，这些都还是暂时的，南京城只要不打仗，只要太平，很快就又会恢复它的繁荣。在上海没崛起之前，江南最大的城市毕竟还是南京。1874年，胡家卖了南京的老宅，买下了城西南的“凤凰台西隙地数十亩”，开始着手营造园林。这是一笔非常成功的投资，胡家花园“内以娱其母，而外以交于士大夫”，名声渐渐大起来。

胡家花园成了当时南京名儒宿彦雅集的重要场所，“巨公名士唱酬甚乐”，除了接待过陈三立这样的文化名角，胡恩燮还与晚清名臣李鸿章相识，与曾国荃和张之洞在胡家花园里有过交往。愚园的正厅就挂着李鸿章亲笔撰题的“春晖堂”，李还为其中的“水石居”题了一联：

空岩已礼千百相，明月谁分上下池。

为花园中的“又一村”也撰了联：

山椒云气易为雨，村落人家总入诗。

李鸿章在南京当过署理两江总督，是权倾一时的晚清重臣。曾国荃和张之洞也做过两江总督，还有左宗棠，不仅是两江总督，同时又身兼南洋通商大臣。太平天国以后，清朝政府有点回光返照，史称“同光中兴”，虽然与康乾盛世无法相比。不管怎么说，战乱后的南京正从萧条中迅速恢复，洋务运动开始兴起，胡恩燮的愚园里高朋满座，谈笑皆鸿儒，往来无白丁，他随手就抓住了一个发展际遇。

1882 年，左宗棠上书光绪皇帝：

> 筹办防务，制造船炮及各省机器轮船，所需煤铁最为大宗，请开办江苏利国驿煤铁。

结果呢，身为候选知府，主办过厘局，交际广泛，善于理财的胡恩燮，终于获得这个机会，被任命督办一座矿山，也就是后来大家都熟悉的徐州煤矿：

> 饬令候选知府胡恩燮延聘洋矿司入山探验煤铁，均堪开采，酌拟招商集资章程，由道禀请试办，当将章程逐条批示，并准委胡恩燮承办。

胡家花园成功的秘密，基本上可以揭开。杭州胡雪岩的“胡庆余堂”中药店，吴江同里任兰生的“退思园”，这些土豪达人暴富，他们的第一桶黄金，多少都与筹备过与太平军作战的军饷有关，说他们发国难财并不过分。有了第一桶黄金，鸿图大展，胡恩燮经营煤矿并不是件容易的事，因为有官家背景，官商勾结，结果也就不难预料。当时的洋务运动有个冠冕堂皇解释，叫“实业救国”，实业最后能不能救国不好说，迅速致富则是大家都能看见。

晚清社会风气发生巨大改变，谁都知道科举已经不行。挖煤可以发大财，面对数千年来未有之变局，清朝政府不得不开启中国的现代化进程。要想强国御侮，最初的现代化注定具有浓厚军事色彩，而南京这座城市，顺理成章成为中国早期工业化的重镇。1865 年，李鸿章由江苏巡抚升为署理两江总督，第二年，在他主持下，金陵机器制造局在雨花台开始生产枪炮。

就在胡恩燮开始经营徐州煤矿的前一年，中国现代文学史上最著名的作家鲁迅诞生了。十多年后，鲁迅来到南京，进入矿务铁路学堂学习采矿。采矿在当时很时髦，就像进入民国后的电机，改革开放后的电子计算机，再后来的商学院金融专业，都是十分热门的学科。那时候依然还是大清，大清已到了尾声，那时候，鲁迅还是一个中学生，他在南京开始接触了赫胥黎的《天演论》，喜欢读新书，喜欢骑马。

那时候，比鲁迅小一岁的经济学家马寅初，最初也是学习采矿，还有后来的国民党权贵朱家骅和陈立夫，他们不仅在中国学习采矿，还到国外去继续深造，拿到了洋人的文凭和学位。朱家骅在德国柏林矿科大学采矿工程学系攻读，陈立夫是美国匹兹堡大学的采矿学硕士，都是科班出身，虽然他们后来的实际工作，都与采矿无关，一点关系都没有。

第九章 民国肇生

01 江宁马路

1864 年 7 月 19 日，曾国藩的弟弟曾国荃率领湘军攻克南京，太平天国灭亡了。对于南京市民来说，多年围城终于结束，噩梦一样的年头正在过去。清政府接手了一个满目疮痍的烂摊子，这个城市的人口锐减，生产与社会组织破坏殆尽。时任两江总督的曾国藩，当务之急就是赶紧“荡涤瑕秽，润色山川”，稳定和重建社会秩序，重振南京的经济。

到太平天国后期，据熟悉当时南京情况的英国翻译富礼赐和美国商人赫德估计，全城人口约为七万人。李秀成被俘，在自述里也提到，城破前夕，城内不过三万人，除居民外，太平军只剩下一万多人。这些数据未必准确，都只能当作参考。死的人肯定很多，湘军与太平军作战期间，曾国藩获得了“曾剃头”的恶名，他指示手下，“虽使周孔今生，断无不力谋诛灭之理。既谋诛灭，断无以多杀为悔之理”，因此说湘军在南京杀人无数绝不是什么虚构。

南京人的痛苦就是，太平军来，被广西粤匪杀得够呛，湘军来，又被湖南蛮子杀得很惨。广西人厉害，湖南人更厉害，共同结果就是让南京土著居民吃足苦头。湘军攻入南京，“分段搜杀，三日之间毙贼共十余万人，秦淮长河，尸首如麻”，臭气熏天，“三日夜火光不息”，曾国藩幕僚赵烈文随军入城，其日记中记载了当时的惨况：

> 计破城后，精壮长毛除抗拒时被斩杀外，其余死者寥寥，大半为兵勇扛抬什物出城，或引各勇挖窖，后即行纵放。城上四面缒下老广贼匪不知若干，其老弱本地人民不能挑担，又无窖可挖者，尽情杀死。沿街死尸十之九皆老者，其幼孩未满三岁者亦斫戮以为戏。匍匐道上，妇女四十岁以下者，一人俱无，老者无不负伤，或十余刀，数十刀，哀号之声达于四远。其乱如此，可为发指。中丞禁杀良民，掳妇女，煌煌告示，遍于城中，无如各统领彭毓橘、易良虎、彭椿年、萧孚泗、张诗日等惟知掠夺，绝不奉行。不知何以对中丞？何以对皇上？何以对天地？何以对自己？

当时南京老百姓真是痛苦不堪，没有来得及突围跑到城外去的太平军大呼，“城中弗留半片烂布与妖享用”，到处放火。入城的湘军为了挖掘金银财宝，亦四面放火。疯狂劫掠对南京城造成毁灭性的破坏，一年以后，李鸿章到南京接任署理两江总督，出现在他眼前的是一座空城，断壁残垣，田宅多成瓦砾，哀鸿遍野，难民饥寒交迫，要想恢复南京城正常秩序，真不知道从哪下手，他不由得大发感叹：

> 无屋、无人、无钱，管葛居此，亦当束手。

管葛是管仲和诸葛亮的并称，这两人都是古代治国有方的名相，李鸿章的意思是南京糟糕到这一步，就算管仲再生，诸葛亮重现，也没什么好办法。他觉得这个城市要想喘过气来，恢复昔日繁华，“似须百年方冀复旧也”。李鸿章的前任是曾国藩，曾的湘军打败了太平天国，立下了盖世大功，手下都劝他干脆自己做皇帝算了。大清无可救药，不如趁乱像朱元璋那样，在南京扯上一嗓子“驱逐鞑虏，恢复中华”，说不定也就成就了帝业。

然而曾国藩并没有称帝的野心，他担心的只是自己功高盖主，进入南京后，一个劲地打报告，要求裁撤湘军。为什么会这样做，后世有过各种猜测，有一点常常被人忽视，就是湘军纪律太差，匪气太重，“暮气已深”，很容易失控。事实上已失控，这支虎狼之师任其发展壮大，必将成为祸害。李鸿章接任署理两江总督，因为这个烂摊子实在太糟糕，南京的破败令人难以想象，有人劝李干脆将两江总督衙门移往扬州算了。李鸿章署理两江总督的十八年后，到了 1882 年，又一位中兴名臣左宗棠就任两江总督，他描绘当时的南京仍然惨不忍睹：

江南克复廿年，而城邑萧条，田野不辟，劫窃之案频闻。金陵向非贸易埠头，人烟寥落，近则破瓦颓垣，蒿莱满目，虽非荒歉之年，而待赈者恒至二万数千之多，较四十余年前光景，判若霄壤。

甚至到1896年，张之洞担任两江总督，距离剿灭太平天国已三十多年，南京城元气还没完全恢复，仍然没太多振兴之迹象，在给皇上奏折中，他诉苦说：

城内辽阔过甚，兵燹以来市廛萧索，城内有居民者三之一，空旷者三之二……北城一带，蒿莱弥望，匪类潜踪，命案抢夺间见叠出，商旅来往，官吏趋走，备极颠踬，公私旷废。

由此可见，太平天国带给南京城的伤害实在太大。不过说归说，诉苦是诉苦，作为封疆大吏的两江总督，只有把现实状况说得不堪一些，才有可能突出自己的政绩。事实上，城市面貌正在好转，已经有了变化。大家都知道，只要没有战乱，地处江南富庶之地的南京，自然会有一种很好的修复能力。

如何使得南京这个城市从创伤中恢复，历任两江总督不得不面对。曾国藩采取的措施，是尽快恢复高考，在湘军进入南京的当年，开科举行乡试，“一以慰群士进取之志，一以招转徙无归之氓”。1864年的12月，甲子乡试如期举行，应试者一万三千多人，共得正榜二百七十三人，副榜四十八人。这一措施立刻见效，“两江人士闻风鼓舞，流亡旋归，商贾云集”，被中断的江南乡试自此恢复，直至1906年科举被取消。

曾国藩第二个措施是“繁荣娼盛”，让秦淮河先热闹起来。商女不知亡国恨，南京克复不久，秦淮河上便出现了画舫灯船，时任江宁知府涂宗瀛专程拜访曾国藩，建议予以取缔。没想到遭到否决，曾国藩认为灯船画舫尚不够多，亲自带领幕僚登船游览秦淮河。这是首次以官方形式，允许官设妓院，数量被限为六家，此后只许加人而不许增院，“以示乐不可极”。消息一经传出，土著和客商闻信而来，秦淮河上白舫红帘，又见昔日繁盛。

秦淮河两岸的河房大批被毁，荆棘塞道瓦砾堆阶，青楼妓馆密布的旧景无法再现，只能在秦淮河上做文章。晚清时的南京楼船，多为湘军水师战舰改装，设有门舱，有仆从照应，有餐室和书房，还有“卧榻与浣濯、便旋之所”。船尾有舵楼，可以登高远眺沿岸景色。楼船外，游船还有很多花样，有小边港、火食船、摸黑船，摸黑船为晚清独有，专门用于夜游。流落他乡的秦淮名妓，战后纷纷返回，可惜人老珠黄，风光不再。邻近的扬州也饱受战乱蹂躏，加之盐务改革，众多盐商破产，依附于盐商的扬帮妓女纷纷涌入南京，一枝独秀，“风流薮泽，全属扬帮矣”。

依靠科举的踊跃，依靠秦淮河灯红酒绿，显然还解决不了南京的问题，改变不了南京现状。李鸿章署理两江总督后，在南京大搞洋务运动，最著名的就是金陵机器制造局，迈出了实业救国第一步。他的理想是把南京变作一座工业化城市，向洋人学习，发展工业，尤其是发展军工业。李鸿章认为“目前之患在内寇，长远之患在西人”，因此主张要保留湘军和淮军，不只在于“靖内寇”，更在于“御外侮”。与自己的老师曾国藩相比，他这种判断，似乎要高出一筹。

第一次鸦片战争，英国人逼迫清政府签订《南京条约》。南京人对这个条约具体怎么回事，也弄不太明白，反正兵临城下的英国人走了，事也就完了。1856 年，又有了第二次鸦片战争，这一次是和英法两家同时干仗，还是输得一塌糊涂，又被迫签订《天津条约》，其中第十条规定长江一带各口，英商船只俱可通商。法国提出要求，要将南京辟为通商口岸。好在当时南京处于太平军控制，清政府在天津签订的这个条约，根本实现不了。太平天国灭亡，英法公使分别照会清廷，以《天津条约》为依据，提出“将江宁地方，安置埠头，为通商之所”，并称已“派员前赴江宁，察看沿河地方，择取何处便于贸易，即将该地指定，并将地址四至丈量明白，按立界碑”。

清廷无奈，只能派员会同英法官员前往实地勘察，同时拟将江宁织造署改为南京海关。没想到太平天国之祸乱，已把南京这座古老的城市弄得面目全非，映入眼帘的是：

> 人民之死亡转徙者不可胜计，屋宇之存者十不及三四，疮痍残败之状几于目不忍视。

英法公使遂认为此时的南京，在通商上并无多少价值，于是只大致指划“狮子山城河之间”为备用之地，并未提出设立租界的要求，南京的开埠因而被搁置。以当时的社会舆论而言，当然是一件好事，躲开了“夷化”，避免了帝国主义的入侵。当然，相对于城市发展，也可以说南京失去了一次机会。

再往后，到了1868年，美国旗昌轮船公司在下关河西宗泰字铺设立了“洋棚”，方便旅客上下。1877年，李鸿章创办的轮船招商局买下旗昌洋棚，保守的清政府担心此地有了轮船码头，会再次引起列强觊觎，只允许南京港进行客运，不允许货运，所以这些“棚厂”在当时只能算是简易码头，又设栈房供乘客候船，乘客用小划子往来江心接送。1882年乡试，南京作为江南考场，共有两万名考生从水陆两路到达，结果乘轮船前来的考生在下关登岸，因小划子翻沉，溺毙多人，本地绅士数十人便联名上书两江总督左宗棠，要求速建码头。

左宗棠碍于清廷态度，要求在呈文中“切勿说出码头二字，缘非通商处泊岸，例不准设码头也”，只能称其为“功德船”。“功德船”的出现，使南京港具备了轮船停泊作业能力。随着港口运输能力的增强，清政府不允许在下关设码头的规定，已成空文。1895年，张之洞主持修建了一座公用轮船码头，称为“官码头”，仍不允许轮船在此装卸货物，但每年上下旅客，已达十万人左右，下关商市逐渐兴盛起来。

南京的航运条件本来十分优越，海轮可以直达。1895年的《马关条约》之后，列强获取在华铁路修筑权，资本输出增多，开辟南京为通商口岸的愿望变得强烈。清朝海关总税务司赫德专门致函清政府，强调南京应当与汉口和九江一样开放。1899年5月

1日，本应在1858年就开设通商口岸的南京，终于正式开埠，金陵关开关，地点就设在下关。金陵关成立之初，曾悬榜招贤，没一个中国人敢于应招，后来虽有华人参加，职位均比较低。当时中国尚未有专门人才培养，税务司和重要职员均由外国人担任，实权长期掌握在税务司英国人安格联手中，金陵关的会话办事公文来往，都以英文为主。

南京口岸未设租界，也没有工部局等组织，金陵关成为列强在南京利益的代表。清政府在下关设立商埠局，将金陵洋务局改为两江通省洋务局，管理口岸事宜，金陵关中也派中国人担任监督，这个监督无实权。各国纷纷在下关江边建造码头，经营客货运输，沿大马路一带设店经商。很快巨贾云集，商铺林立，随着外商增多，进出口贸易增加，下关地区开始繁华起来，“南有夫子庙，北有大马路”，一向落后的城北下关，突然有了一个可以让南京人看热闹的新地方。

事实上，只要没有战乱，南京城市现代化几乎不可阻挡。金陵关开埠之前，也就是1895年，张之洞下令修筑江宁马路。这条马路自下关轮船码头，经仪凤门和鼓楼，直抵汉府街的总督衙门。马路用砖石铺设，石料由绿营兵采自紫金山，参照上海租界的马路标准，路幅六米至九米，大部分是砂石路面，个别路段还是木块路面。不少路段晴通雨阻，只能通行马车和黄包车，也只略优于土路，即使这样，江宁马路大大改善了城区交通，成为后来南京大马路的起点。

旅客自下关轮船登岸，行李物件需要车辆运输，成泰马车公司应运而生。那年头还没汽车，马车是最重要的交通工具，成泰公司由上海昇大马车行承办，南京的商人刘逢霖等招集商股，纠合股本洋银一万元，置办马车数百辆，极大地方便往来行人。江宁马路的开通，直接带动了城北经济，沿着马路，商民房子盖了起来，店肆林立热闹逾恒。张之洞在给朝廷的奏疏中，十分兴奋地汇报修路成果：

> 三月以来，贫民食力者，竞造手车，以为生计，往来如织，马路两旁，小民购地造屋者日多，不过三年，可成街市。

江宁马路是晚清南京很好的一个市政建设，它直接关系到了民生，造福南京人民。除了这条让南京人引以为豪的大马路，到了 1909 年，南京又有了一条市内铁路，取名宁省铁路。在此两年前，上海到南京的铁路建成，这件事非常重要。上海一向是南京下属的下属，过去几十年，上海飞快发展，城市化发展速度惊人。沪宁铁路的开通，以及即将开通的津浦铁路，这两条铁路改变了陆路交通布局，使南京成为长江下游水陆交通的重要枢纽。南洋劝业会最后择址南京，很重要一个原因就是水陆交通便利。

要致富，先修路，这句话在一百多年前，似乎就得到了验证。1909 年建成通车的宁省铁路，彻底改变南京交通状况。在此之前，除了骑驴子，坐马车和坐轿子，乘船，市民无法享受其他交通工具。宁省铁路全长 7.3 公里，起自下关江边，从北向南，一直通往两江总督府。这是一条真正属于城市的轨道交通，也是国内

第一条专门服务城市的交通线路，其运输功能与后来的地铁相当。它穿越市区，跨惠民河，经栅栏门，过三牌楼，过丁家桥，过无量庵。无量庵这一站就是后来的鼓楼，然后沿北极阁南麓，从两江师范学堂后墙，也就是今天的东南大学后面，跨珍珠河，在太平北路东侧南折，经过督署衙门的东墙，再往前走，到达中正街（今白下路）。

1911 年，宁省铁路更名，改称江宁铁路。孙中山当选临时大总统，就是从上海出发，乘火车，在南京的下关转车，通过当时中国唯一一条市内轨道交通，直达“督署站”。

02 南洋劝业会

1911 年的辛亥革命前夕，南京这座具有悠久历史的古城，正悄悄地进行着一场城市革命。这个城市正发生令人难以置信的变化，在市政建设方面，南京城开始有点突飞猛进，最突出的标志便是有了市区的江宁马路和宁省铁路。

此外，还出现了国内第一家官办电话局，南京有幸成为中国第一个开办市内电话的城市，“分段安设德律风，以线传语，以期呼应灵通”。“德律风”就是电话，最初用户只有十六家，皆为南京的各级官署，到 1905 年，用户已达到六十家。1910 年秋天，坐落在西华门外的金陵电灯官厂，第一台发电机组正式开始运转，为江宁将军府与两江总督府提供晚间照明，这也是中国第一家官办发电厂。此时此刻，南京已从太平天国的伤痛中，慢慢苏醒过来，它的发展开始惊人，这种变化我们可以通过日本游客的眼光看到。

1894年甲午中日战争，并没在南京人的心头产生多少对日本人的深仇大恨。经过大清两百多年统治，这个城市的老百姓一直都在当顺民，早已习惯了异族统治。有过两次鸦片战争，中国人终于明白什么叫船坚炮利，领教到了洋人厉害。还有中日甲午大战，大家明白不仅黄头发蓝眼睛的西洋人碰不得，跟我们长得差不多的东洋人，也一样不好惹，甚至更不好惹。有识之士终于明白落后就要挨打，师夷长技以制夷，师夷长技以自强，渐渐成为大家都认同的道理。

向日本人学习成为当时的一条捷径，理由很简单，日本为什么能够强大，因为他们学习了西方。有识之士一致认为，学习西方语言太难，日本人用的是汉字，与我们同文同种，学习他们会方便许多。譬如梁启超就认为，“学日本文者，数日而小成，数月而大成，日本之学，已尽为我有矣。天下之事，孰有快于此者”。一时间，学习日本成了速效救心丸，去日本留学的人多，在南京的日本人也开始多了起来。

1902年在南京创办的三江师范学堂，也就是南京大学的前身，它的外籍教师，基本上都是日本人。大量日文词汇开始进口中国，新鲜的时髦用词，譬如革命，譬如发明，譬如法律，譬如化学物理，譬如资本主义和共产主义，都是直接拿过来就用，不仅是使用，这些词汇让我们再也离开不了。当时的南京人一点都不仇日，而且很羡慕日本，把日本视为引导中国走向现代化的带路大哥。经过明治维新，日本成为新的列强，居然把俄国人都打败了。日本是东方民族成功案例，非常适合成为中国的榜样。当时知识分子中留日学生很多，他们对日本认识深刻，有亲近感，像鲁迅和周作人，就是从南京去了日本。

从日本到中国来观光的日本人也多，这些人为南京留下了一些生动有趣的笔墨，很有史料价值。杨洪俊先生的《日本明治游记中的清末南京》一文，对有关游记进行了认真梳理。当时日本游客文章中，集中提到的南京出行道路有三条，一是出中山门至明孝陵的小路，一是江宁马路，一是宁省铁路。游览明孝陵是多数日本游客的选择，从城内至中山门，也就是当时的朝阳门，路还比较好走，可以乘坐马车和东洋车，而出朝阳门后，可供选择的主要就是驴子，众多日本人游记中都有记录。

在 1899 年，有个叫内藤湖南的日本人，就是骑驴去拜谒明孝陵。到了 1908 年 12 月，来南京观光的小林爱雄，游记中写到了中山门外“驴子成群”，“十来个年轻赶脚”在招呼生意。枥木县满韩观光团，东业同文书院第七期学生，在中山门外换乘了驴子。1909 年 7 月到南京的胜田主计，发现“自门外只能乘人力车或骑驴”，他雇了一辆人力车，结果发现还不如干脆骑小毛驴：

> 但仍十分艰难，上坡下坡都几乎无路可走，而且所行之处非泥泞即砂砾，终于不得已屡次下车徒步前行。如此看来，还是驴子才是最好的选择了。

与中山门外的行走艰难相比，城内江宁马路的平整，以及道路两旁新种的杨柳，让年轻的日本游客印象深刻，下面这段文字写于1899年：

> 自下关入仪凤门，沿张之洞（甲午乙未之役时暂代刘坤一署理两江总督之际）所修筑马路，行近二日里，抵达近总督衙门之科巷的东本愿寺学堂，暂居于此。此马路平整，细柳夹道，树间距仅二三尺，树皆在离根部约三尺处生出树杈。此时已值孟冬，枝叶难免萧疏。不禁想到，若为初春，草木萌生，朦朦嫩绿定会让行人车马意气风发。若巡路者用心修理清扫，持之以恒，单是此处可比拟上海，甚而强过我国帝都了。

七年后，1906年7月23日上午，日本人德富苏峰到达南京下关码头，坐马车进城，“行七英里地到达南京领事馆”，夹道的柳树大了许多，绿树成荫，“所走道路之修洁”，让他略感惊讶。又过了五年，1911年7月3日，还是一批日本同文书院的学生参观南京，负责来接的松岛君把行李装上马车，自己坐在行李一边，先行去了南京城内的宾来馆，那些学生不得不沿着江宁马路，步行去目的地：

> 我们步行出发，从下关到南京通行的这条林荫道着实是好。绿柳枝上，有鸟儿嬉闹，真可谓之为“文明的绿门”。

这时候的江宁马路，在日本学生眼里已是很漂亮的林荫大道，而且四通八达，“各路均可行东洋车及轻马车”。当然，更让日本游客满意的，还是市内轨道交通，这种便利，让他们感受到了一种与文明世界的同步。宁省铁路的一等客票，价格为每站五分，全线单程三等票价为二角，二等四角，头等八角，还可以带行李，与当时主要交通工具马车和小船相比，既经济又快捷，铁路营业状况极好。小林爱雄记述了在半山寺游览时，看到的铁路道口情形：

> 途中过一道口，立一大门，上大字写着“眼见火车，往来人等，车马勿过”。

这就是辛亥革命前夕的南京，这期间，同盟会成立了，革命党人正在抛头颅洒热血。武昌起义之前的一系列武装暴动，广州起义，自立军起义，惠州起义，萍浏醴起义，黄冈起义，七女湖起义，钦廉防城起义，镇南关起义，钦廉上思起义，云南河口起义，广州新军起义，黄花岗起义，所有这些起义，与南京都没什么太大关系。天高皇帝远，革命也很遥远，南京显然还沉浸在风花雪月之中。

在南京的历任两江总督，几乎都是晚清的能臣，平心而论，都为南京城市现代化，多少做过一点实事，有过一些贡献。李鸿章让南京有了现代工业，左宗棠让南京有了开放口岸，张之洞让南京有了大学和江宁马路，而宁省铁路能够应运诞生，则与当时的两江总督端方有着直接关系。端方在当时虽然还算不上改革派领袖，在封疆大吏中，他的思想无疑属于最新潮的一位。

正是因为端方努力，才有了宁省铁路的通车，同样也是他的坚持，南洋劝业会才得以在南京举行。南洋劝业会能够选址南京，很重要原因，是南京的城市建设成绩突出，南来北往交通便利。“扼长江之要，上溯湘鄂，下达苏沪，轮帆所指，克期可至，今则沪宁铁路已通，省城轨道又将告竣”，环视当时国内，很难再找到比南京更合适举办的城市。

1910年在南京举办的南洋劝业会，历时半年，影响极大。这也是有史以来，首次用官方名义主办的国际性博览会，前后共有二十多万中外人士参观。会址选在城北，南起丁家桥，北至三牌楼，东邻玄武门，西达将军庙，占地七百余亩。在形式上，完全借鉴了美国的万国博览会，当时媒体对这个劝业会评价很高，称赞它是：

> 全国之大钟表也，商人之大实业学校也，产品之大广告场也，输送本国货以向外国之轮船、铁道也。
>
> 一日观会，胜于十年就学。

《申报》热情洋溢地把举办南洋劝业会的南京，与“日之东京大坂、美之圣路易、意之米廊”相提并论，说它们“皆以地方为名，而实含内国与世界性质，本会虽名南洋劝业会，实与全国博览会无殊”。对于南京这个城市来说，南洋劝业会绝对盛况空前，城市形象也因此获得了极大提高。会场内共设立了三十四个展区，有各个省的展馆，有分门别类的专业馆，还有华侨馆和外国馆。

南洋劝业会期间，有来自全国各地的展品，也有来自南洋和英美日德等国的展品，共约一百万件。当时还成立了一个南洋劝业研究会，学者李瑞清为会长，实业家张謇为总干事，组织专家对各种展品进行审查评奖。结果一等为奏奖 66 名，二等为超等奖 214 名，三等为优等奖 426 名，四等为金牌奖 1 218 名，五等为银牌奖 3 354 名。今天的读者不太明白什么是“奏奖”，就是这个奖要报请皇帝奖赏，要皇上他老人家说好，才算是真的好。在当时，“奏奖”才是最高奖，而我们今天普遍看好的金奖和银奖，反倒是具有了安慰奖性质。

南洋劝业会的会场布置得极为隆重，吃喝玩乐一应俱全。专门设了电梯，可以登高遍览整个场景。宁省铁路每小时发一趟车，会场内到处都有马车和人力车，随喊随到。早在筹办期间，就专门修建了通往会场的劝业路和丰润路，为方便参观者游览邻近的玄武湖，特地开辟一个新城门“丰润门”，也就是后来的玄武门，这个地方有了城门，以往要想游览玄武湖，“必自太平门出，非舟莫渡”的不方便，再也不复存在，也为即将来临的民国，将玄武湖开辟为现代意义的公园，做好了铺垫。

鲁迅先生当时是浙江绍兴府中学堂的学监兼博物教员，他亲率全校二百多名师生赶来南京观摩。考察他们的行走路线，从绍兴经杭州到嘉兴到苏州，这一路应该是坐船，再从苏州乘坐刚开通的沪宁火车到南京。到了下关车站，已是夜晚时分，同学们走下站台，抬头一望，只见对面狮子山上，用电灯排列成约一米见方的“南洋劝业会”五个大字，对未曾见过这么多电灯的学生来说，真是大开眼界。有位在劝业会江西馆工作的绍兴同乡，他是鲁迅好友，慷慨解囊，居然赠送给师生每人一只特制细瓷茶杯，杯上刻写着“南洋劝业会纪念”字样，大家拿到这个杯子，视同至宝，爱不释手。

那时候，还未开始现代小说创作的大作家鲁迅，马上就要三十岁，而中国现代文学史另一位名声显赫的作家茅盾，还在上中学，那一年十四岁。茅盾也随着学校一起来参观，在南京玩了三天半，临走，买了几块雨花石，带回家送给母亲作为纪念。苏州草桥中学的师生，也组织大家参观南洋劝业会，他们运气不太好，刚走到会场正门，突然下起一阵很大的急雨。同学们兴致勃勃，好像并没当回事，照样停步立正，成双行，向左转，报数，然后散开队伍，到各个馆去参观，秩序井然。第二天的《会场日报》做了特别报道，说苏州草桥中学的同学来参观，完全是军队模样，遇到阵雨，队伍绝不散乱，学生个个精神百倍。

与“振兴实业”带来的实际经济效益相比，在南京举办南洋劝业会，它的“开通民智”和“引领风气”，更为明显更加有效。它集中展示了二十世纪初中国最先进的工农业产品，衡量出了当时中国的经济实力，同时，也成为西方文明向中国展示魅力的最直观场所，西方世界先进的工业化展品，不仅代表现代技术，代表现代管理，也代表了先进思潮，让正在追求近代文明的中国人大开眼界。事实上，南洋劝业会举办的几个月前，1910 年的 1 月 7 日，《申报》就刊登过一篇《劝业会与立宪》的社论：

国民之政治责任心必后于经济竞争心。唯因经济竞争心之发达而政治责任心常不知不觉之间增进而未有已。故在今日欲引起国民之政治责任心，必不可不先引起国民之经济竞争心。劝业会之作用在招致全国之物品萃以一堂，以比较优劣。因比较之故而竞争之心乃生。

通过观摩和比较，参观者认识到自身的不足，认识到自己的落后，“开一时之风气，策异日之富强”。只可惜当时中国，当时的南京，虽然有过一阵热闹，有了一点新气象，经济上仍然封闭匮乏，社会风气仍然恶劣，骨子里仍然保守。从规模上看，南洋劝业会是近代中国最成功的一次商业预演，在当时堪称最大的一次全国性交易会，与外国的博览会相比，差距还是太悬殊，根本无法相提并论。以参加人数为例，南洋劝业会为二十多万人，平均每天一千人左右，在国外，不要说欧美各国，1903 年日本举办博览会，每天的参观人数，已高达三万四千人。

在南京举办的南洋劝业会，更像是大清帝国的回光返照，帝制时代结束前的一场嘉年华。大清朝眼见着就要完蛋，此次盛会对晚清中国社会的变革，产生了重要影响，经济竞争心也确实刺激了政治责任心，然而民众虽有改革之心，清朝政府却已病入膏肓，无可救药。当时“富商大贾，凡结伴而来者，无非快游览夸豪举耳，真能研究农业，考察工艺者，百不获一”。“西学东渐”并不是一件容易的事，劝业会耗资数百万，成交额数千万，临了亏空严重，难以为继，最后只能不了了之。

当初筹办劝业会，曾考虑过要恭迎慈禧太后驾到，准备修建一座行宫。原计划放在行宫门前的一对汉白玉石貔貅，还没来得及运到现场，慈禧她老人家先驾崩了。结果这两只守护神兽，只能当作摆设，只能作为见证。现如今，它们与湖北水泥厂当年送去参展的一个水泥阳篷，成为南洋劝业会仅存的珍贵遗物，还保留在南京工业大学丁家桥校区校园内。

03 中华民国临时大总统

1911 年 10 月 10 日，武昌起义打响第一枪，辛亥革命爆发。这时候，南京城里依然还是一片平静，依然风花雪月，老百姓大约也没想到，接下来会发生什么样的事。改良成了一句时髦的口号，革命和革命党这些词汇，大家也不太陌生，究竟能不能形成气候，到底会有多大动静，很多南京人并没认真去想。

当时南京城里，内心最为纠结的是徐绍桢。这一年，身为陆军第九镇统制的徐绍桢，已五十岁，五十知天命，恰恰就是在这时，天将降大任于斯人也，一个千载难逢的机会来到，武汉新军第八镇起义成功，南京的新军第九镇只要依葫芦画瓢，完全有可能水到渠成。作为第九镇的最高军事长官，徐绍桢是明朝开国大臣的后人，徐达的第十四代孙。本是一介文人，甲午中日大战那年，中了举人，后来投笔从戎，以“智识高卓，究心中西兵略”而获得重用。

徐绍桢属于晚清第一代有点现代意识的职业军人，统率的新军第九镇，有“八千子弟皆书生”之美誉，手下青年军官中多才俊，大多新式武备学堂出身，譬如赵声是第三十四标标统，林述庆是第三十六标标统，还有柏文蔚和冷遹，都是文武双全，都是很坚定的革命党人。武昌那边已经轰轰烈烈地干起来了，南京这边当然也得露上一手。

革命党人这么想，革命党人的对立面也会这么想，于是一方要准备起事，一方要防备起事。徐绍桢的手下鼓动“请速举事”，大势所趋，徐大人不带我们干，我们就自己干。徐的上司也开始怀疑第九镇不可靠，采取紧急措施，将张勋的江防营从浦口调入南京，将驻守扬州的王有宏所部缉私营十个营，也临时抽调过来，加强南京的戒备。为防止第九镇异动，两江总督张人骏借鉴广东和湖南的办法，突然收缴第九镇弹药，结果各标营每个士兵，平均不足五发子弹。接着又宣布南京戒严，将各大城门关了。

辛亥革命成功，从某种意义上来说，不是革命党人如何强大，是大清朝实在太弱。光复成了多米诺骨牌，很多城市只要揭竿而起，发篇通告，贴几张传单，便可以传檄辄定，立刻光复。革命接二连三，革命党人频频出击，到处开花。光复大旗随处飘扬，转眼之间，周围差不多都成了革命党人的天下。远一些的陕西山西云南光复了，近一些的湖南江西安徽光复了，上海光复了，杭州光复了，苏州光复了，沿着沪宁线，无锡常州镇江接二连三光复，连江北的扬州也光复了，只有南京仍然还掌握在清政府手里。

到这节骨眼上，徐绍桢的第九镇宝刀出鞘，箭已在弦上，想不干都不行。商议好了 11 月 8 日起事，没想到在沟通上出问题，城里革命党人在 11 月 7 日晚上，很莽撞地就先干了起来，城外第九镇官兵闻讯，匆匆赶过去，起义已被镇压。不仅城内失手，攻城的第九镇新军也因为弹药不足，不得不败退镇江。

此时的南京安危，有着特殊意义，天下已经大乱，胜负也就在一念之间，袁世凯给负责守城的张勋打来电报，语重心长：

东南半壁，悉赖我公。

袁世凯的意思十分明显，只要南京还在，革命党人翻不了天。只要南京还没丢，沪宁线上的城市虽然光复，其他省份已经独立，清军随时都还可以再收复。这时候，革命不可阻挡，站在反革命一边的袁世凯却稳操胜算，他的北洋大军掐住了革命党的喉咙，已将武昌团团围住，置于自己炮火之下，只要他愿意，拿下武汉三镇，指日可待。在军事上，黄兴督战的革命军根本不是北洋的对手。

要解武汉之危，只有尽快搞定南京。驻在上海的同盟会中部总会召开紧急会议，一致认为南京之得失，关系民族存亡，不攻克南京，就不能挽回武汉革命之颓势：

南京一日不下，武汉必危。武汉不支，则长江一带必不能保，满虏之焰复炽，祖国亡无日矣！

一时间，南京成了重中之重，江浙联军组成了，由徐绍桢担任联军总司令。革命与反革命的势力不得不在南京进行决战，说是决战，相对于上世纪发生的军阀混战，中日战争，国共内战，光复南京之役也许算不上什么大战，死伤人数相当有限。毕竟是一场改朝换代的生死决战，毕竟这一仗，彻底结束了中国几千年的封建统治。事实上，很快南京光复了，武昌起义惊天动地，而直到南京光复，才正式宣告清朝的大限到了。

这样的结果，一向散淡的南京人肯定不会想到，他们不会想到自己的城市，在风谲云诡的中国大历史上，会再次扮演了一个如此吃重的角色。革命军从不同的方向冲进城门，爱看热闹的南京人又一次成了看客。炮声已听不见，零星的枪声也已经结束，南京人怀揣着好奇走上街头。在著名的革命党领袖中，竟然找不到一个土著的南京人，退求其次，就算是革命党中有头有脸的南京人也找不到。因此痛说革命家史，南京人只能又一次惭愧。

南京的老百姓开始咸与维新，兴高采烈相互剪辫子。大家突然发现，原来剪个辫子也没什么大不了，就仿佛闹革命，在不同阶段，有着不一样的代价和结局。清朝留给汉人的辫子，原本和脑袋联系在一起，危险时，剪辫子意味着要丢掉性命，等到大势已去，连袁世凯也与时俱进，剪掉辫子也就是一剪子的买卖。到这时候，水到渠成，剪不是什么事，不剪辫子才是个问题。

用旁观者来形容辛亥革命时的南京人不够恭敬，事实真相或许就是如此。南京是两江总督所在地，掌管着当时最富庶的区域，控制着清政府的经济命脉，历来为朝廷所看重。但是南京人也管不了这些，他们才不在乎自己城市有什么样的经济和政治地位，只是以一种十分现实的心态，非常平静地迎接这场革命。平民如此，普通官员也是这种态度，攻打南京的炮声响起，除了最高层的几位长官夹着尾巴仓皇逃跑，大部分官员都静观其变，既不打算直接参与光复，也不准备为大清尽忠殉节。

革命军进入南京，城头变幻大王旗，都督多，司令多，有自封的“江宁都督”，有自封的“苏军总司令”。革命尚未最后成功，大家已经开始争权夺利。徐绍桢挂名江浙联军总司令，因为此前的身份不是革命党人，不久前在南京又吃了大败仗，各路枭雄并不太把他放在眼里。革命党人对于清政府，革命的态度是一致的，可是在自己内部，观点也就五花八门，谁也不买谁的账。

在南京光复之前，很多省份先后独立，成立了军政府。各自为政，互不统属，湖北军政府都督黎元洪致电各独立省，征询建立临时中央政府的意见，并邀请各省军政府派代表赴武昌开会，筹建临时中央政府。这时候，已宣告光复的江苏和浙江也在酝酿建立临时中央政府，江苏都督程德全和浙江都督汤寿潜联名致电上海都督陈其美，建议在上海组织代表民意之临时议事机构。陈其美十分赞成，于11月13日向独立各省都督发出通电：

> 民军倡义伊始，百凡待举，无总机关以代表全国，外人疑虑，交涉为难。其美承乏上海，地处冲要，东南孔道，饷械根源，外交重任，尤关全局。

陈其美的意思直截了当，上海有钱有武器弹药，与老外打交道也方便。革命党人的想法开始分裂，临时中央政府究竟是建在上海，还是武汉，各有各算盘，各有各道理，都不愿让步，都在争夺筹组中央政府的主动权。湖北军政府在全国有很高的威望，武昌为首义之地，是“起义首功，同盟牛耳，众意属之”，它的一举一动，直接影响着各省的进退。争来争去，最后还是上海方面让步，同意在武汉成立临时中央，于是各省代表开始奔赴武汉，抵达武汉之时，形势又发生逆转，革命党人的处境大为不利，清军在袁世凯指挥下，攻占了汉阳，炮击武昌，代表会议只能改在汉口英租界的顺昌洋行内举行。

武昌岌岌可危，袁世凯随时随地可以占领，就在这个时候，南京光复了。革命党人立刻做出决议，决定临时政府设于南京，各省代表在南京选举临时大总统。并且一致同意，只要有十省以上之代表到达，即可召开代表大会，临时大总统未举定以前，仍认鄂军都督府为中央军政府，有代表各省军政府之权。12 月 4 日，各省都督府代表还没到南京，留在上海的上海都督陈其美，江苏都督程德全，浙江都督汤寿潜，以及章太炎和蔡元培等革命党人在一起开会，选举黄兴为大元帅，黎元洪为副元帅，随即通电全国。

在武昌的黎元洪得此消息，大为震怒，遂于 12 月 8 日致电已经光复的各省都督：

各省代表均到鄂，议定临时政府组织大纲，并订期在南京公举临时大总统，组织临时政府。经敝处通电各省，谅已达览。现忽据来电称沪上有十四省代表，推举黄兴为大元帅，元洪为副元帅之说，情节甚为支离，如实有其事，请设法声明取销，以免淆乱耳目。

也难怪黎元洪要生气，上海的这个选举显然不合法，有点自说自话。既然决定在南京“公举临时大总统”，苏浙沪都督通过留沪代表选举黄兴为大元帅，显然违背了大家的决议。大家心里都明白，这时候的大元帅，基本上就是大总统的意思。

各省都督的代表陆续到达南京，为了谁当大元帅忿忿不平，喋喋不休，有的军人认为黄兴根本不会打仗，声称不愿隶属汉阳败将之下。黄兴听了心里不痛快，提出了辞职，举荐黎元洪为大元帅。于是各省代表在南京的江苏省咨议局开会，“改举黎元洪为大元帅，黄为副元帅”。决议“黎大元帅暂驻武昌，由副元帅代行大元帅职权，组织临时政府”。黎元洪这下高兴了，立刻致电南京，表示乐意“承受大元帅名义，并委副元帅代行其职权”。黄兴则不乐意，不甘心屈居人下，表示坚决要辞去副元帅之职。

很多事情南京人也弄不明白，转眼之间，大家都成了革命同志。然而就算战友之间，也还会有诸多矛盾，首先是大家互相看不起，老革命看不上新同志，有身份的看不上无名小卒，武夫看文人不顺眼，知识分子又嫌军人太鲁莽。革命党人不愿意屈居于旧军人的权威之下，他们看不上黎元洪和徐绍桢这些前朝的军官，眼看着革命的成果被窃取，深感痛心。

就在这时候，孙中山回国了，到达上海。革命党人很兴奋，从表面上看，轰轰烈烈的辛亥革命，与孙中山并没有什么直接关系，他仿佛只是个局外人。辛亥革命在中国发生，在国外的孙中山很意外，他也是过了好几天，从洋人的报纸上看到新闻才知道。然而以孙在革命党人中的地位，他此时回国，突然出现在国人面前，让革命党人在转眼之间，多了一张很厉害的王牌。毕竟孙中山有着很好的政治智慧，而且非常擅长跟媒体打交道，非常清楚宣传的力量，在与上海《大陆报》主笔谈话时，他信心十足地宣布：

> 革命不在金钱，而全在热心。吾此次回国，未带金钱，所带者精神而已。

革命党人的高层在上海宴请孙中山，席间，黄兴与陈其美，还有宋教仁，密商推举孙为大总统，并分头向各省代表致意。孙中山也抓紧时间，会见各省都督府代表，这些代表专程从南京赶到上海，为组织临时中央政府听取孙的意见。被问到“代表团拟举先生为临时政府大元帅，先生之意如何”时，孙中山回答很干脆：

> 要选举，就选举大总统，不必选举大元帅，因为大元帅的名称在外国并非国家之元首。

代表们又直截了当地表达了这样的担心，说在汉口的代表会议上，我们曾经许诺过，只要袁世凯能够反正，赞成共和，便可推举他为临时大总统，现在应该如何处之，革命党人总不能说话不算话，孙中山的回答依然很干脆：

> 那不要紧，只要袁真能拥护共和，我就让给他，不过，总统就是总统，临时字样，可以不要。

代表们当晚返回南京，第二天上午开各省都督府代表会，对于“保留总统位置予袁一节，认为不必要”，而临时大总统的“临时”二字必须保留，因为还有的省份没有光复，宪法尚未制定，“正式总统亦无从产生”。一句话，现在要选举，选举出来的只能是“临时大总统”，以后的事以后再说。就在这天晚上，各省代表举行了临时大总统选举预备会，会上采用无记名投票方式选举临时大总统候选人三名。再然后，选举临时大总统，每省一票，用无记名投票法，共十七票，孙中山以十六票当选。

孙中山在上海得知当选为中华民国临时大总统，当即复电：

> 南京各省代表诸公鉴：电悉。光复中华，皆我军民之力，文孑身归国，毫发无功。竟承选举，何以克当？惟念北方未靖，民国初基，宏济艰难，凡我国民具有责任。诸公不计功能，加文重大之服务，文敢不黾勉从国民之后，当刻日赴宁就职。先此敬复。

1912年1月1日，孙中山在各省都督府代表陪同下，由沪专车赴宁。“沿途军队及绅商人民来送者，人山人海，拥挤非常。”“沿途各站，共和万岁的呼声，闻于数里。”专车抵达南京下关，孙下车与各欢迎人握手为礼，然后转市内的宁省铁路，在两江总督署东箭道车站下车，又坐上一辆蓝色彩绸绣花马车，从东门进入两江总督署，也就是现在的总统府。晚上十点，临时大总统就职典礼在总统府大堂举行。礼炮二十一响后，由各省代表联合会推举的代表景耀月致辞，随后，孙中山登上讲台，举起左手，宣读誓词。

至此，中华民国临时政府正式成立。事实上，从光复那一天起，南京就成为一个权利场。革命党人纷纷涌向此地，投机者也蜂拥而至。革命还未最后成功，武昌仍然告急，这里已俨然像个官场。同盟会会员吴玉章代表蜀军政府赶到南京，刚成立的临时政府像点样子的官衔，早就瓜分一空，部长位置没了，次长位置也没了，以至于老朋友只能抱歉，让他任选一个司局长干干。

由于在中国历史上的特殊地位，南京很轻易地就获得了对辛亥革命的领导权，具有金陵王气的六朝古都南京，在各种势力的综合作用下，顺理成章地成了中华民国临时政府所在地。武昌起义时，革命军的旗帜是十八星旗，仍然还带着“驱逐鞑虏，恢复中华”的汉族独立色彩，十八颗星象征着汉人省份。南京民国临时政府最后选定的国旗，是代表着汉满蒙回藏五族共和的五色旗，千万不要小看了五色旗，从武昌起义到南京光复，从汉人闹独立到五族和平共处，也不过就两个月工夫，辛亥革命迈进了一大步，此时的中华概念，事实上就是清政府原有的疆域，它不再仅仅是一场汉民族的革命，而是整个中国人的革命。

南京悄悄地改变了革命的性质，从结果来看，它仍然还有骨子里的软弱，正是这种软弱，导致了袁世凯最后获得了大总统一职。然而有时候，妥协并一定是坏事，让步也不是没有一点意义，妥协和让步可以达成一种共识，可以选择一个最好结果，这就是取消帝制，反对民族分裂，停止南北对抗。从光复那一天开始，南京就担当起了领导和调和的任务，如果说辛亥革命时期的南京，有什么最重要的贡献，就是一次次满足了当时各种势力的诉求，为未来寻找到一个平衡点，为大家找到一个都能接受的方案。

不管怎么说，辛亥革命时期的南京，有着中国历史从未有过的民主，有些混乱，有太多见不得人的勾心斗角，有让人不齿的权谋，但是说到底，还是浩然正气占据了上风。辛亥革命时期的民主，虽然只是初级阶段，虽然看上去是乱哄哄的，却几乎是中国近现代史上的绝唱。

04 二次革命

1911年的辛亥革命，让南京这座古都，成了中华民国临时政府的首都。这个首善之都来得有些突然，说来就来，南京人感到很意外，感到不太习惯。在一开始，大家相信这很可能只是个临时政府，既然临时，能持续多少时间，真不太好说。江南佳丽地，金陵帝王州，南京人经常会听见虎踞龙盘这句成语，听多了就似信非信，既当回事，也不当回事。

事实上，按照孙中山先生的最初想法，中华民国理想的定都地点，并不是南京，而是武昌。为什么呢，因为武昌在中国的中心，孙中山的建国主张是“一都四京”，一都就是武汉，四京分别为西京重庆，东京江宁，南京广州，北京顺天。早在1902年，在与章太炎先生的一次谈话中，孙中山特别强调了一句：

金陵不可宅。

就是说，孙中山认为南京不适合做一个国家的首都。他觉得，太平天国建都南京，偏安一隅难以制远，实为失策。武昌“扬灵于大江，东趋宝山，四日而极”，“北望襄樊以镇抚河雒，铁道既布，而行理及于长城，其斥候至穷朔者，金陵之绌，武昌之赢也”。“斥候”是侦察兵的古称，“朔”是北方，这句话翻译成现代汉话，就是比较控制北方的能力，武昌要比南京好得多。大清国以汉人为主的“十八行省”，大半在“九省通衢”的武汉周围，所以“武汉一呼，四方响应”。

孙中山还有过更远大的理想和抱负，所谓“谋本部则武昌，谋藩服则西安，谋大洲则伊犁”。可惜现实和理想，总会有冲突，革命党人不缺乏理想，有时更在乎现实。譬如大家一起开会，最后定都南京，说到底还是为了选人，选武昌意味着要选黎元洪，要在黎元洪的掌控之下，当时军情紧张，形势逼迫，选择南京可以救急。等到清帝退位，中国事实上已出现两个临时政府，一个南京的中华民国临时政府，还有一个就是袁世凯的北京看守政府，两个政府要合并，这是众望所归。

根据事先约定，当然是孙中山退出，因此南京的这个临时政府，本地老百姓心目中，实在太临时，像小孩子过家家一样，大家还没缓过气来，已经没了。临时政府成立只有一个多月，孙中山便匆匆宣布辞职。孙的退出有条件，这就是袁世凯必须到南京来当总统。当时南京临时政府的高官有三类，一是以黄兴为代表的革命党人，二是以张謇为代表的立宪派首领，三是以程德全为代表的起义旧官僚。这种安排有利于团结各方面力量，然而各部的次长，也就是常务副部长，除海军部次长外，都曾留学日本或欧美，都是同盟会骨干。

这些次长在政府中起着重要作用，所以也有“次长内阁”之称。将袁世凯调出封建专制势力强大的老巢北京，让他在南京当总统，处在革命党人的监督和掌握之中，这是南京临时政府领袖们的如意算盘。不过袁世凯这样的老狐狸，当然不可能乖乖就范，老老实实听从革命党人使唤。平心而论，如果放弃党派利益，不考虑各自私心，北京显然更适合作为中国的首都。清帝退位，南京临时政府的议员曾投过一次票，结果大多数人赞成首都还应该是北京，赞成北京的二十票，赞成南京的只有八票。

就连老牌的革命党人章太炎和宋教仁，也认为北京更合适定都，新政府继续在北京定都，有利于政权过渡，有利于控制北洋军阀，有利于防止外敌染指满蒙。孙中山和黄兴很不高兴，觉得大家没有政治觉悟，不知道后果的严重性，必须重新投票。孙中山认为，如果投票定都北京，说明大家都站在袁世凯那边。黄兴更是直接发出威胁，扬言要“带宪兵进去”，把议员全抓起来。第二次投票的结果，十九票南京，八票北京，一票无效或弃权。直隶，奉天，云南，陕西，山西和江苏这六省议员，两次都坚持投了北京。江苏两个代表，一个叫袁希洛，一个叫陈陶遗，坚持选择北京，为什么不投南京一票，这很值得玩味。

当时的南京人到底是怎么想呢，不重要，毕竟在何处定都，也不是一般老百姓可以做主。反正孙中山最后虽然长眠于南京，他这一生中，真正在南京前后待了还不足一百天。1912 年 1 月 1 日，来南京就任临时大总统，4 月 3 日便解职离任回上海。4 月 8 日，去武汉途中，匆匆路过南京，几乎没什么耽搁，出了下关车站，立刻登上停泊在江边的“联鲸号”军舰。这以后的 10 月 21 日，又到过一次南京，这次也只待了一整天。

对于当时的南京人来说，印象更深刻的还是二次革命。南京临时政府解散，孙中山走了，黄兴留在这里裁兵，被任命为“南京留守”，统辖南洋各军。在辛亥革命浪潮中，南方武装力量迅速发展，光是南京地区就有十六个师，再加上一些杂牌武装，估计有二十多万人。如此庞大的军队，给财政经济造成巨大困难。而且这些军人大多来自无业游民，东游西走漫无纪律，争名夺利，如果不整顿，祸国殃民。偏偏南京留守没有财权，国库存银只有三万两，根本无法支撑。军队要发饷，要有生活费，被裁撤的要有遣送费。北京政府又不予拨款，黄兴函电交加，不断催促北京拨款，财政总长熊希龄置之不理。

1912 年 4 月 11 日夜，第七师所部赣军发生兵变，黄兴不得不严厉镇压，处死二百多人。为裁军，黄兴这个南京留守精疲力竭，坐立不安，还是吃力不讨好，还是遭到北洋集团攻击，说南京留守的存在，妨碍了南北统一，“留守权力太大”，“存割据东南之心”。待人憨厚的黄兴办事认真，不计较个人得失，为了洁身明志，干脆一赌气，辞去留守一职。如此一来，革命党留在南京的军事指挥机关宣告结束，整编后侥幸保存的一部分民军，也被分散各地，革命党人本来不太强大的军事力量，遭到严重削弱。

因此 1913 年二次革命，南京人首先想到的不是谁对谁错，是怎么又打起来，日子又要不太平。辛亥革命，南京打得不亦乐乎，别的城市说光复就光复，唯独南京情况不太一样，颇费周折，好在当时打是打了，也还没怎么太玩命，进攻一方谈不上硬冲，防守一方谈不上死守。打打谈谈打打，革命便成功。二次革命开始，南京人希望也能这样，可以做出要打的样子，用不着太当真，能和平就和平，该谈判便谈判。

当时的宣战书，也就是“江苏独立通电”檄告，由章士钊起草，以江苏都督程德全的口吻发出：

> 近日北军无端入赣，进逼德安，横挑浔军，迫之使战。又复陈师沪渎，威逼吾苏。溯自政府失政，狙害勋良；私借外款，暮夜签押。南方各督稍或抗之，意挚词温，有何不法？政府乃借辞谴责，罢斥随之。各督体恤时艰，不忍力抗，亦即相继谢职，静听后命矣。政府乃复于各军凝静之时，浮言甫息之会，耀兵江上，鞠旅海嵎。逼迁我居民，蹂躏我秩序，谣诼复兴，军纪大乱。政府倒行逆施至此，实远出意料外。吾苏力护中央，夙顾大局，今政府自作昏愦，激怒军心，致使吾苏形势岌岌莫保。德全对于政府，实不能负保安地方之责，兹准各师长之请，于本日宣布独立。即由兴受任江苏讨袁军总司令，安良除暴，本职所存；出师讨贼，惟力是视。

黄兴被任命为江苏讨袁军总司令，随即也发布讨袁通电。二次革命看起来轰轰烈烈，刚开始就底气不足。很快程德全反水，致电袁世凯，称此前江苏宣布独立“乃受胁迫所致，现冒死离宁赴沪，以召集苏属水陆军警议图恢复”。程是江苏都督，影响很大，军心立刻动摇，他还给黄兴发了通电：

诸君如必欲德全至宁，则应取消讨袁名义，投戈释甲，痛自引咎，以谢天下。如尚坚执成见，必以江苏之生命财产，为孤注之一掷，既违全国公意，即系江苏公敌。

通电在民国年间很时髦，老百姓常常搞不太明白为什么，只知道一会儿这样，一会儿又那样。二次革命给南京带来的惊慌，是即将来临的战乱，刚开始，光是看通电，好像还是要去打别人，誓师喊口号，很快敌人就打上门了。南京又一次陷入包围，守城的是革命军，袁世凯派来的部队，有他的嫡系冯国璋，还有当年被民军赶走的张勋。仗打得很激烈，守城的讨袁军英勇顽强，失败还是没办法避免。虎踞龙盘再次被证实蒙人，张勋为报此前的兵败之耻，非常拼命地攻城，主攻方向就是天堡城，也就是城北的紫金山。

紫金山是南京城的阿喀琉斯之踵，第一次鸦片战争，英国人准备攻城，就知道只要打下这里，南京的问题立刻解决。事实上，南京城是个最不易防守的城市，城墙把自己围困了，攻城一方看住城门，城里的军队插翅难逃。双方你来我往，紫金山一旦拿下，南京城的末日也就来临。袁军进城后，按照三日不封刀的允诺，肆无忌惮地开始抢劫。根据当时报纸上记录，冯国璋的兵在下关抢，雷震春的兵在南门抢，张勋的兵在太平门抢。“下关纵火焚烧，全埠化为焦土”，所掠之物堆积如山，抢掠后的“赃物皆运至浦口，由火车直运至天津、北京或运至上海矣”。

说起来又是一段血泪史，南京人民顿时水深火热。“焚淫虏劫，十室九空”，据事后江苏省警察厅调查核定，南京兵燹，共使商民四万余户受损，价值高达一千六百万元。新来的民政长视察城市，商店开业者寥寥无几，鞋店里放在架上出售的不过三两双。省行政公署内，死人倚树军马倒地，到处血迹斑斑。

说起民国时期的南京历史，虽然只有三十多年，可以分成四段，前期是北洋政府时期，基本上由冯国璋的直系军阀控制，袁世凯死后，冯被推举为副总统，但是他并不愿意去北京，继续在南京坐镇，把自己的督军府，改为副总统府。冯国璋去北京就任临时代理大总统，北上前，安排其心腹江西督军李纯接任。直到1927年国民革命军进入南京，国民政府成立，南京的最高军事长官，无论是李纯，还是齐燮元，还是后来的孙传芳，都是直系军阀系统。

这一段时期，南京处于休养和恢复阶段，战乱给这个城市造成了严重毁坏，当政者不得不考虑如何解决这些问题。北洋政府时期的南京，“南京”的名称再次被撤销，首都的头衔转瞬即逝，继续使用前清的名称“江宁”。江苏都督府已从苏州迁往南京，南京仍然还是江苏省的政治中心，是省道县三级行政机关所在地。

“道”是金陵道，金陵道设治于江宁，辖“江宁、句容、溧水、高淳、江浦、六合、丹徒、丹阳、溧阳、金坛、扬中共11县”。

看民国时描写南京的小说，常常读到“道台”这样的字眼，道台就是金陵道的最高长官。江宁县下面又分为七市九乡，这个“市”其实要比县还小，譬如江宁镇和秣陵镇，还有淳化镇，就叫市，而凤台和汤泉就叫乡。不管怎么称呼，叫江宁也好，叫金陵也好，南京仍然还是东南地区的政治中心，同时也是军事要镇，一举一动，对全国的政局仍然还有影响。

1925年3月，孙中山在北京逝世。这是很大的一件事，非常大的一件事，它的深远影响，当时人并没有意识到。孙中山临终时，总理夫人宋庆龄，公子孙科，还有几位国民党大佬，聚在一起讨论归葬何处。汪精卫提议北京景山，理由是民间传言，说孙是明朝崇祯皇帝的后身，然而昏睡中的孙中山突然醒了，明确表示要葬在紫金山上。

当时都不知道紫金山在哪，七嘴八舌，有说在广西，有说在广东，最后一个叫陈去病的国民党元老一锤定音，说在南京，就是南京东郊的钟山。明朝宋濂引唐代《地理志》结论，说江南名山有四座，分别是衡山，庐山，茅山和蒋山，蒋山就是俗称的紫金山，因为避孙权祖父孙钟的讳，改名为蒋山。说老实话，与其他三座大山相比，紫金山小了一些。

中山陵的选址和圈地，还是很认真的，1925年4月，北京政府致电南京督办卢永祥和江苏省长韩国钧，令其妥为照料。宋庆龄和孙科来南京选址，首先出席了一场南京各界追悼孙中山大会，大会非常热闹，宣读了孙中山遗嘱，举行祭礼，由卢永祥主祭，韩国钧陪祭，各界名流登台演讲，当时还放映了有关孙中山活动的电影，以及讲话的录音唱片。从早到晚，到会致祭者，“有五万余人之多”。

在4月23日的晚上，葬事筹备委员会召开会议，确定紫金山中茅山南坡为墓址所在地。到了第二年的3月，孙中山逝世一周年纪念日，在广州的国民政府，决定在南京紫金山举行孙中山先生陵墓奠基典礼。当时南京还在北洋政府控制之下，对南方的革命党人，自然心存戒备，孙中山乃辛亥革命功臣，当过临时大总统，进行国葬有法律依据，因此不能敷衍，不得不派军警维持秩序。这期间，官方最担心老百姓会趁机闹事，因为全国上上下下，都存在着一种对北洋政府的不满情绪，只要有机会，肯定要大闹一番。

再过三个月，广州的国民政府就要北伐。出人意料，南京的孙中山先生陵墓奠基典礼，最激烈的冲突，不是南北对抗，是南方革命党人自己闹得不亦乐乎，很多真相南京人也弄不明白，就知道国民党的左派和右派吵了起来，吵得不可开交。共产党和国民党左派站在一起，街头到处都在集会，游行，散传单，震天动地的革命口号。

自从辛亥革命后，革命成了年轻人心目中非常正面的一个符号。大家都觉得，这个世界必须革命，只有革命才能解决问题。都在向往暴力，事实上，“二次革命”不只是倒袁，它已成为一连串的革命运动。比二次革命更激烈的运动是大革命，对于北洋政府来说，南京已经是南方，可是对于南京人来说，广州那边才是真正的南方，广州那边才是真正的革命策源地，有些思想的南京青年，不喜欢南京的沉闷，就像在辛亥革命时赶往武汉一样，开始纷纷奔赴广州。

这一段岁月，在中国现代史上被称为“大革命”时期。可是在南京，并不能感受到轰轰烈烈的大革命气氛。中山陵已经开始动工，南京却还是风花雪月，灯红酒绿。大革命的影响更像是场游戏，北洋军阀自己也在干仗，孙传芳统治着南京，与他的前任差不多，他把南京，把东南几省当作自己的禁脔。与另外一名直系大军阀吴佩孚一样，他根本不相信广州的那个国民政府，不相信那些天真幼稚的年轻人，能够掀起多大风浪。

05 黄金的十年

前面已说过，民国时期的南京历史，可以分成四段，也有人把它分为三段。从 1912 年到 1927 年，这是北洋政府时期，首都在北京。1927 年到 1937 年，是南京国民政府时期。1937 年到 1945 年，日伪时期。1945 年到 1949 年，国民政府还都南京。

其中最漫长的这段，就是北洋政府时期，十六年。除去抗战沦陷那些年，国民政府时期，前后相加只有十四年。南京人特别喜欢民国这副扑克，自己喜欢打，别人也喜欢为他们打。仿佛自孙中山当了临时大总统，南京就一直是首都，其实真正作为首善之都的日子，并不多，也就比太平天国的天京十一年略长了一点。

民国初期的南京，继承了这座城市固有传统，那就是能够不断凤凰涅槃，只要给一点相对安定，给一定生存空间，它就可以发展成长。太平天国的混乱，给南京带来致命伤害，然而它的恢复，在国内城市中，仍然可以说出类拔萃。

1900年的义和团运动，清朝政府向十一国宣战，当时的两江总督刘坤一，湖广总督张之洞，两广总督李鸿章和闽浙总督许应骙，四川总督奎俊，铁路大臣盛宣怀，山东巡抚袁世凯，竟然背叛朝廷，悄悄地与帝国主义列强议和，经买办官僚盛宣怀从中牵线策划，由上海道余联沅出面，与各国驻沪领事商定《东南保护约款》，与各参战国达成协议，史称“东南互保”。

南京城是东南互保的直接受益者，徐梵澄先生在《蓬屋说诗》中记载张之洞：

> 有云：“臣待罪东南，不敢奉诏。”南皮奋然掷烟枪而起曰：“这老寡妇要骇她一下！改：‘臣坐拥东南，死不奉诏！’”

张之洞是直隶南皮人，故称张南皮，老寡妇指的是慈禧，大臣私下对太后居然有此称呼，可见当时的皇权早已不怎么样，大清确实就要完蛋了。南京在晚清和民国初年的发展，应该说是相当不错，其根本原因，在于地方能够相对自治，能够相对独立。

进入二十世纪以后，南京越来越城市化，越来越现代化，这似乎是一个谁也阻挡不了的趋势。以南京郊区为例，农产品越来越开始考虑到好卖，什么好卖就种什么。原有的种植结构被改变，经济作物种植比例大大提高。原来主要种粮食，因为市场需要，开始改种其他经济作物，《南京经济史》上便有记录：

> 南京农民，除淳化镇及龙潭一带外，其余地方皆以各种旱谷及大豆为主要农产。自近年外商、中国纱厂联合会等委托金陵大学试验美棉，上海面粉公会委托东南大学试种小麦，两种试验场，皆在南京；一般农民见其获利优厚，竞起试种。现南京太平门外，大部分农田，皆改种美棉及小麦矣。

南京的六合县，原先种植烟草甚多，后来花生好卖了，大家改种花生。南京的溧水县曾流行过种植“蓝靛”，后来因为没销路，改种他物。第一次世界大战爆发，国际市场上颜料大贵，一时间，由于农商部的提倡，大家又都开始种植蓝靛。

南京还出现了开埠以来的第一家外资工厂，英商和记洋行，当时购地十二亩，租地三十一亩，修建了简易厂房，对蛋类和肉类进行加工，冷冻运销国外，获利甚丰。从原料进厂，经过加工制造，包装运输，和记洋行成为南京最大，也是最现代化的食品加工工厂。工人多达五千余人，除了少数技工，基本上是临时工和季节工。在 1918 年到 1922 年间，和记洋行生产最为旺盛，旺季每日产蛋约二百吨，宰猪三千头，宰牛四百头，在中国食品加工中绝对享有霸主地位。

这期间，不仅经济发展，意识形态的控制，也是越来越自由。以中山陵的选址和圈地为例，虽然还是北洋政府时期，当局对孙中山以及南方革命党人，一直感到头痛，明知道人家会借此生事，也不得不在面子上“妥为照料”。中山陵奠基典礼不久，广州国民政府便宣布北伐。在南京的孙传芳，嘴上高喊“保境安民”，决定“不加入战争”，“以重兵严防”。内心却想着坐收渔利，指望吴佩孚打败国民革命军，自己再出兵抄他们的后路，没想到吴大帅说完就完。

吴大帅不行，孙大帅也不行，国民革命军以少胜多，一路高歌猛进，很快打到南京，龙盘虎踞的金陵又一次兵临城下。孙传芳邀集段祺瑞和吴佩孚的代表开会，谋求北洋各派系的大联合，共同抵御国民革命军。发于北洋的直皖代表互相攻讦，行同水火，孙传芳转而联合奉系军阀张作霖，张派张宗昌率直鲁联军主力五万人南下援助。孙传芳为表示感激，亲自北上天津迎接奉军南下。

这时候，南京老百姓又开始紧张起来，又想起了太平天国，想起了辛亥革命和二次革命。南京人最害怕战乱，又一直躲不开战乱，直鲁联军的先遣部队一踏入下关，就向前来迎接的江苏省财政厅长索要军饷五十万元，厅长吓得目瞪口呆。直鲁联军军纪很差，肆意扰乱民家，调戏妇女，预征漕粮，勒派特别捐，强行使用一文不值的军用券，用它购买商品还逼找现洋，害得商人不敢开市，百姓纷纷到官府告状。

结果仗还没开打，县知事已弃官他走，省长陈陶遗也宣布辞职。到了 1927 年的 3 月下旬，南京郊区的重镇，基本上已被国民革命军攻占。很快南京也落入革命党人之手，国民革命军开始进城。仗打得并不激烈，有人攻进来，有人逃出去。城破之后，抢劫照例又无法避免，胜利者三日不封刀。北伐革命军是胜利之师，不能像那些不革命的军人一样，然而仍然也会出事，出了事，把责任往溃败的直鲁联军身上推卸，推卸到本地的流氓地痞身上，后来又干脆全部推到了北伐军内部的共产党那里。

事实真相最后谁也说不清楚，兵荒马乱，向来都是坏人的发财机会。南京市民感到非常悲哀，非常无奈，眼看着自己的城市又一次易主，又一次被趁火打劫，富人被抢，妇女被奸，儿童被杀，房子被烧，这些曾经有过的历史镜头，再次不可避免地重演。战乱引起抢劫，不仅针对平民百姓，很快矛头指向居住在南京的外国人，外国侨民受到攻击，享受外交豁免权的洋人领事馆，一样遭受暴民洗劫。

中国人向来内战内行，外战外行，起哄时根本不在乎严重后果。都说老百姓怕官，当官的怕洋人，洋人怕老百姓。话是这么说，事实上当然不是这样，外国人的事情没那么简单，洋人可不好惹，你真敢袭击洋人，洋人就立刻跟你玩帝国主义。停泊在长江里的英美军舰，开始用远程大炮猛烈轰击，炮弹像暴雨一样洒落在南京城内，一时间火光冲天，鼓楼丹凤街高楼门一带，到处都是爆炸声，到处鬼哭狼嚎。

国民革命军的口号是“打倒列强，除军阀”，北伐军乃胜利之师，帝国主义列强敢这样对待，居然武装干涉中国革命，是可忍，孰不可忍。于是事态进一步扩大，双方都捋起袖子，帝国主义不怕，中国的北伐军也不怕。害怕的是各自老百姓，北伐革命军给南京的外国侨民造成了很大恐惧，后来获得诺贝尔文学奖的美国女作家赛珍珠，正在自家书房埋头创作小说，正沉浸在小说情节中，突如其来的混乱让她不得不赶快离开，成为一名狼狈不堪的洋难民。

这位自小在中国长大的美国人，深知老实巴交的中国人一旦犯起浑来，一旦成为义和团，立刻会变得非常可怕。不止一名外国人被抢劫，不止一名外国人被杀，帝国主义与中国结怨已久，不久前上海发生的五卅血账还没清算，仇恨早已郁积在那，暴力一旦蔓延，事态就难以控制。历史真相往往会被掩埋，被遮蔽，被掩埋和遮蔽的真实原因，不只是因为后来歪曲，因为加工篡改，还因为当时就没认真弄清楚。

一条条耸人听闻的小道消息不胫而走，流言蜚语像色彩斑驳的蝴蝶一样空中乱飞，没人知道它们是怎么来的，来源不重要，真假也不重要。大家就是忍不住要议论。有人说英国领事被愤怒的北伐军士兵拉到市中心，用一把青龙刀斩首示众。有人说英国领事夫人被二十七名北伐军士兵轮奸至重伤，此外还有上百名西方外国妇女被强奸。中国人对帝国主义的刻骨仇恨，似乎在短短一瞬间，得到了最充分宣泄，当时中国人最恨的还是大英帝国。

对日本人的仇恨也在增加，据日本的媒体报道，此次事件中，日本重伤五人，被强奸者有三十五人。与英美表现出的强硬有所不同，日本帝国主义显得非常克制，他们的海军陆战队遵照政府训令，没有进行抗击，并且拒绝参与英美的行动。负责保卫领事馆的海军少尉荒木，感到未能完成护卫使命，竟然因为自责剖腹自杀。

北伐革命军以胜利之师的形象进入南京，南京人当时听到最多的口号，看到最多的标语，就是“打倒列强，除军阀”。很快口号和标语有了变化，变成“反三民主义即反革命”，变成“实行清党运动”，变成“打倒投机分子”。对于当时的大多数南京人来说，三民主义并不陌生，然而什么叫清党，什么叫投机分子，还真有些弄不明白。1927 年 4 月 9 日，北伐军总司令蒋介石神气活现地来到南京，就在第二天，一起携手进入这个城市的国共两党开始翻脸。

在南京人心目中，国民党和共产党，都是南方革命党，都是一家人。就在 4 月 10 日这天晚上，国民党江苏省党部的常委侯绍裘，调查部长刘重民，妇女部长张应春，青年部长许金元，南京市总工会秘书主任文化震，南京市党部妇女部长陈君起，这些共产党人突然被抓了起来，然后呢，统统被处死，装进麻袋，扔入南京通济门九龙桥下的秦淮河中。南京这么干，上海也一样，4 月 12 日大开杀戒，比南京的势头更猛，史称“四一二”惨案。

当时，不只是国民党人杀共产党人，国民党自己也闹得不可开交。转眼之间，武汉和南京又同时出现了两个“国民政府”，在民国时期，“民国政府”和“国民政府”，是两个完全不一样的概念。就和辛亥革命最后关头一样，国民党人为定都武汉还是南京，再次争了起来。在 4 月 18 日这一天，南京的国民党人在丁家桥举行了“国民政府”成立典礼，又在今天的秦淮区公园路公共体育场召开十万人庆祝大会，蒋介石等要人分别到场发表演说。

南京的国民政府就这么匆匆成立了，这个城市又一次成了中华民国的首都，又一次改名江宁为南京。南京人对这个新首都再次将信将疑，毕竟当时还有一个武汉政府，还有一个更名正言顺的北京政府，都说自己是中央政府。各省地方政府被不同派系的军阀把持，根本不听这些中央的指挥，南京国民政府发表了《定都南京宣言》：

> 在此国民革命急速进展与民众热烈盼望国民革命完成之时期中，政府谨遵总理遗志，接受多数同志之主张，依据中央政治会议决议，于4月18日在南京开始办公。南京地位，在党务上、政治上、军事上、地理上，均较武汉重要，定都以后，本政府所负领导国民革命与建设民国之责任愈益重大。

从此，民国时期国民党政权的“黄金十年”，稀里糊涂就开始了。以个人建功立业来看，蒋介石成为当时最为风光的男人。1924年6月，黄埔军校在广州成立，蒋成为这所招生并不太多的军校校长。不到三年时间，他已经成为北伐军总司令，带着自己的学生，从广东一路打到南京。没人会想到这样的结局，也没人会想到，这还不是个人成就的终点，在打下南京的一年后，北伐军继续攻占了北京，张学良在东北通电易帜，南京国民政府成了真正意义的中央政府。

形势变化得很快，接下来，很多事情让南京不敢相信，让南京人想不明白。蒋介石动不动就通电下野，然后总是很快又复职，地位越来越稳定，位置越来越上升，而且呢，还迎娶了宋美龄，与孙中山先生成了连襟。尽管蒋介石与孙中山的遗孀宋庆龄，形同水火，有着完全不一样的社会理想，然而一般老百姓也弄不太清楚。人们有理由相信，是孙中山的在天之灵，庇护着国民党，庇护着南京城。国民政府定都南京以后，好像各人都在干各人的事情，蒋介石忙着继续北伐，得志的党国元老们在争权夺利，失意者便假装退隐出国当名士。当然，还有另一些干实事的同志，为新南京的城市建设大显身手。

南京城开始大拆大建，为了奉安大典，迎接先总理孙中山的灵榇，市政官员手上仿佛举着一把尚方宝剑，有了规划，画好红线，要拆哪就拆哪，想怎么就怎么。中山大道凭空而出，成为当时国内，甚至国际上，一条能够叫得响的大马路。在南京的城市历史上，张之洞下令修筑的江宁马路，曾是一项造福于民的市政建设，与之相比，中山大道的开通，在一开始，却难逃劳民伤财的恶名。它几乎遭到城市居民一致反对，不只本土人士不赞成，当时在这居住的一些外国人，也提出了反对意见，譬如赛珍珠女士，她就对这种不顾市民疾苦的拆建，感到特别愤怒。

市政当局专门聘请了外国专家，在专家的技术指导下，国都设计技术专员办事处编撰了一部《首都计划》，这是民国时期中国最重要的一部城市规划。它明确提出了要将首都南京一地，不独成为全国城市之模范，还要与欧美名城相媲美。首都计划吸收了当时古今中外的先进设计理念，对抗日战争前南京城的各项建设，发挥了重要的指导作用。从此，成为民国新首都的南京，仿佛一个新诞生的巨婴，开始以一种惊人速度在发展。

“黄金十年”的说法，出自一个美国佬之口。在抗日战争中，魏德迈接替史迪威出任中国战区统帅部参谋长，作为驻华美军的最高指挥官，他在美国国会演讲，曾发表过这样的感慨：

> 1927年至1937年之间，是许多在华很久的英美和各国侨民所公认的黄金十年。在这十年之中，交通进步了，经济稳定了，学校林立，教育推广，而其他方面，也多有进步的建制。

从1927年建都，到1937年日本人攻入南京，这个本来就有点富庶的东南重镇，在市政建设方面，确实获得了非同凡响的进步。南京在突然之间，变得漂亮了，变得繁华起来，它变得非常现代化，变得开始跟国际接轨。正是在这段历史时期，当时的南京人见证了现代都市发展的奇迹。

首先是人口增多，因为成为首都，这样和那样的衙门随着增加，到这个城市来做官的人多了。怀着各种目的的打拼者，如过江之鲫，纷纷涌过来寻找机会。各个阶层的人都增加了，马路变宽了，死去的孙中山地位越来越高，他已经成了国父。奉安大典是这个城市最热闹，也是最有仪式感的一次运动。为了准备迎接灵榇，为了安葬先总理，安葬后一次又一次的祭奠，一个又一个纪念日，没完没了。

南京市民在见证城市发展奇迹同时，也看到了国民政府的种种不易。不管怎么说，这个中央政府在一开始，仍然还是一个地处东南的小政府，它只是在逐步地好起来，在逐步地壮大。武汉国民政府取消了，北京北洋政府完蛋了，东北易帜了，南京成为公认的首都，公认的中央政府所在地，然而大家未必会真正听从中央指挥。

事实上，从定都南京的第一天开始，国民政府就陷入内外交困。先说外，国民革命军的口号是打倒列强，进入南京时引发的“南京事件”，以及继续北伐的途中，与日军发生激烈冲突的“济南事变”，让帝国主义心生疑虑，国民政府成立之初，列强并不太愿意与新生的南京中央政府合作。1931 年发生的“九一八”事变，日本帝国主义则成为当时中国最危险的头号敌人。

再说内，“先安内，后攘外”，是当时的基本国策。北伐干掉了老军阀，新军阀又同时诞生。在南京人印象中，国民政府没太平过，北伐胜利了，紧接着便是 1929 年的蒋桂两广之战，1930 年的蒋冯阎中原大战，1932 年的四川刘湘与刘文辉二刘之战，1933 年蔡廷锴蒋光鼐发动的福建事变，1936 年桂系联合陈济棠发动两广事变。当然，还有国民党对它的老对手共产党，从 1930 年底开始，先后进行五次大围剿。

这些马不停蹄的战乱，离南京都很遥远。南京以中央的名义在指挥作战，报纸上都是些报捷的好消息。事实当然不完全是政府宣传的那样，好在不可否认的现实就是，与南京的城市面貌在发生重大变化一样，国民政府也在风雨中一天天变得强大，蒋介石的独裁地位，也一天比一天更稳固。1927 年，踌躇满志的蒋介石刚进入南京，他也就是一个最高军事将领，在国民党人地位中，还屈居后辈。到 1937 年，经过西安事变，蒋介石的领袖地位，似乎已不可动摇。

因此，说到南京的“黄金十年”，不得不强调两点。第一，这段时期，欧美经济大萧条，国际形势对发展中国家非常有利，急需要中国这个大市场。南京此时大搞城市基本建设，正好给了西方世界一个良好的投资机会，最好的材料，最好的技术，都可以在南京大出风头，大显身手。第二，外患和内乱也造成了一种新的凝聚力，抗日成为首要话题，“九一八”事变让中国失去了东北四省，紧接其后的淞沪“一・二八”抗战，长城抗战，国难和救国成了最常见的标语口号。

南京市中心，也就是新街口广场，竖立着一个巨大的炸弹模型，它预示着战争或许根本无法避免。多难兴邦，严重的内外交困，既是南京政府不得不面对的两大难题，同时也是造成“黄金十年”的直接动因。譬如中央军对红军的围剿，每一次都没有成功，然而最终结果，是红军越来越困难，最后被迫转移和长征。红军在前面跑，中央军在后面追，这一跑一追，客观上扩大了南京中央政府的控制区域。前面已说过，国民政府定都南京，成为名义上的中央政府，各省地方军阀并不完全买账。红军长征的路过，让地方军阀陷于两难，要么剿共与红军血拼，要么让出道来，让中央军深入其境。

很多人都相信，1936 年底的西安事变，最大获利者是陷于困境中的共产党，却不知道事变的和平解决，也让蒋介石的个人威望，达到前所未有的高度。蒋的领袖地位因此被真正确认，到圣诞节那天，在张学良陪同下，蒋介石离开西安飞往洛阳，消息传出，举国狂欢，爆竹声彻夜不绝。第二天中午，飞机从洛阳飞抵明故宫机场，南京市民夹道欢迎，万人空巷。

自从 1927 年北伐革命军进入这个城市，如此热闹和激动人心的场面，还是第一次。抵达南京的第二天，不只是南京，全国各地纷纷举行蒋委员长脱险大会，庆贺国家躲过了一次劫难。

06 酖毒山川亦可怜

太平天国以后，南京人印象中的城市领导者，首推曾国藩。说老实话，大家对他并没什么太好印象，毕竟他杀人太多。对于这个城市的居民来说，“曾剃头”的恶名，永远也别想除掉。除此之外，便是“效管仲设女闾”，开放被禁止的妓院，繁荣红灯区，恢复秦淮的风花雪月。多少有些存心抹黑，曾国藩以一个胜利者姿态，给这座城市再次定位。潜台词很直白，南京有点堕落并不可怕，关键它不应该有太多野心。

国民政府定都南京以后，经历了“黄金十年”，开始忘乎所以，忘记了历史教训。繁华总是美好，现代化进程让人很享受。新生活运动一度也曾轰轰烈烈，事实上，进入近现代，南京获得了不少发展机会。首先，几乎所有的晚清名宦能臣，都在南京做过父母官，当过两江总督，他们虽然未能见到辛亥革命，在城市现代化建设中，作为城市管理者，都有过很大功劳。

中日甲午战争刚结束，张之洞便在南京修建了江宁马路，开始尝试把城市往现代化的路上领导。他还提议修建了吴淞至江宁的铁路，也就是后来的沪宁铁路，创办了矿路学堂，陆师学堂，水师学堂，当然也包括南京大学的前身，三江师范学堂。从一个城市的发展史来看，二十世纪的前半段，南京这座城市确实有过很好际遇。张之洞两任两江总督，写过一些与南京有关的诗，譬如他的《金陵杂诗》十八首，其中有一首让汪精卫感慨不已：

兵力无如刘宋强，励精政事数萧梁。
何因不享百年祚，酖毒山川是建康。

抗日战争期间，山河破碎风飘絮，成了大汉奸的汪精卫，想到张之洞的诗，尤其“酖毒山川是建康”这一句，不禁要连声发问，大发感慨，高呼“其然，岂其然乎”，翻来覆去睡不着觉，于是也写了一首挺不错的旧体诗：

忧患滔滔到枕边，心光灯影照难眠。
梦回龙战玄黄地，坐晓鸡鸣风雨天。
不尽波澜思往事，如含瓦石愧前贤。
郊原仍作青春色，酖毒山川亦可怜。

据说汪的这首诗，曾流传到当时的大后方重庆，很多人都看到，郭沫若还亲自做了考证，弄不明白“如含瓦石”是什么意思。以郭老先生的学问，应该不会不知道，关键还是在字面背后。

古人习俗，在死人口内要塞进珍珠宝石，既显吉祥富贵，又能防腐拒臭。这是一种待遇，也是荣誉，如果生前不忠不孝，不图上进不够富贵，死后口中就没有珍宝，只能含一块最普通的瓦石，于是照例没脸面去见先人和祖宗。汪精卫显然对“如含瓦石”的形象情有独钟，在《题高剑父画镇海楼图》的诗中，他也写到这四个字：

怀抱久如含瓦石，风尘原不涴山川。

中国文化博大精深，对一件很简单的事，可以做出不同解读。譬如口含瓦石本义是励志，希望自己要有所作为，不要愧对祖宗。但是古人也可以用它来讥讽，嘲笑那些兢兢业业的迂腐之人，风流潇洒的文化人并不喜欢死板，不喜欢僵化，譬如六朝时的阮孚，就嘲笑“勤于吏事，以匡风正俗为己任”的卞壶，说“卿常无闲泰，如含瓦石，不亦劳乎”。换句现代的大白话，就是你总是这样一本正经，成天这样装，累不累呀。

正版国民政府已经迁到重庆去了，南京存在的只是伪国民政府。这时候的汪精卫，完全脱去了年轻时革命者光环，早就风光不再。然而他还是在装，在演戏，在南京市中心，还挂着汪精卫的巨幅头像，“领袖”一词还被某些人常常挂在嘴上。具有抗日意味的炸弹模型，已不复存在，取而代之的一个玩意，有点不伦不类，竖立在广场中央，又像纪念塔，又像广告牌，最上端是汪的标准像，自上而下写着一串大字：

汪主席是带领我们和平建国的领袖

“和平建国”是汪伪政权的遮羞布，此时的南京人，生活在日本军人铁蹄之下，充分领教了小日本的厉害。大家都当了亡国奴，心里其实都明白，都知道这年头跟日方合作，就是落水，就是汉奸，汪精卫汪主席，无论他怎么装，无论他话说得如何漂亮，都已经是最大的汉奸，注定要愧对祖宗，注定要在历史上留下骂名。

一眨眼，南京美丽短暂的“黄金十年”，灰飞烟灭。没人会想到真有这样的严重后果，没人想到真会做亡国奴。对于南京人来说，抗日战争应该是从1937年的8月13日开始计算，那时候，正是天气最热之际，到夜晚，酷热难熬，许多人不得不跑出室外，到露天去乘凉，在露天睡觉。就在这一天夜里，中国军队在上海与日本人干了起来。此前不久，中日双方已在卢沟桥开战。卢沟桥太远，地处遥远的北方，南京市民并没感到什么危险，并没有任何切肤之痛。淞沪之战不一样，毕竟上海太近了，很快，十六架日本重型轰炸架，开始光临南京。

还是很快，只隔了一天，日机又出动七十架次的飞机，大规模空袭南京。此后便是源源不断，根据不完全统计，在12月13日城陷前夕，南京城遭受敌机袭击，将近一千架次。如果说日本人飞机初次光临前，南京老百姓对战争伤害认识还不足的话，接下来这段日子，这个古老城市开始吃尽苦头。南京城对苦难的历史记忆并不陌生，以往伤痛还没完全消化，这一次源于日本军队的严重蹂躏，更加刻骨铭心。

日本人的战车攻入南京中华门城堡之前，这座城市几乎有六年时间，都在积极准备对日作战。六年前，发生了震惊中外的“九一八”事件，虽然事发东北，因为南京是首都，要求政府出兵收复失地的呼声，从此再也没停止过。南京有中央大学和金陵大学，愤怒的学生率先发表通电，要求政府领导抗日。被日军侵略的南京东北籍学生一千多人，情绪激昂地到国民党中央党部请愿。各界群众抗日情绪高涨，在公共体育场举行了十万人的反日救国大会，庄重肃穆的主席台前，悬挂着“国家兴亡，匹夫有责”的大字横幅，两旁则悬垂一副醒目对联：

亡国无日，同胞快醒

杀身成仁，今兹其时

一时间，请愿抗日和示威游行，在南京成了常态。1932年的“一·二八”淞沪抗战，1933年的长城抗战，都在国民政府的首都掀起过一波又一波抗日高潮。救国存亡，枪口对外，抵制日货，是当时南京最常见的口号，也是最流行的标语。1937年8月9日，剧作家田汉以“七七事变”为背景的四幕话剧《卢沟桥》，在南京公演，由著名导演洪深担任导演，连演四天，场场爆满。

中日全面爆发战争前夕，与大多数中国老百姓一样，南京人相信，若是真打起来，只要中国人都团结一致，小日本根本就不会是我们的对手。我们人多，我们势众，我们因此必胜。中日双方的老百姓，都觉得有必要大打一仗，从 1928 年的“济南事变”开始，双方政府事实上都在有意无意地放大对立情绪，都在宣传上极力渲染己方无辜和对方野蛮，都在“用事实宣告全世界”。在日本国内，民众被别有用心地煽动了，反华的舆论浪潮，一浪高过一浪。

面对日本的反华宣传，面对日本人的颠倒黑白，国民党上海党部也成立了一个专事针对日本的国际宣传部门，用今天的话说，双方都在用心炒作，都想让国际舆论站在自己一边。官方利用民意，民意又绑架官方，战争机器已悄然启动，主和的观点始终被鄙视，被唾弃。无论日本还是中国，主流民意都是要对抗，要教训对方，都希望真枪真刀地打一仗。中方虽然一直处于守势，不断退让，最重要原因不是不想打，而是政府知道自己的国力太弱，内乱不止，知道自己很可能暂时还打不过对方。

1937 年 12 月 13 日，南京城被日军占领，很多人太多人被杀，史称“南京大屠杀”。南京保卫战刚开始，南京城就沦陷了。当时的南京人并不清楚，究竟有多少人，成了日本人刺刀下的孤魂野鬼。到处都是恐怖景象，太多的男人横尸街头，数不清的女性被凌辱，老人和儿童也不得幸免。到了 1938 年的元旦，就在今天的鼓楼公园，在鼓楼城楼上，在日本人操纵下，一个号称要维护城市治安的自治委员会宣告成立，一位南京的本土名士被推选为主席。

这个人就是陶保晋，他有名声，他也有钱，当时是一位很成功的南京名人。说起来，陶保晋的先人，可以追溯到晋朝的高士陶渊明。他毕业于上海格致书院，20世纪初留学日本，有一个日本法政大学的文凭。介绍资料上说他精通日语，学成归国，真实的情况是不是精通和学成，应该打上一个问号。陶保晋在日本待的时间并不长，只是“法政大学清国留学生法政速成科”的学历，日语是不是真过关，很难说。据说当时教师用日语授课，旁边还有汉语同声口译，他和当时绝大多数留日中国人一样，非常可能是仅会简单的日语对话。

回国以后，陶保晋长期从业律师并兼任江宁律师公会会长，不是后来的江宁县和江宁区，而是南京律师公会，因为在北洋政府时期，南京被称作江宁。他还是金陵政法学校的校长，江苏咨议局议员，江苏银行检查员，南京总商会法律顾问，这些头衔足以证明他身份非同一般。无论北洋政府，还是国民政府，陶保晋都是吃香喝辣，都应该算是个人物。当然，他的成功首先还是与经商有关，陶保晋是南京著名的汤山温泉开发者，因为这个项目开发，获利甚丰，得到了非常好的商业回报。

中日关系恶化，始于1894年的甲午战争，真正变得不可调和，无法收拾，是1919年的五四运动。这一年，留在后人记忆中的重点，是新文化，是科学和民主两句口号，也就是所谓的德先生和赛先生。事实真相当然不是这样，当时最让中国人上火的，是巴黎和会，是“誓死力争，还我青岛”的标语。第一次世界大战结束，德国被打败了，中国属于战胜国，理直气壮地可以收回被德国人占领的青岛主权。然而经历的却是外交失败，青岛竟然成了日本人的囊中之物。北洋政府的首都北京于是闹得最厉害，示威游行，火烧赵家楼，各地民众都跟着闹，南京人也不例外，也示威，也游行，呼吁“抵制日货”。

当时日本的牛奶糖，日本的玩具和文具，充斥市场，南京的学生身体力行，各校宣传抵制日货。有女学生五人，一身缟素，同乘一辆黑色汽车游行，车身围着白布，竖两面白旗，上书“为国志哀”字样。街头到处可见学生头戴自制的白布帽，气氛犹如国殇。市民拒穿日本的洋布洋袜，不用日产的牙刷牙粉肥皂。理发店拒绝使用日本剪刀，学生去剃头理发，一律用中国旧式剃刀剃光头，以示拒绝日货的决心。

在当时的南京，日本正金和汇业银行的钞票，商家俱不收用。下关日本长江轮船公司的轮船，无客可乘，无货可载，空泊在江上。日本人商店，生意萧条，冷冷清清。日本人开的医院，无人光顾。下关各扛驳转运公司拒绝装运日货，黄包车夫拒拉日本人。在三山街，有个日本人带了不少行李，想雇人力车以代步，谁知连呼数人，均遭拒绝。

抗战前夕，美国学者多雷西·欧查德和他的研究团队，通过对中国底层调查，注意到“中国使用‘抵制’这一经济武器，是现代经济史最有启示的篇章”。经济抵制有时候确实也管用，可以成为很好的幕后推手。五四运动并没能够收复青岛，中国没有在《凡尔赛和约》上签字，山东问题一直悬而未决。南京国民政府成立后，山东从日本人手里收回，汉口和贵阳的租界，以及威海卫从英国人手中收回。中国宣布关税自治得到各国支持，列强纷纷开始从中国撤军，并计划完全废除治外法权。

当然，所有这些成绩，除了有效的“抵制”，与中国自身的经济发展，应该还是有着重要关系。上世纪二十年代末，世界经济陷入了大萧条，中国经济却一枝独秀，处于上升势头之中。虽然内乱不止，南京在城市现代化的进程中，显然一片光明。陶保晋与同样是南京名人的史量才，就是在五四运动那一年，创建了南汤山兴业公司，开山修路，凿泉建屋，用最新式的园林建筑，开发汤山温泉，修建了陶庐。

史量才是《申报》的老板，著名的报业大亨，有他的支持，陶庐温泉声名鹊起。这是一笔十分有眼光的投资，陶保晋获得非常丰厚的回报。汤山温泉“如汤沸然，与日之箱根温泉相埒”，箱根是日本的温泉之乡，最负有盛名的疗养胜地，陶保晋的陶庐，就是想打造一处中国的箱根温泉，很快，这个梦想实现了，据《南汤山志》记载：

> 民十六年党国奠都金陵，中央当局沐浴于此，蔚为名胜，媲美华清。

蒋委员长和他的新婚妻子，以及党国要员和新贵，纷纷在汤山休闲沐浴。陶庐曾是国民政府接待外宾的名胜之一，日本总领事就曾被安排在此度假。这里成了首都南京的度假胜地，民国初年还是一片萧条，经过南汤山兴业公司开发，各式各样的建筑，雨后春笋般出现，首都电厂汤山办事处，汤山邮政局和电报局，卫生事务所，农业实验室，汤山小学，江宁县第六区警察局，江宁县第六区汤山镇公所，纷纷落地生根，处处呈现繁荣景象。

达官贵人的别墅和公馆也建了起来，有钱人热心出资捐款，助修公用的“汤泉馆”，与民同乐，《南汤山志》便明确写着：

蒋委员长独捐五千元，宋部长允捐四千元。

这本是一个实业救国的好例子，抗战前，中国经济增长迅速，尤其东南沿海一带。南京因为是首都，可以说更得风气之先。陶保晋也因此功成名就，更有钱，更有名声和地位。他开始沽名钓誉，大做慈善，担任“世界红卍字会”南京分会会长。这是一个很纯粹的世界性团体，不涉党派，不谈政治，没有什么慈善范围以外的企图，专以救济灾患和促进世界和平为宗旨。

然而，然而日本人来了，气势汹汹杀进了南京城。这时候，陶保晋六十出头。在今天的人眼里，六十多岁不算什么，可在当时，心态上完全是个老人。他没追随国民政府西迁，去做义民，而是选择留在南京城里，当难民。1937 年 12 月 8 日，南京红卍字会与外国人士商议，在难民区设立办事处，又在五台山广济寺和鼓楼金陵大学设立粥厂，救济难民，“每日就食者不下三万人之巨”。

红卍字会宗旨是布道扬善，赈灾济贫，遇到战乱，安置和掩埋尸体是职责所在。日军大屠杀期间，无数遇难者横尸街头，南京处在瘟疫蔓延的危机之中。由陶保晋担任会长的南京红卍字会，不得不挺身而出，共收尸 43 121 人。在中国第二历史档案馆里，仍然还保存着这批珍贵的《红卍档案》，准确地记录了当时情境。

大好人大善人陶保晋，很可惜地成了南京自治会主席，这多少有些让南京人扼腕叹息。卿本佳人，奈何作贼，不管怎么辩解，这都是他一生中最糟糕的日子，是他辉煌一生的终结。合作为了救人，抵抗为了赎已，身处旋涡之中，想不问政治绝不可能。陶保晋的悲剧，他的人生污点，或许就该从 1938 年的元旦开始算起，从登上鼓楼城楼那一刻开始，注定要被钉在历史的耻辱架上。

说起来，与汪精卫主动当汉奸不一样，他这个自治会会长，很有一点被迫的意味。据说本来另有人选，可是开会的时候，日本人自作主张，突然宣布陶保晋是会长。黄泥巴落在裤裆里，不是屎，也是屎。抗战胜利，南京人民兴高采烈，惩治汉奸，汪精卫已病死，只能掘坟抛尸来解恨。陶保晋以汉奸罪，被判处有期徒刑。按照首都高等法院规定，不服判决可以上诉，同罪获刑的周作人，便是通过上诉减刑四年。

陶保晋没有上诉，他认罪服法，十分平静地接受了判决。

> 陶保晋共同通谋敌国，图谋反抗本国，处有期徒刑二年，褫夺公权三年，全部财产除酌留家属必需生活费外没收。

《红卍档案》在国际法庭上，成为震惊中外的日本军国主义侵略暴行铁证。日军刚占领南京期间，没有一个南京人处于安全之中，《丁丑南京屠城记》的作者祝晴川，一位曾经留学日本军校的国军少校，伪装成平民躲在金陵大学附近的陶谷新村，因为精通日语，经陶保晋劝说，出来担任红卍字会交际处副处长，他回忆陶保晋当时曾对他说过的话：

> 日军自进城以来杀戮、纵火、掠夺、奸淫连日猖獗不止！住在我火瓦巷南京市红卍字会的家属及逃到那里的难民数百口，老少妇女无不被其奸污，有羞愧自杀者多人。

国破山河在，城春草木深，覆巢之下，安有完卵。连红卍字会的家属，也同样惨遭日军的强暴，南京这个苦难深重的城市，当时所遭受的蹂躏，所蒙受的屈辱，可想而知。

07 国民代表大会

1945年8月，抗战胜利了，日本人打败了，南京人刚得知这个消息的时候，肯定高兴，然而多少还有些发蒙。事情显然是真，听上去却让人难以置信。过去许多年，南京老百姓一直蒙在鼓里，指望汪伪的宣传部，哪会有什么真话可讲。全世界都在打仗，只有南京民众会产生一种错觉，以为自己处在相对和平之中。亡国奴就是亡国奴，在汪伪政权统治下，南京人谈不上醉生梦死，忍辱偷生已成常态。

因此，汪伪政权成立，南京老百姓也曾跟着胡乱欢呼。日本人偷袭珍珠港，南京当局站在轴心国一方，煞有介事地向英美宣战。日军在东南亚大获全胜，占领了上海的英美租界，连同自己的日租界一起打包，美其名曰还给中国，南京人游行庆祝，好像真的已享受到了“大东亚共荣”。南京人用法币，比国统区的法币更值钱。南京还举办过健康儿童比赛，这个比赛在抗战前也有过，它很好地粉饰着和平。毫无疑问，这些往事都将成为南京人的耻辱记忆。

1937 年 12 月，日军占领南京的第十天，开始进行人口登记。登记工作进展缓慢，到第二年 2 月，才得到一个 172 502 人的数目，到 3 月底，便增为 235 056 人。随着逃难民众回归，南京人口不断增加。为强化治安管理，在日本人督促下，伪督办南京市政公署进行了人口总复查，分段分组挨户详查。“尽一日办理完竣”，也就是说，这一天，市署各处司厅，各附属机关及各中小学，除警察厅酌留半数值勤，各小学低年级学生休假一日，其余一律出动，各该地段管辖区公所及警察局队，按原有户口调查统计表，挨户复查。

复查结果，市区总计 73 665 户，总人口为 294 755 人，这些数字相当精确。当年 12 月，市区和乡区总户数为 117 679 户，总人口为 473 411 人。1939 年 3 月，南京特别市政府开始办理市民证，六岁以下无须领证，十二岁以下无须粘贴照片，居住本市的任何人均须照章领证。市民证上加盖印章，照片骑缝处盖上硬印，“以免混冒”。1940 年 12 月 6 日，特别市政府又一次进行城区人口总复查，数目是全市 615 927 人。

既然忍辱偷生，大家只能凑合着活下去。平心而论，沦陷期间的南京，无法与此前的“黄金十年”相比，城市管理方面仍然有变化。与市民日常生活密切相关的菜市场，有许多就是在这期间建成，譬如新街口菜场和科巷菜场，这两个大菜场运营了很多年，像科巷菜场不仅仍然存在，还被列为“南京老字号”。又譬如在交通方面，沦陷前，南京大约有三百辆客运马车。沦陷后，一度骤降到十几辆，运营线路仅局限于三山街至新街口。随着秩序恢复和人口增加，加上汽油严重缺乏，汽车运营成本猛增，马车逐渐又成为当时的主要交通工具。1945 年日本投降前夕，南京的客运马车数量，高达九百辆左右。

在这里，不妨引用我的长篇小说《很久以来》中一段文字：

> 1945 年 8 月，日本人投降了，对于南京人来说，这消息来得有些突然。正是放暑假期间，到再开学时，春兰和欣慰就要升入高中。天气非常热，当时最离奇的景观便是街头站岗的警察，或许是怕引起骚乱，主要街头都有三种警察在那守候。一是汪伪政府的交通警察，穿着黄色制服。一是日本人的宪兵，穿着呢布制服。一是来自重庆方面的宪兵，穿着绿色制服。宪兵又叫军事警察，一般老百姓心目中，只把汪伪负责治安的警察当作警察，其他的那些什么宪兵，名义上叫军事警察，一个个全副武装，与实际的军人也没什么区别。

春兰和欣慰是小说中两位女学生，通过她们的目光，可以看见南京街头最真实，也最离奇的一个画面。1945 年 8 月 16 日上午，汪伪政府的《中央日报》出版了最后一期，居然很不要脸地还发一篇社论，标题是“大家各守岗位！”。用一个很大的感叹号，称日本天皇发表终战诏书，乃“英明果断之举”，警告民众“渴望已久的和平事实，一旦到来，欢忭鼓舞之状，必然会因感情的奔放，而呈现若干疯狂”，所以，南京市民要冷静，千万不能“只重感情，不要理智”。

胜利来得太突然，让人感到意外，南京人开始尽情发泄对日本人的仇恨。日军占领南京期间，城内的黄金地段，划为日本侨民生活居住区和营业区，也就是所谓的“日人街”。“此区域北起国府路，南到白下路，西起中正路，东达铁道沿线路”，当时最繁华的太平路，中山东路都包含在内。南京居民逃难留下的住宅和商店，被日本侨民轻易获得。到1938年3月，在南京的日侨，包括日本殖民统治下的朝鲜人和台湾人，已达到439人，他们“最初以军内小商店为主，逐步增加了饮食店、钟表店、理发店、杂货店、旅馆”，抗战胜利，这些店铺遭遇了南京居民袭击，似乎也不难想象。

大大小小的汉奸得到审判，血债累累的日本战犯被公审，被公开枪决。积弱多年的中华民国，突然神气十足就成了“四大强国”之一，国民政府十分风光地准备还都。1946年5月1日，蒋介石离开重庆，途经西安，飞抵南京。5月5日，举行了隆重的还都大典。蒋委员长风头出尽，虽然早在半年前，1945年的12月中旬，他曾经飞抵过南京，受到市民的热烈欢迎，然而这一次的仪式感，显得更加正式，更加隆重。

迁都重庆的党国大员，像候鸟一样返回，或许在重庆待久，很多人习惯了吃辣，一时间，南京的川菜馆子开始时髦起来，遗民泪尽胡尘里，南望王师又一年，王师终于又回来了，南京人怎么能不“欢忭鼓舞”，怎么能不“因感情的奔放，而呈现若干疯狂”。新街口大马路上，鞭炮纸屑足有半尺厚。商店玻璃上写着大大的V字。灯光管制解除了，南京城在一夜之间亮起来，老百姓家拿下罩了多年的灯罩，街上霓虹灯扯去蒙了多年的黑布，一位市民回忆当时情景：

> 日本军人个个低着头，手捧同伴的骨灰盒，列队向下关集中营走去。一路上，中国民众向他们吐口水，投石块，下关的百姓甚至还气愤地拳打脚踢这些曾经欺压中国人的仇敌，还有人命令日本鬼子向中国人下跪，鬼子们只得照办。那些日本商人也在撤退中，他们雇了黄包车托运货物行李，老百姓看见了，齐声高喊：“滚下来，自己拉！”这些日本商人不管是男还是女，都只好下车自己拉车。黄包车夫们咧开嘴笑着跟在车后。那个场面真叫痛快呀！

然而失望渐渐随之而来，伴随着受降，肃奸，接收，每一项工作看上去顺理成章，都喜气洋洋，南京人作为首都人民，很快发现，情况并不像想象得那么乐观。抗战胜利不过一个月，《大公报》针对当时接收工作中的混乱与腐败，发表《莫失尽人心》的社评，指出国府仅仅“二十几天时间，几乎把京沪一带的人心丢光了”。当时负责经济接收工作的官员，当面向蒋委员长进言，说再像这样胡闹下去，虽已收复国土，必将丧失人心。

如果说接收中的某些腐败行为，只是触动了有钱阶级利益，接下来名目繁多的甄别，大大伤害了南京人自尊心。按照过激人士的说法，在沦陷区活下来的男人，都有当汉奸可能，都不能排除与日本人为伍的嫌疑。担任过伪职的要重新登记，要经过甄别和核查才能再次上岗，对很多人来说，这是一种人格污辱。日本人统治，大家都恨日本人，现在日本人打败了，仍然还要受他们牵连。

中小学生年龄还小，用不着甄别，大学生就有些麻烦。首先，原来在四牌楼的中央大学，被日本人占据成了医院，伪中央大学一直是在鼓楼的金陵大学上课。现在正牌的中央大学和金陵大学复员回来，伪中大必须赶快给人家挪地方。其次是学历认定，日本人在，这些青年学子是亡国奴，日本人不在了，立刻成了“伪大学生”，不但要解散，学生也要编进临时大学补习班，进行甄别和清算。

在民国历史上，大学生向来不好惹，年轻人火气旺，即便被称为伪大学生，一样敢骂娘，敢上大街游行。“科学无伪”，“学问无伪”，只要有真学问，真本事，凭什么不承认学籍。闹到最后，干脆连临时大学也撤销，不听话的学生被取消学籍，听话的学生才给出路，以伪中央大学学生为例，有的直接进入中央大学，有的转学去上海交通大学，有的去安徽大学，还有的被分配去了浙江金华英士大学农学院。

一波未了，一波又起，国民政府还都南京，街头的抗议浪潮，从来也没真正平息过。南京成了大家的上访之地，被整编的退伍军官，苏北的难民，从全国各地赶过来的各种社会团体，动不动便把政府机关给包围了。自“五四”以来，有一个躲不开的词，就是学生运动。考察民国历史，总是和这样那样的学运千丝万缕地联系在一起，年轻人动不动上大街。接下来，最流行的口号是“反内战，反饥饿”。前一句表明不想再打仗，要和平，后一句是要过正常日子，要有饭吃。

当时南京报业十分发达，除了党报《中央日报》，大报小报如雨后春笋。报纸多了，媒体发达，各种各样声音就拦不住。国民党宣传部推行“党化”新闻政策，“对于重大事件的新闻言论处理方法与尺度，均作出具体规定”，希望能把中国人的思想统一起来。实际效果当然非常不好，大家越来越不相信报纸上的官方报道，小道消息反而更加深入人心。

刚刚打败日本人，国民政府还都南京不过一个多月，全面内战已迫在眉睫。为制止国共开战，上海各界组织了和平请愿代表团，赶往南京请愿，祈求和平。代表团成员都属于当时的社会名流，前教育部长北京大学教授马叙伦，迁川工厂联合会总经理胡厥文，大明公司总经理阎宝航，东吴大学教授雷洁琼，可是代表团刚到南京下关火车站，就出了意外，台湾出版的《中华民国史事日志》，1946 年 6 月 23 日记载：

丙、上海举行“反内战”游行，与散发“反乱”传单之学生冲突。

丁、上海各界争取和平代表马叙伦等到下关与苏北难民代表冲突，遭受殴打，大公报记者亦受伤。

戊、无锡两报馆被军人捣毁，京沪卫戍司令汤恩伯允赔偿。

发生在南京的这个“下关事件”，让国民党当局大丢颜面。大家都相信政府在背地里，做了很不光彩的事，老百姓希望和平，希望不要发生内战，民心所向，可惜内战还是避免不了。接下来，很短的时间内，南京接连召开了两次国民代表大会。

1946 年 11 月，“制宪国大”在国府路的国民大会堂召开，目的是制定《中华民国宪法》。原计划有 2 050 名代表，各党派经过分配，计国民党 220 名，共产党 190 名，民盟 120 名，中国青年党 100 名，社会贤达 70 名。最后又是说话都不算话，各不相让，当家的国民党拼命往名单里面塞私货，共产党抗议退出，民盟拒绝参加，大会最后算是咬着牙召开，开了也跟没开差不多。

1948 年 3 月，又一次召开国民代表大会，目的为施行宪法，选举总统，实行总统制，因此又称“行宪国大”。这时候，国共已打得不可开交，南京的国民代表大会，无论它有多热闹，多隆重，还是成了一个巨大的肥皂泡，成了民国时期南京作为首都的最虚假繁荣。当时中国到处硝烟，国共两党大决战，楚河汉界你死我活。这是天下之争，战场上谁赢，谁就可以得到天下。人心向背会决定胜负，谁获得民众支持，谁就更可能站在胜利一方。

当然，话还可以两头说，谁得到了天下，老百姓必定支持谁，成者为王败者为寇，对于南京人来说，几乎是千古不变的真理。

国民代表大会期间，南京人心情根本不受战争影响。国府路附近，也就是后来的长江路周围，黑压压停满了权贵的小轿车。南京街头花团锦簇，美女如云，一派和平气象，是地方就扎上一个大大的牌楼。到处都是大标语，到处都是记者，身穿美式军服的青年军官，开着美国佬的吉普，搂着漂亮的南京姑娘，大街上奔驰而过。

大家感兴趣的只是各种八卦，都知道蒋委员长注定会当选总统，有悬念的只是谁会来当那个副总统。在一开始，蒋介石似乎也不想当总统，他曾提议由胡适来担当。这个想法立刻遭到国民党人强烈反对，理由是我们辛辛苦苦打下来的江山，为什么要让一个毫无功劳的书生来坐享其成。据说胡适也曾给中共领袖写过信，希望毛泽东能够坐下来，与蒋介石谈判协商，认为中共也可以仿效英国大选将邱吉尔选掉的例子，通过和平手段，借助民众选票，达到权力之顶峰。类似观点，胡适当然没少在老蒋面前唠叨。当时形势下，胡适的书生之见显然不合时宜，对国民党和共产党，无异于痴人说梦，与虎谋皮。

1948 年 4 月 1 日，在南京召开的“行宪国大”上，面对国大代表，面对中外记者，胡适做了一个很长的发言，谈到了国民党一党专政，说国民党创立者孙中山本是个爱自由讲容忍的政治家，他在革命事业最困难时期，感觉到一个“有组织、有力量的革命党”的需要，所以他改组国民党，于是就有了国民革命的成功，就有了国民党的“一党专政”。书生气十足的胡适，很具体地分析国民党一党专政的本质，指出：

未取政权之时，他们不恤用任何方法取得政权；既得政权之后，他们不恤用任何方法巩固政权，霸住政权。

胡适语重心长地告诫国民党人，说“中山先生究竟是爱自由讲容忍的人，所以在他的政治理想系统里，一党专政不是最后的境界，只是过渡到宪政的暂时训政阶段”，因此“近年国民党准备结束训政，进行宪政，这个转变可以说是应付现实局势的需要，也可以说是孙中山先生的政治纲领的必然趋势”。发表这次演讲的日子，正好是西方愚人节，胡适明知道自己说这番话，这一番最基本的道理，未必会有作用，或者说肯定没有作用，国民党当局绝对不可能听进去，但是，但是他还是忍不住要在大会上说，没有用也要说。

就在两天前，胡适在日记中写道，“蒋公意欲宣布他自己不竞选总统，而提我为总统候选人，他自己愿意做行政院长”。虽然有点令人难以置信，胡适还是觉得“这是一个很聪明、很伟大的见解，可以一新国内外的耳目”，他甚至相信“蒋公是很诚恳的”，自己则“实无此勇气”接受。一天以后，经过反复衡量，胡适决定接受竞选总统这个建议，他向前来寻求答复的外交部长王世杰表示：

晚上八点一刻，雪艇来讨回信，我接受了。此是一个很伟大的意思，只可惜我没有多大自信力。故我说：第一，请他考虑更适当的人选。第二，如有困难，如有阻力，请他立即取消。

王世杰字雪艇，这里的“他”就是蒋委员长，也就是说，在4月1日国民代表大会的长篇发言时，胡适对竞选总统一职，还是有自己的想法。觉得既然蒋介石愿意让他当总统，死马当作活马医，他也不妨试试，长篇演讲结束，胡适显然意识到种种不妥，意识到不合时宜，当天晚上，他又去找王世杰，“告以我仔细想过，最后还是决定不干”，并把自己与王的谈话，写在了日记中：

昨天是责任心逼我接受。今天还是责任心逼我取消昨天的接受。

为什么会这样，后人有过各种猜想，有过辩论，不过有一点可以断定，无论愿意或不愿意，根据当时国情，胡适都不可能当上总统。当上了也没用，也只是一个任人摆布的傀儡。“行宪国大”前后开了一个多月，在南京人眼皮底下，玩过不少花样，玩来玩去，也就那点花样。最后不出意料选出了总统，有点意外地选出了副总统。5月20日，总统就任仪式在国民大会堂隆重举行，当选总统蒋介石穿着当时的正装，也就是长衫马褂，发表了就职演说，副总统李宗仁一身戎装，满脸尴尬地站在旁边，活脱像个保镖。

就职仪式热闹归热闹，南京国民政府的好日子，终于到头。

新总统就职第二天，中央大学和金陵大学的学生就闹得不可开交，因为“五二〇”晚会发生了冲突，有学生被抓，同学们一怒之下，立刻宣布罢课三天。接下来的南京，此起彼伏，怎一个乱字了得。学生动不动罢课，商人动不动罢市，物价开始飞涨，天气越来越热，战场上的坏消息，不断传到南京。当局天天宣布自己打了胜仗，事实却是败仗不断，戡乱戡乱，越戡越乱。

蒋介石刚当了两个月总统，中央银行便发行巨额面值的钞票，分别为 1 万元，2.5 万元，5 万元，25 万元。此举刺激物价大幅上扬，过了一个月，又发行金圆券，实施“限价政策”，规定各地物价一律冻结于当日之水准，引起了国民政府事实上的经济崩盘。作为中华民国的首都，南京开始摇摇欲坠。到这年 11 月 13 日，国民党高官中文章写得最漂亮的陈布雷，对时局极度失望，自杀身亡。12 月 23 日，制造南京大屠杀的主犯松井石根，在东京被执行绞刑。

1949 年 1 月 1 日，蒋介石发表《新年文告》，表达了求和愿望，希望与中共商议“停止战事，恢复和平的具体方法”。情况非常危急，形势十分不妙，国民党败局不可避免，为了安定民心，安抚处于沮丧中的南京民众，满脸严肃的蒋介石检阅了十万军人警察宪兵，要求大家“坚定意志，拱卫首都”。然后呢，三天以后，他老人家便宣布下野，在一片悲伤黯然的气氛中，搭乘“美龄”号专机离开了南京。

再以后，到了 4 月，人民解放军到达长江对岸，《南京通史·民国卷》写道：

国民党政府党、政、军、警、宪、特各部于23日凌晨开始撤离，人山人海，道路拥挤不堪，各单位争先恐后，无人指挥。军队纷纷从中山东路经中山门涌入汤山、句容一带，朝京杭、芜杭公路及浙赣线方向溃逃。下关车站和码头也挤满了撤离和搬家的人群，街头巷尾则充斥着散兵游勇，南京城处处呈现出兵荒马乱、人奔车跑的混乱场面。

钟山风雨起苍黄，百万雄师过大江，4月23日晚上，江对岸的解放军三十五军开始悄悄地渡江。三十五军军长叫吴化文，一个有着传奇中国特色的职业军人，他先后追随过冯玉祥，追随过国民政府时期的蒋介石，追随过汪伪时期的汪精卫，抗战胜利后，回归国民政府，最后又临阵起义，加入了中国人民解放军。这时候，虎踞龙盘的南京，基本上成了一座空城，一座不设防的城市。

吴化文的三十五军奋勇当先，拿下了占领南京的首功。一年前，召开国民代表大会，举行总统就任仪式，国府路是何等的热闹。国民大会堂周围彩旗飘扬，国大代表个个神气活现，时过境迁，现在又是多么荒凉，多么萧条。三十五军士兵一路穿插，终于来到国府路附近，经过国民大会堂，沿着无声无息的国府路，在黎明时分，在升起的霞光里，冲进了总统府。偌大的总统府门口，连个站岗卫兵都没有，大院空空荡荡，遍地狼藉，到处散落着文件和纸片，一堆堆焚烧的灰烬，还在冒着青烟。

总统府门楼上的青天白日满地红旗，被扯下来扔掉，高高升起一面解放军冲锋时用的红旗。

南京，作为中华民国首都的日子，宣告结束，新的历史时期开始了。

《南京传》至此，也应该告一段落。

2018 年 5 月 29 日

南京三汊河口，初稿完成

后记

2017年10月，女儿女婿去土耳其旅游。计划半个月，走哪条路线，订哪家旅馆，租什么车，看哪些风景名胜，品尝哪样美食，安排严密准备周到。租车自驾，捎上老爸老妈，顺水人情惠而不费，然而女儿知道不可能，这期间，老爸正全力以赴投入《南京传》的写作之中。

这部书稿完全是意外，写过很多与南京有关的文字，写了很多，觉得自己不会再写，不可能再写。《南京传》的兴奋点，想写出与以往不一样的东西。这部书稿之前，一直在写小说《刻骨铭心》，写得很辛苦，很吃力，很绝望，我担心自己再也写不动，再也写不出什么长的文章。

没想到创作《南京传》状态会那么好，有段时间，每天工作将近十个小时，结束时天旋地转，仿佛云中雾里。真是很疯狂，作为一个写作者，一个上岁数的老同志，能够这样，实在太美妙。我确实不可能与孩子们一起去旅游，那么好的写作状态，怎么可能放弃，怎么舍得。一次旅行中东的好机会，令人遗憾地失去了，很可能就是永远失去。接下来，女儿怀孕，生小宝宝，再要有这样的旅行计划，不知道猴年马月。

感谢老天爷给我这么好的一个写作状态，感谢译林出版社的顾爱彬，感谢这位老同学，让我在还没想明白时，稀里糊涂地签下合同。没有这份约稿合同，也不会有《南京传》，是老同学让我找到了这部书稿的动力，让我沉浸在写作的欢乐中。

温故而知新，写作是最好的学习和思考。这部书稿的写作过程，无疑是一次对历史的穿越，一次最奇妙的旅行，但愿它也能给读者带来同样乐趣。依照古人为前朝写传惯例，《南京传》截止在 1949 年。以后的南京历史，应该是下一部书稿，可以告诉读者，这已经在计划之中。

老友卢海鸣是南京史专家，这本书由他负责把关审稿，指出不少错误，在此表达深深谢意。

2018 年 12 月 12 日

南京下关三汊河改定

图书在版编目（CIP）数据

南京传／叶兆言著．—南京：译林出版社，
2019.8（2025.11重印）
（叶兆言作品系列）
ISBN 978-7-5447-7909-8

Ⅰ.①南…　Ⅱ.①叶…　Ⅲ.①中国历史　Ⅳ.①K20

中国版本图书馆 CIP 数据核字（2019）第 138924 号

南京传　叶兆言／著

出版统筹　陆志宙
责任编辑　焦亚坤
特约编辑　魏　玮
装帧设计　朱赢椿　杨杰芳
校　　对　蒋　燕
责任印制　颜　亮

出版发行　译林出版社
地　　址　南京市湖南路 1 号 A 楼
邮　　箱　yilin@yilin.com
网　　址　www.yilin.com
市场热线　025-86633278
排　　版　南京展望文化发展有限公司
印　　刷　南京爱德印刷有限公司
开　　本　880 毫米 ×1240 毫米　1/32
印　　张　16.25
插　　页　4
版　　次　2019 年 8 月第 1 版
印　　次　2025 年 11 月第 18 次印刷
书　　号　ISBN 978-7-5447-7909-8
定　　价　78.00 元

ISBN 978-7-5447-7909-8
9 787544 779098 >
凤凰出版传媒网:www.ppm.cn
定价：78.00元